权威·前沿·原创

皮书系列为

“十二五”“十三五”国家重点图书出版规划项目

山东省普惠金融发展报告（2018）

ANNUAL REPORT ON THE DEVELOPMENT OF INCLUSIVE FINANCE IN SHANDONG (2018)

青岛大学资本市场研究院
齐鲁财富网
主　编／孙国茂

社会科学文献出版社
SOCIAL SCIENCES ACADEMIC PRESS (CHINA)

图书在版编目（CIP）数据

山东省普惠金融发展报告. 2018 / 孙国茂主编. -- 北京：社会科学文献出版社，2018. 8
（山东蓝皮书）
ISBN 978 - 7 - 5201 - 3408 - 8

Ⅰ. ①山…　Ⅱ. ①孙…　Ⅲ. ①地方金融事业 - 经济发展 - 研究报告 - 山东 - 2018　Ⅳ. ①F832. 752

中国版本图书馆 CIP 数据核字（2018）第 205168 号

山东蓝皮书
山东省普惠金融发展报告（2018）

主　　编 / 孙国茂

出 版 人 / 谢寿光
项目统筹 / 高　雁　恽　薇
责任编辑 / 王楠楠

出　　版 / 社会科学文献出版社 · 经济与管理分社（010）59367226
地址：北京市北三环中路甲 29 号院华龙大厦　邮编：100029
网址：www. ssap. com. cn
发　　行 / 市场营销中心（010）59367081　59367018
印　　装 / 三河市龙林印务有限公司

规　　格 / 开　本：787mm × 1092mm　1/16
印　张：25. 75　字　数：410 千字
版　　次 / 2018 年 8 月第 1 版　2018 年 8 月第 1 次印刷
书　　号 / ISBN 978 - 7 - 5201 - 3408 - 8
定　　价 / 98. 00 元

皮书序列号 / PSN B - 2017 - 676 - 5/5

本书如有印装质量问题，请与读者服务中心（010 - 59367028）联系

《山东省普惠金融发展报告（2018）》
编 委 会

机构介绍

齐鲁财富网 是一家致力于“服务大众”的专业财经网站，目标是服务山东230万家中小微企业和1亿人口，为客户提供具有战略参考价值的细分产业研究、财富管理、资本市场数据库服务等专项领域解决方案。现已打造成集网站、移动客户端、微信、微博等多种新兴传播媒介于一体的财富管理综合信息平台。

特约近百名国内知名经济专家：李扬、夏斌、吴晓求、贾康、贺强、胡汝银、管涛、巴曙松、姚洋、韦森、姚景源、王松奇、李锦、杨涛、易宪容、何杰、李迅雷、郭田勇、施光耀、胡金焱、袁红英、杨东、黄震、陈柳钦、张卫国、孙国茂等。与中国社会科学院、北京大学、中国人民大学、中央财经大学、中国金融四十人论坛、山东大学、山东省社会科学院、山东财经大学、青岛大学、济南大学、万得资讯、中国上市公司市值管理研究中心、山东省扶贫基金会、齐鲁股权交易中心、青岛蓝海股权交易中心、山东省小额贷款企业协会、山东省民间融资机构协会、山东省普惠金融研究院等近百家机构及山东电视台、中金在线、金融界、和讯网、新浪财经、凤凰网等近百家专业媒体建立了密切合作关系。

立足齐鲁，根植山东，以建设经济文化强省为导向，以服务新旧动能转换为目的，专注金融信息、财富管理和多层次资本市场分析，潜心山东上市公司、新三板和区域股交中心挂牌公司研究，设立“鲁股市场”(stock. qlmoney. com)、“上市公司·新三板挂牌公司数据库”及实现项目、资金、技术互联互通的“中小企业信息库”(firm. qlmoney. com)；增设“商业故事会”专题，汇集鲁商奋斗故事，分享成功经验。

齐鲁财富网日均访问用户超过60万人次，在山东地方性财经网站中排名第一。公司力争打造成立足地方、面向全国的权威、有价值、兼具财富管理和资本智慧等多重功能的专业服务平台！

主要编撰者简介

孙国茂　山东省泰山产业领军人才、山东省高端金融人才，山东省政府研究室特邀研究员，青岛大学经济学院特聘教授、博士生导师，中国公司金融论坛创始人、《公司金融研究》主编。先后担任济南大学公司金融研究中心主任、济南大学金融研究院院长、山东省资本市场创新发展协同创新中心主任、济南大学商学院教授等职。主要研究领域为公司金融、资本市场和制度经济学。著有《公司价值与股票定价研究》、《制度、模式与中国投资银行发展》、《金融改革、创新和公司金融》、《山东省普惠金融发展现状》和《普惠金融组织与普惠金融发展》等多部个人专著；在《管理世界》、《中国工业经济》和《经济学动态》等学术期刊以及《人民日报》、《经济参考报》和《中国证券报》等重要报纸上发表论文100多篇，其中30多篇被《新华文摘》和人大复印报刊资料转载；连续7年主编《中国投资银行竞争力研究报告》，连续5年主编《山东省上市公司市值管理评价报告》，连续4年主编《山东省互联网金融发展报告》。主持国家社科基金项目、省部级重大研究课题以及横向研究课题10多项，获得山东省社会科学一等奖、二等奖等多项。2012年创办中国公司金融论坛，并已连续成功举办6届，在学术界和金融界产生巨大反响。作为省政府特邀研究员和金融专家，参加原山东省省长郭树清主持召开的山东省“十三五”规划讨论、山东省金融“十三五”规划讨论、山东省资本市场“十三五”规划讨论和《山东地方金融条例》讨论。

摘 要

2017年7月15日，第五次全国金融工作会议在北京召开，习近平总书记在会上明确要求，金融工作要紧紧围绕服务实体经济、防控金融风险、深化金融改革三项任务。党的十八大以来，我国金融发展取得重大成就，金融改革有序推进，金融业保持快速发展，守住不发生系统性金融风险底线的能力不断增强。党的十八届三中全会提出“发展普惠金融”，国务院出台《推进普惠金融发展规划（2016—2020）》，普惠金融被上升为促进金融可持续均衡发展，推动大众创业、万众创新，助推经济转型升级，增进社会公平和谐，全面建成小康社会的国家战略。党和政府鼓励支持商业银行发展普惠金融。2017年5月，中国银监会等11部委联合印发《大中型商业银行设立普惠金融事业部实施方案》，要求商业银行从当前实际出发，设立普惠金融事业部。新时代背景下，我国的普惠金融也在多元化、多层次、广覆盖的方向上快速发展。

2017年，全国GDP达82.7万亿元，同比增长6.9%，山东省GDP达7.3万亿元，全省经济总量首次超过7万亿元，位居全国第三。其中，第三产业增加值为3.5万亿元，占GDP的比重为48.0%，对经济增长的贡献率达56.4%，拉动经济增长4.2个百分点。金融业增加值为3707.24亿元，占GDP的比重为5.10%，以商业银行为代表的金融机构在普惠金融领域开始积极作为。年末金融机构本外币贷款余额70873.9亿元，比年初增加5630.4亿元，其中，涉农贷款余额25819.4亿元，增加1690.4亿元，小微企业贷款余额15330.7亿元，增加1426.9亿元。

习近平总书记在第五次全国金融工作会议上强调金融服务实体经济和发展普惠金融的重要意义，提出“建设普惠金融体系”。“山东蓝皮书”

《山东省普惠金融发展报告（2017）》从全国以及山东省普惠金融发展现实出发，全面分析总结了2016年山东省普惠金融发展现状及特点，客观指出普惠金融发展过程中存在的问题，并在系统研究的基础上针对性地提出推动山东省普惠金融发展的建议。《山东省普惠金融发展报告（2018）》继续秉承及时有效、客观权威、科学严谨的理念，对2017年山东省普惠金融的发展现状、存在的问题进行梳理剖析，为推动山东省普惠金融的可持续性发展提供可行性建议。全书分为总报告、分报告、专题报告和附录4个部分。

总报告包括山东经济金融运行情况发展报告和山东普惠金融发展综述两个部分。山东经济金融运行情况发展报告介绍了2017年全国和山东省的经济金融运行情况，通过对比分析山东发展普惠金融的背景，凸显山东省发展普惠金融的必要性。山东普惠金融发展综述部分，首先介绍了我国村镇银行、小额贷款行业、私募型民间金融、互联网金融、新型农村合作金融、商业银行普惠金融等的发展现状，与分报告中山东省相应的普惠金融组织发展现状相呼应；然后对山东省的普惠金融发展现状进行概述，指出山东普惠金融在发展过程中存在的问题，并提出相应的发展建议。

分报告分别介绍了山东省商业银行普惠金融、村镇银行、小额贷款行业、民间融资、网络借贷行业、新型农村合作金融的发展现状、存在问题及相应建议。2017年，五大商业银行在山东省的一级分行均设立了普惠金融事业部，年末辖内金融机构涉农贷款余额25819.4亿元，增加1690.4亿元，小微企业贷款余额15330.7亿元，增加1426.9亿元；山东省村镇银行数量达126家，位居全国之首；近两年，山东省小额贷款公司数量趋于稳定，2017年共334家，比2016年减少1家；自2012年山东省开展民间融资规范引导工作试点以来，经过5年多的发展，山东民间融资机构的数量开始维持稳定，2017年末全省获得业务许可的民间融资机构522家，仅比2016年增加了10家；在严监管的背景下，山东P2P网络借贷平台大幅减少，2017年底正常运营平台75家；作为全国第一个开展新型农村合作金融试点的省份，山东新型农村合作金融试点已平稳运行两年。

专题报告介绍了山东本省特色的普惠金融监管体系，根据山东省普惠金融评价指标体系，得出山东保险业发展程度不够、互联网金融发展欠规范、商业银行普惠金融服务能力需提高等结论，并提出相应的发展建议。

附录部分提供了山东省为发展普惠金融而出台的核心法规信息，供读者研究和参考。

关键词： 山东省普惠金融　村镇银行　互联网金融　评价指标体系

序　言
发展普惠金融，助力新旧动能转换

胡金焱*

习近平总书记在党的十九大报告中提出，从现在到2020年，是全面建成小康社会决胜期。要按照党的十六大、十七大、十八大提出的全面建成小康社会各项要求，紧扣我国社会主要矛盾变化，统筹推进经济建设、政治建设、文化建设、社会建设、生态文明建设，坚定实施科教兴国战略、人才强国战略、创新驱动发展战略、乡村振兴战略、区域协调发展战略、可持续发展战略、军民融合发展战略，突出抓重点、补短板、强弱项，特别是要坚决打好防范化解重大风险、精准脱贫、污染防治的攻坚战，使全面建成小康社会得到人民认可、经得起历史检验。对于金融领域和金融行业来说，为中小微企业、“三农”和城镇低收入群体以及贫困人群、残疾人和老年人等提供金融服务就是突出的短板和弱项。经济发展不平衡不充分的现实表明，我国迫切需要建立与全面建成小康社会相适应的普惠金融体系，使上述群体能够及时获得价格可承受的、便捷的金融服务。

发展普惠金融是党中央、国务院在进入全面建成小康社会决胜阶段和扶贫攻坚关键时期做出的重大战略决策。早在2015年，国务院出台的《推进普惠金融发展规划（2016—2020年）》就明确，要让小微企业、农民、城镇低收入人群、贫困人群和残疾人、老年人等及时获取价格合理、便捷安全的金融服务，使我国普惠金融发展水平居于国际中上游水平。习近平总书记在

* 胡金焱，青岛大学党委书记，教授、博士生导师。主要从事金融投资、资本市场以及货币金融理论的教学与研究。

第五次全国金融工作会议上再次强调:“要建设普惠金融体系,加强对小微企业、‘三农’和偏远地区的金融服务,推进金融精准扶贫,鼓励发展绿色金融。”2017年5月,中国银监会下发《关于推进大型商业银行普惠金融事业部设立工作的通知》,要求大型银行在2017年内设立普惠金融事业部。中国银监会规定,普惠金融事业部应聚焦小微企业、“三农”、创业创新群体和脱贫攻坚等服务领域。各大型银行要立足现有客户基础、业务特点、服务优势,突出重点,提高服务精准性和有效性,形成各具特色的普惠金融服务模式。尽管在理论上,普惠金融服务对象包含着“三农”和城镇低收入群体,但是从经济运行面临的压力看,迫切需要解决的问题是中小微企业的融资需求。研究表明,我国中小企业贡献了50%以上的税收,60%以上的GDP,70%以上的技术创新和80%以上的劳动就业,是国民经济和社会发展的生力军,满足中小微企业融资需求,对创业创新、稳定就业、增加外贸出口贸易和增强经济活力具有重要意义。

从山东的现实情况看,中小企业对经济发展的贡献日益明显。在过去三年里,全省中小企业增加了近100万家。截止到2018年6月,山东中小企业数量已将近250万家。但是,目前全省中小企业发展也遇到前所未有的困难,普遍面临融资约束。“中小企业多,融资难”与“市场资金多,投资难”的现象同时存在,“两多两难”矛盾十分突出。可以说,融资难、融资贵问题已经成为制约山东中小企业创新和发展的最大障碍。统计显示,山东中小企业生产规模小、竞争力弱,尽管全省中小企业数量巨大,但是企业普遍缺乏竞争力。在向商业银行等金融机构融资时,明显处于劣势地位。商业银行对中小企业财务状况、经营管理和公司治理等方面缺乏了解,导致中小企业与金融机构之间存在信息不对称问题,加之中小企业既没有足够的抵押物,也没有充分的担保品,这使得大多数中小企业融资存在很大不确定性。

山东省省委书记刘家义在2018年初召开的全面展开新旧动能转换重大工程动员大会上说过:“我省市场活力不足,重要的是非公有制经济发展活力不足,科技型、创客型企业少。”刘家义书记指出了山东省经济发展的短板,实施新旧动能转换重大工程必须解决中小企业发展活力不足的问题。

《关于加快推进全省中小企业新旧动能转换的实施意见》也提出，全省中小企业要围绕新旧动能转换，从八个方面进行突破，加快发展。着力培育新动能市场主体，推进“大众创业、万众创新”，集聚创业资源，强化创业辅导，不断壮大新型企业群体，力争通过3～5年的努力，全省中小企业达到400万家；着重培育创新型、高成长性中小企业，抓住新一轮工业革命和科技革命机遇，以新技术应用及产业化为主导，努力推动高端装备、新材料、新医药等先进制造业和新兴产业共性技术、关键技术重大突破；到2020年，新培育“瞪羚”企业500家、“隐形冠军”企业500家。但是，要实现全省中小企业发展目标，没有普惠金融的保障是不可能的。

国务院《推进普惠金融发展规划（2016—2020年）》出台后，山东省在全国率先出台了《关于推进普惠金融发展的实施意见》，对金融机构提出的要求是，加大对科技创新创业企业的金融支持，不断完善科技金融服务体系，优化科技金融供给结构，对不同发展阶段科创企业采取分类施策的支持方式，逐步打造覆盖科创企业全生命周期的金融服务模式。鼓励设立科技支行和科技金融专营机构，支持符合条件的银行业金融机构开展“投贷联动”业务。引导银行业金融机构根据自身风险状况和内控管理水平，适度提高小微企业不良贷款容忍度。落实小微企业贷款尽职免责制度，制定小微企业金融服务从业人员尽职免责办法。鼓励商业银行与保险公司合作，探索以信用保险、贷款保证保险等产品为主要载体，通过多方参与、风险共担的经营模式，有效缓解中小微企业融资难、融资贵问题。

对于政府来说，解决中小企业融资难问题，不妨从加强金融机构和中小企业的信息畅通开始，建立和完善经济金融信息共享机制，加强中小企业与金融机构信息的双向交流，形成协调发展的平台。一方面，建立信息共享平台，及时向金融部门提供经济信息，使其充分了解中小企业的生产经营信息、资金需求信息。另一方面，及时向企业传递金融信息，帮助中小企业了解自身融资需求，了解市场各个融资渠道的特点以及不同融资方式的要求，打破信息不对称局面。

对于从事普惠金融的机构和中小微企业而言，必须对普惠金融有充分的认识。第一，普惠金融既不是扶贫金融和福利金融，也不是慈善金融。普惠金融是立足机会平等要求和商业可持续原则，以可负担的成本为有金融服务需求的社会各阶层和群体提供适当、有效的金融服务，其中，中小微企业、“三农”和城镇低收入人群等弱势群体是其重点服务对象，但必须遵循商业可持续原则。第二，普惠金融更不是高利贷金融。中小微企业、“三农”和城镇低收入人群等弱势群体普遍存在从体制内金融机构“融资难”的问题，这导致以高利贷为特征的体制外金融应运而生。这种体制外金融进一步加剧了“融资贵”现象，与中小微企业、“三农”和城镇低收入人群等弱势群体需要的“机会均等”的金融服务形成悖论！与普惠金融的美好期望背道而驰。第三，发展普惠金融，要以体制内金融为主力军，体制外金融只能作为生力军。发展普惠金融，不能错误地以为是发展体制外金融或者民间金融、草根金融。规模优势和较强风控能力等因素决定了体制内金融才是普惠金融供给的主力军，而体制外金融只能是生力军，是多层次、广覆盖、有竞争的普惠金融服务体系的有效组成部分。第四，数字技术是实现普惠金融的有效途径。依靠互联网技术和数字科技降低成本，控制风险。通过互联网技术，借助计算机信息处理、数据通信、大数据分析、云计算等一系列相关技术在金融领域的应用，有效解决借贷双方的信息不对称问题以及降低交易成本和金融服务门槛，从而扩大金融服务的范围和覆盖面。同时，通过数字金融，可以实现传统金融不能实现的数据共享化，审批便捷化，贷款小额、分散化等，还可以借助大数据、云计算、人工智能、区块链等新技术，构建起基于数据的风险控制体系。最后，也是最重要的，普惠金融同样需要监管。由于体制外金融机构的参与导致了对普惠金融的监管严重滞后于普惠金融的创新实践，社会上甚至有人认为借助互联网等信息技术开展的金融不需要监管，这显然是对普惠金融的严重误解。从早期 P2P 行业野蛮发展、不断出现各种行业乱象，到目前给整个金融市场带来系统性风险，都充分说明普惠金融必须纳入监管。

因为相同的研究方向，我与《山东省普惠金融发展报告》的主编孙国茂教授在学术上有较多的合作与交流。孙国茂教授是国内较早研究普惠金融的学者，取得了一系列研究成果。2017 年，孙国茂教授的专著《普惠金融组织与普惠金融发展》出版后，我曾为新书写过书评。为了编写《山东省普惠金融发展报告》，孙国茂教授曾两次举办专家评审会并邀请我参加。遗憾的是，两次评审会我均因公务缠身而未能参加。2017 年 10 月，《山东省普惠金融发展报告》在社会科学文献出版社出版。当看到这本年度研究报告作为中国社科院的蓝皮书系列出版时，我有些惊讶。因为我知道，中国社科院的蓝皮书系列素以学术性、权威性、创新性和持续性而闻名，《山东省普惠金融发展报告》能够作为蓝皮书系列出版，是一项了不起的工程。另外，《山东省普惠金融发展报告》的出版填补了山东省的一项研究空白。据我所知，迄今为止其他省份也没有同样或类似的年度报告出版。因此，我希望孙国茂教授和他的研究团队能够将这项研究工作持续下去，结合山东省经济发展和金融改革的实际，用具体行动促进山东省普惠金融发展，助力新旧动能转换。

2018 年 8 月 6 日于青岛大学

目　录

Ⅰ　总报告

Ⅱ　分报告

Ⅲ 专题报告

Ⅳ 附录

皮书数据库阅读使用指南

总 报 告

General Reports

B.1 山东经济金融运行情况发展报告

摘　要： 2017年山东省实现生产总值72678.18亿元，比上年增长7.4%，全年经济运行呈现产业结构进一步优化、三大需求平稳增长、经济发展质量不断改善等特点。“三去一降一补”成效逐步显现，区域经济发展的龙头效应进一步凸显，实施新旧动能转换重大工程激活新引擎，全年经济平稳运行。2017年山东省金融业增加值3707.24亿元，占GDP的比重为5.10%，金融业成为全省经济的支柱产业。年末，全省金融机构本外币贷款余额70873.9亿元，比年初增长8.6%；全年保费收入36581.01亿元，比上年增长18.16%。山东大力发展多层次资本市场，上市公司数量、新三板挂牌企业数量和区域性股权交易中心挂牌企业数量均实现大幅增加，全年新增直接融资额5366.9亿元。本报告分析了山东发展普惠金融的背景环境，通过山东经济与金融发展现状与广东、江苏和浙江三省进行对比分析，阐述发展普惠金融的必要性和紧迫性。

关键词： 山东经济　金融　银行业　保险业　资本市场

2017年是实现“十三五”规划重要的一年，是供给侧结构性改革深化之年，是全面落实党的十八大目标任务、迎接党的十九大召开的关键一年，也是五年一次的全国金融工作会议召开的一年。党的十八大以来，我国经济发展取得历史性成就，年平均经济增速为7.1%，成为世界经济增长的主动力，为我国其他领域的改革提供了物质基础。对外倡导和推动“一带一路”引导全球经济朝着正确方向发展；对内坚持以提高经济发展的质量和效益为中心，以推进“供给侧结构性改革”为主线，统筹推进稳增长、促改革、调结构、惠民生、防风险各项工作，经济运行稳中有进，经济社会保持平稳健康发展。党的十八大以来，我国金融体系不断完善，金融服务普惠性增强，金融监管得到改进，守住不发生系统性金融风险底线的能力增强。7月15日，全国金融工作会议在北京召开，这也是自1997年以来我国召开的第五次全国金融工作会议。习近平总书记在会上强调，金融是实体经济的血脉，为实体经济服务是金融的天职，金融工作应坚持回归本源、结构优化、强化监管和市场导向四大原则，要紧紧围绕服务实体经济、防控金融风险、深化金融改革三项任务。10月18日，党的十九大提出，我国经济由高速增长阶段转向高质量发展阶段，中国特色社会主义已经进入新时代，社会主要矛盾已经转化为人民日益增长的美好生活需要和不平衡不充分的发展之间的矛盾，再次强调深化金融体制改革，健全金融监管体系，守住不发生系统性金融风险的底线，增强金融服务实体经济能力，提高直接融资比重，促进多层次资本市场健康发展。12月18日，一年一度的全国经济会议提出推动高质量发展，是保持经济持续健康发展的必然要求，强调从八个方面深化改革，推动经济高质量发展：一是深化供给侧结构性改革，二是激发各类市场主体活力，三是实施乡村振兴战略，四是实施区域协调发展战略，五是推动形成全面开放新格局，六是提高保障和改善民生水平，七是加快建立多主体供应、多渠道保障、租购并举的住房制度，八是加快推进生态文明建设。提出把防控金融风险放在重要的位置，下决心处置一批风险点，确保不发生系统性金融风险；提出服务于供给侧结构性改革这条主线，做好重点领域风险防范和处置，坚决打击违法违规金融活动，加强薄弱环节监管制度建设。为贯彻落实全国金融工作会议和中央经济会议精神，12 月 25 日，山东省经济工作暨金融工作会议召开，会议围绕加快推动经济高质量发展的目标，提出以供给侧结构性改革为主线，着力做好新旧动能转换重大工程、破除体制机制障碍、实施乡村振兴战略、加快创新型省份建设、塑造开放型经济新优势、加快建设海洋强省、推进军民融合深度发展、打赢污染防治攻坚战、打赢脱贫攻坚战、做好保障和改善民生生活十个方面的工作；会议强调，要以习近平总书记在全国金融工作会议上的重要讲话精神为指导，做好山东省金融工作，更好地服务实体经济和防控金融风险。

一　山东经济运行情况

2017 年，山东全省上下深入贯彻落实党的十八大和十八届历次全会决议精神，认真学习贯彻党的十九大精神，以习近平新时代中国特色社会主义思想为指导，按照中央经济工作会议和《政府工作报告》部署，坚持稳中求进工作总基调，坚定不移贯彻新发展理念，坚持以提高发展质量和效益为中心，统筹推进“五位一体”总体布局和协调推进“四个全面”战略布局，以供给侧结构性改革为主线，统筹推进稳增长、促改革、调结构、惠民生、防风险各项工作。全省经济运行稳中有进，但是与全国及 GDP 排名靠前的广东省、江苏省、浙江省相比还存在需要改善的地方。

（一）经济运行环境分析

党的十八大以来，党中央、国务院综合分析国内外经济形势，做出我国经济进入新常态的重大判断，这意味着我国经济增速进入换挡期，经济结构进入优化期，增长动力进入转换期，产业结构、需求结构和要素结构都开始出现历史性转变。2014 年 5 月，习近平考察河南时指出：“我国发展仍处于重要战略机遇期，我们要增强信心，从当前我国经济发展的阶段性特征出发，适应新常态，保持战略上的平常心态。”2017 年全国实现国内生产总值（GDP）82.71 万亿元，同比增长 6.9%，稳居世界第二位，经济增长率较年初 6.5% 的预期目标，高出 0.4 个百分点，超过 2016 年 0.2 个百分点，实现近七年来经济增长的首次上行。全年经济总量增长 8.35 万亿元，相当于 2017 年全球 GDP 排名第 14 位的西班牙的经济总量。2017 年经济总量较 2010 年翻了一番，7 年间经济总量增幅达到 100.26%（见表 1）。

表 1　全国 GDP 规模及增速变化（2007～2017 年）

单位：亿元，%

年　份	GDP	增幅	年　份	GDP	增幅
2007	270232.30	14.20	2013	595244.40	7.80
2008	319515.50	9.70	2014	643974.00	7.30
2009	349081.40	9.40	2015	689052.10	6.90
2010	413030.30	10.60	2016	743585.50	6.70
2011	489300.60	9.50	2017	827121.70	6.90
2012	540367.40	7.90			

资料来源：国家统计局，齐鲁财富网。

1.“三二一”产业结构更加稳固

受国内外经济形势影响，我国经济由高速增长转向中高速增长，由图 1 可以看出，2007 年以来全国 GDP 增速放缓，除 2010 年、2017 年略有反弹之外，基本保持下降趋势。经济放缓的背后是对外出口滞缓、传统产业产能严重过剩、房地产持续调整和基础设施建设投资放缓的叠加效应。首先表现在消费需求红利减弱，21 世纪以来通过中国加入世贸组织激发的外需和通过住房制度改革激发的房地产内需带来的红利逐渐减弱，导致传统产业产能严重过剩。其次，投资拉动乏力，经历了 30 多年高强度大规模开发建设后，传统产业相对饱和，全国范围内投资增速持续下降，2017 年全国固定资产投资额完成 64.12 万亿元，名义同比增长 7.00%，增速创 2000 年以来的新低。再次，对外出口形势严峻，传统制造业的比较优势逐步减弱，中国对外贸易的国际环境和国内发展条件已经发生深刻变化。世界经济在深度调整中复苏乏力，国际形势不确定因素增多，外需低迷，贸易保护主义加剧；中国劳动力、土地和自然资源等生产要素成本不断上升，环境资源承载力已经达到或接近极限，低成本制造的传统优势明显弱化。

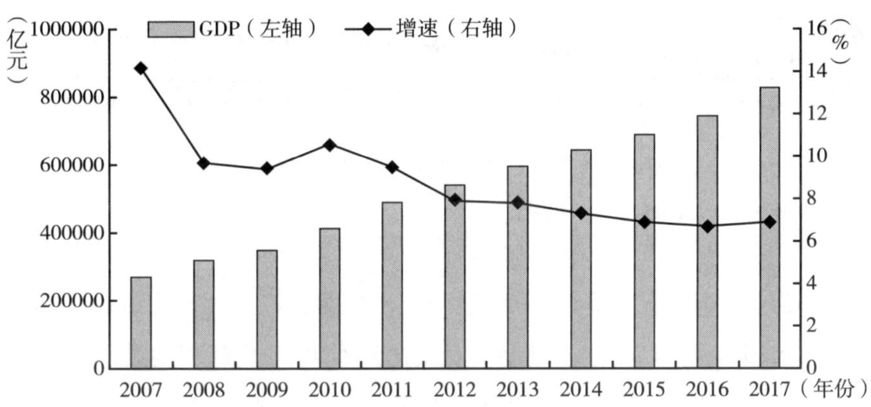

图 1　全国经济总量及增速变化（2007 ~ 2017 年）

资料来源：Wind 资讯，齐鲁财富网。

面对来自国内外的挑战，我国坚定不移地推进供给侧结构性改革，调结构、转动力，巩固和提升传统竞争优势，培育新的竞争优势。经过几年的努力，至 2017 年中国经济增速下行态势基本得到遏制，市场供求关系得到修复，经济增长潜能开始释放。从产业结构来看，2017 年全国经济“三二一”产业结构更加稳固。第三产业自 2012 年首度超过第二产业，成为拉动经济增长的主要动力，2017 年第三产业增加值 42. 70 万亿元，占 GDP 的比重为 51. 6%；第一产业、第二产业增加值分别为 6. 55 万亿元，33. 46 万亿元，占 GDP 的比重分别为 7. 9% 和 40. 5%（见图 2）。

2. 最终消费支出成为拉动经济增长的主要动力

从三大需求对经济的贡献来看，2017 年最终消费支出对国内生产总值增长的贡献率为 58. 8%，资本形成总额贡献率为 32. 1%，货物和服务净出

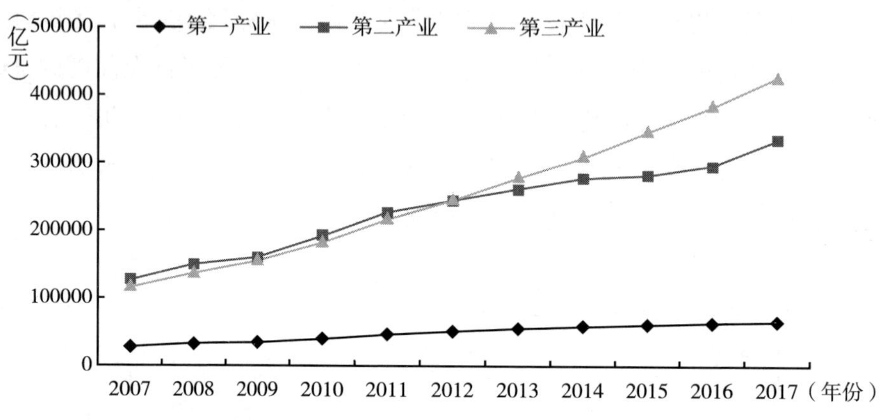

图2　全国产业结构变化（2007～2017年）

资料来源：Wind资讯，齐鲁财富网。

口贡献率为9.1%（见图3）。最终消费支出成为拉动经济增长的主要动力。数据显示，2014年至2017年最终消费支出对GDP的贡献率逐渐凸显，分别比资本形成总额对GDP的贡献率高出1.9个、18.1个、22.4个、26.7个百分点。主要原因是过去我国消费具有明显的模仿型排浪式特征，2014年模仿型排浪式消费①阶段基本结束，个性化、多样化消费渐成主流，保证产品质量安全、通过创新供给激活需求的重要性显著上升。

由图3可见，货物和服务净出口对GDP的贡献能力较弱，近10年内有6年的时间贡献率为负。国际金融危机发生前国际市场空间扩张很快，出口成为拉动我国经济快速发展的重要动能，而近年世界经济复苏乏力、全球总需求不振，贸易保护加剧，世界范围内的不确定因素增多；并伴随着国内劳动力、土地等资源要素的成本上升，中国的低成本比较优势也明显弱化。以出口为例，中国自2012年以来出口连续超过2万亿美元，成为世界上唯一一个出口超过2万亿美元的国家，但终结了出口高速增长的阶段，2012～

① 排浪式消费，就是消费缺乏或者没有创新，热点比较集中，一段时间内，以一种消费为主导。排浪式消费具有从众模仿的特征，在特定的历史条件下形成不同的排浪式消费，与个性化消费和多样化消费相对应。

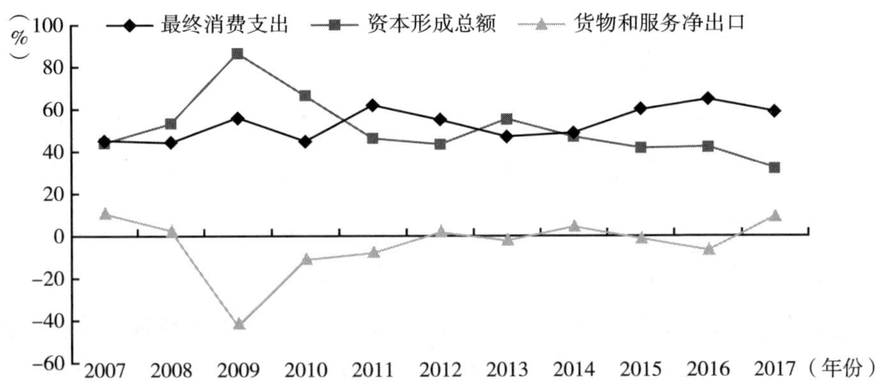

图3　全国三大需求对GDP增长的贡献率（2007～2017年）

资料来源：Wind资讯，齐鲁财富网。

2016年出口增速持续放缓，2015年、2016年甚至出现了出口总额负增长的现象。2017年虽然出口总额反弹到22634.90亿美元，但仍没有达到2015年水平，反弹力度较弱，中国对外贸易形势依然严峻复杂，外贸下行压力很大（见图4）。在复杂的国际环境和艰巨的国内改革发展压力下，中国经济发展进入新常态，正从高速增长转向中高速增长，从规模速度型粗放增长转向质量效率型集约增长，从要素投资驱动转向创新驱动。

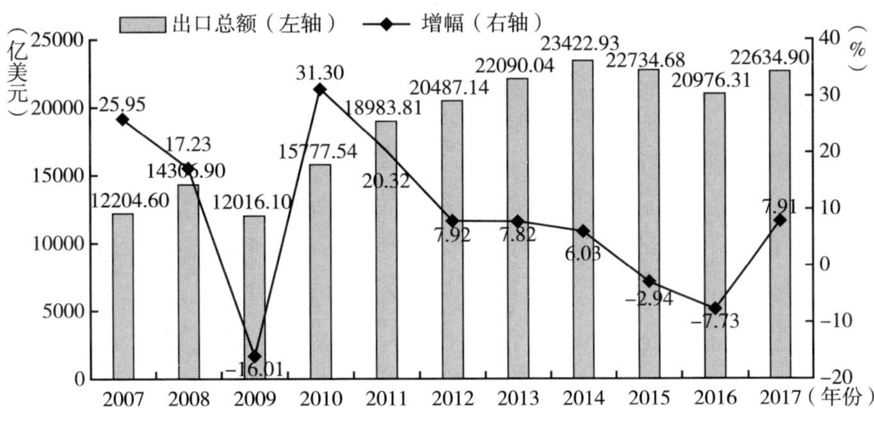

图4　中国出口总额及出口增速变化（2007～2017年）

资料来源：Wind资讯，齐鲁财富网。

（二）山东经济运行情况

2017 年，山东全省上下认真贯彻落实习近平总书记提出的“走在前列”根本要求和“凤凰涅槃”“腾笼换鸟”等重要指示精神，加快推进新旧动能转换重大工程，全省经济总体保持稳中向好发展态势。产业结构持续优化，动能转换持续加快，推动经济实现高质量发展的有利因素不断累积，经济发展的稳定性、协调性、柔韧性和可持续性持续增强。全省以供给侧结构性改革为主线，加快实施新旧动能转换重大工程，统筹推进稳增长、促改革、调结构、惠民生、防风险各项工作，经济社会呈现提质增效、稳中向好态势，转型发展加快推进，民生保障持续增强，经济文化强省建设迈出坚实步伐。

1. 产业结构进一步优化

2017 年全省实现生产总值 72678. 2 亿元，按可比价格计算，比上年增长 7. 4%（见图 5）。其中，第一产业增加值 4876. 74 亿元，增长 3. 5%；第二产业增加值 32925. 12 亿元，增长 6. 3%；第三产业增加值 34876. 32 亿元，增长 9. 1%。三次产业结构为 6. 7∶45. 3∶48. 0。第三产业比重在 2016 年首次超过

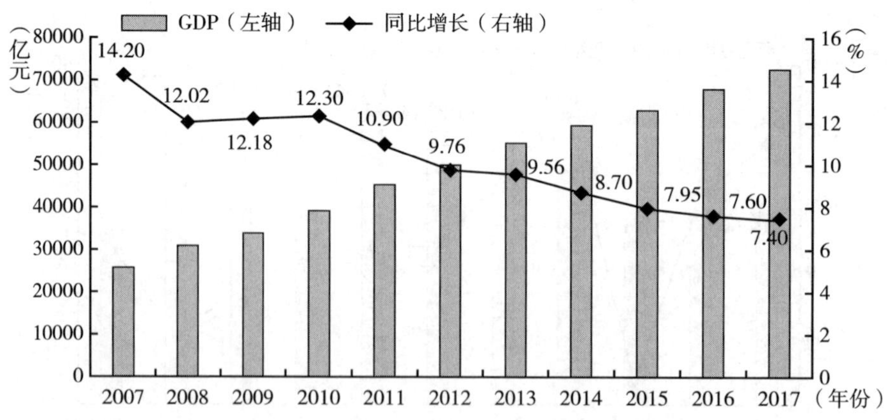

图 5　山东省 GDP 总量与增速变化（2007～2017 年）

资料来源：Wind，齐鲁财富网。

第二产业的比重，逐渐成为拉动经济增长的主动力，2017 年全省第三产业增加值占 GDP 的比重为 48%，比上年提高 1.3 个百分点，高于第二产业 2.7 个百分点，对经济增长的贡献率达 56.4%，拉动经济增长 4.2 个百分点。2017 年山东省第三产业增加值占 GDP 的比重较 2007 年增长了 14.6 个百分点，“三二一”结构更加稳固（见表 2）。

表 2　山东省三大产业占 GDP 的比重（2007 ~ 2017 年）

单位：%

年份	第一产业	第二产业	第三产业
2007	9.70	56.90	33.40
2008	9.70	57.00	33.40
2009	9.50	55.80	34.70
2010	9.20	54.20	36.60
2011	8.80	52.90	38.30
2012	8.60	51.50	40.00
2013	8.30	49.70	42.00
2014	8.07	48.44	43.48
2015	7.90	46.80	45.30
2016	7.25	46.08	46.68
2017	6.70	45.30	48.00

资料来源：Wind 资讯，齐鲁财富网。

2017 年山东省第一产业增加值 4876.74 亿元，占 GDP 的比重为 6.70%，与 2016 年相比下降 0.55 个百分点。2017 年山东省第一产业增加值占 GDP 的比重比全国低 1.22 个百分点，但比江苏省高 1.95 个百分点，比广东省高 2.48 个百分点，比浙江省高 2.80 个百分点，对经济总量的贡献率仍然相对较高（见图 6）。2017 年山东省粮食产量再创新高，林牧渔业总体稳定，生产条件优化改善。全年粮食产量再创新高。农业增加值 2802.3 亿元，比上年增长 4.6%。粮食总产量 4723.2 万吨，增长 0.5%，是历史第一高产年。年末大中型拖拉机 59.5 万台，农作物耕种收综合机械化水平超过 83%。林牧渔业总体稳定。林业增加值 116.0 亿元，比上年增长 9.9%；年末林地面积 349.0 万公顷，活立木总蓄积量 13040.5 万立方米，森林覆盖率 17.51%。牧业增加值 997.8 亿元，增长 3.7%；猪牛羊禽肉产量 772.4 万吨，增长 2.7%；禽蛋产量 449.3 万吨，增长 1.9%；牛奶产量 266.2 万吨，下降 0.8%。渔业增加值 960.6 亿元，下降 0.5%；水产品总产量（不含远洋渔业产量）881.4 万吨。其中，海水产品产量 731.9 万吨，淡水产品产量 149.5 万吨。

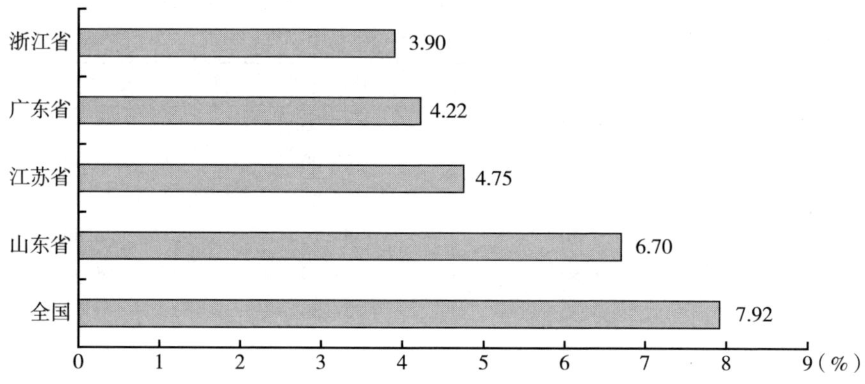

图 6　全国及四省第一产业增加值占 GDP 的比重（2017 年）

资料来源：Wind 资讯，齐鲁财富网。

2017 年山东省第二产业增加值为 32925.12 亿元，占 GDP 比重为 45.30%，与 2016 年相比下降 0.78 个百分点，但比江苏省高 0.3 个百分点，比浙江省高 1.89 个百分点，比广东省高 2.36 个百分点，比全国高 4.84 个百分点。第二产业增加值占 GDP 比重较高说明山东省是名副其实的“工业大省”（见图 7）。全年全部工业增加值 28705.7 亿元，比上年增长 6.6%。规模以上工业增加值增长 6.9%，比上年增长 0.1 个百分点，高于全国 0.3 个百分点，扭转了 2010 年以来全省工业增速逐年回落的局面。全省规模以上装备制造业增加值增长 11.0%，比上年提高 3.4 个百分点，高于规模以上工业增速 4.1 个百分点，贡献率达到 45.0%，取代资源、能源类行业，成为全省工业增长的主引擎。规模以上高技术行业增加值增长 10.9%，连续 12 个月保持 10% 以上增速，增幅比上年提高 3.1 个百分点，高于规模以上工业增速 4.0 个百分点，成为引领工业动能转换的优势产业。六大高耗能行业持续低位运行，增加值增长 3.6%，比上年回落 6.7 个百分点，低于规模以上工业 3.3 个百分点。

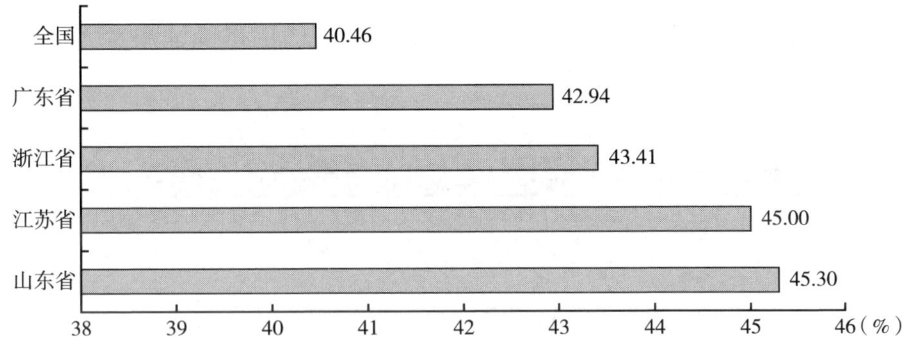

图 7　全国及四省第二产业增加值占 GDP 的比重（2017 年）

资料来源：Wind 资讯，齐鲁财富网。

2017 年，山东省第三产业增加值为 34876.32 亿元，占 GDP 的比重为 48.00%，与 2016 年相比增加 1.3 个百分点。我们在看到全省三大产业取得成绩的同时，也应该看到山东省由于 2016 年才进入“三二一”产业结构状态，比全国、广东省、浙江省、江苏省分别晚了 4 年、3 年、2 年、1 年，山东省产业结构还存在继续优化的空间。2017 年广东省服务业占 GDP 的比重为 52.84%，浙江省为 52.69%、全国为 51.63%、江苏省为 50.25%，均高于山东省。2017 年山东省第三产业增加值占 GDP 的比重比江苏省低 2.25 个百分点，比全国低 3.63 个百分点，比浙江省低 4.69 个百分点，比广东省低 4.84 个百分点，对经济的支柱作用相对较弱（见图 8）。2017 年，山东省委、省政府着眼走在前列，科学把握发展大势和省情实际，把推动服务业转型与跨越发展，作为全省经济结构调整和转型发展的战略重点和主攻方向，加快服务业向创新驱动、高端高质的方向转型发展。服务业新兴业态成为推动全省经济保持中高速增长的新动能。伴随着以互联网为代表的信息技术加速向研发设计、生产制造、销售服务等环节融合渗透，2017 年山东省互联网和相关服务营业收入增长 43.3%，软件和信息技术服务业增长 32.4%，商务服务业增长 27.7%。以信息传输软件和信息技术服务业、租赁和商务服务业为代表的营利性服务业增加值增长 18.6%，高于第三产业增速 9.5 个百分点，占服务业比重为 15.3%，比上年提高 1.0 个百分点。金融业和房地产业增加值占服务业比重为 19.7%，比上年提高 0.4 个百分点。

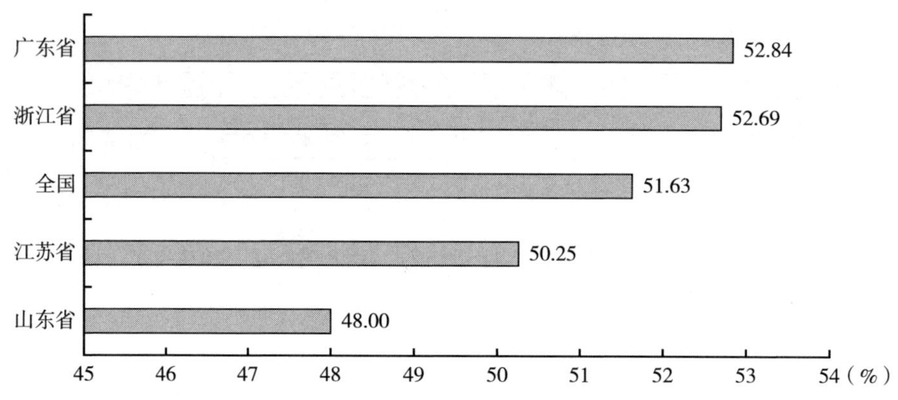

图 8　全国及四省第三产业增加值占 GDP 的比重（2017 年）

资料来源：Wind 资讯，齐鲁财富网。

2. 三大需求平稳增长

消费市场运行平稳。社会消费品零售总额 33649.0 亿元，比上年增长 9.8%。其中，餐饮收入 3602.6 亿元，增长 10.5%；商品零售 30046.4 亿元，增长 9.7%。城镇消费品零售额 26814.5 亿元，增长 9.7%；乡村消费品零售额 6834.5 亿元，增长 10.3%。新型消费快速释放。网上零售额 2539.3 亿元，比上年增长 37.5%。其中，实物商品网上零售额 2084.5 亿元，增长 32.3%，占社会消费品零售总额比重为 6.2%，比上年提高 1.3 个百分点。主要商品销售稳定。限额以上单位商品零售中，粮油、食品类零售额 1465.3 亿元，比上年增长 8.8%；服装、鞋帽、针纺织品类零售额 989.0 亿元，增长 7.6%；日用品类零售额 415.3 亿元，增长 6.8%；汽车类零售额 3058.3 亿元，增长 5.8%；家用电器和音像器材类零售额 989.5 亿元，增长 13.0%；建筑及装潢材料类零售额 322.7 亿元，增长 9.0%。

投资结构继续优化。固定资产投资（不含农户）54236.0 亿元，比上年增长 7.3%。三次产业投资构成为 1.9∶49.6∶48.5，服务业投资比重比上年提高 2.7 个百分点。第一，服务业投资增势较强，比重实现较大提升。服务业投资完成 26330.1 亿元，增长 12.5%，增速分别比第一、第二产业投资快 1.8 个和 10.0 个百分点；占全部投资的比重为 48.5%，比上年提高 2.7 个百分点。服务业中，互联网和相关服务业、金融业等现代服务业投资快速增长，分别增长 39.8%、35.6%。第二，国有投资带动力增强，贡献率提高。国有投资完成 9568.2 亿元，增长 30.8%，快于民间投资增速 28.7 个百分点；占全部投资的比重为 17.6%，比上年提高 3.3 个百分点。国有投资对投资增长的贡献率达到 110.7%，比上年提高 86.7 个百分点，拉动投资增长 4.0 个百分点。第三，技术改造投资增速快，比重高。工业技改投资 16728.6 亿元，增长 14.1%，增速比上年提高 6.0 个百分点；占工业投资的比重为 64.3%，比上年提高 6.6 个百分点。在高新技术产业、高耗能行业、装备制造业、产能过剩行业中，技改投资分别增长 17.3%、17.2%、10.8% 和 7.8%，依次比上年提高 14.9 个、3.6 个、7.1 个和 10.7 个百分点。第四，基础设施投资高速增长，支撑作用明显。基础设施投资完成 9999.3 亿元，增长 29.2%，高于全部投资增速 21.9 个百分点；占全部投资的比重为 18.4%，比上年提高 3.4 个百分点。对全部投资增长的贡献率达到 115.2%，比上年提高 82.9 个百分点。第五，大项目贡献大，新开工项目后劲足。计划总投资亿元以上施工项目完成投资 28693.3 亿元，增长 19.1%，对全部投资增长的贡献率达到 164.6%，拉动投资增长 5.9 个百分点。其中，亿元以上新开工项目 6028 个，增长 26.0%，为投资增长储备力量。

值得注意的是，山东省固定资产投资增速在四个省份中排名垫底，而固定资产投资是拉动经济增长的主要动力之一。数据显示，2017 年山东固定资产投资完成 5.42 万亿元，增长 7.3%，增速比上年回落 3.2 个百分点，高于全国 0.3 个百分点，但比广东省、浙江省、江苏省分别低 6.2 个、1.3 个、0.2 个百分点（见表 3）。全年山东省服务业投资、工业技改投资、基础设施投资力度加大，占全部投资的比重提升，高耗能、产能过剩行业投资增速持续回落，占全部投资的比重下降，投资结构进一步改善。

表 3　全国及四省固定资产投资增速（2007～2017 年）

单位：%

年份	全国	广东	浙江	江苏	山东
2007	24.84	12.30	10.50	22.50	23.90
2008	25.85	16.70	8.70	24.10	23.40
2009	29.95	18.50	13.80	22.90	23.20
2010	23.83	23.20	14.40	22.10	22.10
2011	23.76	16.40	19.20	21.50	21.80
2012	20.30	11.00	21.60	20.50	20.50
2013	19.30	18.30	18.10	19.60	19.60
2014	15.30	15.90	16.60	15.50	15.80
2015	9.80	15.90	13.20	10.50	13.90
2016	7.90	10.00	10.90	7.50	10.50
2017	7.00	13.50	8.60	7.50	7.30

资料来源：Wind 资讯，齐鲁财富网。

对外贸易快速增长。货物进出口总额为 17823.9 亿元，比上年增长 15.2%。其中，进口额为 7858.5 亿元，增长 22.2%，比上年加快 15.4 个百分点；出口额为 9965.4 亿元，增长 10.1%，比上年加快 8.9 个百分点。出口商品中，机电产品出口额为 3877.3 亿元，增长 11.9%；纺织服装出口额为 1444.1 亿元，增长 5.9%；农产品出口额为 1152.5 亿元，增长 7.2%。主要市场中，对美国、东盟、欧盟、韩国和日本出口分别增长 12.6%、5.9%、12.7%、9.9% 和 17.9%。服务进出口总额为 3528.1 亿元，增长 15.2%。其中，出口额为 1692.0 亿元，增长 12.1%；进口额为 1836.1 亿元，增长 18.2%。利用外资增势平稳。新设立外商投资企业 1479 家；合同外资 1860.8 亿元，比上年增长 32.5%；实际使用外资 1210.5 亿元，增长 9.0%。其中，制造业实际使用外资 645.8 亿元，增长 9.7%；服务业实际使用外资 466.7 亿元，增长 9.0%。新批及增资总投资过亿美元项目 102 个，合同外资 158.1 亿美元。世界 500 强企业投资项目 54 个，合同外资 14.9 亿美元。6 家世界 500 强企业在山东首次投资，创历史新高。“走出去”战略稳步推进。实际对外投资 377.5 亿元。其中，跨国并购实际投资 117.8 亿元。对外承包工程新签合同额 874.7 亿元，完成营业额 793.7 亿元，分别比上年增长 4.0% 和 9.3%。派出各类劳务人员 7.2 万人，增长 4.2%。“一带一路”合作成效明显，全年与“一带一路”沿线国家商品进出口额为 4816.3 亿元，比上年增长 16.4%。其中，出口额为 2672.5 亿元，增长 6.7%。对“一带一路”沿线国家实际投资 100.6 亿元，增长 81.7%。实际使用“一带一路”沿线国家资金 99.8 亿元，增长 19.2%。在“一带一路”沿线国家承包工程完成营业额 473.4 亿元，增长 11.2%。

3. 经济发展质量不断改善

“三去一降一补”取得新进展。完成 175 万吨生铁、527 万吨粗钢、351 万吨煤炭去产能任务，违法违规电解铝项目和“地条钢”清理整顿工作圆满完成。年末商品房待售面积 3257.3 万平方米，比上年末减少 920.8 万平方米。规模以上工业企业资产负债率为 54.6%，比上年末降低 0.2 个百分点。落实各项减税降费政策，为企业减负 860 亿元。规模以上工业企业每百元主营业务收入成本为 87.5 元，比上年降低 0.4 元。基础设施投资 9999.3 亿元，比上年增长 29.2%。新经济规模发展壮大。高新技术产业产值占规模以上工业的比重为 35.0%，比上年提高 1.2 个百分点。工业机器人、城市轨道车辆、服务器、新能源汽车等高技术产品产量分别增长 60.7%、80.2%、16.3%、3.0 倍。软件业业务收入 4933.1 亿元，增长 14.3%；软件业务出口 16.1 亿美元，增长 10.9%。新登记市场主体 149.6 万户，比上年增长 4.5%。其中，新登记“四新”经济企业增长 37.2%。123 家企业和研发单位落户测绘地理信息产业基地。运营共享单车 47 万辆。

创新平台作用增强。中国（烟台）知识产权保护中心正式挂牌运营，青岛、东营、烟台、潍坊 4 市入围国家知识产权强市创建市。共有国家知识产权强县工程示范县（区）18 个，国家级高新技术产业开发区 13 个，国家知识产权试点示范园区 11 个，国家创新型产业集群试点 7 个，国家火炬计划特色产业基地 69 个，国家级工程技术研究中心 36 个，企业国家重点实验室 17 个，院士工作站 334 个。

双创活力持续迸发。获得国家级科技成果奖励 19 项。其中，国家技术发明奖 3 项，国家科学技术进步奖 16 项。第十九届中国专利奖金奖 4 项，专利奖优秀奖 64 项。PCT 国际专利申请量 1700 件，比上年增长 21.5%。发明专利申请量 6.8 万件，发明专利授权量 1.9 万件。每万人口有效发明专利拥有量 7.57 件，比上年增加 1.24 件。省级创业孵化示范基地和创业示范园区达到 161 家，省级示范创业大学达到 11 家。年末民营经济市场主体增长 13.9%。其中，私营企业增长 19.9%，个体工商户增长 12.0%。

财税结构持续优化。企业盈利能力明显增强，居民收入平稳较快增长，财税结构进一步改善。全省实现一般公共预算收入 6098.5 亿元，同口径增长 6.6%。剔除山东省出台减费降负政策、化工行业整治、重点行业去产能等不可比因素后，增长 8.5%。其中，税收收入完成 4419 亿元，增长 9.1%；税收占比达到 72.5%，比上年提高 0.6 个百分点，济南、日照两市的税收比重超过 80%。

节能降耗成绩突出。全省坚决贯彻绿色发展理念，深化供给侧结构性改革，综合整治环境污染问题，节能降耗取得明显效果。生铁、粗钢、煤炭去产能年度任务提前完成；关停电解铝产能 322.25 万吨，超额完成国家任务。全年全行业用电量仅增长 0.73%，增速比上年回落 4.6 个百分点。其中，工业用电比上年降低 5.8 个百分点。

（三）2017年山东经济运行特点

2017 年，全省深入贯彻落实党的十九大和省第十一次党代会精神，牢牢把握走在前列的目标定位，以供给侧结构性改革为主线，以新旧动能转换重大工程为抓手，推动结构优化、动力转换和质量提升，经济运行保持了总体平稳、稳中有进、进中向好的发展态势。2017 年全省经济运行出现一些令人瞩目的特点。

一是实施新旧动能转换重大工程激活新引擎。充分发挥新旧动能转换重大工程的主导作用，“无中生有”和“有中出新”竞相涌现，新旧动能转换加速发力成为经济高质量发展的助推器。2017 年，传统行业高端化加快推进，玻璃纤维和玻璃纤维增强塑料制品制造增长超过 10%，有色金属合金制造业增长 70. 2%。高新技术产业发展迅猛，高新产业增加值增速超过规模以上工业 4 个百分点，比 2016 年同期增加 3. 1 个百分点；装备制造业增加值增长 11. 0%，对规模以上工业的贡献率超过 40%，成为促进工业持续发展的重要推手。工业机器人、新能源汽车产量分别增长六成及八成以上。

二是“三去一降一补”成效逐步显现。全省全面深化体制机制改革，注重优势产业的成果转化，查漏补缺，配置资源更加优化，供给质量明显提升。2017 年，全省规模以上工业产品销售率达到 98. 9%。通过化解低端无效产能，六大高耗能行业持续低位运行，实现增加值增长 3. 6%，比 2016 年降低了 6. 7 个百分点。第四季度煤炭、轮胎、平板玻璃产能利用率分别升至 81%、80% 和 81%，处于 79% ~82% 的产能利用合理水平。2017 年全省积极推行房地产去库存政策，商品房去库存进度稳步推进。商品房待售面积 3257. 3 万平方米，比 2016 年同期下降 22. 0%。由于山东省积极推行去库存、去杠杆，推出一系列的措施和办法以实现为企业减负，因此，2017 年规模以上工业企业资产负债率为 54. 6%，比上年末小幅下降 0. 2 个百分点，每百元主营业务收入成本同比降低 0. 4 元。扎实推进全省基础设施建设，年内完成投资 9999. 3 亿元，增长 29. 2%，高于全部投资增速 21. 9 个百分点；占全部投资的比重为 18. 4%，比上年提高 3. 4 个百分点。

三是经济转型升级迈上新台阶。年初，省政府办公厅下发的《关于加快推进工业创新发展转型升级提质增效的实施意见》（鲁政办发〔2017〕1 号）提出，加快推进发展动能由要素驱动为主向创新驱动主导转变、产业分工由价值链中低端向中高端转变、资源配置由市场机制不全与政府职能错位并存向有效市场与有为政府协同联动转变、方式目标由注重规模扩张向着力提质增效转变等“四个转变”。通过一列“组合拳”，推动工业创新发展、转型升级、提质增效。坚持做好“存量变革”和“增量崛起”两篇大文章，

在保持增速平稳的基础上，向高质量发展新阶段更进一步。2017 年，全省产业结构进一步优化，“三二一”结构基本确立，三次产业构成为 6.7∶45.3∶48.0，服务业比重比上年提高 1.3 个百分点，高于第二产业 2.7 个百分点，对经济增长的贡献率达 56.4%，拉动经济增长 4.2 个百分点。农林牧渔业服务业快速发展，实现增加值增长 12.9%，快于全部服务业 3.8 个百分点。农业生产稳定，粮食总产量连续 6 年稳定在 900 亿斤以上，2017 年达到 944.64 亿斤，比上年增加 4.50 亿斤，是历史第一高产年，稳居全国第三位。规模以上工业生产增速七年来首次回升，实现增加值增长 6.9%，比上年提高 0.1 个百分点，增速扭转了 2011 年以来的持续下滑局面。工业技术改造投资 16728.6 亿元，增长 14.1%，比上年提高 6 个百分点，占全部工业投资六成以上比重，比 2016 年提高 6.6 个百分点。服务业可持续发展能力进一步增强。实现投资增长 12.5%，比上年提高 5.5 个百分点，比全部投资快 5.2 个百分点。

四是消费拉动和市场需求展现出新的内涵。借助互联网和信息技术，大众消费观念和消费模式加快升级，市场需求不断优化。2017 年，全省社会消费品零售总额 33649.0 亿元，增长 9.8%。体育文娱、家居家装、民用汽车等品质升级类消费持续攀升。有效投资规模扩大，固定资产投资完成 54236.0 亿元，增长 7.3%，其中高耗能行业投资仅增长 3.8%，比上年降低 13.7 个百分点；亿元以上项目带动力强，完成投资增长 19.1%，对全部投资增长贡献率高达 164.6%。对外贸易较快增长，实现进出口总额 17823.9 亿元，增长 15.2%，比上年加快 11.7 个百分点。

五是实现质量效益的新突破。2017 年 4 月，山东新旧动能转换重大工程正式启动。山东省委书记刘家义在省第十一次党代会上提出，加快新旧动能转换，促进经济转型升级提质增效。2017 年，全省经济坚持质量第一，效益优先；居民收入持续增加，城镇居民人均可支配收入与农村居民人均可支配收入均有超过 8% 幅度的增长，城乡居民人均收入倍差 2.43，同比缩小 0.01。一般公共预算收入 6098.5 亿元，同口径增长 6.6%，其中税收收入增长 9.1%，占比超七成。

六是民生和社会保障取得新进展。刘家义在省党代会上还强调："建设经济文化强省，民生改善是最真切、最生动、最温暖的诠释。要按照人人参与、人人尽力、人人享有的要求，织密扎牢民生保障网，提升公共服务水平，使改革发展成果更多更公平惠及全省人民。"2017 年，山东在经济发展的同时，把改善和保障民生作为各项工作的重中之重，人民群众的获得感和幸福感明显提高。全年就业形势良好，城镇新增就业 128.28 万人，超额完成预定计划；年末城镇登记失业率低于 3.5%。物价温和上涨，全年居民消费价格上涨 1.5%，涨幅比上年回落 0.6 个百分点。民生支出加大，公共安全、社会保障和就业、住房保障等支出分别增长 8.3%、14.0% 和 24.7%。新型城镇化水平稳步提升，年末常住人口达到 10005.83 万人，常住人口城镇化率升至 60.58%，比上年末提高 1.56 个百分点。

七是绿色发展初现成效。实施新旧动能转换重大工程要求推进生产生活方式绿色化，坚持"绿水青山就是金山银山"发展理念，坚持市场为导向、法治为保障的原则，以环保督查为突破口，不间断不定期地开展环境治理专项行动，实现自然效益与经济效益的双赢。2017 年，规模以上工业万元增加值能耗下降 9.9%，降幅比上年扩大 4.7%。新能源发电量增长 29.7%，增速高于规模以上工业发电 34.2 个百分点。规模以上工业能耗扭升转降，降幅为 3.2%，已连续 5 个月呈现下降态势；煤炭消费量下降 6.6%，创近十多年来年度最大降幅。从节能水平看，规模以上工业重点监测的 68 项单位产品综合能耗指标中，有 42 项指标比上年下降，占 61.8%。

八是区域经济发展的龙头效应进一步凸显。2018 年 1 月 3 日，国务院《关于山东新旧动能转换综合试验区建设总体方案的批复》（国函〔2018〕1 号）批准了《山东新旧动能转换综合试验区建设总体方案》。《方案》将青岛确定为新旧动能转换综合试验区三核引领之一，明确青岛的核心引领地位，发挥海洋科学城、东北亚国际航运枢纽和沿海重要中心城市综合功能，突出西海岸新区，打造东部沿海重要的创新中心、海洋经济发展示范区，形成东部地区转型发展新的增长点。全省 17 地市发展水平差异较大，地区间经济社会发展不平衡。青岛继 2016 年经济总量首次突破万亿元大关后，

2017 年继续迅猛增长至 11037.28 亿元，不仅位居全省榜首，而且遥遥领先于排名第二位的烟台（GDP 为 7338.95 亿元）和排名第三位的济南（GDP 为 7201.96 亿元），高出烟台、济南 50% 还多。全省除了莱芜外，其余 16 个地市经济总量均突破 2000 亿元。17 个地市的平均经济总量为 4275.19 亿元。其中，青岛、烟台、济南、潍坊、淄博、济宁和临沂 7 个地市的经济总量高于山东省平均水平。由图 9 可见，山东省区域经济发展不平衡，东部沿海地区经济相对发达，西部地区发展相对缓慢。

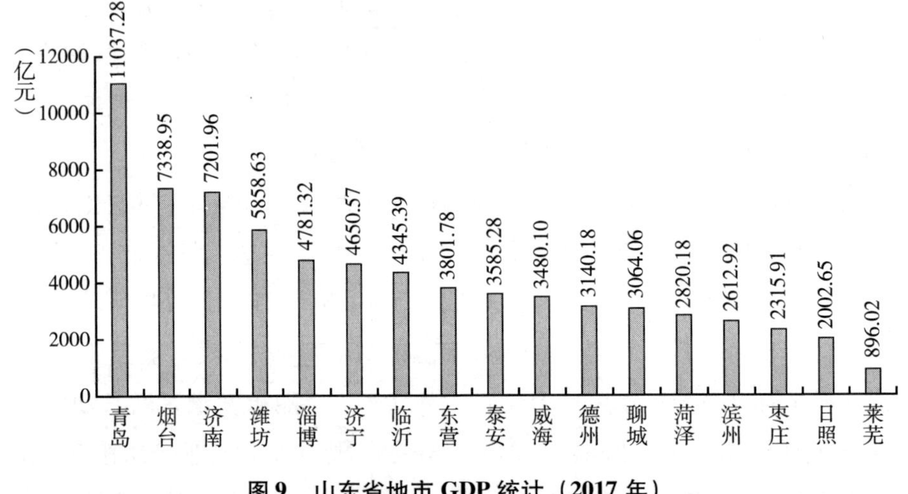

图 9　山东省地市 GDP 统计（2017 年）

资料来源：山东省统计局，齐鲁财富网。

（四）山东经济运行存在的问题

国内新一轮区域竞争蓬勃兴起，各省份竞相营造好的发展环境，形成了你追我赶的局面。山东肩负“走在前列”的光荣使命、身处由大到强战略性转变关键时期，全省当下所面对的，既有制约发展的突出短板，也有多年累积的薄弱环节，还有前行进程中不断冒出的各种新难题，我们在看到山东经济发展取得成绩的同时，一些痼疾也不容忽视。

1. 与广东和江苏差距加大

虽然近年来山东省 GDP 总量稳步增长，近 10 年来全省经济总量累计增长 181.95%，并且在全国的排名位次保持不变，但是自 2009 年以来山东省与广东省、江苏省的差距逐渐拉大，2017 年的差距更为明显。2007 年山东省经济总量与广东省的差距为 6001 亿元，2017 年这一差距扩大到 17201 亿元；2007 年山东省经济总量与江苏省的差距仅为 242 亿元，但是到 2017 年两省经济总量差距扩大到 13222 亿元（见图 10）。

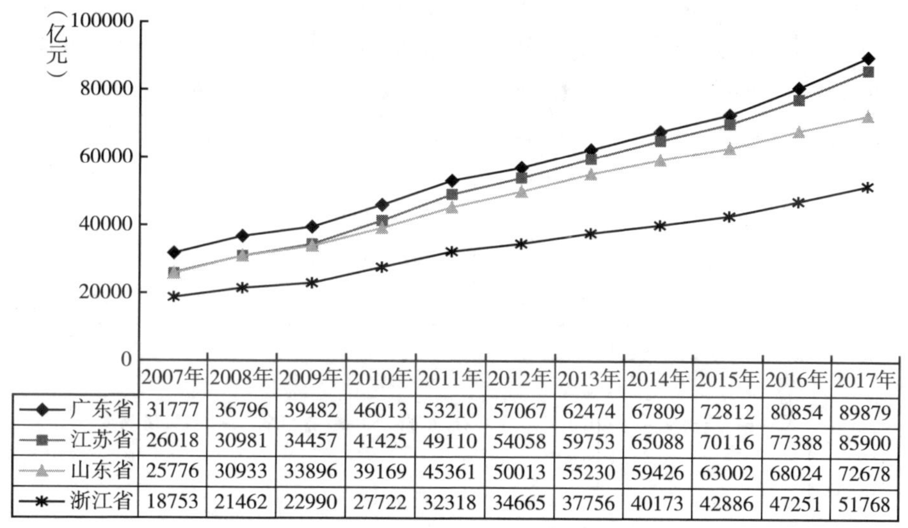

	2007年	2008年	2009年	2010年	2011年	2012年	2013年	2014年	2015年	2016年	2017年
广东省	31777	36796	39482	46013	53210	57067	62474	67809	72812	80854	89879
江苏省	26018	30981	34457	41425	49110	54058	59753	65088	70116	77388	85900
山东省	25776	30933	33896	39169	45361	50013	55230	59426	63002	68024	72678
浙江省	18753	21462	22990	27722	32318	34665	37756	40173	42886	47251	51768

图 10　四省 GDP 比较（2007～2017 年）

资料来源：Wind 资讯，齐鲁财富网。

2. 人均 GDP 四省排名末位

山东省 2017 年的人均 GDP 为 72851.00 元，同比增长 5.99%。虽然山东省人均 GDP 高于全国水平，但是与广东省、浙江省和江苏省三省相比仍有较大差距，广东省人均 GDP 比山东省高出 11.31%，浙江省高出 26.36%，江苏省高出 47.13%（见表 4）。由图 11 可以看出自 2009 年江苏省人均 GDP 超过浙江省之后，持续强劲增长并领先四省，而山东省人均 GDP 在四省中排名末位，与广东省、浙江省和江苏省的差距逐渐加大。2017 年山东省人均 GDP 水平与江苏省 2013 年的水平、浙江省 2014 年的水平、广东省 2016 年的水平相当。

表4　全国及四省人均 GDP（2007～2017 年）

单位：元

年份	全国	山东	广东	浙江	江苏
2007	20505.00	27604.00	33272.00	36676.00	33837.00
2008	24121.00	32936.00	37638.00	41405.00	40014.00
2009	26222.00	35894.00	39436.00	43842.00	44253.00
2010	30876.00	41106.00	44736.00	51711.00	52840.00
2011	36403.00	47335.00	50807.00	59249.00	62290.00
2012	40007.00	51768.00	54095.00	63374.00	68347.00
2013	43852.00	56884.94	58833.00	68804.72	75354.00
2014	47203.00	60879.10	63469.00	73002.05	81874.00
2015	50251.00	64168.30	67503.00	77643.69	87995.00
2016	53980.00	68733.00	74016.00	84916.00	96887.00
2017	59660.00	72851.00	81089.00	92057.00	107189.00

资料来源：Wind 资讯，齐鲁财富网。

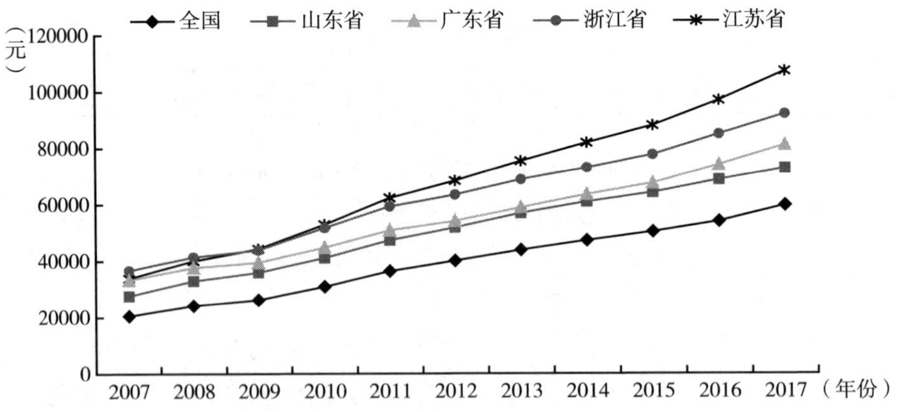

图11　全国及四省人均 GDP 比较（2007～2017 年）

资料来源：Wind 资讯，齐鲁财富网。

3. 经济增速连续放缓

随着山东省经济总量逐年增长，经济增速连续呈现下滑态势（见图 5、表 5）。2017 年山东省 GDP 增速虽然高于全国 0.5 个百分点，但仍分别低于浙江省、广东省 0.4 个和 0.1 个百分点。值得注意的是，虽然山东省 GDP 总量在全国排名第三位，但是经济增速与江苏省相比却不尽如人意，近 10 年来江苏省增速除 2017 年低于山东省外，其余年份均超过山东省，经济差距逐渐拉大。山东省在经济总量和增速方面与广东省、浙江省、江苏省的差距明显，这与 3 个省份转型早、转型力度大、竞争力持续增强不无关系。2008 年广东省为推动产业优化升级、促进区域经济协调发展，在全国率先提出“腾笼换鸟”，印发了《关于推进产业转移和劳动力转移的决定》，出台了多项政策措施推进产业转移和劳动力转移；2013 年为了破解经济过多依赖低端产业、过多依赖低成本劳动力、过多依赖资源要素消耗、过多依赖传统市场和传统商业模式的问题，浙江省委、省政府审时度势，做出加快推进“四换三名”的重大决策（“四换”即腾笼换鸟、机器换人、空间换地、电商换市，“三名”即培育一批知名企业、知名品牌和知名企业家）；江苏省则最早在全国提出建立创新型省份，2006 年明确提出“以建设创新型省份为战略目标，大力推动自主创新和科技创业”的要求，2013 年获科技部

表 5　全国及四省 GDP 增速（2007 ~ 2017 年）

单位：%

年份	全国	浙江	广东	山东	江苏
2007	11.40	14.67	14.90	14.20	14.90
2008	9.00	10.05	10.40	12.02	12.70
2009	8.70	8.94	9.65	12.18	12.45
2010	10.30	11.90	12.40	12.30	12.70
2011	9.20	9.00	10.00	10.90	11.00
2012	7.80	7.98	8.16	9.76	10.10
2013	7.70	8.24	8.49	9.56	9.56
2014	7.40	7.60	7.80	8.70	8.70
2015	6.90	7.96	8.00	7.95	8.53
2016	6.70	7.55	7.50	7.60	7.80
2017	6.90	7.80	7.50	7.40	7.20

资料来源：Wind 资讯，齐鲁财富网。

批复创新型省份建设方案，同年省政府又出台《创新型省份建设推进计划（2013～2015年）》，以科技创新工程为抓手，研究提出“一个环境、两个支撑、三个体系、四个落脚点”的总体推进思路，进一步明确了新形势下创新型省份建设的总体要求、主要目标、重点任务和保障措施，创新型省份建设取得重大进展。多项转型政策实施下，继2012年全国进入“三二一”产业结构来，广东省、浙江省、江苏省分别于2013年、2014年、2015年将产业结构调整为“三二一”结构，而山东省则是在2016年才实现第三产业首度超过第二产业，第三产业成为拉动山东省经济增长的主动力。

二　山东金融业运行情况

（一）金融运行环境分析

2017年全国金融业增加值为65748.90亿元，占GDP的比重为7.95%，比上一年下降0.27个百分点。由图12可以看出，全国金融业增加值占GDP比重由2007年的5.62%，持续增长到2015年，这一比重高达8.40%。中国人民银行等2012年出台的《金融业发展和改革“十二五”规划》曾提出在“十二五”时期，金融服务业增加值占国内生产总值比重保持在5%左右，实际上“十二五”期间金融业增加值占GDP的比重均超过5%的目标，也引发了社会对金融泡沫、金融体系过度膨胀、资金脱实向虚等问题的担忧。2015年至今，随着引导金融服务实体经济、防范金融风险和加强金融监管等一系列政策落地实施，金融业增加值占GDP的比重逐渐降低（见表6、图12）。

近10年来我国金融业快速发展，特别是2007年，我国政府为了应对世界金融危机推出了“四万亿”计划，通过商业银行发放信贷的方式，向失去活力的经济体系注入“血液”，开启了商业行资产负债表大扩张的时期，并由此带来了全国金融业产能迅速扩大和积累，金融业增加值同比增

表6　全国金融业增加值与GDP的比较（2007～2017年）

单位：亿元，%

年份	金融业增加值	GDP	金融业增加值/GDP
2007	15173.7	270232.3	5.62
2008	18313.4	319515.5	5.73
2009	21798.1	349081.4	6.24
2010	25680.4	413030.3	6.22
2011	30678.9	489300.6	6.27
2012	35188.4	540367.4	6.51
2013	41191.0	595244.4	6.92
2014	46665.2	643974	7.25
2015	57872.6	689052.1	8.40
2016	61121.7	743585.5	8.22
2017	65748.9	827121.7	7.95

资料来源：Wind资讯，齐鲁财富网。

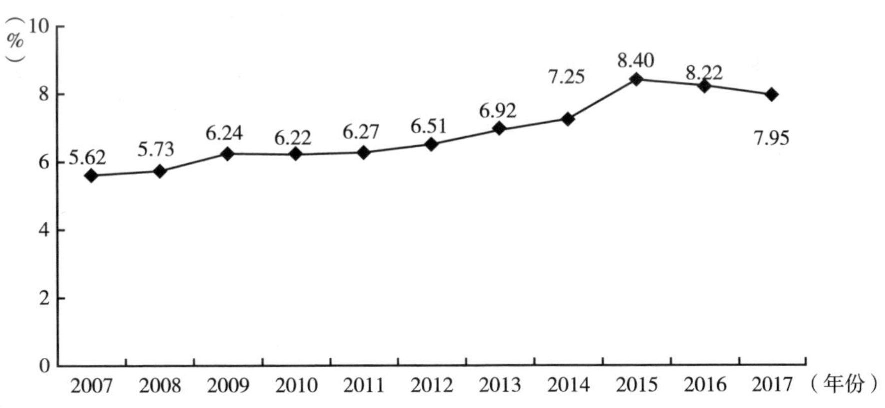

图12　全国金融业增加值占GDP的比重（2007～2017年）

资料来源：Wind资讯，齐鲁财富网。

长25.80%，比GDP增速高出11.6个百分点（见表7），2007～2012年中国信贷刺激逐渐放缓，金融产能逐渐消化和释放，2010年、2011年还出现了金融业增加值增速低于GDP增速的状况（见图13）；2012年受欧债危机影响，美国加大量化宽松政策的实施力度，先后推出QE2、QE3、QE4几轮量化宽松，美国超发的货币通过各种渠道进入中国，不但增加了我国的外汇储备，也带来了人民币的持续升值，进一步吸引大量美元进入国内。在中国强制结售汇制度下，进入中国人民银行资产负债表的美元都结算为人民币成为基础货币，为商业银行资产规模的扩张打下流动性基础，全国的金融业产能再次扩大，金融业增加值增速于2012～2015年与GDP的增速出现背离的走势（见图13）。

表7　全国GDP增速及金融业增加值增速对比（2007～2017年）

单位：%

年份	GDP增速	金融业增加值增速	年份	GDP增速	金融业增加值增速
2007	14.20	25.80	2013	7.80	10.60
2008	9.70	12.10	2014	7.30	9.90
2009	9.40	16.40	2015	6.90	16.00
2010	10.60	8.90	2016	6.70	4.50
2011	9.50	7.70	2017	6.90	4.50
2012	7.90	9.40			

资料来源：Wind资讯，齐鲁财富网。

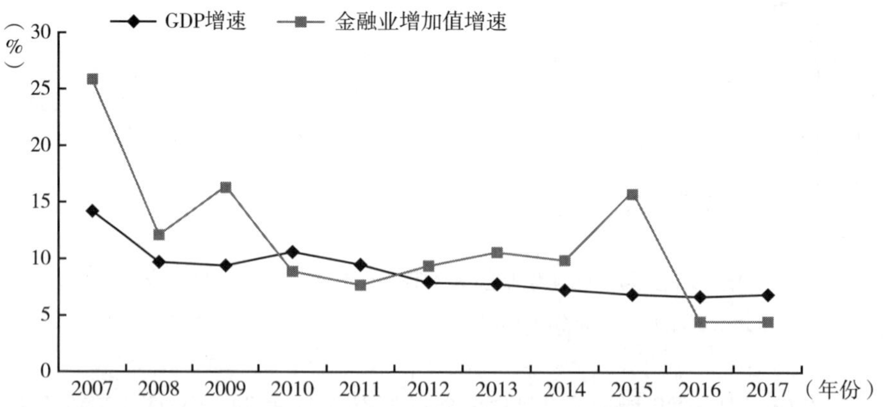

图13　全国GDP增速与金融业增加值增速对比（2007～2017年）

资料来源：Wind资讯，齐鲁财富网。

（二）山东金融业增加值与 GDP 的比较

2016 年《山东省金融业转型升级实施方案》（鲁政办字〔2016〕155 号）提出，计划用 3 到 5 年时间，建成与实体经济和创新创业相适应、市场化水平较高、综合实力和服务能力较强的现代金融服务体系，争取到 2017 年，金融业增加值占地区生产总值的比重达到 5.5%，到 2020 年达到 6% 左右。

表 8 数据表明，与其他东部三省相比，山东省金融业发展相对落后，金融业增加值占 GDP 的比重不仅低于全国，而且与广东、江苏和浙江三省相比也是排名垫底。2017 年山东省金融业增加值只有 3707.24 亿元，占 GDP 的比重为 5.10%（见表 9）。这意味着山东省金融业增加值占 GDP 的比重首

表 8　全国及四省金融业增加值占 GDP 比重（2007～2017 年）

单位：%

年份	全国	广东	江苏	浙江	山东
2007	5.62	5.37	4.05	6.67	2.85
2008	5.73	5.36	4.19	7.70	2.85
2009	6.24	5.78	4.63	8.26	3.08
2010	6.22	5.78	5.08	8.39	3.48
2011	6.27	5.48	5.29	8.45	3.62
2012	6.51	5.56	5.80	7.97	3.87
2013	6.92	6.60	6.63	7.40	4.32
2014	7.25	6.56	7.26	6.89	4.56
2015	8.40	7.91	7.56	6.82	4.75
2016	8.22	7.58	7.77	6.46	4.95
2017	7.95	7.62	7.90	6.60	5.10

资料来源：Wind 资讯，齐鲁财富网。

表 9　四省金融业增加值对比（2017 年）

单位：亿元，%

区域	金融业增加值	占 GDP 比重	区域	金融业增加值	占 GDP 比重
广东	6850.70	7.62	浙江	3417.30	6.60
江苏	6786.40	7.90	山东	3707.24	5.10

资料来源：Wind 资讯，齐鲁财富网。

次超过5%，金融业成为全省经济的支柱产业。山东省金融运行过程中也潜伏着一定的风险隐患，深化金融体制改革，发展与实体经济和企业创新相适应的现代金融体系，将是山东金融工作未来一段时间的奋斗目标。

（三）山东金融运行特点

2007~2017年10年间全国银行业金融机构本外币资产总额增幅379.87%，负债总额增幅369.80%。2017年中国银监会连发多个监管文件，聚焦服务实体经济、整治市场乱象、加强风险防控、弥补监管短板、开展“三违反”“三套利”“四不当”专项治理，避免资金“脱实入虚”，降低金融风险。为推动金融体系去杠杆，中国人民银行采取了三方面政策：一是将表外理财纳入宏观审慎管理（MPA）考核框架中；二是公开市场操作净回笼。三是提升中期借贷便利（MLF）等利率水平。截至2017年底，我国银行业金融机构本外币资产总额252.40万亿元，同比增长8.68%，增速较上年末下降7.12个百分点；总负债232.87万亿元，同比增长8.40%，增速较上年末下降7.64个百分点（见表10）。全国银行业金融机构无论是总资产还是总负债，增速双双下降，并均创下历史新低。银行业躺着赚钱的日子已经一去不复返了。

表10　全国银行业金融机构本外币资产总额及负债总额变化（2007~2017年）

单位：亿元，%

年份	资产总额	资产增速	负债总额	负债增速
2007	525982.50	19.70	495675.40	18.80
2008	623912.90	18.60	586015.60	18.20
2009	787690.50	26.30	743348.60	26.80
2010	942584.60	19.70	884379.80	19.00
2011	1132873.00	18.90	1060779.00	18.60
2012	1336224.00	17.95	1249515.00	17.79
2013	1513547.00	13.27	1411830.00	12.99
2014	1723355.00	13.87	1600222.00	13.35
2015	1993454.00	15.67	1841401.00	15.07
2016	2322532.00	15.80	2148228.00	16.04
2017	2524040.00	8.68	2328704.00	8.40

资料来源：中国银监会，齐鲁财富网。

2007年受商业银行资产负债表大扩张的影响，全国金融业产能迅速扩大和积累，金融业增加值同比增长25.80%，2009年全国银行业金融机构本外币资产总额增速高达26.30%。受银行业总资产基数不断扩大、信贷刺激进一步释放、中国宏观经济增长提速换挡、互联网金融分流部分银行存款等因素的影响，银行业资产规模增速逐渐放缓（见图14）。特别是2017年，监管层开展了“银行业市场乱象整治专项行动”，在中国人民银行宏观审慎管理（MPA）考核、金融“去杠杆”以及整顿监管套利的共同作用下，银行业金融机构总资产、总负债增速双双创出新低。尤其是在同业、理财、表外业务三个领域开展了多项治理，减少了同业间因加杠杆导致的资产扩张情况，银行表外理财收缩明显。银行业资金脱实向虚的势头得到初步遏制，金融内部的杠杆率持续降低，有100多家银行主动缩表，在全年新增贷款12.6%的情况下，银行业总资产只增长8.68%。此外，银行业总资产和总负债增速的放缓也与经济结构转型升级和信贷政策稳中收紧有关，引发对信贷需求的相应减少。

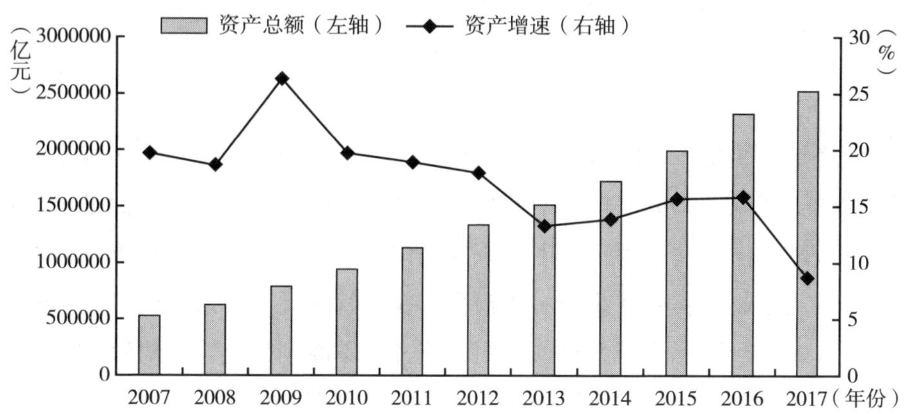

图14　全国银行业金融机构本外币资产总额及资产增速变化（2007~2017年）

资料来源：中国银监会，齐鲁财富网。

截至2017年底，全国大型商业银行和股份制商业银行的资产总额137.78万亿元，占银行业资产总额的比重为54.59%；两类金融机构的负债总额127.47万亿元，占银行业负债总额的比重为54.74%，在银行业金融机构中占据主导地位。就资产总额来看，2017年全国大型商业银行的增速为7.18%，股份制商业银行的增速为3.42%，分别低于银行业金融机构1.5个百分点和5.26个百分点；2017年两类金融机构总资产增速比2016年分别下滑3.61个百分点和14.12个百分点（见表11）。

表11 全国银行业金融机构资产总额变化（2016～2017年）

单位：亿元，%

分类	2016年资产总额	2016年资产增速	2017年资产总额	2017年资产增速
银行业金融机构	2322532	15.8	2524040	8.68
其中：大型商业银行	865982	10.79	928145	7.18
股份制商业银行	434732	17.54	449620	3.42
城市商业银行	282378	24.52	317217	12.34
农村金融机构	298971	16.51	328208	9.78
其他类金融机构	440469	18.77	500851	13.71

注：农村金融机构包括农村商业银行、农村合作银行、农村信用社和新型农村金融机构。其他类金融机构包括政策性银行及国家开发银行、民营银行、外资银行、非银行金融机构、资产管理公司和邮政储蓄银行。

资料来源：中国银监会，齐鲁财富网。

值得注意的是，2017年全国城市商业银行、农村金融机构、其他类金融机构的资产规模和负债规模增速虽然出现了不同程度的下滑，但是仍高于银行业金融机构的增速水平。主要原因是该类金融机构的资产规模基数相对较小，且同业业务和表外业务占比较少，在监管新规实施后所受到的影响相对较弱，对资产增速的阻力有限。同业业务的不断规范化，会对银行资产的过快增长产生一定的抑制作用，未来城商行与国有大行和股份制银行的资产增速差距可能进一步缩小。

截至2017年底，山东省银行业金融机构本外币资产总额114886.80亿元，比上年增长4.52%；负债总额111078.00元，比上年增长4.54%。由表12可以看出，山东省的资产负债总额及年度增长速度在GDP排名靠前的四个省份中均排名垫底。就银行业金融机构资产总额来说，截至2017年底，浙江省银行业金融机构资产总额141027.00亿元，比山东省高出22.75%；江苏省银行业金融机构资产总额为166702.60亿元，比山东省高出45.10%；广东省银行业金融机构资产总额为227155.31亿元，比山东省高出97.72%。

表12　四省银行业金融机构资产、负债对比（2017年）

单位：亿元，%

区域	资产总额	资产增速	负债总额	负债增速
广东	227155.31	2.73	219307.05	2.73
江苏	166702.60	6.73	160823.57	6.39
浙江	141027.00	5.98	135588.00	5.32
山东	114886.80	4.52	111078.00	4.54

注：广东省银行业金融机构资产总额根据中国银监局广东监管局、深圳监管局公开数据计算；负债增速及总额根据四省资产与负债的增速关系预估。

资料来源：各省统计局，齐鲁财富网。

从存贷余额来看，截至2017年底，山东省银行业金融机构存款余额91018.7亿元，比上年增长6.2%；贷款余额为70873.9亿元，比上年增长8.6%。全省银行业金融机构存贷余额及增速在四省中均处于垫底状态。就贷款余额来看，浙江省贷款余额比山东高出27.31%，江苏省比山东省高出44.08%，广东省比山东省高出77.83%（见表13）。山东省银行业金融机构信贷支持实体经济的体量较小。

表13　四省银行业金融机构存贷情况对比（2017年）

单位：亿元，%

区　域	存款余额	存款增速	贷款余额	贷款增速
广东	194535.75	8.20	126031.95	13.60
江苏	129942.90	7.30	102113.30	12.10
浙江	107321.00	7.80	90233.00	10.30
山东	91018.70	6.20	70873.90	8.60

资料来源：各省统计局，齐鲁财富网。

从经营情况来看，受银行计提贷款损失准备增多、核销力度加大等因素影响，2017 年山东省银行业金融机构实现净利润 383.90 亿元，同比下降 47.11%。不良贷款率升高至 2.56%，比年初上升 0.42 个百分点。同期广东省、江苏省、浙江省银行业金融机构净利润均出现两位数以上的增幅，且不良贷款率分别下降 0.07 个、0.11 个、0.53 个百分点，山东省银行业金融机构经营状况堪忧（见表 14）。

表 14　四省银行业金融机构经营情况对比（2017 年）

单位：%

区　域	净利润(亿元)	净利润增速	不良贷款率
广东	2698.54	19.00	1.45
江苏	1755.53	12.43	1.25
浙江	1134.40	41.60①	1.64
山东	383.90	-47.11	2.56

注：①数据截止到 2017 年 10 月底。2017 年 12 月 16 日，浙江省省长袁家军在首届钱塘江论坛上表示，2017 年 1～10 月浙江全省社会融资规模增量银行贷款余额和贷款增量均居全国第三位，银行存款余额居全国第五位，银行业金融机构实现利润 1093 亿元，增长 41.6%。

资料来源：各省统计局，齐鲁财富网。

（1）资产负债规模与增速持续放缓

2007～2017 年 10 年间，山东省银行业金融机构本外币资产总额增幅 321.21%；本外币负债总额增幅 320.45%，增速均低于全国水平。近年来，受银监会多项监管政策实施的影响，监管层持续推动金融去杠杆，银行业机构主动放缓业务扩张和结构调整速度，资产负债规模增速放缓。截至 2017 年底，山东省银行业金融机构本外币资产总额 114886.8 亿元，占全国的比重为 4.55%；年末本外币资产总额比年初增加 4963.2 亿元，增速为 4.52%，比全国 8.7% 的增速低 3.18 个百分点；本外币负债总额为 111078 亿元，占全国的比重为 4.77%；年末本外币负债总额比年初增加 4822.6 亿元，增速为 4.54%，比全国 8.4% 的增速低 3.86 个百分点（见表 15）。

表 15　山东省银行业金融机构本外币资产总额及负债总额变化（2007～2017 年）

单位：亿元，%

年份	资产总额	资产增速	负债总额	负债增速
2007	27275. 30	—	26419. 14	—
2008	33084. 92	21. 30	32080. 76	21. 43
2009	42540. 35	28. 58	41319. 01	28. 80
2010	49698. 40	16. 83	48187. 20	16. 62
2011	57744. 70	16. 19	55860. 80	15. 92
2012	69196. 27	19. 83	66876. 97	19. 72
2013	79084. 85	14. 29	76370. 58	14. 20
2014	86763. 07	9. 70	83708. 95	9. 58
2015	97029. 22	11. 83	93686. 82	11. 92
2016	109923. 60	13. 29	106255. 50	13. 42
2017	114886. 80	4. 52	111078. 00	4. 54

资料来源：山东银监局，齐鲁财富网。

由图 15 可以看出，山东省银行业金融机构本外币资产总额增速与全国趋势基本保持一致，自 2008 年以来，山东省银行业金融机构本外币资产增速仅 2008 年、2009 年和 2012 年、2013 年超过全国，其余年度均低于全国水平，特别是 2014 年以来，持续低于全国水平。2017 年第四季度末，辖区内中小法人金融机构资产总额 34942. 5 亿元，比年初增加 2881. 5 亿元，增速 8. 99%，高

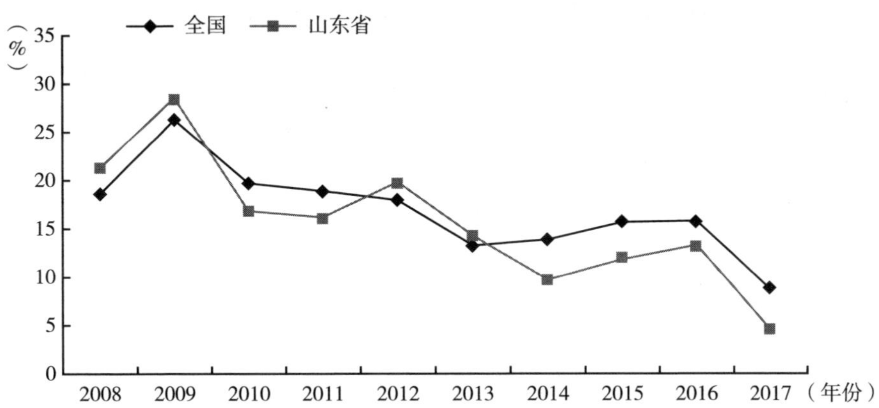

图 15　全国与山东省银行业金融机构本外币资产增速比较（2008～2017 年）

资料来源：中国银监会，齐鲁财富网。

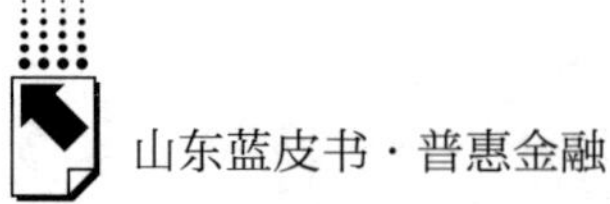

于山东省银行业金融机构本外币资产总额增速，但仍低于全国水平。

（2）存贷款余额增速均创历史新低

2007～2017 年 10 年间，山东省存款余额增幅 306.08%，比全国 322.07%的区间增幅低 15.99 个百分点；区间内山东省贷款余额增幅 287.71%，比全国 352.24%的增幅低 64.52 个百分点。截至 2017 年底，全国金融机构本外币各项存款余额 169.3 万亿元，比年初增加 13.7 万亿元，增幅为 8.8%；金融机构本外币各项贷款余额 125.6 万亿元，增加 13.6 万亿元，增幅为 12.1%。2017 年末山东省金融机构本外币存款余额 91018.7 亿元，占全国的比重为 5.38%；存款余额比年初增加 5335.2 亿元，增幅为 6.2%，低于全国 2.6 个百分点。2017 年末，山东省金融机构本外币贷款余额 70873.9 亿元，占全国的比重为 5.4%。其中，涉农贷款余额 25819.4 亿元，比上年增加 1690.4 亿元；县域贷款余额 20707.9 亿元，增加 1353.7 亿元；小微企业贷款余额 15330.7 亿元，增加 1426.9 亿元。山东省金融机构各项贷款余额比年初增加 5630.4 亿元，增幅为 8.6%，低于全国 3.5 个百分点（见表 16）。

表 16　山东省金融机构本外币存贷款余额及其增长速度（2007～2017 年）

单位：亿元，%

年份	存款余额	存款增速	贷款余额	贷款增速
2007	22414.0	12.1	18280.0	12.7
2008	27295.3	21.8	20928.0	14.5
2009	35170.7	28.9	27385.9	30.9
2010	41653.7	18.4	32536.3	18.8
2011	46986.5	12.8	37522.0	15.3
2012	55386.0	17.9	42900.0	14.3
2013	63358.0	14.4	47952.0	11.8
2014	69151.9	9.1	53662.2	11.5
2015	76795.0	9.9	59063.0	10.0
2016	85683.5	11.6	65243.5	10.5
2017	91018.7	6.23	70873.9	8.63

资料来源：山东银监局，齐鲁财富网。

金融机构存款余额来源主要为住户存款和非金融企业存款。截至 2017 年底，山东省住户及非金融企业存款总额为 73881.3 亿元，占存款余额的比重为 81.2%，比全国 72.3% 的比重高 8.9 个百分点。值得注意的是，截至 2017 年底，全国住户存款占存款余额的比重为 38.5%；山东省住户存款 44409.1 亿元，占存款余额的比重为 48.8%，比全国高出 10.3 个百分点，山东住户存款意识较强，投资渠道比较单一（见表 17）。

表 17　山东金融机构本外币存贷款余额及其增长速度（2017 年）

单位：亿元，%

指　　标	年末数	比上年末增长
存款余额	91018.7	6.2
住户存款	44409.1	6.4
非金融企业存款	29472.2	5.0
贷款余额	70873.9	8.6
境内短期贷款	28927.9	3.2
境内中长期贷款	37609.5	20.3

资料来源：山东省统计局，齐鲁财富网。

一般来说，我国金融机构贷款去向主要为境内短期贷款和中长期贷款。截至 2017 年底，山东省境内短期贷款和中长期贷款总额为 66537.4 亿元，占贷款余额的比重为 93.9%，比全国 92.5% 的比重高 1.4 个百分点。由表 17 可以看出，山东省贷款以境内中长期贷款为主，占贷款余额的比重为 53.1%。但是与全国 59.8% 的比重相比，低 6.7 个百分点。相对而言，山东省境内长期贷款占贷款余额的比重为 40.8%，比全国 32.7% 的比重高出 8.1 个百分点。山东省金融机构在服务实体经济的过程中，在应对中小微企业的长期资金需求上还有很大的改进空间。同时，山东省金融机构在发放贷款方面相对保守，以 2007～2017 年为区间来看，尽管有 5 个年度出现山东省金融机构本外币存款增速高于全国水平，但是区间内山东省本外币贷款增速连续低于全国水平（见图 16 和图 17）。

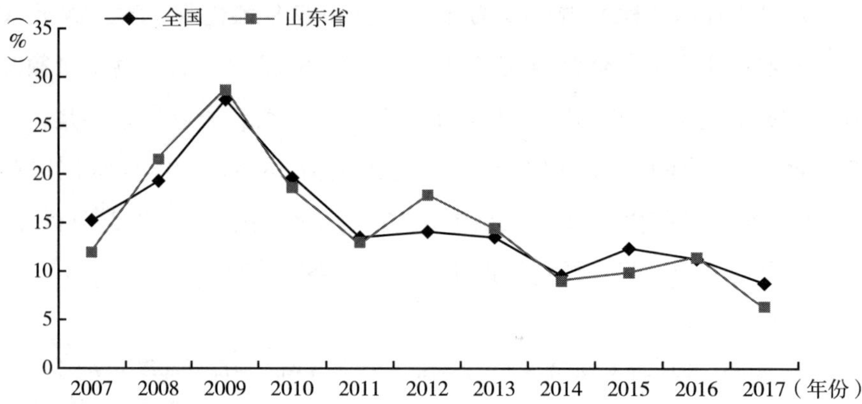

图 16　全国与山东金融机构本外币存款增速变化（2007～2017 年）

资料来源：国家统计局，齐鲁财富网。

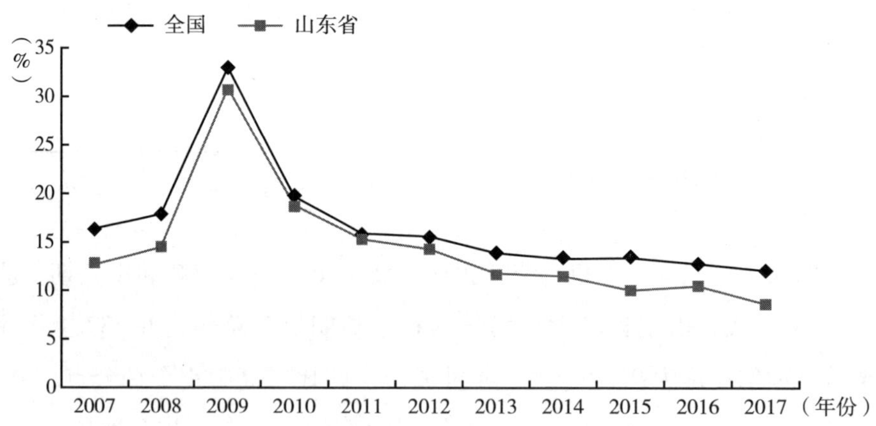

图 17　全国与山东金融机构本外币贷款增速变化（2007～2017 年）

资料来源：国家统计局，齐鲁财富网。

（3）银行业金融机构不良贷款连续四年“双升”

2017 年，山东省银行业金融机构不良贷款余额 1813. 2 亿元，比年初增加 416. 2 亿元；不良贷款率 2. 56%，比年初上升 0. 42 个百分点。其中，辖区内中小法人金融机构不良贷款余额 591. 2 亿元，比年初增加 233. 9 亿元，不良贷款率 3. 54%，比年初上升 1. 16 个百分点。截至 2017 年底，山东省银行业金融结构不良贷款额及不良贷款率已经是连续4年增长（见表18）。受银行计提贷款损失准备增多、核销力度加大等因素影响，2017年山东省银行业金融机构实现净利润383.9亿元，同比下降47.11%，创历史最大跌幅，总资产收益率仅有0.34%。净利润自2013年创出1092.74亿元的成绩以来，连续4年出现下滑（见表19）。

表18　山东省银行业金融机构不良贷款变化情况（2007～2017年）

单位：亿元，%

年份	不良贷款余额	不良贷款率	年份	不良贷款余额	不良贷款率
2007	1702.00	9.32	2013	648.06	1.35
2008	1110.60	5.31	2014	995.95	1.86
2009	996.31	4.50	2015	1219.80	2.06
2010	736.25	3.06	2016	1397.10	2.14
2011	684.39	2.31	2017	1813.20	2.56
2012	691.51	1.61			

资料来源：山东银监局，齐鲁财富网。

表19　山东省银行业金融机构净利润变化情况（2008～2017年）

单位：亿元，%

年份	平均资产总额	净利润	总资产收益率
2008	30180.11	484.00	1.60
2009	37812.64	470.72	1.24
2010	46119.38	619.73	1.34
2011	53721.55	820.00	1.53
2012	63470.49	960.20	1.51
2013	74140.56	1092.74	1.47
2014	82923.96	1031.48	1.24
2015	91896.15	771.60	0.84
2016	103476.41	725.80	0.70
2017	112405.20	383.90	0.34

资料来源：山东银监局，齐鲁财富网。

2. 山东保险业运行特点分析

2017 年保险业“严监管”迎来集中之势。全年保监会公开发布了 21 项政策法规，其中规范性文件多达 16 个，公开披露的征求意见稿有 15 份，涉及人身险、车险、信用保证保险、互联网保险等多个业务领域，规范了公司治理、产品设计、关联交易、销售展业等多个公司经营管理行为。特别是 5 月 12 日，保监会下发的《中国保监会关于规范人身保险公司产品开发设计行为的通知》（保监人身险〔2017〕134 号），对人身险产品设计提出了更高的要求。明确并强调开发设计保险产品的要求：就人身险产品开发设计提出了万能险、投连险不得作为附加险；年金产品生存金返还需于保单生效 5 年之后且比例不超过已交保费的 20%；保险产品定名、产品说明书以及相关产品宣传材料中不得包含“理财”“投资计划”等表述。被称作“史上最严新规”。为了遏制保险公司通过销售“理财化”的保险产品做大规模，多项政策均以降低行业风险、让保险行业回归本源为目标，从监管角度，弱化保险产品投资属性，倒逼行业转型，回归保险本源，释放风险。

2017 年，全国保险公司原保险保费收入①（下称保费收入）为 36581.01 亿元，比上年增长 18.16%，增速下滑 9.34 个百分点。其中，财产险业务保费收入 9834.66 亿元，同比增长 12.72%，全年财产险业务保费收入占全部保费收入总额的比重为 26.88%；寿险业务保费收入 21455.57 亿元，同比增长 23.01%，全年寿险业务保费收入占全部保费收入总额的比重为 58.65%；健康险业务保费收入 4389.46 亿元，同比增长 8.58%，全年健康险业务保费收入占全部保费收入总额的比重为 12.00%；意外险业务保费收入 901.32 亿元，同比增长 20.19%，全年意外险业务原保费收入占全部保费收入总额的比重为 2.46%。全国各类赔款和给付支出 11180.79 亿元，同比增长 6.35%，其中财产险业务赔款 5087.45 亿元，同比增长 7.64%；寿险业务给付 4574.89 亿元，同比下降 0.61%；健康险业务赔款和给付 1294.77 亿元，同比增长 29.38%；

① 原保险保费收入是指保险企业确认的原保险合同保费收入。

意外险业务赔款223.69亿元，同比增长22.23%。截至2017年底，全国保险业资金运用余额149206.21亿元，较年初增长11.42%，其中银行存款19274.07亿元，占比12.92%；债券51612.89亿元，占比34.59%；股票和证券投资基金18353.71亿元，占比12.3%；其他投资59965.54亿元，占比40.19%。截至2017年底，全国保险业净资产18845.05亿元，比年初增长9.31%，总资产167489.37亿元，比年初增长10.80%（见表20）。其中，财产险公司总资产24996.77亿元，比年初增长5.28%；寿险公司总资产132143.53亿元，比年初增长6.25%；再保险公司总资产3149.87亿元，比年初增长14.07%；资产管理公司总资产491.45亿元，比年初增长15.28%。

表20 全国保险业经营情况（2017年）

单位：亿元

险种	金额	险种	金额
一、原保险保费收入	36581.01	2. 人身险	6093.34
1. 财产险	9834.66	（1）寿险	4574.89
2. 人身险	26746.35	（2）健康险	1294.77
（1）寿险	21455.57	（3）人身意外伤害险	223.69
（2）健康险	4389.46	三、资金运用余额	149206.21
（3）人身意外伤害险	901.32	1. 银行存款	19274.07
二、原保险赔付支出	11180.79	2. 投资	129932.14
1. 财产险	5087.45	四、资产总额	167489.37

资料来源：中国银监会，齐鲁财富网。

数据显示，2007年全国保费收入合计7035.76亿元，其中财产险、寿险、意外险、健康险收入分别为1997.74亿元，4463.75亿元，190.11亿元，384.17亿元。截止到2017年底，10年间全国保费收入涨幅419.93%，其中财产险、寿险、意外险、健康险保费收入涨幅分别为392.29%、380.66%、374.12%、1042.59%。2017年山东省保费收入合计2737.79亿元，占全国的比重为7.48%。其中财产险、寿险、意外险、健康险保费收入分别为694.15亿元、1633.51亿元、51.44亿元、358.69亿元。与2007年相比，2017年保费收入总额涨幅445.68%，比全国高出25.75个百分点；

财产险保费收入涨幅379.65%，低于全国12.64个百分点；寿险保费收入涨幅417.06%，高于全国36.4个百分点；意外险保费收入涨幅313.17%，低于全国60.95个百分点；健康险保费收入涨幅1152.85%，高于全国110.26个百分点（见表21）。

表21 山东省保费收入情况（2007～2017年）

单位：亿元

年份	合计	财产保险	寿险	意外险	健康险
2007	501.72	144.72	315.92	12.45	28.63
2008	673.95	164.23	452.76	13.81	43.15
2009	792.89	208.01	521.12	16.74	47.01
2010	1030.07	291.12	662.35	20.83	55.77
2011	1036.04	332.27	627.56	22.83	53.37
2012	1128.04	382.55	653.94	26.06	65.48
2013	1280.42	445.60	716.69	29.32	88.82
2014	1454.93	514.63	775.49	33.22	131.58
2015	1787.60	567.00	1006.95	37.81	175.84
2016	2302.19	626.29	1335.14	44.31	296.45
2017	2737.79	694.15	1633.51	51.44	358.69

资料来源：中国保监会，齐鲁财富网。

2017年，山东省保险保费收入2737.79亿元，同比增长18.92%。其中，财产险保费收入694.15亿元，增长10.84%；人身险保费收入2043.64亿元，增长21.94%。支付各项赔款与给付831.3亿元，增长5.7%。农业保费收入23.6亿元，增长18.5%，为1729.2万户次农户提供了647.3亿元的风险保障。全年保险业运行呈现四大特点。

（1）保费收入增速七年来首现下滑

近10年来，山东省保费收入增速基本与全国保持相同的趋势（见图18）。2017年山东省保费收入2737.79亿元，同比增长18.92%，虽高于全国0.76个百分点，但是与2016年相比增速下滑9.87个百分点，也是自2011年以来出现的首次增速下滑。具体到险种来看，除了财产险收入增速略有反弹外，2017年人身险（含寿险、意外险、健康险）收入增幅为

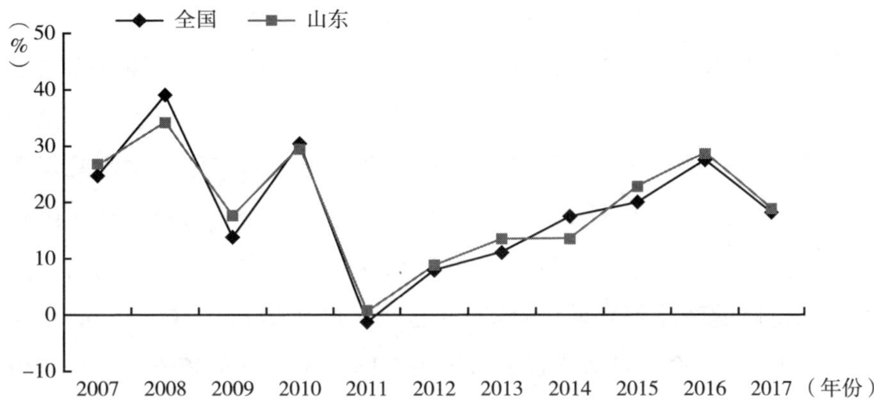

图 18　全国与山东保险收入增速变化（2007～2017 年）

资料来源：国家统计局，齐鲁财富网。

21.94%，比上年下滑 15.36 个百分点，其中寿险、意外险、健康险收入增速分别下滑 10.24 个、1.08 个、47.59 个百分点（见表 22）。

表 22　山东各险种保费收入增速（2007～2017 年）

单位：%

年份	合计	财产险	寿险	意外险	健康险
2007	26.63	36.26	24.90	33.23	3.21
2008	34.33	13.48	43.32	10.95	50.72
2009	17.65	26.66	15.10	21.24	8.96
2010	29.91	39.95	27.10	24.39	18.64
2011	0.58	14.14	-5.25	9.63	-4.31
2012	8.88	15.13	4.20	14.15	22.69
2013	13.51	16.48	9.60	12.48	35.65
2014	13.63	15.49	8.20	13.33	48.15
2015	22.87	10.18	29.85	13.81	33.64
2016	28.79	10.46	32.59	17.18	68.59
2017	18.92	10.84	22.35	16.10	21.00

资料来源：国家统计局，齐鲁财富网。

（2）保费收入全国排名第三位

2017 年山东省保费收入 2737.79 亿元，同比增长 18.92%（见表 23），高于全国0.76个百分点。全年保费收入占全国的比重为7.48%，在广东省、和江苏省之后，全国排名第三位。其中，寿险保费收入1633.51亿元，同比增长22.35%，低于全国0.66个百分点，全年寿险保费收入占全国的比重为7.61%，继广东省、江苏省之后，全国排名第三位；财产险保费收入694.15亿元，同比增长10.84%，低于全国1.88个百分点，全年财产险保费收入占全国的比重为7.06%，继广东省、江苏省、浙江省之后，全国排名第四位；健康险保费收入358.69亿元，同比增长21.00%，高于全国12.42个百分点，全年健康险保费收入占全国的比重为8.17%，继广东省之后，全国排名第二位；意外险保费收入51.44亿元，同比增长16.10%，低于全国4.09个百分点，全年意外险保费收入占全国的比重为5.71%，继广东省、江苏省、上海市、浙江省和北京市之后，全国排名第六位（见表24）。

表23　山东保费收入明细情况（2016~2017年）

单位：亿元，%

险种	2016年	2017年	增幅
寿　险	1335.14	1633.51	22.35
财产险	626.29	694.15	10.84
健康险	296.45	358.69	21.00
意外险	44.31	51.44	16.10
合　计	2302.19	2737.79	18.92

资料来源：中国保监会，齐鲁财富网。

表24　2017年全国31个省份保费收入情况（按省份保费合计排名）

单位：亿元

排名	区域	合计	财产险	寿险	意外险	健康险
1	广　东	4304.60	1105.34	2533.14	138.34	527.79
2	江　苏	3449.51	814.00	2211.26	69.65	354.60
3	山　东	2737.79	694.15	1633.51	51.44	358.69
4	浙　江	2147.31	760.76	1089.02	59.19	238.33
5	河　南	2020.07	443.59	1297.95	37.99	240.54

续表

排名	区域	合计	财产保险	寿险	意外险	健康险
6	北　京	1973. 15	404. 38	1208. 36	58. 57	301. 83
7	四　川	1939. 39	496. 36	1161. 62	46. 57	234. 84
8	河　北	1714. 45	487. 36	1023. 41	30. 55	173. 13
9	上　海	1587. 10	428. 61	881. 80	63. 60	213. 09
10	湖　北	1346. 77	308. 53	830. 07	35. 45	172. 72
11	辽　宁	1275. 43	316. 95	790. 28	21. 29	146. 90
12	湖　南	1110. 18	314. 19	634. 29	27. 46	134. 25
13	安　徽	1107. 16	366. 28	607. 53	20. 59	112. 75
14	福　建	1032. 07	301. 37	545. 26	30. 30	155. 14
15	黑龙江	931. 41	169. 54	639. 25	15. 08	107. 55
16	陕　西	868. 69	214. 21	542. 27	17. 24	94. 97
17	山　西	823. 92	194. 10	536. 07	13. 91	79. 84
18	重　庆	744. 75	183. 87	436. 60	20. 10	104. 19
19	江　西	727. 56	213. 74	415. 58	14. 63	83. 61
20	吉　林	641. 63	155. 33	411. 41	9. 30	65. 60
21	云　南	613. 28	255. 14	260. 55	20. 58	77. 01
22	内蒙古	569. 91	179. 83	305. 96	11. 43	72. 69
23	广　西	565. 10	195. 98	283. 55	19. 48	66. 09
24	天　津	565. 01	141. 57	352. 28	10. 23	60. 93
25	新　疆	523. 77	169. 91	259. 80	16. 21	77. 85
26	贵　州	387. 73	179. 26	156. 60	14. 22	37. 65
27	甘　肃	366. 38	112. 31	200. 65	10. 66	42. 76
28	宁　夏	165. 21	56. 04	81. 24	4. 40	23. 53
29	海　南	164. 83	57. 14	87. 18	4. 06	16. 45
30	青　海	80. 18	33. 34	34. 34	2. 22	10. 29
31	西　藏	28. 01	16. 85	4. 64	3. 31	3. 21
集团、总公司本级		68. 62	64. 61	0. 08	3. 28	0. 65
全国合计		36581. 01	9834. 66	21455. 57	901. 32	4389. 46

注：集团、总公司本级是指集团、总公司开展的业务，不计入任何地区。
资料来源：各地保监局，齐鲁财富网。

（3）青岛市保费收入全省第一

2017 年山东省保费收入总额在全国排名第三，全省 17 地市平均保费收入 160.69 亿元/市，青岛市以 396.72 亿元的保费总额在山东省排名第一。保费收入过百亿元的城市有 12 个，其中，青岛市、济南市、烟台市、临沂市、潍坊市、济宁市、淄博市 7 地市的保费收入均高于山东省平均水平。值得注意的是，青岛市除了财产险保费收入高于济南市外，其寿险、意外伤害险、健康险保费收入均低于济南市（见表 25）。

表 25　全省 17 地市保费收入情况（2017 年）

单位：万元

排名	区域	合计	财产险	寿险	意外伤害险	健康险
1	青岛	3967169.84	1077785.65	2260503.68	80139.61	548740.90
2	济南	3810659.57	758326.08	2379093.62	95837.63	577402.24
3	烟台	2512071.95	629081.16	1540375.23	41485.35	301130.21
4	临沂	2347171.73	690589.09	1301579.57	48591.51	306411.56
5	潍坊	2199063.46	607077.58	1290517.67	41721.13	259747.08
6	济宁	1768027.92	467339.49	1050743.82	30491.77	219452.84
7	淄博	1612406.20	359722.12	1030461.03	27673.36	194549.69
8	菏泽	1214813.94	273828.50	746505.34	18829.63	175650.47
9	泰安	1169151.34	246149.30	717873.70	18260.87	186867.47
10	德州	1119723.74	259693.62	704740.55	17534.63	137754.94
11	聊城	1056391.20	305016.57	608779.82	13178.47	129416.34
12	滨州	1002747.36	269120.29	582520.07	16853.41	134253.59
13	威海	993362.73	244234.30	616431.53	16324.29	116372.61
14	东营	903504.48	270280.61	532941.14	19362.52	80920.21
15	枣庄	717294.35	157200.70	441824.14	10932.11	107337.40
16	日照	632715.08	211917.08	327152.25	12434.28	81211.47
17	莱芜	291146.79	54377.31	202532.43	4672.00	29565.05
山东省本级		60509.34	59762.17	523.87	78.09	145.21
合计		27377931.02	6941501.62	16335099.46	514400.66	3586929.28

注：按地区保费合计排名。

资料来源：中国银监会，齐鲁财富网。

（4）财产险赔付比例最高

2017 年山东省保险行业全年共支付各项赔款与给付 831. 27 亿元，增长 5. 7%，赔付支出占保费收入的比重为 30. 36%，略低于全国 0. 2 个百分点。全年财产险给付 353. 96 亿元，占该险种保费收入的比重为 50. 99%，低于全国 0. 74 个百分点。人身险给付 477. 31 亿元，占该险种保费收入的比重为 23. 36%，高于全国 0. 57 个百分点。其中，人身意外伤害险给付 13. 61 亿元，占该险种保费收入的比重为 26. 46%，高于全国 1. 64 个百分点；健康险给付 121. 17 亿元，占该险种保费收入的比重为 33. 78%，高于全国 4. 28 个百分点；寿险给付 342. 52 亿元，占该险种保费收入的比重为 20. 97%，低于全国 3. 85 个百分点（见表 26）。

表 26　2017 年山东保险业经营情况表

单位：亿元

险种	金额	险种	金额
一、保费收入	2737. 79	二、赔付支出	831. 27
1. 财产险	694. 15	1. 财产险	353. 96
2. 人身险	2043. 64	2. 人身险	477. 31
（1）人身意外伤害险	51. 44	（1）人身意外伤害险	13. 61
（2）健康险	358. 69	（2）健康险	121. 17
（3）寿险	1633. 51	（3）寿险	342. 52

资料来源：山东省银监局，齐鲁财富网。

3. 资本市场运行特点分析

2017 年山东省大力发展多层次资本市场，加快推进资产证券化工作，企业杠杆率稳中趋降。截至 2017 年底，全省共有证券分公司和营业部 639 家，比年初增加 78 家。代理证券总交易额 11. 8 万亿元，同比增长 0. 8%。受股票市场分化因素影响，证券机构营业收入和净利润分别较上年同期回落 11. 1% 和 24. 1%。2 家法人证券公司资产总额 1313. 8 亿元，同比增长 2. 5%；融资融券余额 333. 8 亿元，比年初增加 37. 3 亿元。截至 2017 年底，全省共有上市公司 294 家，比上年净增加 26 家。其中，境内上市公司 197 家①，比 2016 年增加 25 家，其中 1 家公司年内迁出山东省。“新三板”、齐鲁股权交易中心、蓝海股权交易中心挂牌企业分别达到 636 家、2270 家和 1124 家。全年证券公司代理买卖证券交易金额 11.8 万亿元，比上年增长 0.9%。期货公司代理成交金额 7.8 万亿元，增长 39.9%。年末私募基金机构 443 家，管理基金规模 1568.6 亿元。山东加大供给侧结构性改革，发展多层次资本市场。全年新增直接融资额 5366.9 亿元；争取国家批复企业债券 20 只，总规模 246.3 亿元。全省积极开展市场化、法治化债转股，债转股签约实际落地金额 156 亿元。

（1）山东省上市公司运行特点

①境内上市公司数量全国排名第六位

截至 2017 年底，全省境内上市公司数量为 197 家，占全国沪深上市公司的比例为 5.65%，数量居广东省、浙江省、江苏省、北京市、上海市之后，全国排名第六位（见表 27）。其中，主板、中小板、创业板上市公司分别为 99 家、68 家、30 家。

表 27　部分省市上市公司数量及市值统计

单位：家，亿元

区域	家数	总市值	GDP
广东	573	107462.43	89879.23
浙江	415	47320.23	51768.00
江苏	381	39868.01	85900.90
北京	308	170852.76	28000.40
上海	278	56289.72	30133.86
山东	197	22937.79	72678.18

资料来源：Wind 资讯，齐鲁财富网。

① 该统计数据含 2 家 B 股上市公司，即山航 B（200152.SZ）、中鲁 B（200992.SZ），鉴于原 * ST 济柴（000617.SZ）经过重大资产重组于 2017 年 5 月 9 日将注册地址由山东变更到新疆，2017 年统计数据仍然含有该公司。

从上市公司数量来看，山东省上市公司数量仅为197家，虽然在全国排名第六位，但是比GDP排名靠前的广东省少376家，比浙江省少218家，比江苏省少184家；尽管北京市GDP仅为山东省的38.53%，上海市GDP仅为山东省的41.46%，但上市公司数量分别比山东多出111家、81家。也就是说，广东省、浙江省、江苏省、北京市、上海市上市公司数量分别是山东省的2.91倍、2.11倍、1.93倍、1.56倍、1.41倍（见图19）。

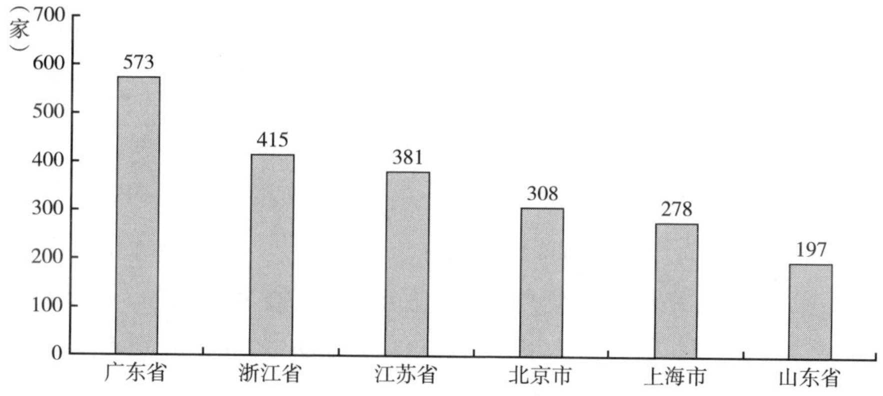

图19　全国上市公司数量排名前六位省份上市公司数量比较

资料来源：Wind资讯，齐鲁财富网。

从上市公司市值来看，山东省197家上市公司的总市值为22937.79亿元，分别相当于江苏省、浙江省、上海市、广东省、北京市上市公司总市值的57.53%、48.47%、40.75%、21.34%、13.43%。从平均市值来看，截至2017年底，全国3485家上市公司的平均市值为176.57亿元/家，北京市平均市值为554.72亿元/家，上海市202.48亿元/家，广东省187.54亿元/家，均高于全国平均水平。山东省上市公司的平均市值为116.44亿元/家，虽略高于江苏省、浙江省，但比全国上市公司平均市值低60.13亿元/家，分别比广东省、上海市、北京市低71.10亿元/家、86.04亿元/家、438.28亿元/家（见图20）。

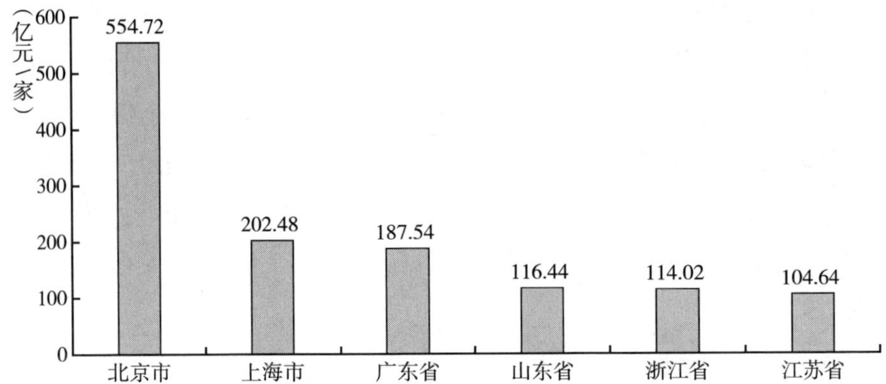

图 20　部分省市上市公司平均市值比较

资料来源：Wind 资讯，齐鲁财富网。

另外，截至 2017 年底，山东省上市公司总市值占 GDP 的比重为 31.56%，在六个省市中排名垫底。北京市、上海市、广东省上市公司总市值与 GDP 之比均超过 100%，比值分别达到 610.18%、186.80%、119.56%。浙江省、江苏省上市公司总市值占 GDP 的比重分别为 91.41%、46.41%。可见，山东省虽然为经济大省，但金融业发展相对滞后，在上市公司的培育、市值管理等方面还有很长的路要走。

②股权融资总额全国排名第七位

2017 年山东省上市公司股权融资总额[①] 623.28 亿元，占全国的比重为 4.10%。居广东、北京、江苏、浙江、新疆、上海之后，在全国排名第七位。广东、江苏、浙江的融资总额分别比山东省高出 241.84%、147.39%、139.62%，山东省在四省中排名末位（见表 28）。

自 IPO 常态化以来，全国新股发行有愈演愈烈之势，2017 年山东省新上市公司 25 家（见表 29），创历史第二高峰，仅次于 2010 年的 26 家。首发融资额 167.47 亿元，同比增长 10.81%，占全国首发融资总额的 7.28%，首发平均融资额 6.70 亿元/家，高于全国平均水平 5.28 亿元/家。

① 本报告的股权融资总额为通过首发、增发、配股融资获得的融资总额。

表 28　四省股权融资规模对比（2017 年）

单位：亿元

区域	合计	首发	增发	配股
广东	2130.61	521.23	1609.39	0
江苏	1541.91	303.50	1202.79	35.63
浙江	1493.50	486.46	1007.04	0
山东	623.28	167.47	375.52	29.98

资料来源：Wind 资讯，齐鲁财富网。

表 29　山东省新上市公司首发融资额（2017 年）

单位：亿元

股票代码	股票简称	上市日期	融资额
601019.SH	山东出版	2017-11-22	27.12
601366.SH	利群股份	2017-04-12	15.52
603367.SH	辰欣药业	2017-09-29	11.66
603586.SH	金麒麟	2017-04-06	11.22
300583.SZ	赛托生物	2017-01-06	10.74
300699.SZ	光威复材	2017-09-01	10.36
603113.SH	金能科技	2017-05-11	10.34
603278.SH	大业股份	2017-11-13	7.96
603639.SH	海利尔	2017-01-12	7.49
300690.SZ	双一科技	2017-08-08	5.57
603856.SH	东宏股份	2017-11-06	5.37
300677.SZ	英科医疗	2017-07-21	4.96
002899.SZ	英派斯	2017-09-15	4.82
603612.SH	索通发展	2017-07-18	4.74
002891.SZ	中宠股份	2017-08-21	3.87
603086.SH	先达股份	2017-05-11	3.53
002838.SZ	道恩股份	2017-01-06	3.21
603638.SH	艾迪精密	2017-01-20	2.90
300659.SZ	中孚信息	2017-05-26	2.62
002871.SZ	伟隆股份	2017-05-11	2.62
300653.SZ	正海生物	2017-05-16	2.34
002921.SZ	联诚精密	2017-12-27	2.31
603536.SH	惠发股份	2017-06-13	2.29
002890.SZ	弘宇股份	2017-08-02	2.13
300654.SZ	世纪天鸿	2017-09-26	1.80

资料来源：Wind 资讯，齐鲁财富网。

增发融资是上市公司的主要融资形式，2017年山东共20家上市公司实施增发，融资总额达425.83亿元（见表30），占全国增发融资总额的3.35%，平均融资额17.74亿元/次，远低于全国平均水平23.53亿元/次。与2016年34家上市公司增发45次融资541.69亿元相比，实施增发的公司数量减少41.18%，累计增发次数减少46.67%，融资总额减少21.39%，平均融资额却由12.04亿元/次提高到17.74亿元/次，同比增加47.34%。也就是说，虽然2017年实施增发的公司数量减少了近一半，但是平均融资额却增长了近一半。

表30　山东上市公司增发融资明细（2017年）

单位：亿元

股票代码	股票简称	融资总额	股票代码	股票简称	融资总额
600760. SH	中航黑豹	96. 48	300224. SZ	正海磁材	7. 55
600777. SH	新潮能源	81. 65	600448. SH	华纺股份	6. 06
002359. SZ	北讯集团	50. 31	603779. SH	威龙股份	5. 75
300308. SZ	中际旭创	32. 90	300391. SZ	康跃科技	5. 13
002217. SZ	合力泰	26. 42	002094. SZ	青岛金王	3. 52
600309. SH	万华化学	25. 00	002363. SZ	隆基机械	3. 47
000720. SZ	新能泰山	24. 29	000756. SZ	新华制药	2. 35
300233. SZ	金城医药	21. 80	300099. SZ	精准信息	1. 80
600986. SH	科达股份	15. 16	300214. SZ	日科化学	1. 60
601058. SH	赛轮金宇	13. 00	002339. SZ	积成电子	1. 59

资料来源：Wind资讯，齐鲁财富网。

③迁离山东省及受到证监会处罚的山东省上市公司

随着IPO发行提速，2017年山东省虽然新增上市公司25家，比2016年多增加13家。但是继2016年宏达矿业（600532. SH）、华联矿业（600882. SH）分别将注册地址由山东省变更到上海市，2017年仍有1家公司将注册地址迁出山东。中油资本（000617. SZ）通过重大资产重组[①]，置出原有全部资产与负债，置入了包括注册地在新疆的昆仑银行股份有限公司和中油专属财产保险股份有限公司等公司的金融业务及资产，主营业务类型及业务地域均发生变化，为了顺应“一带一路”战略，充分发挥公司业务的现有地域优势，进一步提升公司的整体竞争力，将注册地址由济南市变更为新疆克拉玛依市。截至2017年底，烟台市以38家上市公司的总量在山东省17地市中居第一位，数量排名第二位的青岛市有29家上市公司，比排名第三位的济南市多出3家，而2016年两者的差距仅为1家；另外排名第四位的淄博市与济南市上市公司的数量只差3家（见图21）。数据显示，2017年新增的25家上市公司来自山东10个地市，其中烟台市、青岛市、德州市、济宁市分别新增上市公司5家、4家、4家、3家，而济南市仅新增上市公司2家（见图22）。

2017年中国证监会紧紧围绕服务实体经济、防范风险、整治市场乱象的工作要求，连续部署了四个批次的专项执法行动，直指财务造假、炒作次新股、利用高送转等违规交易以及私募领域违法违规四大市场乱象，着力整顿市场秩序，相关工作取得积极进展，资本市场新闻舆论工作水平和市场沟通能力进一步增强。全年作出行政处罚决定224件，罚没款金额74.79亿元，同比增长74.74%，市场禁入44人，同比增长18.91%，行政处罚决定

① ＊ST济柴（000617.SZ）在2016年4月启动资产重组，以重大资产置换并发行股份及支付现金的方式，购买中国石油天然气集团公司持有的中国石油集团资本有限责任公司100%股权并募集配套资金。中国石油集团将所持部分金融业务的股权打包无偿划至全资子公司中油资本，并以划入上述金融资产包后的中油资本100%股权为本次重组的置入资产。上述金融资产包含中油财务有限责任公司28%股权、昆仑银行股份有限公司77.1%股份、中油资产管理有限公司100%股权（含昆仑信托有限责任公司82.18%股权、山东省国际信托股份有限公司25%股份）、昆仑金融租赁有限责任公司60%股权、中石油专属财产保险股份有限公司40%股份、昆仑保险经纪股份有限公司51%股份、中意财产保险有限公司51%股权、中意人寿保险有限公司50%股权、中银国际证券有限责任公司15.92%股权、银河基金管理有限公司12.5%股权和中债信用增进投资股份有限公司16.5%股份。2017年2月10日，中油资本（000617.SZ）正式挂牌登陆深交所，至此中油资本以755亿元的资产规模成为A股市场交易规模最大的重组案例，这也是2017年首个同步完成金融平台搭建和上市的经典案例，项目完成仅历时8个月，创下同类型和相似规模重组中用时最短纪录。重组完成后，中油资本（000617.SZ）拥有较为齐全的金融牌照，成为A股市场持有金融牌照数量最多的上市公司。

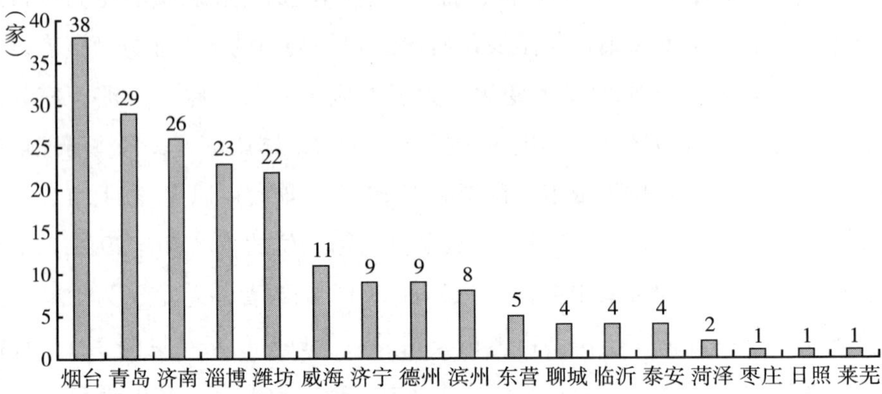

图 21　山东省 17 地市上市公司数量分布

资料来源：Wind 资讯，齐鲁财富网。

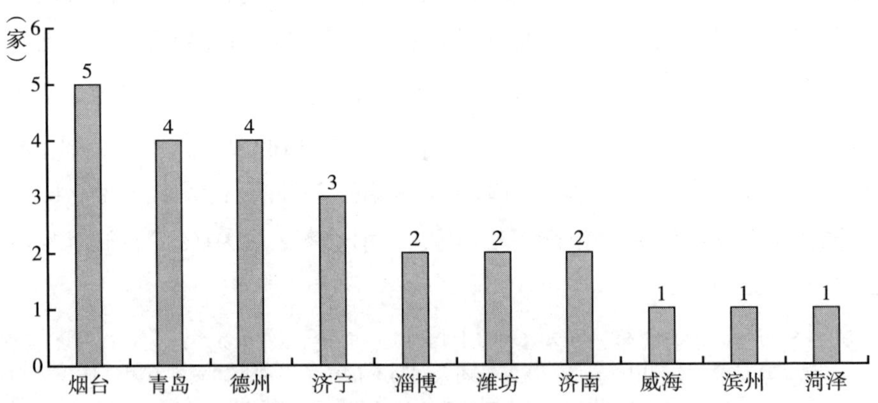

图 22　2017 年山东各地市新增上市公司数量分布

资料来源：Wind 资讯，齐鲁财富网。

数量、罚没款金额、市场禁入人数再创历史新高，有力维护了市场“三公”原则，有效保护了投资者合法权益，为资本市场的健康稳定运行提供了强有力保障。

山东墨龙（002490. SZ）因虚假陈述欺诈投资者，先是发布盈利业绩预告，然后短短数月更正为巨额亏损，其间实际控制人借机违法累计减持比例为6.44%，被证监会罚没金额合计1.2亿元[①]。山东墨龙（002490.SZ）通过虚增收入、虚减成本的方式，致使2015年、2016年部分定期报告存在经营业绩虚假记载；且2016年6月对其子公司增资3亿元已达到临时信息披露标准，而未及时履行信息披露义务。证监会责令山东墨龙（002490.SZ）改正，给予警告，并处以60万元罚款，对18名相关责任人员给予警告，并分别处于3万元至30万元不等的罚款。

（2）山东新三板挂牌公司运行情况

自2014年新三板扩容至全国以来，经历了2015年和2016年的扩张后，2017年新三板挂牌数量增幅放缓，发展进入平衡期。2017年底，全国新三板市场市值达3.48万亿元，创历史新高，但新三板做市指数继续走低，四季度更是跌破了1000点，市场流动性依然缺乏。为了推动新三板的发展，2017年9月，《创新创业公司非公开发行可转换公司债券业务实施细则（试行）》出炉，为挂牌企业提供了新的融资工具。12月，股转系统发布《全国中小企业股份转让系统挂牌公司分层管理办法》《全国中小企业股份转让系统股票转让细则》等法规，对分层、交易制度和信披进行了全面改革。

① 2016年10月28日，山东墨龙三季报业绩报告中披露了2016年全年业绩预告，预计全年业绩扭亏为盈，净利润金额为600万元至1200万元。3个月后，公司新发布了业绩修正公告称，公司预计2016年净利润为-4.8亿元至-6.3亿元。在信息披露违法违规及内幕交易案中，山东墨龙控股股东、董事长、实际控制人张恩荣分别于2014年、2017年两次减持公司股票1390万股、3000万股，减持比例分别为1.74%、3.76%；其公司副董事长、总经理张云三于2016年11月23日减持公司股票750万股，减持比例为0.94%。张恩荣与张云三系父子关系，两人作为一致行动人，在上述期间累计减持5140万股，合计占山东墨龙（002490.SZ）总股本的比例为6.44%。张恩荣所持山东墨龙已发行的股份比例累计减持5%时，未按照《证券法》第86条规定及时履行相关的报告和公告义务，也未停止买卖上市公司股票。对此，依据《证券法》第193条规定，证监会决定对张恩荣信息披露违法行为责令改正，给予警告，并处以30万元罚款。同时，张恩荣系山东墨龙截至2016年三季度末发生重大亏损并持续至2016年全年重大亏损这一内幕信息的知情人，在内幕信息敏感期（2016年10月10日至2017年2月3日）内，张恩荣卖出3000万股，避损金额约1625万元；张云三卖出750万股，避损金额约1434万元。张恩荣、张云三的上述行为违反了《证券法》第73条、第76条规定，依据《证券法》第202条规定，对此，证监会决定对张恩荣内幕交易行为没收违法所得约1625万元，并处以约4877万元罚款；对张云三内幕交易行为没收违法所得约1434万元，并处以约4303万元罚款。

2017 年新三板在曲折中向前发展。

截止到 2017 年末，全国新三板挂牌企业共计 11630 家，同比增长 14.43%。其中，2017 年新增 1467 家，与 2016 年的新增 5034 家相比出现大幅回落，数量仅为 2016 年新增数量的 29.14%，新增挂牌企业家数锐减超过 7 成（见表 31）。这是自 2014 年新三板扩容至全国以来年增幅的首次回落，预示着经过 2015 年、2016 年的规模扩张后，新三板市场进入了平稳发展阶段（见图 23）。

表 31　全国新三板挂牌企业情况统计（2014～2017 年）

单位：家

年份	合计	做市转让	竞价转让
2014	1572	122	1450
2015	5129	1115	4014
2016	10163	1654	8509
2017	11630	1343	10287

资料来源：Wind 资讯，齐鲁财富网。

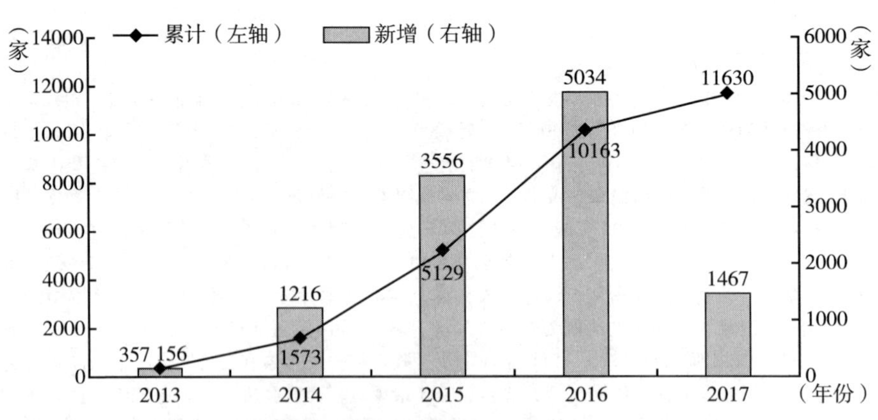

图 23　全国新三板挂牌数量变化情况（2013～2017 年）

资料来源：Wind 资讯，齐鲁财富网。

截至 2017 年底，全国新三板企业市值达 34842.00 亿元，比 2016 年增加 10748.67 亿元，同比增长 44.61%。与 2014 年 2224.02 亿元的市值相比，

2017 年市值是 2014 年的 15.67 倍。从平均市值来看，2017 年新三板市场平均市值为 3.00 亿元/家，同比增长 26.58%，也是 2014 年以来平均市值最高的一年（见图 24）。

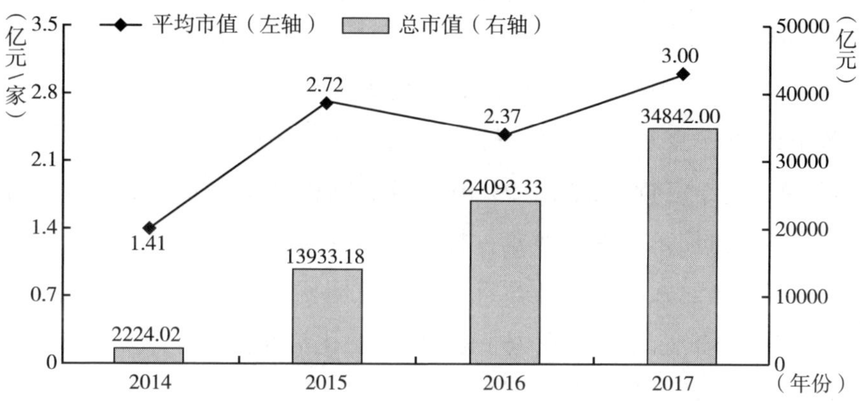

图 24　全国新三板市值及平均市值情况（2014～2017 年）

资料来源：Wind 资讯，齐鲁财富网。

2017 年全国新三板上市公司呈现退市常态化现象，全年退市共计 709 家（见图 25），退市数量占累计挂牌数量 11630 家的 6.09%，退市数量占

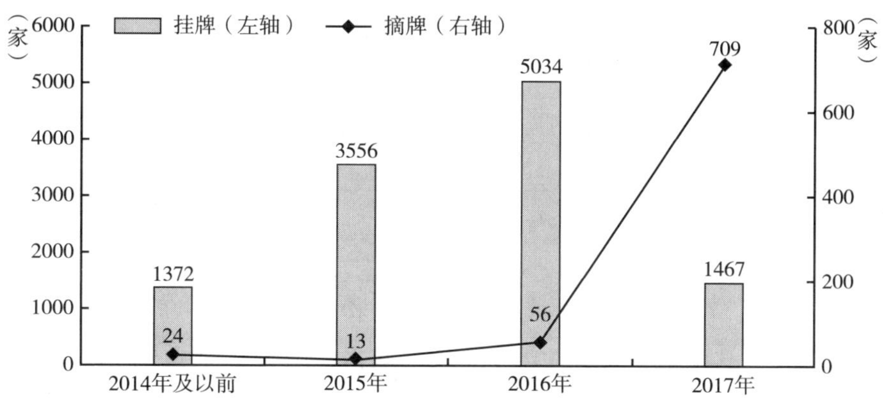

图 25　全国新三板市场挂牌和退市数量（2014～2017 年）

资料来源：Wind 资讯，齐鲁财富网。

2017年新增挂牌公司数量的比重为48.33%。相比之下，2016年新三板退市企业56家，2016年之前退市企业合计仅为37家，2017年退市数量是之前年度总和的7.62倍。截止到2017年底，新三板企业累计退市802家。退市的原因有多种，如信息披露不完善被强制摘牌，无法得到融资主动摘牌，转板或是因筹备IPO而摘牌。

①挂牌数量全国排名第六位，平均市值偏低

截止到2017年底，山东新三板挂牌企业共计636家，全国排名第六位（见表32）；全年定向增发融资94.61亿元，同比增长1.36倍，同样存在新增挂牌企业数量回落、退市数量占挂牌总量比重较高等问题。截止到2017年末，山东省新三板挂牌企业累计636家，同比增长11.58%（见图26），低于全国14.43%的增长水平。同全国增幅变化情况相似，山东省新三板挂牌企业数量经过前两年扩张后增速变缓，2017年仅新增66家，与2016年新增234家相比回落幅度高达71.79%，回落幅度与全国水平相仿。

表32　全国新三板挂牌企业排名情况（2014～2017年）

单位：家，%

区域	总挂牌家数	挂牌家数全国占比	做市转让家数
广东	1878	16.15	196
北京	1617	13.91	208
江苏	1390	11.95	135
浙江	1032	8.88	79
上海	990	8.51	158
山东	636	5.47	85

资料来源：Wind资讯，齐鲁财富网。

从山东省17地市新三板挂牌企业总量来看，济南市共计挂牌145家，排名第一位，其次是青岛市挂牌114家，两市挂牌数量在17地市中遥遥领先（见图27）。烟台市虽然上市公司数量居全省首位，但新三板挂牌数量仅76家，尽管排名第三位，但数量仍不足百家。菏泽市2017年没有新挂牌企业，数量同2016年一样，仅有5家企业挂牌新三板，继续位居最后一名。

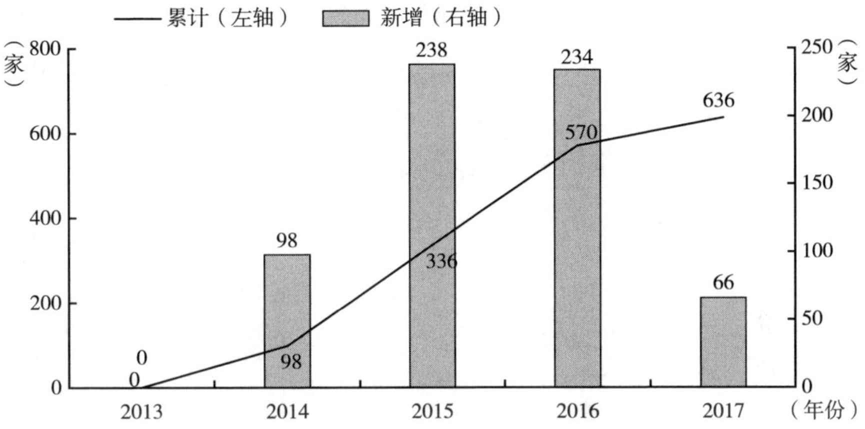

图 26　山东省新三板挂牌数量变化情况（2013～2017 年）

资料来源：Wind 资讯，齐鲁财富网。

新增数量方面，青岛市新增新三板挂牌企业 22 家，排第一名；济南市以仅 1 家之差排第二名；烟台市新增 12 家，居第三名。排名靠后的日照市、枣庄市均增加 1 家，菏泽市全年没有新增新三板挂牌企业。

截至 2017 年末，山东省新三板挂牌企业市值为 1790.76 亿元（见图

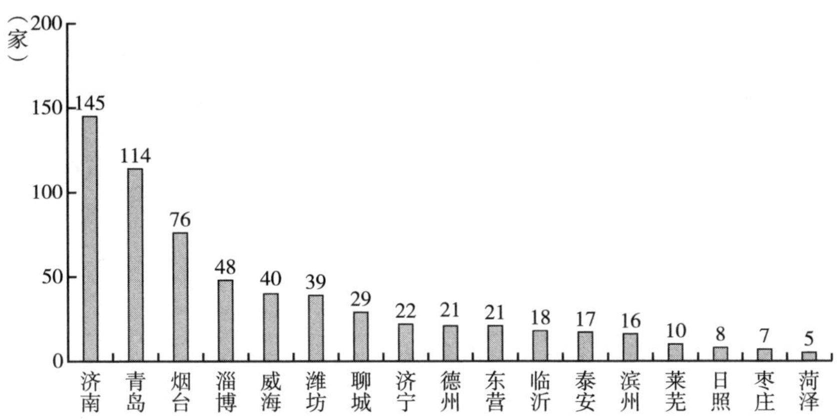

图 27　山东省 17 地市新三板企业数量排名（2017 年）

资料来源：Wind 资讯，齐鲁财富网。

28），比 2016 年增加 645. 48 亿元，同比增长 56. 36%，高于全国 11. 75 个百分点。全省新三板挂牌企业的总市值占全国的比重为 5. 14%。2017 年全省新三板挂牌企业的平均市值为 2. 82 亿元/家，虽然比 2016 年增加 0. 81 亿元/家，但低于全国 3. 00 亿元/家的平均水平。

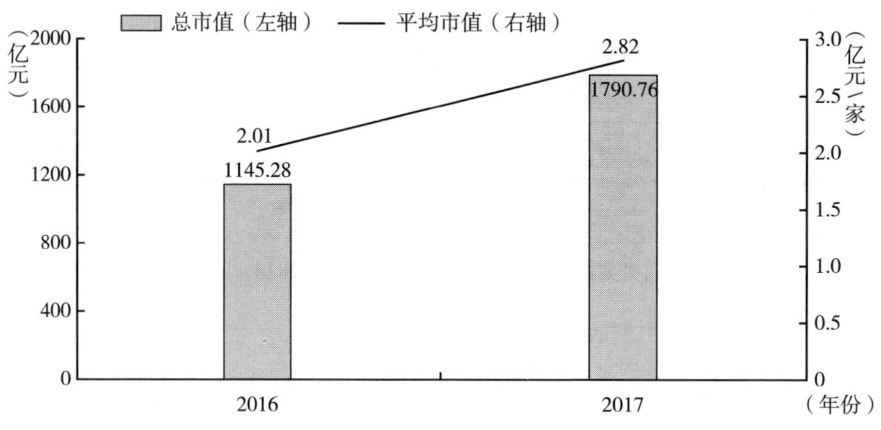

图 28　山东省新三板市值情况（2016～2017 年）

资料来源：Wind 资讯，齐鲁财富网。

②定向增发融资额居全国第五位

目前，定向增发仍是新三板的重要融资方式。2017 年全国新三板市场定向增发实施完成 2652 次，比 2016 年的 2766 次减少 114 次，同比下跌 4. 12%；全年完成融资额 1273. 97 亿元，比 2016 年减少 47. 12 亿元，同比下跌 3. 57%。从地市来看，自 2014 年以来，北京市、上海市以及沿海东部省份融资额遥遥领先西部省份，其中北京市、广东省 4 年来更是一直稳居第一名、第二名的位置（见图 29）。

2017 年山东省新三板企业定向增发 138 次，比 2016 年减少 4 次；但定增融资额为 94. 61 亿元，比 2016 年增加 54. 56 亿元，同比增长 136. 23%（见图 30），位居全国第五名。2017 年山东新三板企业定向增发融资额占全国的比重为 7. 43%，其中最大的一笔为齐鲁银行（832666），共募集 49. 99 亿元，占当年全省新三板企业定增募资额的 52. 84%。

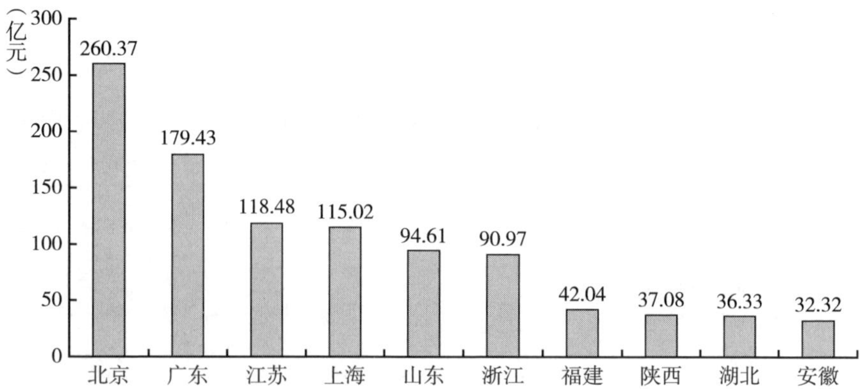

图 29　新三板定向增发融资额 TOP10（2017 年）

资料来源：Wind 资讯，齐鲁财富网。

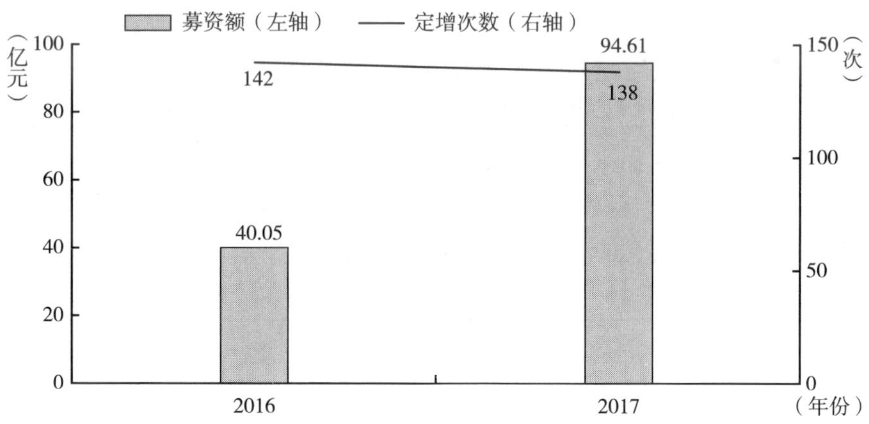

图 30　山东省新三板定增发行完成次数及融资额（2016～2017 年）

资料来源：Wind 资讯，齐鲁财富网。

2017 年全国共有 23 家新三板公司 IPO 成功过会，17 家公司成功登陆沪深两市。山东省只有世纪天鸿（300654）成功登陆创业板市场，也是山东省新三板转板上市第一股。从挂牌公司上市辅导来看，截止到 2017 年底，山东省共有 27 家上市公司接受了券商辅导，20 家公司已经实现辅导备案登记受理，领信股份（831129）、昌润钻石（430713）、海容冷链（830822）3家公司申报了IPO材料（见表33）。

表33 山东新三板企业转板情况（2017年）

单位：家

转板情况	数 量
转板上市	1
已申报IPO材料	3
券商辅导备案登记	20
券商辅导	27

资料来源：Wind资讯，齐鲁财富网。

③摘牌企业数量增加

截止到2017年底，山东省新三板企业累计摘牌57家，占全省挂牌企业总数的比重为8.96%，比全国高出2.06个百分点。广东省累计退市137家，占其新三板挂牌企业数量的比重为7.29%；浙江省累计退市86家，占其新三板挂牌企业数量的比重为8.33%；江苏省累计退市125家，占其新三板挂牌企业数量的比重为8.99%（见表34）。

表34 全国及四省新三板企业退市情况（2017年）

单位：家

区 域	挂牌企业	历年累计退市	2017年退市
广东省	1878	137	127
江苏省	1390	125	109
浙江省	1032	86	77
山东省	636	57	52
全 国	11630	802	709

资料来源：Wind资讯，齐鲁财富网。

值得注意的是，在山东累计退市的57家新三板企业中，仅2017年退市的企业数量就高达52家，占全年新增挂牌公司数量的比重为78.79%。对比广东、江苏、浙江3省，从2017年退市数量来看，4省虽为挂牌大省但当年退市数量占本省挂牌总量比重都高于6.09%的全国平均水平，而山东在4省中退市数量占本省挂牌总量比重最高（见图31）。

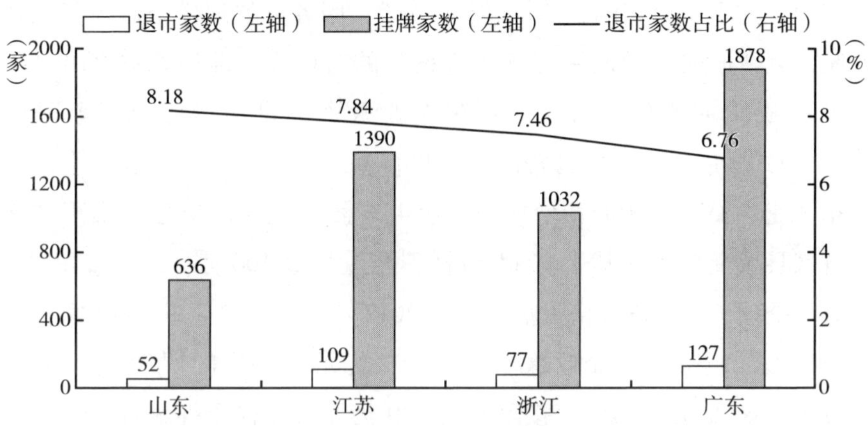

图31　四省新三板企业退市情况（2017年）

资料来源：Wind资讯，齐鲁财富网。

（3）区域股权交易中心运行情况

2017年1月，国务院办公厅颁布《关于规范发展区域性股权市场的通知》，明确区域性股权市场是服务中小微企业的私募市场，是多层次资本市场体系的重要组成部分，是地方政府扶持中小微企业政策措施的综合运用平台。7月1日起，区域市场被正式纳入中国证监会统一监管体系。党的十九大和全国金融工作会议着重提出要提高直接融资比重，促进多层次资本市场健康发展。山东省正处在加快新旧动能转换、实现“由大到强”战略性转变的关键时期，发挥多层次资本市场促进经济转型升级的作用至关重要。全省高度重视区域股权市场发展，积极借助区域股权市场助推经济实现转型升级。截至2017年底，齐鲁股权交易中心、蓝海股权交易中心挂牌企业分别突破2000家和1000家，达到2270家和1124家。

齐鲁股权交易中心自2010年成立以来首创多个国内“第一”：挂牌企业中股份公司数量全国第一；国内唯一与新三板建立批量转移对接机制的市场；国内首家与社保基金尝试联合成立基金；国内首个落地针对区域市场挂

牌企业的直投基金；国内首个开展区域市场挂牌企业的股权质押增信基金试点；备案发行国内首只区域市场可转债；研发设立了国内第一个具有自主知识产权的“非上市公司网上协议转让系统”；服务全省规模企业规范化公司制改制，创新形成“规改 + 挂牌 + 直投”的新模式；推动省政府出台国内第一只股权质押增信基金，为挂牌企业融资提供增信缓释；全国首创“O2O”模式多层次资本市场资源联合培育基地，联合更高层次资本市场服务山东企业。2017 年中心新增挂牌企业 459 家，达到 2270 家，实现挂牌企业全省区县域全覆盖，其中有 11 市挂牌企业超过 100 家，3 个市超过 200 家，有效推动了区县域经济发展。截至 2017 年底，托管企业 2447 家，展示企业 6080 家，全部挂牌企业总股本 315.02 亿元。中心累计帮助企业实现各类融资 350.69 亿元，其中直接融资近 190 亿元，股权质押融资 72.6 亿元。培育发展投资机构、会计师事务所、律师事务所等各类会员机构 716 家，发展融资服务合作商 207 家，其中银行 58 家。2017 年，金融服务集团架构初步搭建，各类综合配套服务进一步提升，市场推广力度加大，挂牌数量持续增加，企业融资服务及产品不断创新，普惠融资进一步落地，特别是率先在全国完成城商行、民营银行股权集中登记托管，创建国内首家多层次资本市场资源联合培育基地，聚集金融要素资源服务中小微企业，引领国内区域资本市场探索创新。2016 年下半年至 2017 年上半年时间内，齐鲁股权交易中心全力推动省直投基金落地挂牌企业，使省政府直投基金惠及符合条件的挂牌企业。共组织筛选挂牌企业 1800 家，组织近 600 家挂牌企业与省直投基金对接，最终 340 家挂牌企业获得总计 10 亿元省直投基金支持，平均每家挂牌企业获得 294.12 万元。2017 年下半年，齐鲁股权交易中心又积极推动与省财政厅共同设立专项投资于挂牌企业的省级股权质押增信基金，总规模 10 亿元以上，通过区域市场股权质押增信基金的使用和放大，每年将为挂牌企业带来 30 亿元以上间接融资。全省区域资本市场股权质押融资增信基金成立，有力促进了挂牌企业融资。全省已登记私募投资基金管理机构达到 443 家，管理基金 757 只，管理规模 1568.6 亿元。

青岛蓝海股权交易中心作为全省区域内的股权交易机构，自 2014 年正式成立运营以来，根据省政府金融“十三五”规划定位——“将青岛蓝海股权交易中心打造成为财富管理特色突出、适合中小企业培育成长的金融综合服务平台”这一要求，设立了中小企业股权交易、财富管理产品交易和“信蓝筹”互联网融资三大平台。立足“规范+融资”，致力于打造中小企业股权交易平台。中小微企业利用资本市场发展壮大的意识不断提高，中心作为资源聚集的载体，着力为挂牌企业搭建起更加高效的资源对接桥梁，引导挂牌企业更好地利用资本市场工具，助推企业稳健快速发展。截至2017年底，青岛蓝海股权交易中心挂牌展示企业达到1234家；挂牌交易企业较上年增加554家，数量达到1124家，挂牌企业总市值300多亿元；累计帮助企业实现各类融资金额65亿元，直接融资金额33.5亿元，股权质押融资金额4.5亿元。成立以来，有10家企业通过中心培育已成功登陆“新三板”，1家企业已上报中小板申请材料，2家已启动海外主板上市程序，20多家企业正在准备“新三板”挂牌材料。挂牌地域覆盖青岛、济南、烟台、日照、东营、威海等14个地市。培育发展投资机构、会计师事务所、律师事务所等各类会员机构342家，发展融资服务合作商36家。举行各类培训活动200多场次，培训企业5000多家次。下一步，中心将继续深入贯彻落实十九大和全国金融工作会议精神，再接再厉，开拓创新，不断提高创新水平，为推动全市经济转型升级、提质增效，建设宜居幸福创新型国际城市做出新的更大贡献。蓝海股权交易中心也在不断创新。2017年5月证监会发布的《区域性股权市场监督管理试行办法》中明确提到“在区域性股权市场可以非公开发行、转让中小微企业股票与可转换为股票的公司债券”，随后中心设立了完善的中小企业可转债规则与制度，并于2017年7月为德州某公司完成备案规模1.67亿元的首期可转债项目。

除此之外，山东省地方金融监管部门对融资担保、互联网金融、股权融资和要素交易等新的金融业态进行规范，稳步推进债券品种创新，更好地发挥齐鲁股权交易中心等区域股权市场功能，促进多层次资本市场健康发展。支持济南区域性产业金融中心、青岛财富管理金融综合改革试验区、烟台区域性基金管理中心建设。构建普惠金融体系，积极发展绿色金融。大中型商业银行普惠金融事业部改革取得初步成效，工商银行、农业银行、建设银行、中国银行、交通银行、民生银行等机构的省级管辖行已成立了专门的普惠金融事业部，在信贷政策、授信审批、激励考核等方面加大对普惠金融的倾斜力度。省内首家民营银行威海蓝海银行开业运营，年末资产总额 103.1 亿元，负债总额 84.1 亿元。新设山东齐鲁农产品、国商商品、东营新华福岛能源 3 家介于现货与期货之间的大宗商品交易市场，总量达到 11 家，实现交易额 2451.7 亿元，同比增加 1267.4 亿元。稳妥有序地推进权益类和大宗商品类交易市场建设，股权、金融资产、文化产权、农村产权等权益类交易规范蓬勃展开，海产品、矿石、板材、畜牧产品等大宗商品交易日趋活跃。

B.2
山东普惠金融发展综述

摘　要： “普惠金融”概念由联合国在宣传“2005 小额信贷年”时提出，并迅速在全球范围内被广泛采用。实际上，普惠金融在中国的发展已有多年的历史，并形成了含微观、中观和宏观三个层面的组织体系。本报告主要介绍山东省普惠金融发展的背景及现状：一方面从小微金融组织、民间金融组织、互联网金融组织、合作金融组织的角度介绍我国普惠金融的现状，与分报告中山东相应普惠金融组织的发展现状形成对比；另一方面介绍山东传统金融（含银行、证券、保险）的现状，引出山东省发展普惠金融的必要性、发展现状及山东普惠金融发展过程中存在的一系列问题和不足，并提出山东发展普惠金融应营造良好的金融政策环境、增加普惠金融供给、提高普惠金融产品与服务的创新能力、完善金融监管、建立健全普惠金融信用信息体系的发展建议。

关键词： 普惠金融　小微金融　民间金融　互联网金融　合作金融

2017 年 7 月，习近平总书记在第五次全国金融工作会议上强调发展普惠金融的重要性，提出“要建设普惠金融体系”，为我国普惠金融的下一步发展指明了方向。所谓“普惠金融”，是指以可负担的成本为有金融服务需求的社会各阶层和群体提供适当、有效的金融服务，中小微企业、“三农”、城镇低收入人群等弱势群体是其重点服务对象。这一概念来自联合国在宣传

“2005 小额信贷年”时广泛运用的“inclusive financial system”。在联合国的倡导和推动下，普惠金融联盟（The Alliance for Financial Inclusion，AFI）、二十国集团（G20）[①] 普惠金融专家组（Financial Inclusion Experts Group，FIEG）、全球普惠金融合作伙伴组织（Global Partnership of Financial Inclusion，GPFI）等机构不断成立，加速了普惠金融在全球的发展。虽然普惠金融的正式提出是在 21 世纪以后，但早在概念未产生之前，已经有相当多国家在实践着普惠金融宗旨，诸如美国的社区银行（Community Bank）、巴西的代理银行（Correspondent Bank）、印度的自助小组—银行连接模式[②]等都可以被视为普惠金融模式的先行。

在我国，最早引入“普惠金融”概念的是中国小额信贷联盟（原名“中国小额信贷发展促进网络”）。为了开展 2005 年国际小额信贷年的推广活动，中国小额信贷联盟秘书长白澄宇提出用“普惠金融体系”作为“inclusive financial system”的中文翻译，也有人提出翻译成“包容”等名词，但这些名词不如“普惠”概念更能体现让所有人平等享受金融服务的理念，也不能确切地表达服务对象的广泛性。2006 年 3 月，时任中国人民银行研究局副局长焦瑾璞在北京召开的亚洲小额信贷论坛上，正式使用了这一概念。焦瑾璞认为，“普惠金融的基本含义就是为社会所有

---

① 二十国集团，简称 G20，于 1999 年 9 月 25 日由八国集团（G8）的财长在德国柏林成立，最初为财长和央行行长会议机制，2008 年国际金融危机后，升格为领导人峰会。由中国、阿根廷、澳大利亚、巴西、加拿大、法国、德国、印度、印度尼西亚、意大利、日本、韩国、墨西哥、俄罗斯、沙特阿拉伯、南非、土耳其、英国、美国以及欧盟等二十方组成。

② 这一模式的主要做法是，在小额金融机构指导下，由 15~20 名经济社会状况相似、性别相同的成员自主组建自助小组；之后以小组名义在商业银行开立储蓄账户，小组成员每月进行储蓄；储蓄 2 个月之后，先用小组储蓄金给成员放款；储蓄满 6 个月后，小额金融机构对自助小组进行金融纪律、成员关系、管理技能等方面的综合评估，并把合格的小组推荐给商业银行进行对接；小组第一次可以从商业银行得到相当于其储蓄总额 3 倍的贷款；小组得到贷款后再将其转贷给组员，转贷方式和利率由小组自主决定；小组需按月归还银行贷款，所有成员对贷款负连带责任。这种模式充分发挥合作各方长处，商业银行手握重金，但对低端客户不了解，难以承受小额金融服务的高成本；而小额金融机构扎根社区，对客户知根知底，可以帮助组建高质量自助小组并指导监督其运作。小额金融机构从商业银行获得佣金，商业银行则借此开拓市场。

人，特别是贫困和低收入者提供金融服务”。[①] 2012年6月，时任国家主席胡锦涛在墨西哥举办的G20峰会上提出：“普惠金融问题本质上是发展问题，希望各国加强沟通和合作，提高各国消费者保护水平，共同建立一个惠及所有国家和民众的金融体系，确保各国特别是发展中国家民众享有现代、安全、便捷的金融服务。”普惠金融概念第一次在公开场合被中国国家领导人正式使用。2013年11月，中国共产党第十八届中央委员会第三次全体会议通过的《中共中央关于全面深化改革若干重大问题的决定》提出，“发展普惠金融，鼓励金融创新，丰富金融市场层次和产品”。“普惠金融”概念第一次被正式写入党的决议之中，并作为全面深化改革的重要内容之一。

2015年12月，国务院出台的《推进普惠金融发展规划（2016—2020年）》给了普惠金融最新的定义：“普惠金融是指立足机会平等要求和商业可持续原则，以可负担的成本为有金融服务需求的社会各阶层和群体提供适当、有效的金融服务。”《推进普惠金融发展规划（2016—2020年）》提出我国普惠金融发展目标是：“到2020年，建立与全面建成小康社会相适应的普惠金融服务和保障体系。”这是我国首次在国家层面明确提出普惠金融发展目标，也是第一个关于普惠金融的顶层设计，标志着我国的金融改革与发展在“十三五”乃至未来更长时期将迎来一个以普惠金融为重要内容的全面深化和创新发展时期。在全面建设小康社会的关键时期和深化改革、加快转变经济发展方式的攻坚阶段，普惠金融的发展将在很大程度上促进我国金融以及实体经济的均衡发展。

2016年2月，中国银监会发布《中国银监会办公厅关于2016年推进普惠金融发展工作的指导意见》（银监办发〔2016〕24号），要求银行业金融机构和各级监管部门切实做好《推进普惠金融发展规划（2016—2020年）》开局之年的推动落实工作。2017年5月，国务院常务会议明确提出大型商

① 转引自焦瑾璞《构建普惠金融体系的重要性》，《中国金融》2010年第10期。

业银行2017年要完成普惠金融事业部的设立，聚焦小微企业和“三农”等提升服务能力。同月，中国银监会印发《大中型商业银行设立普惠金融事业部实施方案》，要求相关银行从总行到分支机构、自上而下地搭建普惠金融垂直管理体系，总行设立普惠金融事业部，分支机构科学合理设置普惠金融事业部的前台业务部门和专业化经营机构，下沉业务重心，下放审批权限，更好地服务客户。9月，中国人民银行公布自2018年起对普惠金融实施定向降准，“针对单户授信500万元以下的小微企业贷款、个体工商户和小微企业主经营性贷款以及农户生产经营、创业担保、建档立卡贫困人口、助学等贷款，凡前一年对上述贷款余额或增量占比达到1.5%的商业银行，存款准备金率可在中国人民银行公布的基准档基础上下调0.5个百分点；前一年上述贷款余额或增量占比达到10%的商业银行，存款准备金率可按累进原则在第一档基础上再下调1个百分点。”

普惠金融仅仅依靠国家的政策支持尚无法持续健康地发展，需要社会各界力量充分发挥主观能动性。依托强大的互联网技术和金融科技发展起来的互联网金融，凭借其灵活多样的服务模式，逐渐成为推行普惠金融的重要平台。2015年7月，中国人民银行等十部委联合发布的《关于促进互联网金融健康发展的指导意见》指出，“互联网与金融深度融合是大势所趋，将对金融产品、业务、组织和服务等方面产生更加深刻的影响。互联网金融对促进小微企业发展和扩大就业发挥了传统金融机构难以替代的积极作用，为大众创业、万众创新打开了大门。”自2014年以来，“互联网金融”已经4次被写入《政府工作报告》，2014年的“促进互联网金融发展”，2015年的“互联网金融异军突起”，2016年的“规范发展互联网金融”，2017年的“对互联网金融累计风险要高度警惕”，历年《政府工作报告》对“互联网金融”提法的调整，体现了国内互联网金融从高速发展到规范整治的历程，也体现了互联网金融对推进普惠金融发展的重要作用。促进互联网金融健康发展，有利于我国提升金融服务质量和效率，深化金融改革，促进金融创新发展，扩大金融业对内对外开放，构建多层次金融体系。

一　我国普惠金融发展现状

从内涵来看，普惠金融包括三个方面。首先是普惠理念，无论是穷人还是富人，每个人都应该有平等享受金融服务的权利，这样才能让每个人有机会参与经济的发展，才能实现社会的共同富裕。其次是与金融有关的创新，为让每个人都获得金融服务，应在金融体系内进行制度、机构和产品等方面的创新。最后是社会责任，普惠金融担负着为传统金融机构服务不到的低端客户，如中低收入者、贫困人口和中小微企业等提供金融服务的社会责任。普惠金融从概念到落地，真正体现“普惠”特征，实现“可得性”①，离不开产品、服务的创新，更离不开自身体系的发展。健全完善的普惠金融组织体系，才有可能补充传统金融服务的缺失并更大范围地增加金融供给，同时也是发展普惠金融的基础。

普惠金融在我国经过多年发展，其组织体系也在不断明晰，目前专家学者普遍认同的观点是普惠性金融体系包含微观、中观和宏观三个层面。微观的普惠金融主体，是我们的主要研究对象，主要是指向中低收入阶层、“三农”金融消费者和中小微企业等信用等级低、借贷能力弱的不同弱势群体提供金融服务的组织。本报告所阐述的我国普惠金融组织体系，是以民间金融、小微金融、合作金融和互联网金融为主要构成，由民间借贷、村镇银行、小额信贷以及各类互联网金融机构等不同金融组织组成的。从普惠金融的中观层面上，主要包括基础性的金融设施和服务于金融市场交易的其他各类主体，如审计机构、评级机构、行业协会、征信机构、结算支付系统、信息技术以及咨询服务机构等，这些主体的存在可以有效实现交易成本的降低、服务功能与深度的提高，促进交易公平与透明。从普惠金融的宏观层面

① “可得性”，源于《国务院关于印发推进普惠金融发展规划（2016—2020年）》（国发〔2015〕74号），部分研究者也以“可及性”等来表示。本报告统一表述为“可得性”。在客观上，它是指金融网点或金融产品在地域和空间上的覆盖密度；主观上，它指相关金融服务在总人口（或成年人）中的获得比率。

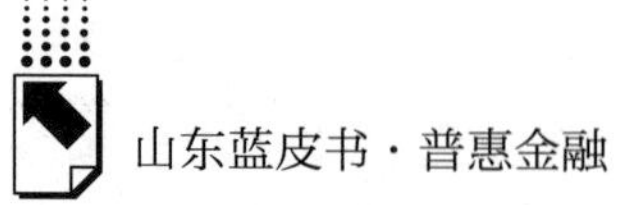

上，主要是政策与法规的制定者，包括金融监管当局——中国人民银行、中国银保监会、中国证监会、财政部和其他相关政府机构。

结合普惠金融的组织体系，本报告在介绍我国普惠金融发展现状时，主要从村镇银行、小额贷款、私募型民间金融、互联网金融、合作金融等方面来阐述。另外，商业银行普惠金融业务近年来越来越受到监管层的重视，2017 年 3 月的《政府工作报告》也提出，鼓励大中型商业银行设立普惠金融事业部。本报告将专门对商业银行普惠金融发展现状进行阐述与分析。

（一）村镇银行发展现状

村镇银行的设立，有效填补了农村地区金融服务的空白、增加了农村地区的金融支持力度。近年来，这种“立足地方、服务村镇”的村镇银行逐渐发展成普惠金融组织中小微金融组织的一类重要形式。所谓村镇银行，是指经中国银行业监督管理委员会依据有关法律、法规批准，由境内外金融机构、境内非金融机构企业法人、境内自然人出资，在农村地区设立的主要为当地农民、农业和农村经济发展提供金融服务的银行业金融机构。这是 2006 年 12 月在全国启动试点工作的一种新型小型化金融机构，其重要特点之一是机构设置在县、乡镇，在地（市）、县（市）和乡（镇）不同地区注册，注册资本限额也不同，分别不低于人民币 5000 万元、300 万元和 100 万元。作为农村金融体系的新生力量，以亲农、扶农、帮农、惠农，建农民欢迎的银行为设立宗旨的村镇银行在满足农户和中小型企业小额贷款需求、增强对农村地区的金融支持和填补农村地区金融服务空白方面发挥了举足轻重的作用，逐渐成为普惠金融组织中的一类重要构成。

2006 年 12 月，中国银监会出台《关于调整放宽农村地区银行业金融机构准入政策更好支持社会主义新农村建设的若干意见》，开始试点探索设立以村镇银行为主体的新型农村金融机构。2007 年 3 月，全国第一家村镇银行——四川仪陇惠民村镇银行在四川省仪陇县挂牌成立，此后十余年我国村镇银行的数量和规模稳步发展（见图 1）。根据银监会对外公布的中国银行业金融机构法人名单，截至 2017 年 12 月底，银行业金融机构法人共 4549

家，分别为1家开发性金融机构、2家政策性银行、5家国有大型商业银行、1家邮储银行、12家股份制商业银行、4家金融资产管理公司、134家城市商业银行、1家住房储蓄银行、17家民营银行、1262家农村商业银行、33家农村合作银行、965家农村信用社、1562家村镇银行、13家贷款公司、48家农村资金互助社、39家外资法人银行、68家信托公司、69家金融租赁公司、247家企业集团财务公司、25家汽车金融公司、22家消费金融公司、5家货币经纪公司、14家其他金融机构。村镇银行数量占全国银行业金融机构的34.3%，占农村金融机构的41%，打通了农村金融市场“最后一公里”，真正发展和盘活农村金融业务及市场，通过金融刺激给予农村经济新的活力。

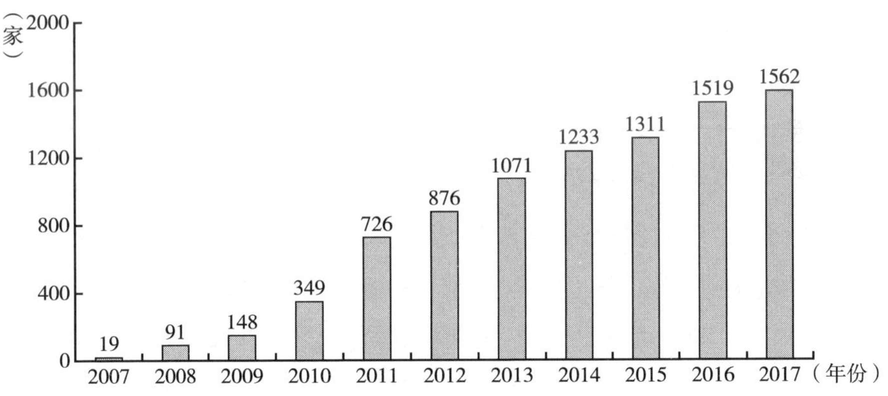

图1　全国村镇银行数量变化（2007～2017年）

资料来源：中国银监会，齐鲁财富网。

村镇银行自2006年底试点以来，在健全农村金融体系、激活农村金融市场、强化支农支小服务等方面发挥了积极作用，已成为扎根县域、支农支小的新生力量，是服务“三农”和中小微企业的金融生力军。但随着村镇银行培育工作的深入推进，也出现了发展空间受限、流动性欠佳、抵御风险能力较差、业务拓展较难等问题。为解决这些问题、稳步发展村镇银行，政府有必要在村镇银行的发展过程中积极创造条件，提供更多的优惠政策，同时严格监管，切实做好风险防范工作，更好地促进村镇银行在解决“三农”问题过程中发挥更大的作用。

（二）小额贷款行业发展现状

小额贷款公司是由自然人、企业法人与其他社会组织投资设立，不吸收公众存款，经营小额贷款业务的有限责任公司或股份有限公司，作为普惠金融最初产生以及最为基础的小型金融组织形式，它同普惠金融理念的产生几乎相同。在我国，1994 年小额信贷模式只是国际援助机构及国内非政府组织（NGO）为弥补 1986 年农村扶贫贴息贷款计划中的不足而引进的，直到 1996 年以后小额贷款公司才逐渐受到中国政府的重视。2000 年前后，以农村信用社为主体的金融部门开始在全国试行并推广小额贷款，但当时主要还是以正规金融机构为导向。2005 年 10 月，中国人民银行在山西、四川、陕西、贵州和内蒙古 5 省（区）率先开展商业性小额贷款公司试点，先后建立了 7 家小额贷款公司，自此中国小额贷款开始进入崭新的发展阶段。

此后，政府及金融监管部门不断加大政策支持，《关于小额贷款公司试点的指导意见》《小额贷款公司改制设立村镇银行暂行规定》《关于全面做好扶贫开发金融服务工作的指导意见》等相继出台，小额贷款公司的发展进程明显加快。2015 年末，全国共有小额贷款公司 8910 家，比 2014 年末增加 119 家，贷款余额 9412 亿元，比 2015 年末减少 20 亿元，我国小额贷款公司的发展从以往机构数量快速增长期过渡到了更加注重质量的阶段。2016 年末，我国小额贷款公司 8673 家，与 2015 年的 8910 家相比减少了 237 家，降幅为 2.66%；从业人员 108881 人，与 2015 年的 117344 人相比减少了 8463 人，同比下降 7.21%。2016 年，全国小额贷款公司数量和从业人员数量明显减少，小贷公司退出频现，行业规模缩水，这是小额贷款公司整合速度加快、行业未来发展或更倾向于综合实力竞争的体现。中国人民银行数据显示，截至 2017 年末全国共有小额贷款公司 8551 家，比 2016 年减少 122 家，贷款余额 9799.49 亿元，全年增加 504 亿元，实收资本为 8270.33 亿元，从业人数 103988 人，比 2016 年减少 4893 人（见表 1）。

表1　我国小额贷款公司分地区情况统计（2017年）

区　域	机构数量(家)	从业人员数(人)	实收资本(亿元)	贷款余额(亿元)
全　国	8551	103988	8270.33	9799.49
北　京	99	1403	136.07	146.77
天　津	95	1299	119.54	129.60
河　北	437	5894	247.74	245.60
山　西	294	3233	186.15	172.60
内蒙古	361	3259	257.71	262.06
辽　宁	547	5061	362.84	310.98
吉　林	532	4892	145.03	109.88
黑龙江	254	1997	133.33	112.62
上海市	123	1575	200.00	219.01
江　苏	630	5795	809.26	932.72
浙　江	326	3418	574.58	668.24
安　徽	439	4867	363.87	447.01
福　建	118	1415	258.81	299.81
江　西	200	2531	222.56	223.45
山　东	334	4282	448.62	495.04
河　南	282	3752	221.07	238.48
湖　北	283	3615	305.63	310.71
湖　南	128	1903	104.20	105.40
广　东	461	9509	653.54	855.60
广　西	304	3909	264.83	474.33
海　南	56	970	61.71	65.95
重　庆	266	6319	734.90	1467.37
四　川	322	5729	537.45	606.15
贵　州	281	2630	88.52	80.99
云　南	272	2944	129.13	127.88
西　藏	18	156	14.32	13.98
陕　西	270	2868	245.81	241.77
甘　肃	331	3570	151.35	128.99
青　海	77	878	47.99	47.17
宁　夏	128	1680	62.28	56.22
新　疆	283	2635	181.51	203.13

注：由于批准设立与正式营业并具备报数条件之间存在时滞，小额贷款公司数量与各地公布的小额贷款公司批准设立数量存在统计口径上的差别。

资料来源：中国人民银行，齐鲁财富网。

从中国人民银行公布的小额贷款公司分地区情况统计（见表1）可以看出，西部地区小额贷款公司的发展情况整体依然落后于东部省份。由机构数量来看，江苏省、辽宁省与吉林省排名三强，分别为630家、547家与532家，这3个东部省份小贷公司数量合计1709家，占全国总数的19.99%；从地域分布来看，2017年底，东、中、西部小额贷款公司机构数量分别为3530家、3007家和2014家，与2016年相比，分别减少13家、59家和50家，其中西部地区减少幅度最大；从从业人员数量来看，广东省从业人员数量依旧最多，达9509人，重庆市、河北省分列第二、第三位，从业人员数量分别为6319人、5894人；从实收资本来看，江苏省、重庆市与广东省分别为809.26亿元、734.90亿元与653.54亿元，依次排名前三；从贷款余额来看，重庆市2017年贷款余额1467.37亿元，是我国唯一一个贷款余额超千亿元的地区，每家小额贷款公司贷款余额达5.52亿元，远高于全国平均水平。江苏省、广东省紧随其后，分别以932.72亿元与855.60亿元的贷款余额排在第二、第三位。与其他省份相比，山东省机构数量、从业人员数量、实收资本和贷款余额分别排在全国的第八、第九、第六和第六位。整体来看，2017年山东省小额贷款公司的发展与其GDP大省的地位还有差距。

自2008年中国人民银行和中国银监会出台《关于小额贷款公司试点的指导意见》以来，我国小额贷款公司发展步伐逐渐加快。2008年底，全国小额贷款公司还不到500家，到2015年末上升到8910家，达历史最高水平，增长速度飞快。近两年，小额贷款公司在经过迅猛发展后开始趋于稳定。由于2008年和2009年全国小额贷款公司数据不完整，本报告仅列示2010年以来全国小额贷款公司机构数量、贷款余额以及从业人员等指标的数据（见表2）。

从小额贷款公司的机构数量看，2010~2017年8年的时间，全国小额贷款公司机构数量平均每年增加848家，2017年末发展到8551家，机构数量是2010年的3.27倍。不过小额贷款公司不是一味地疯长，从近年来的发展趋势来看，每年机构数量的增加幅度在不断缩小，2015年达到最高值后2016年首次出现了负增长，2017年继续呈现下降趋势，年底小额贷款公司机构数相比2015年减少了359家（见图2）。

表 2　我国小额贷款公司发展情况（2010～2017 年）

年份	机构数量(家)	贷款余额(亿元)	从业人员(人)
2010	2614	1975	27884
2011	4282	3915	47088
2012	6080	5921	70343
2013	7839	8191	95136
2014	8791	9420	109948
2015	8910	9412	117344
2016	8673	9273	108881
2017	8551	9799	103988

资料来源：中国人民银行，齐鲁财富网。

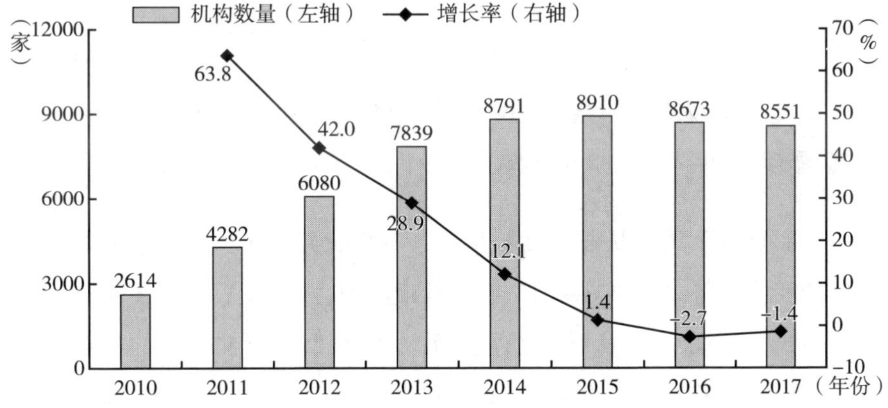

图 2　全国小额贷款公司机构数量变化（2010～2017 年）

资料来源：中国人民银行，齐鲁财富网。

从小额贷款公司的贷款余额看，整体变化趋势与小额贷款公司机构数量的变化趋势大致相同。不同的是，早在 2015 年全国小额贷款公司贷款余额就已出现了负增长，比机构数量出现负增长的情况早一年，而 2017 年并没有延续前两年的负增长态势，全年贷款余额再次增加，达到历史最高水平（见图 3）。在小额贷款公司机构数量继续减少的情况下，2017 年的贷款余额不降反升，平均每家机构贷款余额由 2016 年的 1.07 亿元增长到 2017 年的1.15亿元，增幅达7.48%。在去杠杆的宏观背景下，2017年小贷行业贷款余额能小幅回升，说明小额贷款公司在经历了几年的发展寒冬后有了一定的回暖迹象。

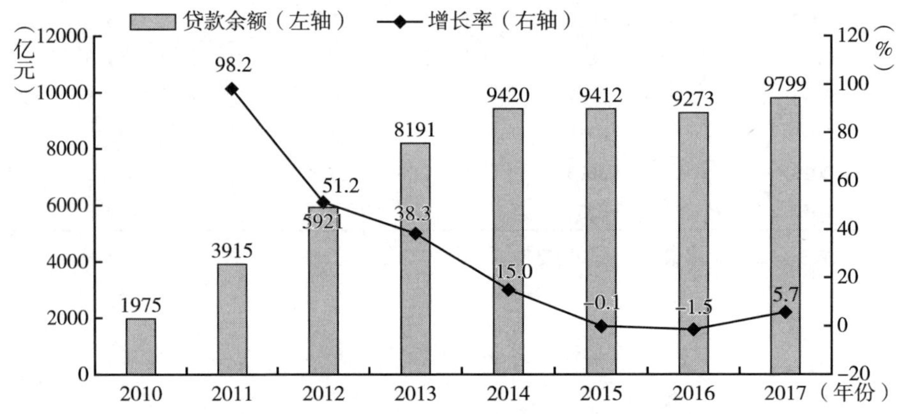

图3　全国小额贷款公司贷款余额变化（2010～2017年）

资料来源：中国人民银行，齐鲁财富网。

从小额贷款公司的从业人员数量看，其变化趋势更接近小额贷款公司机构数量的变化趋势，同样在2015年达到最高值，2016年、2017年连续两年出现负增长（见图4）。从绝对数量来看，全国小额贷款公司的从业人员数量自2010年以来平均每年增加10872人；从吸纳就业人数增长率来看，2011年以后随着小贷公司机构数量增速的放缓，加之从业人员基数的变大，全国小贷公司吸纳就业的能力逐年下降，2016年首次出现负增长，2017年虽然延续了负增长态势，但降幅有所收窄。

从小额贷款公司2010～2017年的发展情况来看，2014年以前小贷公司经历了迅猛发展期，但2015年之后其发展开始走下坡路，到2016年机构数量、贷款余额和从业人员均出现了负增长。不过，从2017年的发展情况来看，小额贷款公司在经过了几年的寒冬后开始有了回暖迹象，贷款余额指标结束负增长态势有了小幅回升，机构数量和从业人员指标虽仍是负增长，但降幅有所收窄，小额贷款公司的发展从高速发展期走向了更加注重质量的发

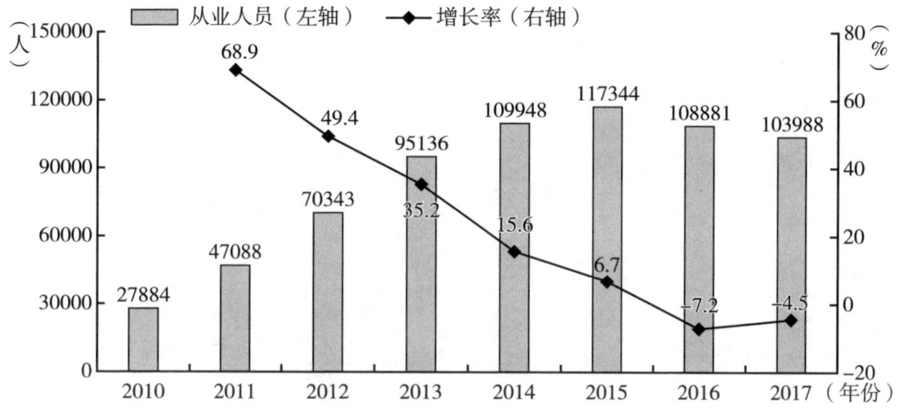

图 4　全国小额贷款公司机构从业人员变化（2010～2017 年）

资料来源：中国人民银行，齐鲁财富网。

展阶段。未来在政策引导和行业规范下，相信小额贷款公司风控能力差、资金风险高、运营资本获取难、专业人才缺乏等问题会逐步得到改善，以更好地服务“三农”、小微客户，服务实体经济，践行普惠金融。

（三）私募型民间金融发展现状

民间金融，是相对于正规金融而言的。所谓正规金融，是属于正规金融体制范围内的、纳入我国金融监管机关管理的金融活动，而民间金融主要是指我国银行保险系统、证券市场、农村信用社以外的经济主体所从事的融资活动，属于非正规金融的范畴，是自然形成的对正规金融的一种补充。民间金融作为最初始的普惠金融组织形式，却因为国内长期存在的金融抑制一直没有配置到应有的金融资源，造成了较为严重的配置失衡现象。其划分类型较为复杂，国内比较详细和权威的分类中，我们倾向于认同刘少军（2012）的分类，将民间金融组织划分为非募型民间金融、私募型民间金融以及公募型民间金融三类（见表 3）。由于各种组织生存条件和获得金融资源的不同，不同形式的民间金融发展情况参差不齐，本报告主要介绍该分类中私募型民间金融中的典当行和私募基金组织的发展现状。

表 3　非募型民间金融、私募型民间金融以及公募型民间金融发展模式

民间金融	非募型民间金融	个人借贷	友情借贷、资产借贷、高利借贷
		企业借贷	企业与个人间借贷;企业间借贷
	私募型民间金融	银行型	私人银行、私人钱庄、典当行
		基金型	基金会、互助会、储金会、合会
		项目型	企业内部集资、集资建房、私募投资基金
	公募型民间金融	公开发行金融证券	公开发行股票、股权证书、债券或债权证书等
		公开发行投资收益证书	公开发行该投资收益证书,如房屋产权证书、林权投资证书、还本销售证书
		公开发行消费预付款卡(券)	向不特定消费者公开发行消费预付款卡或证券,来达到向对方融通资金的目的,如公交卡、购电卡、煤气卡、购物卡和其他消费卡

资料来源：孙国茂、安强身《普惠金融组织与普惠金融发展研究——来自山东省的经验与案例》，中国金融出版社，2017。

1. 典当行的发展

典当行，亦称典当公司或当铺，是主要以财物为质押进行有偿有期借贷融资的非银行金融机构。中国的典当活动在古代早已盛行，有上千年的历史，新中国成立后典当业被视为剥削人民的活动，且涉及官商勾结被禁止。1987 年 10 月，新中国第一家典当行——成都市华茂典当服务商行成立，此后典当行再次席卷全国。从融资特点来看，典当行融资具有“短期、小额、快捷、灵活”的特点，与中小微企业及个人客户期限短、数额小、信用等级低且紧急的融资需求相吻合，再次发展起来的典当行逐渐成为普惠金融中民间金融组织的重要组成部分。

2003 年 7 月，我国典当行业的第一部专门的指导性、规范性管理文件《典当行管理办法》发布。同年 12 月，商务部发布《关于加强典当业监管工作的通知》（商建发〔2003〕441 号），旨在加强典当业的监管，促进典当行业有序健康发展。2005 年 2 月，商务部、公安部联合发布 2005 年第 8 号令《典当管理办法》，目的在于进一步规范典当行为，加强监督管理。2011 年 12 月，商务部发布《关于“十二五”期间促进典当业发展的指导意见》（商流通发〔2011〕481号），以期进一步发挥典当业在满足中小微企业融资需求和居民应急需要、促进经济社会发展等方面的积极作用。

为扎实推进典当业的监管工作，完善监管手段，提升典当行信息化水平，商务部发布《关于正式运行全国典当行业监督管理信息系统及调整典当行变更换证工作流程的通知》（商流通司函〔2012〕第11号），规定自2012年4月1日起在全国范围内正式运行典当行业监督管理信息系统。全国典当行业监管信息系统显示，截至2017年12月，全国共有典当企业8483家，分支机构950家，注册资本1722.2亿元，从业人员4.9万人。典当余额963.7亿元，与上年相比增加6.4亿元，同比上升0.7%，典当余额占行业全部资产总额的57.8%，说明行业的业务量、资金利用率都有进一步提升空间。2017年动产典当业务占全部业务的32.79%，房地产典当业务占52.28%，财产权利典当业务占14.93%，与2016年的业务结构相比，动产典当业务占比有所下降，房地产典当业务和财产权利典当业务占比略有上升，房地产典当仍是行业主要业务。8483家典当企业2017年底的资产总额为1668亿元，同比上升1.3%；负债合计123.2亿元，同比上升8.7%；所有者权益合计1544.8亿元，资产负债率7.4%。整体来看，2017年全国典当行业资产总额、负债合计有所增加，盈利水平略有上升，企业经营风险整体处于较低水平。表4列示了全国典当行业监管信息系统公布的2012~2017年我国典当行业发展状况。

表4　我国典当行业发展现状（2012~2017年）

年份	企业数量（家）	注册资本（亿元）	从业人员（万人）	典当余额（亿元）	动产业务占比（%）	房地产业务占比（%）	财产权利业务占比（%）
2012	6084	994.2	5.3	706.1	27.00	53.00	20.00
2013	6833	1216.9	5.86	866	28.70	52.30	19.00
2014	7574	1436.8	6.13	1012.7	29.80	52.40	17.80
2015	8050	1610.2	6.3	1025.2	30.50	53.00	16.50
2016	8280	1666.6	5.3	957.3	35.59	50.14	14.27
2017	8483	1722.2	4.9	963.7	32.79	52.28	14.93

资料来源：商务部，齐鲁财富网。

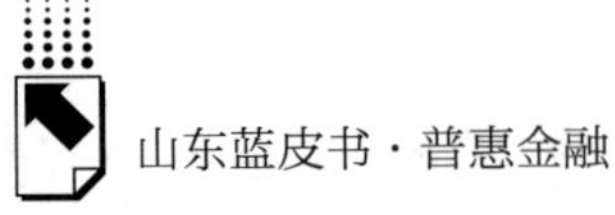

2. 私募基金组织的发展

私募基金，也称私募股权投资，往往指那些不能在证券市场上自由交易的股权资产类投资。在我国，按照投资标的不同，又包括私募证券投资基金、产业私募基金、私募股权投资基金、私募风险投资基金等。2015年12月，国务院颁布的《推进普惠金融发展规划（2016—2020）》明确提出，“鼓励金融机构创新产品和服务方式。发展并购投资基金、私募股权投资基金、创业投资基金”。私募基金组织被正式纳入普惠金融组织发展的框架范围。私募基金不断发展壮大，一定程度上增强了对实体经济的服务能力，又能够满足多样化的投资理财需求，大大提高了社会资金的使用效率。

20世纪90年代，随着我国经济的发展，民间资本日趋活跃，但其投资渠道相对狭窄，收益大、风险高的民间私募吸引了大量民间资本的涌入。但由于自身的民间性、不规范性以及监管缺失，民间私募基金阳光化不足，难以得到真正的发展。2012年12月，我国修改《证券投资基金法》，将备受关注且长期身份不明的私募基金纳入调整范围。2014年6月，证监会倡导私募证券投资基金、私募股权投资者基金、创业投资基金三大类私募基金的专业化发展。2014年“新国九条”明确提出“培育私募市场”，私募基金行业的发展受到国家层面的重视。

2017年4月，中国证券投资基金业协会“资产管理业务综合报送平台”第二阶段上线运行，各私募基金管理人均需通过该平台提交管理人登记申请、备案私募基金，按要求持续更新管理人信息与私募基金运行信息，以及办理申请加入协会成为会员等相关事宜。新旧系统合并后，实现了行业信息报送、存储方式从非结构化、非标准化文档到结构化、标准化数据的关键转变，有效提高了私募基金管理人及产品的信息报送质量和覆盖维度，提升了数据采集、监测监控与统计分析的技术基础。据统计，截至2017年底，中国证券投资基金业协会已登记私募基金管理人22446家，同比增长28.76%；已备案私募基金66418只，同比增长42.82%；管理基金规模11.10万亿元，同比增长40.68%；私募基金管理人从业总人数23.83万人，同比减少3.37万人，其中，已在从业人员系统注册员工人数19.40万人①（见表5）。

表5 我国私募基金的发展情况（2014~2017年）

	2014年	2015年	2016年	2017年
管理人(家)	4955	25005	17433	22446
产品数量(只)	7665	24054	46505	66418
管理基金规模(万亿元)	2.13	4.05	7.89	11.1
从业人员(万人)	10.55	37.94	27.2	23.83

资料来源：中国基金业协会，齐鲁财富网。

自2014年2月7日起，中国基金业协会正式开始办理私募基金管理人登记和私募基金产品备案，此后私募基金迅速发展，2014年可以看作是“私募元年”。2015年9月，中国保监会发布《关于设立保险私募基金有关事项的通知》，保险资金可以设立私募基金，意味着私募基金的资本来源必将不断扩大，从表5也可以看出，2015年是私募基金空前发展的一年。2016年2月，中国证券投资基金业协会发布《关于进一步规范私募基金管理人登记若干事项的公告》，对私募管理人备案提出了更为严苛的要求，新备案的私募管理人与以往相比需满足高管有从业资格、出具法律意见书等条件，这一年我国私募基金管理人和从业人员在严监管的背景下呈现递减的趋势。2017年，私募基金在监管趋严、产品运营难度不断加大的背景下，行业整体逐步进入良性发展的轨道，无论是私募管理人、私募基金数量，还是基金管理规模均比2016年底实现了大幅增长，而私募从业人员数量与2016年底相比则有所下降，说明在监管力度不断加大的基础上，私募基金行业整体素质正在不断提高。

当然，我国民间金融组织存在的形式多种多样，并不仅限于典当行和私募基金组织，而且在不同的地域会存在不同特点的民间金融组织形式。本报

① 引自中国证券投资基金协会官方网站。

告在阐述山东省民间金融组织的发展情况时，将会重点围绕具有山东省地域特色的民间融资机构来展开。

（四）互联网金融发展现状

近年来，互联网金融的快速发展得益于互联网的迅速普及。根据中国互联网络信息中心①发布的第41次《中国互联网络发展状况统计报告》，“截至2017年12月，我国网民规模达7.72亿，普及率达到55.8%，超过全球平均水平（51.7%）4.1个百分点，超过亚洲平均水平（46.7%）9.1个百分点。其中，手机网民规模达7.53亿，网民中使用手机上网人群的占比由2016年的95.1%提升至97.5%；与此同时，使用电视上网的网民比例也提高3.2个百分点，达28.2%；台式电脑、笔记本电脑、平板电脑的使用率均出现下降，手机不断挤占其他个人上网设备的使用。我国移动支付用户规模持续扩大，用户使用习惯进一步巩固，网民在线下消费使用手机网上支付比例由2016年底的50.3%提升至65.5%，线下支付加速向农村地区网民渗透，农村地区网民使用线下支付的比例已由2016年底的31.7%提升至47.1%”②。网民规模的不断扩大，网络技术的迅速普及，是推动互联网金融发展的基础。

互联网金融，利用互联网平台为金融提供了新的获取信息的方式。在强大的互联网技术推动下，金融也得到了更迅速的普及，第41次《中国互联网络发展状况统计报告》显示，2017年购买互联网理财产品的网民规模达到1.29亿，同比增长30.2%，货币基金在线理财规模保持高速增长，同时，P2P行业政策密集出台与强监管举措推动着行业走向规范化发展。当然，互联网金融形式多样，有常见的P2P网络借贷、股权众筹等，也有金融网销、供应链金融等，本报告将以较为常见的P2P网络借贷为重点进行研究。

我国的P2P网络借贷开始于2007年成立的拍拍贷，但在最初的几年发展

---

① 中国互联网络信息中心，即China Internet Network Information Center，缩写为CNNIC。

② 中国互联网络信息中心：第41次《中国互联网络发展状况统计报告》。

并不理想，2007～2010年仅有不超过10家的P2P网络借贷公司。后来，一些敏锐的金融和互联网人才开始加入P2P网络借贷行业，探寻适合我国的P2P网络借贷模式，2011～2012年有效的商业模式如纯线上平台、O2O模式、债权转让模式、担保模式、混合模式等逐渐成形和分化。2013～2015年，大量平台开始涌现，P2P网络借贷行业进入野蛮生长期，大型机构开始涉足P2P网络借贷，行业乱象丛生，经营“庞氏骗局”的平台，如e租宝、钱宝网等屡屡出现。2016年以来，互联网金融监管体系逐渐明确，商业模式进一步成熟，投资者对市场认识加深，推动P2P网络借贷成功进入万亿级市场。

2017年P2P网络借贷平台数再减少。2013年以后，P2P网络借贷行业发展迅速，平台数量激增，到2014年底达到2277家，是上年的3.85倍，2015年发展到3433家，为历史最高值。行业迅速发展的背后，暴露了诸多问题及风险隐患，如经营者“卷款跑路”、行业发展“缺门槛、缺规则、缺监管”以及信用体系不健全等。2015年7月，中国人民银行等十部委出台《关于促进互联网金融健康发展的指导意见》，明确监管责任，规范市场秩序，提出了一系列鼓励创新、支持互联网金融稳步发展的政策措施。2016年4月，国务院开始专项整治，以此为起点，中国人民银行、中国银监会等各部委先后出台互联网金融细分领域监管办法，各省市也出台了地区性整治方案。在行业监管趋严的背景下，2016年我国首次出现了P2P网络借贷平台总数减少的情况，2017年平台数再次减少（见图5）。根据网贷之家的统计，截至2017年12月底，P2P网络借贷行业正常运营平台1931家，相比2016年底减少517家，全年正常运营平台数量一直单边下行。从地域分布来看，正常运营平台主要集中在广东省、北京市、上海市和浙江省，四地正常运营平台总数为1280家，占全国的比重为66.29%。

2017年P2P网络借贷退出行业的平台数大幅减少。根据网贷之家的最新统计，2017年全年停业及问题平台数量为641家，相比2016年的1710家减少了62.51%（见图6）。2015年以来，我国经济面临下行压力，经济结构处于调整阶段，在国家“互联网+”战略的指导下，P2P网络借贷行业经历了火爆式发展，与此同时也给了不少不法平台浑水摸鱼的机会，2015

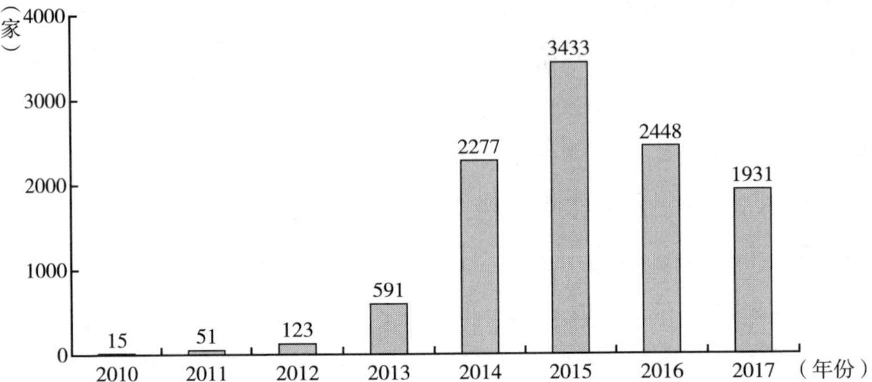

图5　全国 P2P 网络借贷行业运营平台数量（2010～2017 年）

资料来源：网贷之家，齐鲁财富网。

年、2016 年停业及问题平台大量出现。面对行业乱象，严监管势在必行，2016 年 8 月，中国银监会、工信部等四部委联合发布了《网络借贷信息中介机构业务活动管理暂行办法》（银监会令〔2016〕1 号），P2P 网络借贷平台的监管细则正式落地。2017 年 P2P 网络借贷行业监管卓有成效，退出行业的平台数大幅减少，未来行业发展环境将愈加规范和健康。

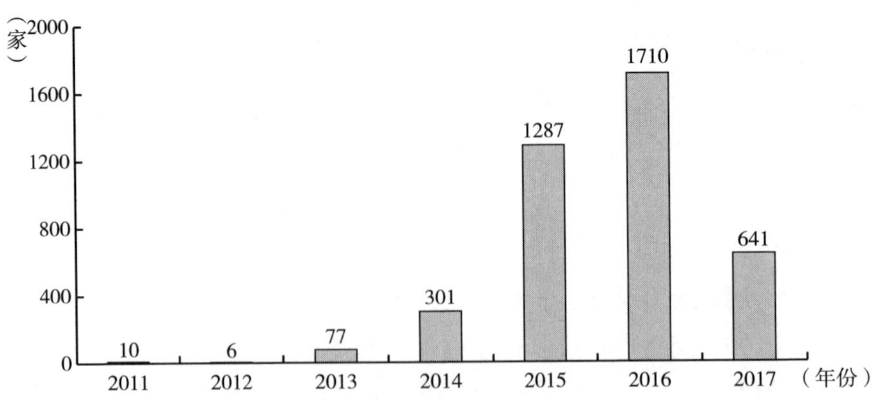

图6　全国 P2P 网络借贷行业停业及问题平台数量（2011～2017 年）

注：因有平台恢复运营等原因，历史停业及问题平台数据有修正。

资料来源：网贷之家，齐鲁财富网。

网络借贷行业历史累计成交量在 2017 年突破 6 万亿元。2017 年全年，网络借贷行业成交量达 28048. 49 亿元，相比 2016 年增长 35. 9%（见图 7）。从月成交量来看，2017 年单月成交量均在 2000 亿元以上，其中 3 月和 7 月成交量更是超过了 2500 亿元，这些突破性的数据表明投资人对网络借贷行业的信心未减。以网贷之家监测的所有网络借贷平台为对象，进行平台成交量的排序可知，上海市的陆金服、广东省的红岭创投和浙江省的微贷网位列前三，分别达到 1344 亿元、1115 亿元和 871 亿元。从区域分布来看，北京市、上海市、广东省和浙江省四地的累计成交量占全国的 88. 28%，成交量的地区集中度较高。

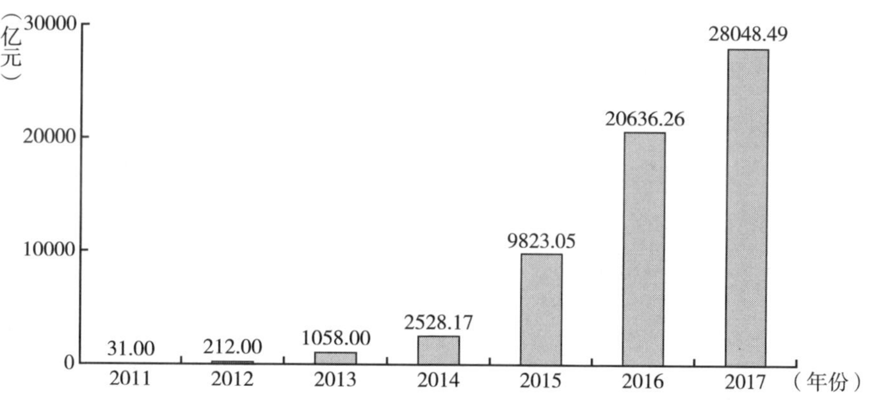

图 7　全国 P2P 网络借贷行业成交量（2011～2017 年）

资料来源：网贷之家，齐鲁财富网。

2017 年网络借贷行业贷款余额稳步走高。行业成交量的增长，也带动了网络借贷行业贷款余额的稳步提升，网贷之家公布的数据显示，截至 2017 年底，网络借贷行业总体贷款余额达 12245. 87 亿元，首次突破万亿元，比 2016 年增加了 50. 03%（见图 8）。从地域分布上看，北京市、上海市、广东省 3 地的贷款余额位居全国前三，分别达到 4386. 21 亿元、3257. 17 亿元和 2264. 73 亿元，3 地贷款余额总量占全国的比例为 80. 91%，较 2016 年上升 2. 02 个百分点。另外，贷款余额排名前 100 的平台地区集中度也较高，多分布在北京市、上海市、广东省和浙江省 4 地。

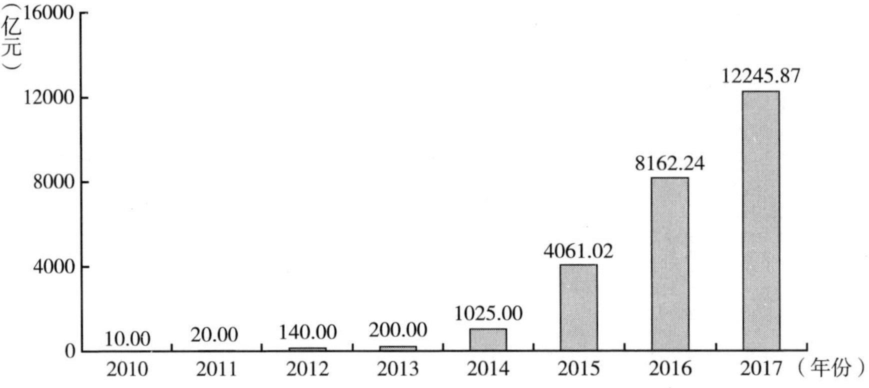

图8　全国P2P网络借贷行业贷款余额（2010～2017年）

资料来源：网贷之家，齐鲁财富网。

2017年网络借贷行业综合收益率延续2016年的下行走势，但下降速度有所放缓。网贷之家数据显示，2017年P2P网络借贷行业总体综合收益率为9.45%，相比2016年的10.45%下降了100个基点。从图9可以看出，2013年以来我国P2P网络借贷行业综合收益率呈逐年下降趋势，2017年虽继续下降，但降速明显放缓。体量靠前的大平台，背景强大易受投资者的青睐，综合收益率也相对较低，大平台越多，越容易拉低行业的综合收益

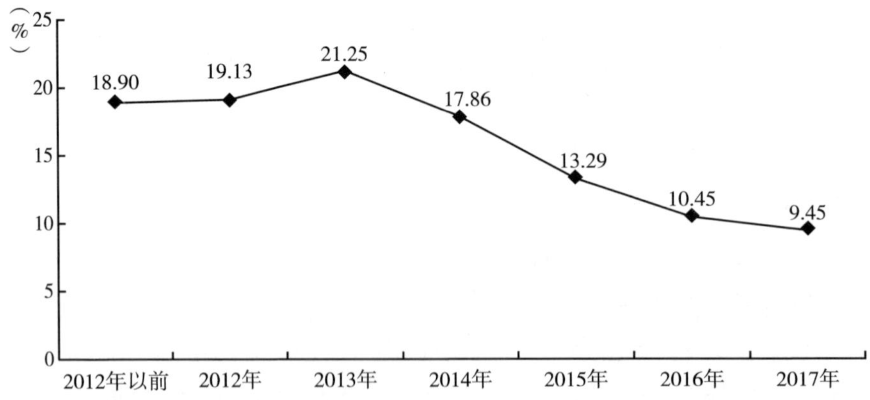

图9　全国P2P网络借贷行业综合收益率走势（截至2017年）

资料来源：网贷之家，齐鲁财富网。

率；同时在趋严的监管环境下，资产端借款利率逐步下行，相应影响网络借贷行业综合收益率的下行，不过达到一定水平后，行业综合收益率会趋于稳定。

2017 年网络借贷行业平均借款期限继续拉长。与综合收益率的走势相反，P2P 网络借贷行业平均借款期限自 2013 年以来呈逐年上升之势（见图 10）。2017 年，网络借贷行业平均借款期限为 9.16 个月，相比 2016 年拉长了 1.27 个月。从每个月的平均借款期限走势来看，虽然存在波动，但整体趋势向上，1 月平均借款期限为 9.48 个月，到了 12 月平均借款期限高达 10.02 个月。这主要是因为部分平台成交体量大，长期限项目标的数量越来越多，带动了行业平均借款期限拉长，当然市场竞争的加剧和监管环境的趋严，淘汰了较多小平台，也从一定程度上拉长了平均借款期限。

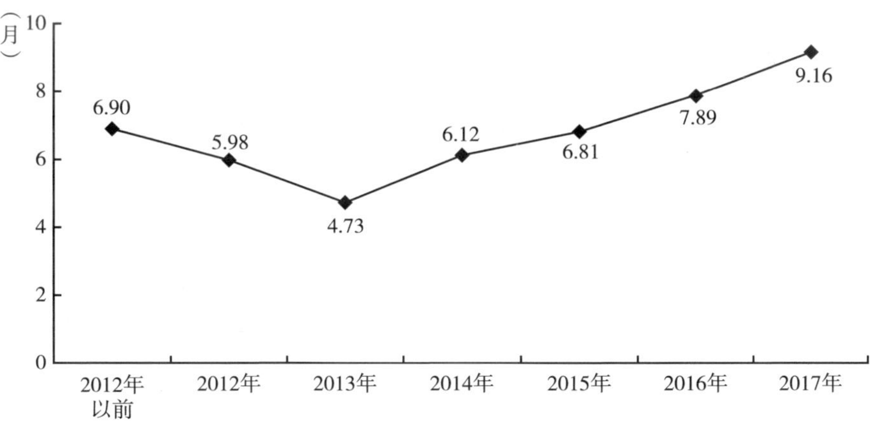

图 10　全国 P2P 网络借贷行业平均借款期限走势（截至 2017 年）

资料来源：网贷之家，齐鲁财富网。

2017 年网络借贷行业热度不减。从 P2P 网络借贷行业的人气情况来看，2017 年网络借贷行业投资人数与借款人数分别约为 1713 万人和 2243 万人，较 2016 年分别增加了 24.58% 和 156.05%（见图 11）。整体来看，2017 年网络借贷行业人气增长幅度较 2016 年有所减缓，但借款人数的增幅远超过投资人数的增幅，主要是受限额政策的影响，不少平台向消费金融等小额业务转型，还有部分平台对接了现金贷资产，此类业务的共性是小额分散、涵盖的借款人多。

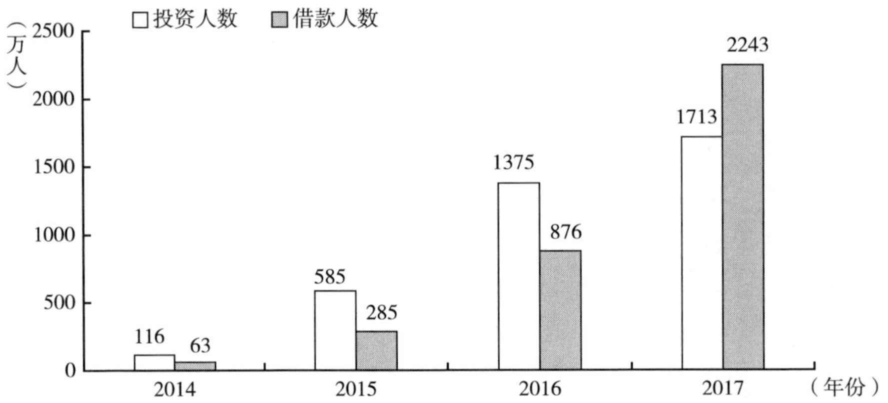

图 11　全国 P2P 网络借贷行业投资人与借款人人数对比情况（2014～2017 年）

资料来源：网贷之家，齐鲁财富网。

2017 年是网络借贷行业的“合规规范年”，中国银监会等出台的《网络借贷资金存管业务指引》和《网络借贷信息中介机构业务活动信息披露指引》，标志着网络借贷行业银行存管、备案、信息披露三大主要合规政策悉数落地，并与 2016 年 8 月发布的《网络借贷信息中介机构业务活动管理暂行办法》共同组成网络借贷行业“1＋3”制度体系。2017 年 12 月，国家出台了《关于做好 P2P 网络借贷风险专项整治整改验收工作的通知》（网贷整治办函〔2017〕57 号），要求各地应在 2018 年 4 月底前完成辖内主要 P2P 机构的备案登记工作、6 月底之前全部完成，明确了具体的整改和备案时间表。随着网络借贷监管“1＋3”制度体系全面完成和互联网金融整顿的持续开展，未来 P2P 网络借贷行业的发展在严监管的背景下将会越来越合规。

（五）合作金融发展现状

合作金融，是按合作制原则组建起来的一种金融组织形式。在我国，合作金融的发展由于受特定历史条件的影响，带有显著的中国式色彩，农村信用合作社、农村合作基金会、农村资金互助社和新型农村合作金融等都是合作金融组织，不过在发展过程中农村信用合作社异化为商业性金融机构，农村合作基金也已退出历史舞台，农村资金互助社和新型农村合作金融逐渐成为农村合作金融的主要组织形式，本报告在研究合作金融组织发展现状时也主要是围绕这两种组织形式来展开的。

农村资金互助社，是经银行业监督管理机构批准，由公民自愿入股组成的社区互助性银行业金融机构。2007 年 1 月，中国银监会印发《农村资金互助社管理暂行规定》（银监发〔2007〕7 号），要求农村资金互助社注册资本应为实缴资本，在乡（镇）设立的不低于 30 万元人民币，在行政村设立的不低于 10 万元人民币，需要有 10 名以上符合本规定社员条件要求的发起人。根据监管主体的不同，我国的农村资金互助社主要有银监会准入型、政府扶贫型、农民专业合作社内部信用合作等。无论哪种形式的农村资金互助社，其重要特征都是源于农村，由农民和农村小企业按照自愿的原则发起设立，主要也是为入股社员服务，实行社员民主管理。这种农村小微互助性金融机构能有效解决农民及农村小企业个体在生活、生产和投资过程中的困难，具有典型的普惠金融特征。

在我国，农村资金互助社的试点工作开始于 2007 年 3 月，吉林省梨树县闫家村百信农村资金互助社得到第一张资金互助社的金融许可证，标志着这种新型农村小型银行业金融机构在我国的正式出现。随后在政策的扶持下，农村资金互助社迎来了良好的发展机遇，全国的资金互助社遍地开花，快速发展的背后却是违规违法现象的丛生，部分主体或个人假借资金互助名义吸收存款甚至集资诈骗，严重违背了农村资金互助社的主旨，破坏了农村金融市场生态环境。“有主管、没监管”是农村资金互助社亟须破局的关键之一，2012 年银监会决定暂缓审批农村资金互助社牌照，49 家农村资金互助社获得金融许可证之后再无新证增发。农村资金互助社这种源于农村的普惠金融组织如何在我国新农村建设中扮演好应有的角色，是监管部门和研究学者都关心的问题。2014 年 1 月，中共中央、国务院发布《关于全面深化农村改革加快推进农业现代化的若干意见》，指出在管理民主、运行规范、带动力强的农民合作社和供销合作社基础上，培育发展农村合作金融，不断丰富农村地区金融机构类型。坚持社员制、封闭性原则，在不对外吸储放贷、不支付固定回报的前提下，推动社区性农村资金互助组织发展。这份中央“一号文件”，重点提出了要“发展新型农村合作金融组织”。

新型农村合作金融，2015 年开始在山东省试点，与农村资金互助社的区别在于新型农村合作金融是通过合作托管银行的方式来对农民合作社的信用互助业务进行扶持。经过两年多的发展，山东省新型农村合作金融已初具规模，截至 2017 年 12 月，全省有 116 个县（市、区）和 15 个开发区的 397 家农民专业合作社取得信用互助业务试点资格，较年初新增 113 家，参与社员（包括法人社员）逾 2.7 万人，全省累计发生信用互助业务 3229 笔、13404 万元，较年初分别增加 1487 笔和 6962 万元。

合作金融组织，在以熟人为特征的农村，使得本来已相互熟悉的个体因成为合作金融组织社员而形成了更为紧密的利益共同体，可以有效解决信息不对称的问题，合作金融组织对于放贷之后的资金去向、风险大小也能有更充分的了解。这种模式的金融组织既可以缓解农村地区资金需求得不到满足的问题，又可以大幅度降低交易成本和金融风险，充分发挥普惠金融的作用。不过，在现实运行过程中也存在初期投入过高、业务模式较单一和监管体制不健全等问题，我国合作金融组织未来发展之路还需要更多的探索。本报告中《山东新型农村合作金融发展报告》，将会详细阐述山东省新型农村合作金融的发展现状。

（六）商业银行普惠金融发展现状

2013 年 11 月，十八届三中全会通过的《中共中央关于全面深化改革若干重大问题的决定》正式提出，“发展普惠金融。鼓励金融创新，丰富金融市场层次和产品”。“在普惠金融的框架下，客户有权以合理的价格获取金融产品和服务，金融机构也有义务在遵循市场规则的情况下开发和提供更多可供选择的金融产品和服务”。2015年12月，国务院公布《推进普惠金融发展规划（2016—2020年）》，首次从国家层面确立了普惠金融的实施战略，这将推动金融惠及更多的平常百姓家。对于银行业来说，发展普惠金融是机遇同时也意味着更多挑战，传统商业银行发展普惠金融，是业务拓展更是推进金融创新、适应经济新常态的重要举措。

作为我国金融业的中流砥柱，银行业应顺应时代发展，通过具体的方式和手段提高普惠金融服务的能力和水平，积极推动普惠金融业务的发展。提高银行业普惠金融水平，应当发挥传统金融机构和互联网等新型金融机构的合力，鼓励大型银行加快建设小微企业专营机构；乡镇一级要基本实现银行物理网点和保险服务全覆盖，达到乡乡有机构、村村有服务；鼓励银行机构和非银行支付机构面向偏远地区提供安全、可靠的网上支付、手机支付等服务；支持有关银行机构在乡村布放POS机、自动柜员机等各类机具等。但普惠金融不是慈善金融，达到商业上的可持续性，金融机构才能真心发展普惠金融，才能推动普惠金融的健康快速发展。

商业银行是以经营工商业存、放款为主要业务，并以银行利润为主要经营目标的企业法人。我国的商业银行由国家特许成立，组织设立时需由国务院银行业监督管理机构审批并发放银行经营许可证。截至2017年12月底，我国有5家国有大型商业银行（中国银行、农业银行、工商银行、建设银行、交通银行）、12家全国性股份制商业银行（招商银行、浦发银行、中信银行、光大银行、华夏银行、民生银行、广发银行、兴业银行、平安银行、恒丰银行、浙商银行、渤海银行）、1家中国邮政储蓄银行、134家城市商业银行和1262家农村商业银行。在国家政策的引导激励下，我国商业银行开始将普惠金融上升到战略层面进行部署和实施，大力推进普惠金融的发展，不断在渠道、产品和服务等方面进行实践与创新，努力探索普惠金融的政策性、社会性与商业银行盈利性的有机结合，以弥补传统金融服务的欠缺和不足，提升对以往传统金融业难以服务好的中小微企业和中低收入者的金融服务。

1. 五大行均设立普惠金融事业部

国有大型商业银行，基于其特殊的社会地位，承担着更大的政治责任和社会责任，发展普惠金融不仅是提高银行服务的需要，还能起到维护社会稳定、促进经济发展的作用。党中央、国务院鼓励商业银行发展普惠金融，2017 年《政府工作报告》指出："鼓励大中型商业银行设立普惠金融事业部，国有大型银行要率先做到，实行差别化考核评价办法和支持政策，有效缓解中小微企业融资难、融资贵问题。"2017 年 5 月，《大中型商业银行设立普惠金融事业部实施方案》（简称《实施方案》）发布，明确了大中型商业银行设立普惠金融事业部的总体目标，要求大型商业银行于 2017 年内完成普惠金融事业部设立，成为发展普惠金融的骨干力量。在普惠金融事业部的体制机制上，银监会向各家银行提出应建立条线化的管理机制和五个专的经营机制。条线化的管理体制，是要从总行到分支机构，自上而下搭建普惠金融垂直管理体系；五个专的经营机制，是要建立专门的综合服务机制、专门的统计核算机制、专门的风险管理机制、专门的资源配置机制和专门的考核评价机制。商业银行设立普惠金融事业部，是推进供给侧结构性改革、培育农业农村发展新动能、推动大众创业万众创新和助推经济发展方式转型升级的有效途径，也是银行业坚持主业、回归本源的重要体现；不过，商业银行组建普惠金融事业部要探索建立可持续发展的普惠金融商业模式，走具有中国特色的普惠金融发展道路。

《实施方案》发布后，各家银行加速普惠金融事业部的建设，截至 2017 年 6 月底，工、农、中、建、交 5 家国有大型商业银行设立普惠金融事业部的具体方案已全部出台，总行普惠金融事业部均已正式挂牌，到 2017 年底，一级分行层面也完成了全部 185 家分部的设立。从已经建立普惠金融事业部的情况来看，五大行在构建普惠金融事业部的基础和模式上存在差异，各行普惠金融业务的服务对象和侧重点也有所不同（见表 6）。从现实角度出发，建立标准化、可复制的普惠金融商业模式存在某些不足，但是五大行组建普惠金融事业部的基础和模式，对于尚未设立普惠金融事业部的银行来说，仍具有非常重要的借鉴意义。

表 6　五大行普惠金融事业部的建设情况

银行	成立时间	模式
建设银行	2017 年 4 月 11 日	在原有关部门基础上组建普惠金融事业部
工商银行	2017 年 4 月 12 日	在原有关部门基础上组建普惠金融事业部
农业银行	2017 年 4 月 25 日	“三农金融事业部 + 普惠金融事业部”双轮驱动的普惠金融服务体系
中国银行	2017 年 6 月 20 日	以中银富登村镇银行为基础，全集团实施的集团化“1 +2”的模式
交通银行	2017 年 6 月底	建立“专营团队 + 传统网点”机制，逐步推进事业部制派驻等模式

资料来源：五大行网站，齐鲁财富网。

2017 年 4 月 11 日，建设银行在国有大型银行中率先宣告决议成立普惠金融发展委员会，协调推进建设银行普惠金融业务的管理和发展，同时在总行原小企业部门的基础上组建普惠金融事业部，承担全行普惠金融业务的牵头工作。建设银行为进一步贴近市场，提高需求响应速度，搭建总行、分行、支行“三级”垂直组织架构，持续将普惠金融服务机构向一、二级分行以及县域、乡镇延伸，全部 37 家一级分行、超过 120 家二级分行设立普惠金融事业部，100 多家网点升级成为普惠金融特色支行。

2017 年 4 月 12 日，工商银行决定在总行成立普惠金融事业部，其形成方式是在总行公司金融业务部原小企业金融业务部的基础上来组建。总行金融事业部成立后，原小企业金融业务部撤销，同时在一级（直属）分行层面设立普惠金融事业部。发展初期，总行层面下设 6 个业务和管理板块，各一级（直属）分行的普惠金融事业部接受总行普惠金融事业部的业务指导，承担辖内小微金融业务的市场营销和风险管理职责，指导二级分行在授权范围内拓展业务。

2017 年 4 月 25 日，农业银行决定在总行成立普惠金融事业部，同时在各分支机构设立普惠金融业务经营管理机构。早在 2008 年，农业银行就开始推进三农事业部改革，在经历了 2008 年的初步试点、2010 年的深化试点、2012 年的扩大试点以及 2015 年的逐步推广四个阶段后，农行三农事业部已覆盖到所有县域支行。2017年6月30日，农业银行正式出台《普惠金融事业部建设实施方案》，稳步推进普惠金融事业部改革。截至2017年底，农业银行全面完成了小微企业金融“三个不低于”监管要求，连续第八年实现监管达标；总行、37家一级分行、综合型省会城市行已全部设立普惠金融事业部，其他二级分行也纷纷设立了管理型、管营合一型、直接经营型等形式多样的普惠金融专营机构，在“中国制造2025”国家级示范区全面设立了普惠金融专营机构；普惠金融“五个专门”经营机制建设已见成效，初步形成了具有农行特色、城乡全覆盖的“三农金融事业部+普惠金融事业部”双轮驱动的普惠金融服务体系。

2017年6月20日，中国银行普惠金融事业部正式成立。不同于建设银行、工商银行等在小企业部门等原有部门的基础上建设普惠金融事业部，也不同于农业银行“三农金融事业部+普惠金融事业部”双轮驱动模式，中国银行以中银富登村镇银行为基础、整合集团相关业务后建设了普惠金融事业部。中国银行普惠金融事业部涵盖的主体不仅包括商业银行法人机构，还包括专门从事普惠金融服务的中银富登村镇银行以及中银消费金融公司，即集团化“1+2”的模式。截至2017年11月24日，在中国银行法人层面，全部36家一级分行都已成立普惠金融事业部，各二级分支行成立了普惠金融服务中心，全行1万多家网点都将作为普惠金融基础服务网点，并筛选部分网点作为普惠金融信贷发起特色网点。以村镇银行为平台搭建普惠金融事业部的模式，使中国银行更能专注于为弱势群体提供较适合的金融服务，基本形成了一整套可持续的普惠金融商业模式。

2017年6月底，交通银行正式成立普惠金融事业部，是在总行小企业金融部基础上组建形成的，原小企业金融部保留。总行普惠金融事业部负责制定全行小微企业（含个人经营性贷款）发展规划和管理办法，牵头推进全行“三个不低于”目标；分行普惠金融事业部配合资负部做好小微客户及个人经营贷客户的定价和规模管理，承担直营团队小微客户资产业务贷前调查。在部门层次设置上，交通银行与工商银行相同，都是按照“稳妥实施、分步推进”的思路，在一级（直属）分行、部分重点二级分行（一级支行）层面逐步铺开，最终覆盖全行。2017 年，交通银行 37 家省直分行和 197 家辖行均挂牌成立普惠金融事业部，287 家县域网点机构也均开办了普惠金融业务，并按照“专业的人、专业的事、专门的考核”要求持续推进小微业务专营团队建设工作。交通银行以敞口 2000 万元（含）以下的授信业务为突破口，建立“专营团队 + 传统网点”机制，逐步推进事业部制派驻等模式，形成了针对普惠金融业务的垂直化、专业化经营管理体系。

2. 三家股份行设立普惠金融事业部

2017 年 5 月的国务院常务会议上，李克强总理指出，发展聚焦和服务中小微企业的普惠金融，对于保障就业、助推经济升级意义重大，一定要让更多金融活水流向“三农”和中小微企业，切实支持实体经济发展。当然，商业银行普惠金融的发展，仅靠五大国有商业银行是远远不够的，需要更多的商业银行为普惠金融业务做出努力与实践。2017 年，监管层面虽然对于股份制商业银行建立普惠金融事业部并无强制性要求，但商业银行加速发展普惠金融已是大势所趋，股份行中的兴业银行、光大银行和浙商银行 3 家积极筹备策划，均在年内完成了普惠金融事业部的设立。

2017 年 9 月，兴业银行发布《兴业银行设立普惠金融事业部实施方案》，在总行层面设立普惠金融事业部，这是继五大行后首个宣布设立普惠金融事业部的股份制商业银行。兴业银行设立普惠金融事业部，为加大对中小微企业、“三农”、创业创新群体、特殊人群、绿色金融等领域的金融支持带来了新的机遇。截至 2017 年末，兴业银行小微企业“三个不低于”贷款余额达 6111 亿元，同比增长 9.46%，高于全行资产增速 4 个百分点以上，申贷率 96.04%。

2017 年 12 月，光大银行下发《关于成立中国光大银行普惠金融部的通知》，宣布普惠金融部正式成立，更多的贫困、低收入人口和中小微企业可以通过光大银行获得更优质的金融服务。光大银行从提高金融服务的覆盖率、增强人民群众金融生活获得感出发，积极关注便民缴费市场。2017 年，光大云缴费平台用户达 1.46 亿户，交易金额突破 880 亿元，交易笔数突破 5 亿笔，平均每天交易额达 2.4 亿元，国内各类水、电、燃气、手机充值、交通罚没等缴费项目已达2000余项。

2017年12月18日，浙商银行在原有小企业信贷中心基础上成立普惠金融事业部，自上而下搭建普惠金融经营管理体系。在总行层面，成立的普惠金融事业部与小企业信贷中心合署办公，负责推进全行普惠金融业务的管理和发展；在分行层面，成立普惠金融事业部分部，全国20多家分行已设立普惠金融事业部分部；在支行层面，各小企业专营机构成立普惠金融业务部。总体上，总分行原有运行体系保持不变，依托现有机构和人员配备、依托现有小微业务专业化经营模式，初步建立起矩阵型、穿透式、三层级普惠金融经营管理体系。

2017年，五大行普惠金融事业部体系均已成型，领先其他银行一步，全国性股份制商业银行应从各自实际出发，尽快组建普惠金融事业部，为中小微企业和“三农”等实体经济发展提供更多金融支持。从2017年普惠金融事业部的设立情况来看，12家全国性股份行中已有兴业银行、光大银行和浙商银行3家完成了普惠金融事业部的设立，民生银行也在2017年11月表示其整体方案已经明确，即将投入运营。其他股份行也应尽快推出普惠金融事业部实施方案，加速构建普惠金融服务体系，使我国普惠金融政策普及面更加广泛，银行职能更加完善，以更好地服务“三农”、中小微企业等客户，更快地完成普惠金融发展目标。

3. 邮储银行普惠金融的发展

中国邮政储蓄银行，从成立之初就将普惠金融列为本行的主要业务范围，并以此为基础进行改革发展，始终秉持“普之城乡，惠之于民”的理念，坚持服务“三农”、中小微企业、社区的市场定位，依托“自营+代理”的独特模式和资源禀赋，坚守零售银行战略，植根实体经济，大力发展普惠金融。截至2017年末，邮储银行近4万个网点覆盖内地所有城市和近99%的县域地区，超过了我国银行业金融机构营业网点总数的1/6，个人客户量达5.53亿户，较上市时增加近5000万户，服务客户数量超过我国总人口的1/3，是国内网点数量最多、下沉最深的商业银行，在许多地区是农民、牧民获得正规金融服务的主渠道。可以说，邮储银行具有天然的普惠基因去服务乡村县域，也是率先提出并践行普惠金融的国有大型商业银行。

2016 年，邮储银行开始进行三农金融事业部改革，在组织构架上设置了“总部—省—市—县”四级垂直的专业团队架构，一方面是为了保障总行有关“三农”、普惠、扶贫政策的顺利落地；另一方面则是加大事业部内部的垂直管理力度，让专业机构、专业队伍能够深入县域高效服务。2017 年，邮储银行完成三农金融事业部改革全国推广，积极服务乡村振兴战略。国内目前只有农业银行和邮储银行两家设立了三农金融事业部，邮储银行组建普惠金融事业部可借鉴农业银行双轮驱动的普惠金融服务体系，继续加大对中小微企业、精准扶贫等领域的金融服务力度。截至 2017 年底，邮储银行涉农贷款余额达 1.05 万亿元，较上市时增长近 35%；当年累计发放小微企业贷款 7607.52 亿元；个人消费贷款及信用卡透支余额近 1.5 万亿元，较上市时增长 74%。

4. 城商行与农商行普惠金融的发展

城市商业银行是我国银行业的重要组成和特殊载体，其前身是 20 世纪 80 年代设立的城市信用社，全国第一家城商行是 1995 年成立的深圳市城市合作银行（现为平安银行），至 2017 年 20 多年的时间我国城商行已经发展到 134 家。城商行自成立以来一直坚持服务地方经济、服务中小微企业、服务城乡居民的市场定位，是服务普惠金融的主力军。2017 年，城商行继续巩固在小微金融领域的传统优势，不断创新与丰富产品体系，满足中小微企业的多元化需求。通过改良小企业专属产品，围绕中小微企业现金流特点，开发便捷续贷产品；围绕制约银行开展小微信贷的信息不对称问题，多家城商行与税务机关合作开发基于企业税务信息的信贷产品；发行小微企业专项金融债券，用于支持中小微企业融资需求；以产业集群、专业市场为抓手，创新思维，以标准化、系统化的模式，服务好商圈中小微企业，解决中小微企业融资难、融资贵的问题。同时，在提高风险识别能力的基础上完善中小微企业金融服务组织架构，小微业务发展迅速。截至 2017 年第四季度末，城商行小微企业贷款达 53935 亿元，较年初增长 19.69%，占商业银行小微企业贷款余额的 23.11%。《大中型商业银行设立普惠金融事业部实施方案》出台后，城商行也积极响应银监会关于推进普惠金融发展的工作要求，其中上海银行是城商行中较早设立普惠金融事业部的银行，此后，大连银行、南京银行等城商行也相继成立了普惠金融事业部。

农村商业银行作为“农”姓银行业金融机构，是农村金融服务的主力军，其核心内容就是坚定普惠金融发展方向。2017 年末，全国银行业金融机构小微企业贷款余额 30.7 万亿元，其中农商行小微企业贷款余额占比达 26%，仅次于国有五大行的 32%。积极推进普惠金融建设，多家农商行建立了普惠金融事业部。例如，2017 年 12 月 20 日设立的祁门农商行普惠金融事业部，成为安徽省首家农村普惠金融事业部。

5. 小微贷款：大型商业银行居首，农商行赶超股份行

农民、贫困人口及中小微企业是普惠金融主要针对的三大群体，对应到银行普惠金融业务方面主要表现为涉农贷款、小微企业贷款等。2017 年，全国银行业金融机构涉农贷款投放实现持续增长，截至 12 月末，全国涉农贷款余额达到 30.95 万亿元，比年初增长 3.08 万亿元，同比增长 9.64%。其中，农户贷款余额 8.11 万亿元，比年初增长 1.04 万亿元，同比增长达到 14.41%；农村企业及各类组织贷款余额 17.03 万亿元，比年初增长 1.51 万亿元，同比增长 6.97%；城市涉农贷款余额 5.81 万亿元，比年初增长 0.54 万亿元，同比增长 11.30%。同时，小微企业贷款增长实现监管目标，截至 12 月末，全国银行业金融机构小微企业贷款余额 30.74 万亿元，占各项贷款总余额的 24.67%。小微企业贷款较 2017 年初增加 4.04 万亿元，较上年同期增速达到 15.14%，比各项贷款平均增速高 2.67 个百分点；小微企业贷款户数达 1520.92 万户，较上年同期增加 159.82 万户；小微企业申贷获得率 95.27%，较上年同期高 1.67 个百分点，全面实现“三个不低于”监管目标。

根据中国银监会的公开数据进一步统计发现，我国商业银行对小微企业的贷款是银行业金融机构对小微企业贷款的主力。截至 2017 年第四季度末，商业银行小微企业贷款余额 23.34 万亿元，占全国银行业金融机构

小微企业贷款余额的 75.93%。值得注意的是，银监会的口径只统计了五大行、股份行、城商行、农商行及外资银行五类机构，未将农村信用社、农村合作银行、村镇银行、邮储银行纳入。而本报告研究的是我国商业银行普惠金融的发展，外资银行不在研究范围内，因此本部分对商业银行小微企业贷款余额分析时只分析五大行、股份行、城商行和农商行四类机构。从图 12 可以看出，五大行是小微贷款的主力，近三年在商业银行小微企业贷款余额中的占比均稳居第一，农商行后来居上，2015 年以来保持高位增速，逐渐超越股份行，成为小微企业贷款领域中一支非常重要的力量。

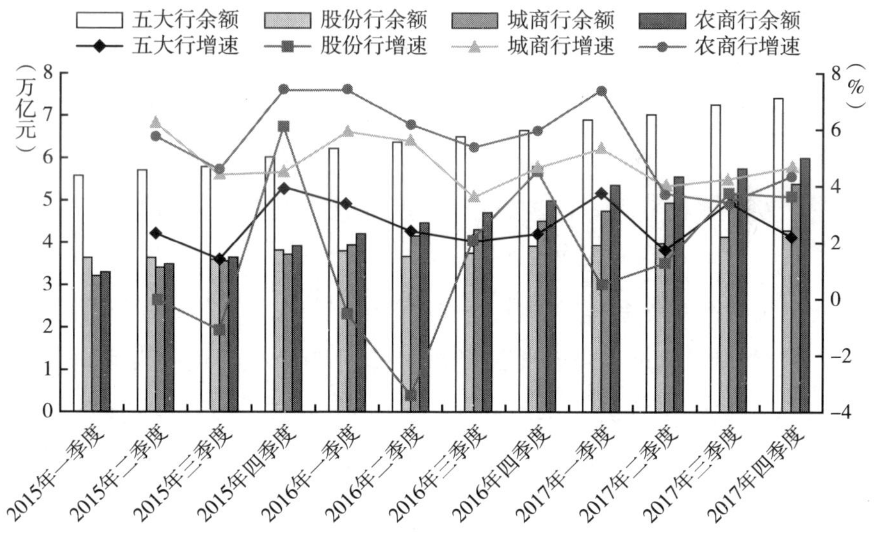

图 12　四类商业银行小微贷款余额变化情况（2015～2017 年）

资料来源：中国银监会，齐鲁财富网。

二　山东普惠金融发展现状

山东是我国经济贡献大省，经济发展水平处于全国前列，但经济发展方式传统保守也是不争的事实。一直以来，山东金融业增长滞后于 GDP 的增长，金融业服务实体经济的作用没有得到有效发挥。现阶段，国家高度重视普惠金融的发展，不断出台相关政策进行支持。对于传统金融机构发展较滞缓的山东省来说，要完成金融改革大任、盘活金融资产支持全省实体经济、确立金融业对产业结构的支柱地位，必须大力发展普惠金融，引导金融资源向国民经济薄弱的环节配置，提高金融服务的可获得性。

2017 年 6 月，为贯彻落实国务院《推进普惠金融发展规划（2016—2020 年)》，积极推进普惠金融发展，逐步建立与山东省经济社会发展相适应的普惠金融服务体系，不断提高金融服务的覆盖率、可得性和满意度，2017 年 6 月，山东省人民政府发布了《关于推进普惠金融发展的实施意见》(鲁政发〔2017〕14 号)。此外，2017 年山东省还发布了《山东省普惠金融发展专项资金管理暂行办法》等多个促进普惠金融发展的文件，推动实施一系列改革措施，核心就是要加快建立与山东省经济社会发展相适应的普惠金融服务体系，不断提高金融服务的覆盖率、可得性和满意度。2017 年，山东省在发展普惠金融方面进行了多方面的探索和实践，取得了一定的成效。

普惠金融组织体系基本健全。截至 2017 年底，全省共有银行业金融机构法人 4549 家，辖区证券营业部 441 个①，小额贷款公司 334 家，省级保险机构 94 家，民间融资机构 522 家，基本形成了结构合理、功能完备的普惠金融组织体系。在银行业金融机构中，山东村镇银行数量达到 126 家，居全国首位。另外，山东省主要的国有行和股份行均设立了小微企业专营机构或金融服务部门，改善小额信贷服务并加速向县域乡镇和社区延伸。同时，山东省内银行机构创新信贷服务，提供了仓单、订单、保单、知识产权、股权等抵、质押贷款业务。

“三农”与中小微企业获得了更多的金融支持。2017 年，山东大力开展县域金融机构涉农贷款增量奖励、新型农村金融机构定向费用补贴，充分发挥政策组合作用，撬动金融机构增大涉农信贷投放。全年各级财政下达奖补

① 数据来自中国证监会山东监管局网站。

资金 4.7 亿元，增加涉农贷款投放达 260 亿元。持续推进农业保险扩面增品提标，各级累计拨付保费补贴资金超过 50 亿元，提供风险保障超过 2000 亿元，1477 万受灾农户获得理赔，在防灾减灾、保障供给、稳定价格、农民增收等方面发挥了重要作用。另外，山东对于发展中小微企业也给予了不少金融支持。针对城镇失业人员、复员转业军人、返乡农民工、残疾人、高校毕业生、妇女等重点就业群体和劳动密集型小微企业，大力开展创业担保贷款贴息，全年各级拨付贴息资金 4.93 亿元，撬动金融机构增加信贷投放 58.33 亿元，惠及 3.2 万家个人微利项目、995 家小微企业，带动就业达 4.1 万人次，为中小微企业提供了良好的发展环境。

多层次资本市场建设有序推进。山东省 2017 年全年上市公司共 294 家，比 2016 年净增 26 家，累计募集资金 6567.02 亿元。山东出版传媒（601019.SH）在上海证券交易所主板上市，开启了山东省大型文化国企上市的先河，首发融资规模居全国年度第六位；年内新增 7 家创业板上市公司，以创业创新型、科技型为主的创业板公司累计达 30 家，标志着山东省上市公司产业结构不断优化，补短板成效明显。新三板挂牌公司共 636 家，累计募集资金 196.94 亿元，全年新增新三板挂牌公司 118 家。山东国信（01697.HK）在香港联交所主板上市，成为内地信托登陆国际资本市场第一股和港股信托第一股，截至 2017 年底山东省在港上市公司达 47 家，融资 928 亿元，上市数量和融资额分别占全省境外总量的 45% 和 80%。另外，2017 年全省股票融资合计 1650.79 亿元，比上年增长 126.82%，股票融资在股票、债券两项直接融资中占比由 2015 年、2016 年的 10.93%、12.56% 提高到 30.76%，融资中可供企业长期使用的资本金大大增加。

保险服务能力稳步提升。2017 年山东省大力发展普惠保险，充分发挥了保险的经济补偿、资金融通和社会管理功能，对山东省社会经济的稳定发展发挥了重要作用。2017 年，山东省保险业（含青岛）总资产达 5298.1 亿元，为社会承担各类风险责任 93 万亿元；支付赔款或给付保险金 831 亿元；缴纳税款超过百亿元，保险资金对山东省各类投资总计达 1370 亿元。驻鲁保险公司法人机构 5 家，省级保险机构 94 家，各级分支机构 7419 家，从业人员达到95万人。山东省保险业（含青岛）累计为社会承担各类风险责任93万亿元，支付赔款或给付保险金831亿元，其中，财产险公司支付赔款392亿元，人身险公司支付赔款或给付保险金439亿元。另外，山东省保险积极助力脱贫攻坚，服务实体经济与民生工程，与省扶贫办出台扶贫特惠保险方案，通过一揽子保险保障，为全省117万户建档立卡贫困人口提供1.2万亿元的风险保障，支付赔款3.51亿元。同时，山东保险业认真贯彻落实保险“新国十条”和全国金融工作会议精神，切实发挥好对“三农”的支持作用。全省农业保险共为1729.23万户农户提供风险保障647.26亿元，向574.44万受灾农户支付赔款20.1亿元。创新型农业保险——农产品价格指数保险作用巨大，仅中华联合保险承保的马铃薯目标价格指数保险，就支付赔款1730.36万元，赔付率达到134.25%，户均赔款1069.5元，受益薯农16179户，平抑了农产品市场价格波动，保护了农业生产者收入水平和市民利益。山东保险业积极贯彻新国十条“深度参与医疗卫生体制改革和医疗保障体系建设”要求，积极参与基本医保经办服务，着力构筑普惠民生的保险保障网。2017年，山东（不含青岛）居民大病保险覆盖人群6697.5万人，累计赔付大病保险金额32.2亿元。职工大病保险全面启动，已经覆盖城镇职工1337.3万人。在大病保险基础上，各地为贫困人口建立了商业补充医疗保险，基本保证贫困人口个人累计负担不高于医疗总费用的10%。截至2017年底，贫困人口商业补充医疗保险累计赔付1.8亿元，覆盖14万人次，有力缓解了贫困人口医疗费用负担。

融资担保机构推动了普惠金融发展。财政部会同中国人民银行济南分行、山东省保监局联合印发了关于财政金融政策、财政保险政策协同配合支持全省新旧动能转换的指导意见，聚焦以“四新”促“四化”，从10个方面提出近40项具体工作措施，进一步贯彻落实了全国金融工作会议精神，对引导金融业回归本源、服务实体经济发展起到重要作用。设立金融创新发展引导资金，省级预算安排6500万元，对金融人才、新设金融机构总部、金融企业规模增量、金融组织体系建设、上市挂牌直接融资、金融创新试点等进行奖补，一定程度上完善了区域金融市场，加速了金融资源集聚，促进了全省金融业发展。壮大省再担保集团实力，建立资本金补充和代偿补偿长效机制，通过省财政和国有企业注资、新设、并购等方式，打造成省市县统一分级、分类管理的担保增信企业集团。设立并运作规模达 40 亿元的省级融资担保基金，其中省财政已投入引导资金 5.5 亿元，该基金已完成向潍坊、青岛两市融资担保公司出资 10 亿元。注册设立资本金 40 亿元的省农业发展信贷担保有限公司，其中财政资金 32 亿元已落实到位。山东政策性融资担保机构已有 190 家，注册资本 451 亿元。其中，资本金 10 亿元以上的机构 12 家，计划 2018 年 17 地市均实现拥有一家 10 亿元以上融资担保机构的目标，形成较为完整的政策性融资担保体系。

金融精准扶贫工作有效开展。2017 年山东各金融机构发放各类精准扶贫贷款 380.5 亿元，较 2016 年增长 78.1 亿元；惠及 44.9 万贫困人口，较 2016 年增长 158%。全省发放各类贫困户贷款 55 亿元，较 2016 年增加 32.3 亿元；惠及 19.8 万贫困人口，较 2016 年增长 133%。全省各级人民银行与扶贫办、发改委、经信、农业、旅游等部门加强协调，由扶贫等部门推荐扶贫生产经营主体，人民银行组织金融机构现场走访对接，开展“金融支持产业扶贫进万家”活动，对符合信贷条件的扶贫生产经营主体融资需求应贷尽贷，对暂不符合信贷条件的做好跟踪培育。2017 年，全省累计发放扶贫生产经营主体贷款 250 亿元，较 2016 年增长 113.2 亿元；带动帮扶贫困人口 25.1 万人，较 2016 年增长 182%。

地方金融改革深入推进。以发展普惠金融为核心，着力推动地方金融改革。地方法人银行贷款稳定增长，2017 年全省农商行贷款余额 10440.5 亿元，比年初增加 784.9 亿元，城商行贷款余额 6733.7 亿元，比年初增加 660.5 亿元；威海蓝海银行开业，是山东首家民营银行，新增和泰人寿 1 家法人保险机构；2017 年，小额贷款公司实现资金投放 664 亿元，民间融资机构实现资金投放 285 亿元；融资担保机构担保余额达 1095.5 亿元。新型农村合作金融改革试点深入推进，试点合作社达 397 家，比 2017 年初新增 113 家，累计互助业务金额 1.34 亿元。

2017 年，山东省推动实施了一批有力度、有突破的改革措施，提高了金融服务的覆盖率、可得性和满意度。分报告中我们将从山东商业银行的普惠金融、村镇银行、小额贷款公司、民间金融组织、P2P 网络借贷平台和新型农村合作金融等角度详细介绍山东省普惠金融组织的发展历程和现状，从而发现山东省普惠金融组织发展过程中存在的问题与不足，为更好地发展山东省普惠金融提出合理化建议。

三 山东普惠金融发展存在的问题与发展建议

党的十八届三中全会首次将“发展普惠金融”提升为国家战略，发展普惠金融成为我国全面深化改革的重要内容之一。普惠金融使金融服务能惠及所有的市场主体和社会群体，体现了共享发展新理念，有利于我国建立完善的现代化金融体系。自普惠金融概念引入中国，一些省市在推进普惠金融发展方面成果显著，山东也取得了不俗的成绩，无论是在金融服务的覆盖面、可得性上，还是在便利性上都有很大程度的改善。但在看到成绩的同时，也应意识到山东省普惠金融在发展过程中面临诸多问题和挑战，正视现实，解决问题，是找准对策更好地发展山东普惠金融的基础。

（一）山东普惠金融发展存在的问题

1. 政府对普惠金融的支持很难真正落实

在我国，政府支持通常是通过出台具体的政策来实施的。近年来，虽然曾经长期存在的金融抑制有所缓解，但现实中真正能够获得正规金融支持的还是大型企业以及体制内部门。“三农”以及中小微企业，由于缺乏抵押物品以及信用信息的不足，难以获得所需的金融支持，已受认可的普惠金融组织形式获得的政策支持也明显不足。如山东省小额贷款公司，作为普惠金融的重要组织形式，真正为农村、农民服务的还是少数，相当一部分小额贷款公司仍选择在城镇开展业务，当业务越做越大，一部分已经或者准备发展成村镇银行时，其发展又面临“只贷不存”资金来源以及利率限制等问题，一定程度上制约了小贷公司进一步的发展，也限制了农村地区普惠金融组织的发展壮大。

尽管发展普惠金融可以带来明显的社会效益，但也会增加各类金融组织的经营成本。国家应出台相关政策，给经办银行适当的补贴和税收减免；监管部门也应给予更多的政策支持，建立健全促进普惠金融发展的法规、政策，秉持更大的宽容度，热情鼓励和支持金融创新，以支持各类组织的正常运营，更好地服务大众、“三农”和中小微企业。

2. 普惠金融组织有效供给不足

从山东的普惠金融市场来看，由于普惠金融体制以及国家战略规划目标等因素的影响，普惠金融组织的有效供给明显不足。尤其是在广大农村地区，本身设立的商业银行网点偏少，在金融改革过程中又逐渐撤销了部分网点，造成金融资源供给减少。在农村以及正规金融服务不足的地区，高利贷等非正规金融、地下金融服务泛滥，一定程度上冲击了普惠金融服务体系，造成资金需求方融资成本提高，也导致商业银行等金融机构出于成本、风险等因素的考虑，将金融资源更多地提供给国有企业、地方政府融资平台等国有部门，中小微企业、“三农”等普惠金融主要服务对象能够获取的金融资源较少。农商行、农业银行和邮储银行虽然在乡镇一级设有分支机构，但其他本应主要在乡镇提供普惠金融服务的普惠金融组织，如村镇银行、小额贷款公司和典当行等，大多将机构设在县城，证券公司、信托公司和期货公司等其他金融服务机构更是少之又少。普惠金融组织多样化程度不足，在机构类型和数量、层次上都偏少，尤其在偏远的农村地区人均金融网点占有率较低，即使已经存在的普惠金融组织，现有的市场细分也不够充分，有效的普惠金融供给不足。

3. 普惠金融产品与服务创新力不足

从山东普惠金融市场供给的产品与服务来看，种类还不够丰富，创新力不足。2008 年，中国人民银行总行开始开展农村金融产品以及服务方式的创新试点，全国各地、各金融机构逐渐加大了产品与服务的创新力度，各种创新型产品与服务的出现有效满足了“三农”、中小微企业等普惠金融主体的金融需求。但产品与服务的创新还需继续，其丰富度还不能够满足多样化的普惠金融需求。普惠金融发展过程中产品与服务的创新，非常重要的一点就是要设计适合中低收入阶层以及弱势群体的金融产品，从山东普惠金融市场产品与服务的供给来看，尚存在较多问题。虽然普惠金融组织对种养业、农副产品收购加工等提供的金融服务较多，但对于子女教育、自建房、新型经济组织等提供的金融服务较少；贷款多以抵押担保贷款的方式存在，信用贷款的方式较少，而且短期贷款多，中长期贷款少；在农村地区，金融机构的业务仍以传统的存、贷、汇为主，中间业务新品种以及新领域的拓展较为缺乏，对农民有极大益处的能够抵御农业自然风险和农产品市场风险的农业保险品种更是缺乏。另外，农村地区存在的金融风险，一定程度上阻碍了更多普惠金融组织的设立，更无法完成产品与服务的进一步创新。

4. 普惠金融组织数量不足、结构失衡

国务院《推进普惠金融发展规划（2016—2020年）》明确提出，要构建多层次、广覆盖、有差异的普惠金融服务体系。虽然从山东目前的普惠金融组织体系发展现状来看，已经形成了包括传统金融机构、新型小微金融组织以及互联网金融组织等不同形式、不同层次普惠金融组织共存的局面，但相对于省内居民、农户以及各类中小微企业、弱势群体对于金融资源的庞大需求，山东的普惠金融机构数量还远远不足。普惠金融的普惠性与金融企业的盈利性目标并不矛盾，但大多数金融企业尤其是传统的金融部门，基于成本与风险的考虑，慢慢脱离普惠轨道，使得能为农民以及中小微企业提供普惠金融服务的机构更是远远不足，同时也出现了结构分布不合理的问题。农村地区金融基础薄弱，网点少，成本高，小型社区类金融机构发展缓慢，即使发展好的金融机构也会选择转型，甚至离开农村进入城镇，城乡之间金融机构分布不合理很大一部分原因在于金融资源配置差异大。山东要发展普惠金融，需要进一步优化金融组织资源配置，加大对农村偏远地区、城镇金融组织的资源配置，还要通过不同政策来降低银行或其他金融部门服务于弱势群体的成本，提高它们的普惠意愿。

5. 普惠金融存在的风险问题突出

在普惠金融组织发展过程中，安全问题尤其应该受到重视。这种安全问题不仅是指自身运行带给金融体系的系统性风险，也包括由于企业道德、管理不善以及外部环境等因素带来的个人风险。传统金融机构经历了多年发展，实力相当雄厚，且在内部控制、风险管理等诸多方面经验丰富，在客户资源选择上更为谨慎，不论是农业银行、邮储银行还是农村信用社和城市商业银行，它们的主要业务并非普惠金融业务，机构规模实力与经营能力也远非其他小微金融组织可比，开展普惠金融业务引致的安全风险问题在这些传统金融机构上体现较小。而对于其他小微金融企业或互联网金融企业，则存在较多的风险。这些小微金融企业自身规模小、实力弱，人才资源以及行业发展资历不足，在客户资源上，往往面对的是弱势、低信用的中小微企业或农户等，它们的还款能力弱，部分小企业管理不规范，资金使用随意，带给了这些小型金融机构较高的资金风险。不论是村镇银行、农村资金互助合作社，还是小额贷款公司和如今发展迅速的互联网金融组织，各类融资平台倒闭、跑路以及演化为僵尸企业的现象时有发生，虽然这些企业规模小、涉及面不广，但在当前金融网络化和风险传递跨市场、全天候的时代，对于这些风险的关注不足将可能引致较为严重的安全问题。

（二）山东普惠金融发展建议

发展普惠金融，对于落实供给侧结构性改革要求，不断改善中小微企业、农民、城镇低收入人群、贫困人群和残疾人、老年人等特殊群体金融服务，为全省实施新旧动能转换重大工程贡献金融新动能等具有重要的作用。随着山东省经济总量的日益扩大和经济结构的不断调整，社会经济发展对金融服务的需求也在快速增加，传统金融组织的供给不足和金融产品匮乏的问题也逐渐显现。基于在发展普惠金融过程中存在的一系列问题，为实现普惠金融发展的可持续性，使农户、贫困人群及中小微企业等弱势群体及时有效地获取价格合理、便捷安全的金融产品和服务，最终实现经济和金融发展成果红利能够更有效、全方位惠及社会所有阶层和群体，山东省普惠金融的发展应在以下几个方面做出更多的改进。

1. 营造良好的金融政策环境

普惠金融作为国家层面重点发展的新型金融，补充与完善了我国现有的金融体系，其发展不仅需要法律的保障，还需要宏观政策的支持，需要营造良好的金融政策环境。从山东来看，虽然省内普惠金融的发展在全国范围内走在了前列，2016 年出台了我国首部地方性金融监管法规《山东省地方金融条例》，但相关的法律、政策还不健全，对普惠金融组织的准入制度以及注册、经营、服务等方面的条件还需进一步明确。根据《山东省地方金融条例》，“一行三局”监管之外的地方金融组织也被纳入调整范围，融资担保公司、民间融资机构、小额贷款公司、私募投资管理机构和开展信用互助的农民专业合作社等金融组织都属于地方金融组织。山东发展普惠金融可以将《山东省地方金融条例》作为法律依据，由省金融办牵头，联合山东省政府、中国人民银行济南分行、山东银保监局、山东证监局组成跨部门机构，共同制定普惠金融组织发展的规划文件，明确界定普惠金融的基本含义以及原则、形式等，详细说明各类普惠金融组织的准入条件、服务模式和运营规则，对于如何完善普惠金融的基础设施建设以及如何优化普惠金融组织发展的法律政策环境等问题进行说明，发挥好政策的引导作用。

此外，在财税政策方面还应加大支持力度。山东要落实专门服务于中低收入群体、“三农”以及中小微企业的普惠金融组织的定向费用补贴和县域普惠金融组织涉农贷款增量的奖励政策，实施小额贷款税收优惠、小额担保贷款贴息等政策，充分发挥财政资金的杠杆作用；要调动金融机构参与普惠金融服务的积极性，通过税收优惠政策对普惠金融机构网点事项营业税和农户贷款所得税等税费进行减免；要对不同普惠金融组织、不同金融领域的财政扶持资金进行整合、梳理，形成政策合力。有了良好的金融政策环境，才能更好地提高金融机构提供普惠金融服务的能力，进而提高普惠金融的覆盖面及可获得性。

2. 增加普惠金融供给

增加普惠金融供给，或者说进一步补充传统金融服务的缺失、更大范围地为普惠金融主体提供金融服务，关键在于建立与创新完善的普惠金融组织体系。不仅要鼓励现有的金融机构向县域、乡镇延伸机构和业务，还要有序引导社会资本和民间资本进入金融领域。当然，增加普惠金融供给、创新普惠金融组织体系，首先要对山东省普惠金融组织的发展现状有正确并且清晰的认识，判断其是否真正具有普惠性；在传统金融机构的基础上，还要大力发展新型金融机构，构建多层次普惠金融组织体系，引导金融资源向经济发展的薄弱环节拓展；对于以农村为代表的边贫地区，金融资源匮乏，需要加大金融服务力度，普惠金融供给缺口不能任由民间高利贷等高成本、高风险的形式填补，要在制度上放松，允许更多民间资本和社会资本有序进入；进一步加大互联网技术的推广与应用，充分利用网络、大数据等技术，扩大金融服务的覆盖面，同时引导各类金融服务机构将更多的普惠金融产品与服务供给到普惠金融尚未覆盖或者覆盖较少的农村及偏远地区；不断扩大乡村金融服务站、农村金融综合性服务中心等服务于农村金融的形式和试点范围，逐步完善农村金融服务基础设备设施的建设，支持农村支付服务市场主体多元化发展；通过建立健全普惠金融信用信息体系，加快中小微企业、农民信用档案以及公共信用信息平台的建设，减少信息不对称，降低普惠金融组织运行风险；另外，还要通过建立监管工作协调机制，形成地方金融监管体系，通过定期与不定期检查等常规性监管与行业的自律相结合，有效防范普惠金融组织由于非规范运行带来的风险。

3. 提高普惠金融产品与服务的创新能力

普惠金融产品与服务的创新，首先需要在观念上进行转变，正确理解普惠金融的内涵，围绕市场潜在的客户和多元化需求进行策略上的创新和营销上的调整，立足目标客户群进行市场的细分，进一步提高普惠金融产品与服务的匹配度。其次，普惠金融产品与服务的创新，要与互联网技术相结合，广泛应用数字金融技术，更大范围地提高普惠金融服务覆盖面。鼓励更多的金融机构运用大数据、云计算等新兴技术，打造互联网金融服务平台，降低金融服务门槛，延伸金融服务的深度及广度，为客户提供产品、资金、信息等全方位的金融服务；利用互联网技术，改善金融支付环境，引导金融机构发展电子支付手段，构筑电子支付渠道与固定网点相互补充的业务渠道体系，推动电子银行、自助设备等补充替代固定网点。当然，创新普惠金融的产品与服务还要积极推动不同的普惠金融组织由单一或少数普惠金融产品及服务的提供者向多元化金融服务供应商转变，自身实现规模发展的同时也更好地满足了不同层次、不同地域、不同发展阶段经济主体的多元化金融需求，从而提高普惠金融的可获得性。

4. 完善金融监管

普惠金融仍属于金融范畴，必须纳入监管，与传统金融相比，普惠金融消费者具有长尾特征。普惠金融因其服务对象的特殊性，本身隐藏着较大风险，需要建立健全完善的监管体系。完善普惠金融监管，需要将普惠金融推进工作与监管评级、市场准入、高管履职评价等挂钩，引导金融机构将金融资源向普惠金融薄弱群体和领域倾斜。推动落实有关提高中小微企业和“三农”不良贷款容忍度的监管要求，落实尽职免责相关制度。对贫困地区设立分支机构和服务网点，实行更加宽松的准入政策。积极发挥全国中小企业股份转让系统、区域性股权市场、债券市场和期货市场的作用，引导证券投资基金、私募股权投资基金、创业投资基金增加有效供给，丰富中小微企业和“三农”的融资方式。

推动《山东省地方金融条例》的贯彻实施，完善地方金融组织监管细则和考核奖励办法，引导推动小额贷款、融资担保、民间融资、交易市场、农村信用互助等地方金融组织不断放大普惠金融服务功能。促进互联网金融规范发展，制定出台 P2P 网络借贷、互联网私募股权等监管细则，建立健全衔接紧密、切实有效的互联网金融监管服务体系，为充分发挥互联网金融普惠作用创造条件。

5. 建立健全普惠金融信用信息体系

落实省委、省政府《山东省社会信用体系建设工作方案》（鲁厅字〔2015〕7 号）要求，以农村和中小微企业征信数据库建设为切入点，加快推进农户、中小微企业和城镇低收入人群等电子信用档案建设，加强信用信息归集和管理工作，持续开展中小微企业信用评价和“信用户”“信用村”“信用乡镇”评定及结果应用，提高信用信息建档率；继续推动中小微企业信用档案建设，积极培育从事中小微企业、农民征信业务的征信评级机构，支持有资质的征信机构、信用评级机构依法采集信用信息，构建多元化信用信息收集渠道；扩充金融信用信息基础数据库接入机构，稳步推进符合条件的保险机构、村镇银行、小额贷款公司、民间资本管理机构、民间融资登记服务机构、融资性担保机构、融资租赁企业、典当企业、互联网金融机构等接入中国人民银行征信系统，降低普惠金融服务对象征信成本；加强信用评级机构的建设，探索信用评级一体化，设定统一的信用评价标准，并通过网络将数据库中的信用信息公开发布，引导越来越多的普惠金融组织应用数据库中的信用信息及信用等级评价，减少由于信息不对称而带来的普惠金融风险。

分 报 告

Sub-reports

B.3
山东商业银行普惠金融发展报告

摘　要： 2017 年 5 月，中国银监会等 11 部委联合出台《大中型商业银行设立普惠金融事业部实施方案》，要求商业银行设立普惠金融事业部。习近平总书记在全国金融工作会议上再次强调发展普惠金融的重要意义，提出“建设普惠金融体系”，为我国普惠金融的下一步发展指明了方向。作为践行普惠金融的主力，大型商业银行积极行动，全面提升金融服务能力，大中型商业银行开始建立普惠金融事业部。山东商业银行也顺应时代的发展，大力推进普惠金融实践。但是，山东商业银行在开展普惠金融业务时仍面临着服务体系不完善、缺乏地方配套政策等问题。

关键词： 山东普惠金融　商业银行　普惠金融事业部

诺贝尔和平奖得主、孟加拉乡村银行创办者穆罕默德·尤努斯（Muhammad Yunus）认为："每个人都享有获得信贷的权利"。普惠金融，强调的就是金融要惠及所有群体，特别要在贫困地区、少数民族地区、偏远地区及残疾人和其他弱势群体中提供金融服务。但是，这并不意味着普惠金融是慈善金融、一次性的扶贫金融或者纯粹的政策性金融，普惠金融需要政策支持也离不开市场操作，从长远发展来看，走保本微利的道路才能实现商业上的可持续性。当前，我国已进入全面建成小康社会决胜阶段，普惠金融工作也有了更高要求，商业银行作为我国金融体系的重要组成部分，应加速构建普惠金融服务体系，扎实推进普惠金融发展。商业银行发展普惠金融，同样要走保本微利的可持续发展道路，要以可负担的成本及时有效地为社会各阶段和群体提供所需要的金融服务，这与服务实体经济发展的目标是一致的。

一　山东商业银行普惠金融的发展

近年来，党和政府鼓励支持商业银行发展普惠金融。2013 年 11 月，党的十八届三中全会明确提出"发展普惠金融"；2015 年《政府工作报告》指出，要大力发展普惠金融，让所有市场主体都能分享金融服务的雨露甘霖；2015 年 1 月，中国银监会宣布进行机构调整，将原有 27 个部门分拆、合并成 23 个部门，其中新成立普惠金融部，负责推进银行业普惠金融工作、融资性担保业务、小贷、网络借贷等，P2P 网络贷款划归普惠金融部管理；3 月，中国银监会为加大对中小微企业的扶持力度，将实施了六年的小微金融服务"两个不低于"目标调整为"三个不低于"，即小微企业贷款增速不低于各项贷款平均增速，小微企业贷款户数不低于上年同期户数，小微企业申贷获得率不低于上年同期水平。而此前的"两个不低于"要求银行对小微企业放贷的增速和增量不得低于上年同期；5 月，在国务院新闻办举行的国务院政策例行吹风会上，针对李克强总理提出的要求银行降低收费，中国银监会副主席周慕冰表示，"能降低的尽可能降低"，并提到要继续大力发展普惠金融，进一步提升金融服务的覆盖面、可得性和便利度，推动信贷资源向小微、“三农”倾斜，努力实现小微企业贷款“三个不低于”的目标；12月，国务院印发《推进普惠金融发展规划（2016—2020年）》，这标志着我国将普惠金融上升为国家战略，同时也明确了银行业金融机构开展普惠金融业务的原则、目标和要求。

2016年2月，为全面贯彻党的十八大和十八届三中、四中、五中全会以及中央经济工作会议精神，切实做好《推进普惠金融发展规划（2016—2020年）》开局之年的推动落实工作，中国银监会办公厅发布《关于2016年推进普惠金融发展工作的指导意见》，提出2016年推进普惠金融发展的主要目标：一是初步建立普惠金融统计分析和考核评价体系；二是确保小微企业贷款投放稳步增长，扩大小微企业金融服务覆盖面，提高贷款可获得性，力争实现小微企业贷款“三个不低于”目标；三是努力实现涉农信贷投放持续增长，进一步提高乡镇网点和行政村基础金融服务覆盖率；四是增加建档立卡贫困户信贷投入，大幅度提高建档立卡贫困户扶贫小额信贷覆盖率。2016年，商业银行认真贯彻落实党中央、国务院的指示精神，支持经济社会转型，支持“一带一路”建设和京津冀协同发展、长江经济带建设等国家重大战略，着力支持供给侧结构性改革，为经济结构调整和转型升级提供金融动能。

2017年，党中央、国务院继续大力支持商业银行发展普惠金融。3月，《政府工作报告》指出：“鼓励大中型商业银行设立普惠金融事业部，国有大型银行要率先做到，实行差别化考核评价办法和支持政策，有效缓解中小微企业融资难、融资贵问题”；5月，李克强总理主持召开国务院常务会议明确，2017年内大型商业银行要完成普惠金融事业部设立，成为发展普惠金融的骨干力量；同月，为落实党中央、国务院决策部署，推进供给侧结构性改革，中国银监会等11个部委联合印发《大中型商业银行设立普惠金融事业部实施方案》，推动大中型商业银行设立聚焦小微企业、“三农”、创业创新群体和脱贫攻坚等领域的普惠金融事业部；7月，第五次全国金融工作会议提出要建设普惠金融体系，加强对小微企业、“三农”和偏远地区的金融服务，推进金融精准扶贫，鼓励发展绿色金融；9月，为进一步支持金融机构发展普惠金融业务，中国人民银行发布《关于对普惠金融实施定向降准的通知》，提出“聚焦单户授信500万元以下的小微企业贷款、个体工商户和小微企业主经营性贷款，以及农户生产经营、创业担保、建档立卡贫困人口、助学等贷款，人民银行决定统一对上述贷款增量或余额占全部贷款增量或余额达到一定比例的商业银行实施定向降准政策。凡前一年上述贷款余额或增量占比达到1.5%的商业银行，存款准备金率可在人民银行公布的基准档基础上下调0.5个百分点；前一年上述贷款余额或增量占比达到10%的商业银行，存款准备金率可按累进原则在第一档基础上再下调1个百分点”。2018年起将实施上述措施。商业银行作为给中小微企业、“三农”和偏远地区提供融资服务的主要金融机构，发展普惠金融是推进金融精准扶贫、建设普惠金融体系的必然。

（一）全国范围内商业银行普惠金融的发展

商业银行是以经营工商业存、放款为主要业务，并以银行利润为主要经营目标的企业法人。《商业银行法》规定，我国的商业银行由国家特许成立，组织设立时需由国务院银行业监督管理机构审批并发放银行经营许可证。截至2017年12月底，我国有5家国有大型商业银行（中国银行、农业银行、工商银行、建设银行、交通银行）、12家全国性股份制商业银行（招商银行、浦发银行、中信银行、光大银行、华夏银行、民生银行、广发银行、兴业银行、平安银行、恒丰银行、浙商银行、渤海银行）、1家中国邮政储蓄银行、134家城市商业银行和1262家农村商业银行。在国家政策的引导激励下，我国商业银行开始将普惠金融上升到战略层面进行部署和实施，大力推进普惠金融的发展，不断在渠道、产品和服务等方面进行实践和创新，努力探索普惠金融的政策性、社会性与商业银行盈利性的有机结合，以弥补传统金融服务的欠缺和不足，提升对以往传统金融业难以服务好的中小微企业和中低收入者的金融服务。

1. 全国性商业银行普惠金融事业部的设立情况

2017年《政府工作报告》指出：“鼓励大中型商业银行设立普惠金融事

业部，国有大型银行要率先做到，实行差别化考核评价办法和支持政策，有效缓解中小微企业融资难、融资贵问题”。5月，《大中型商业银行设立普惠金融事业部实施方案》发布，明确要求大型商业银行于2017年内完成普惠金融事业部的设立，成为发展普惠金融的骨干力量。截至2017年6月底，5家国有大型商业银行设立普惠金融事业部的具体方案已全部出台，总行普惠金融事业部均已正式挂牌，到2017年底，一级分行层面也完成了全部185家分部的设立。12家股份行中的兴业银行、光大银行和浙商银行3家也积极响应政策号召，在2017年内完成了普惠金融事业部的设立。

2017年4月11日，建设银行在大银行中率先宣告决议成立普惠金融发展委员会，同时在总行原小企业部门的基础上组建普惠金融事业部，承担全行普惠金融业务的牵头工作。2017年内建设银行37家一级分行、超过120家二级分行全部完成设立普惠金融事业部，100多家网点升级成为普惠金融特色支行；2017年4月12日，工商银行决定在总行成立普惠金融事业部，发展初期，总行层面下设6个业务和管理板块，各一级（直属）分行的普惠金融事业部接受总行普惠金融事业部的业务指导，承担辖内小微金融业务的市场营销和风险管理职责，指导二级分行在授权范围内拓展业务；2017年4月25日，农业银行决定在总行成立普惠金融事业部，同时在各分支机构设立普惠金融业务经营管理机构。截至2017年底，农业银行在总行、37家一级分行、综合型省会城市行已全部设立普惠金融事业部，其他二级分行也纷纷设立了普惠金融专营机构，初步形成了“三农金融事业部+普惠金融事业部”双轮驱动的普惠金融服务体系；2017年6月20日，中国银行普惠金融事业部正式成立，中国银行普惠金融事业部为集团化“1+2”的模式，其涵盖的主体不仅包括商业银行法人机构，还包括专门从事普惠金融服务的中银富登村镇银行以及中银消费金融公司。截至2017年底，在中国银行法人层面，全部36家一级分行都已成立普惠金融事业部，各二级分支行成立了普惠金融服务中心，全行1万多家网点都将作为普惠金融基础服务网点，并筛选部分网点作为普惠金融信贷发起特色网点，并在“2025中国制造示范区”31个城市率先完成一批普惠金融信贷发起重点网点的落地工作；

2017年6月底，交通银行正式成立普惠金融事业部，按照“稳妥实施、分步推进”的思路，在一级（直属）分行、部分重点二级分行（一级支行）层面逐步铺开，最终覆盖全行。2017年，交通银行37家省直分行和197家辖行均挂牌成立普惠金融事业部，287家县域网点机构也均开办了普惠金融业务。

2017年9月，兴业银行公布《兴业银行设立普惠金融事业部实施方案》，在总行层面设立普惠金融事业部，这是继五大行后首个宣布设立普惠金融事业部的股份制商业银行。截至2017年末，兴业银行小微企业“三个不低于”贷款余额达6111亿元，同比增长9.46%，高于全行资产增速4个百分点以上，申贷率96.04%；2017年12月，光大银行下发《关于成立中国光大银行普惠金融部的通知》，宣布普惠金融部正式成立；2017年12月18日，浙商银行在原有小企业信贷中心基础上成立普惠金融事业部，总行成立普惠金融事业部，与小企业信贷中心合署办公，负责推进全行普惠金融业务的管理和发展，各分行成立普惠金融事业部分部，全国20多家分行已设立普惠金融事业部分部，支行层面，各小企业专营机构成立普惠金融业务部。

除兴业银行、光大银行、浙商银行外，股份行中的民生银行也于2017年11月表示其普惠金融事业部的整体方案已经明确，即将投入运营。在国家鼓励商业银行发展普惠金融的政策背景下，各家商业银行加码普惠金融，加速构建普惠金融服务体系，未来将会有越来越多的商业银行普惠金融事业部设立。

2. 全国范围内商业银行普惠金融发展情况

“三农”、贫困人口及中小微企业是普惠金融主要针对的三大群体，对应到银行普惠金融业务方面主要表现为涉农贷款、小微企业贷款等。2017年，全国银行业金融机构涉农贷款投放实现持续增长，截至12月末，全国涉农贷款余额达到30.95万亿元，比年初增长3.08万亿元，同比增长9.64%。其中，农户贷款余额8.11万亿元，比年初增长1.04万亿元，同比增长达到14.41%；农村企业及各类组织贷款余额17.03万亿元，比年初增长1.51万亿元，同比增长6.97%；城市涉农贷款余额5.81万亿元，比年初增长0.54万亿元，同比增长11.30%。同时，小微企业贷款增长实现监管目标，截至12月末，全国银行业金融机构小微企业贷款余额30.74万亿元，占各项贷款总余额的24.67%。小微企业贷款较2017年初增加4.04万亿元，较上年同期增速达到15.14%，比各项贷款平均增速高2.67个百分点；小微企业贷款户数达1520.92万户，较上年同期增加159.82万户；小微企业申贷获得率95.27%，较上年同期高1.67个百分点，全面实现“三个不低于”监管目标。

根据中国银监会的公开数据，我国商业银行对小微企业的贷款是银行业金融机构对小微企业贷款的主力。截至2017年第四季度末，商业银行小微企业贷款余额23.34万亿元，占全国银行业金融机构小微企业贷款余额的75.93%。值得注意的是，中国银监会只统计了五大行、股份行、城商行、农商行及外资银行五类机构，未将农村信用社、农村合作银行、村镇银行、邮储银行纳入。而本报告研究的是我国商业银行普惠金融的发展，外资银行不在研究范围内，因此本部分对商业银行小微企业贷款余额分析时只分析五大行、股份行、城商行和农商行四类机构。从表1及图1可以看出，五大行是小微贷款的主力，近三年在商业银行小微企业贷款余额中的占比均稳居

表1　四类商业银行小微贷款余额变化情况（2015～2017年）

单位：万亿元，%

指标	2015 Q1	2015 Q2	2015 Q3	2015 Q4	2016 Q1	2016 Q2	2016 Q3	2016 Q4	2017 Q1	2017 Q2	2017 Q3	2017 Q4
五大行余额	5.58	5.71	5.79	6.02	6.22	6.37	6.50	6.65	6.90	7.02	7.26	7.42
五大行增速		2.33	1.40	3.97	3.32	2.41	2.04	2.31	3.76	1.74	3.42	2.20
股份行余额	3.64	3.64	3.60	3.82	3.80	3.67	3.75	3.92	3.94	3.99	4.14	4.29
股份行增速		0.00	-1.10	6.11	-0.52	-3.42	2.18	4.53	0.51	1.27	3.76	3.62
城商行余额	3.21	3.41	3.56	3.72	3.94	4.16	4.31	4.51	4.75	4.94	5.15	5.39
城商行增速		6.23	4.40	4.49	5.91	5.58	3.61	4.64	5.32	4.00	4.25	4.66
农商行余额	3.30	3.49	3.65	3.92	4.21	4.47	4.71	4.99	5.36	5.56	5.75	6.00
农商行增速		5.76	4.58	7.40	7.40	6.18	5.37	5.94	7.41	3.73	3.42	4.35

资料来源：中国银监会，齐鲁财富网。

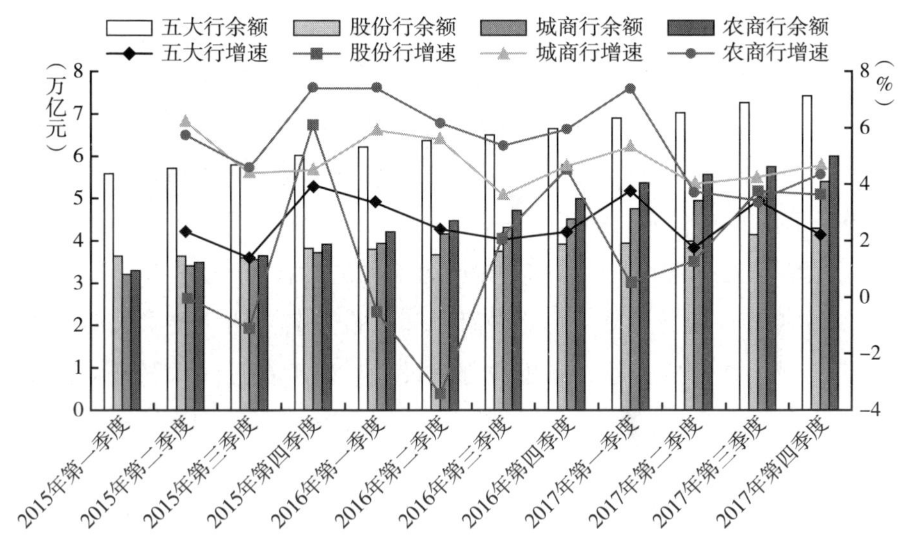

图 1　四类商业银行小微贷款余额变化情况（2015～2017 年）

资料来源：中国银监会，齐鲁财富网。

第一，农商行后来居上，2015 年以来保持高位增速，逐渐超越股份行，成为小微企业贷款领域中一支非常重要的力量。

（二）山东辖内商业银行普惠金融的发展

2013 年 8 月，山东省人民政府出台《关于加快全省金融改革发展的若干意见》（鲁政发〔2013〕17 号，即“金改 22 条”）以来，全省上下对金融发展的重视程度不断提高。国务院《推进普惠金融发展规划（2016—2020 年》出台后，山东积极贯彻落实。2017 年 7 月，为更好地推进普惠金融的发展，逐步建立与全省经济社会发展相适应的普惠金融服务体系，山东省人民政府又出台了《关于推进普惠金融发展的实施意见》（鲁政发〔2017〕14 号），着力增加普惠金融服务和产品的供给，不断改善中小微企业、农民、城镇低收入人群等特殊群体的金融服务，以提升普惠金融服务的覆盖率、可得性和满意度。2017 年《政府工作报告》提出，鼓励大中型商业银行设立普惠金融事业部，国有大型银行要率先做到，山东辖内商业银行紧跟新时代的要求，从自身业务发展和社会责任等多角度出发，大力发展普惠金融。2017 年，五大行、12 家股份行、邮储银行、北京银行、天津银行、河北银行、张家港农村商业银行等在山东省内的分支行以及山东 14 家城商行、110 家农商行，在推进普惠金融发展业务上做出了不同的尝试与努力，也取得了不俗的成绩。

1. 大型商业银行山东辖内分支机构普惠金融的发展

《大中型商业银行设立普惠金融事业部实施方案》明确要求大型商业银行于 2017 年内要完成普惠金融事业部的设立。截至 6 月底，五家国有大型商业银行总行层面普惠金融事业部均已正式挂牌，截至 2017 年底，一级分行层面也完成了全部 185 家分部的设立。从山东辖内分支机构来看，五大行山东省分行和青岛市分行都是国家一级分行，直属各自总行管理，2017 年均各自设立了普惠金融事业部，也推行了具有本行特色的普惠金融业务，完善了各自的普惠金融服务体系。

工商银行山东省分行，作为省内最大的小微贷款银行，在总行正式成立普惠金融事业部后也设立了普惠金融事业部，积极支持中小微企业、“三农”、金融扶贫和双创业务发展，监管口径小微贷款余额达 840 亿元，承担营销管理、制度建设、产品和流程创新、风险管理和小微中心等职责，逐步完善“大行小微”的普惠金融服务体系；农业银行山东省分行于 2017 年 9 月单独设立普惠金融事业部，16 家二级分行全部设立了普惠金融事业部，53 家支行设立小企业金融服务分中心，配备了专职的调查、审查、审批人员，实行专业化服务，通过完善组织架构，进一步强化组织保障。同时，设立小微业务 5 个重点二级分行、20 个标杆支行、100 个示范网点，并确定 10 家小微产品营销推广及创新重点联系行，济南和平支行、青州市支行、蒙阴县支行 3 家支行被确定为总行级“小微企业金融服务”示范支行，以点带面提升全行小微金融服务能力及水平；中国银行山东省分行 2017 年内挂牌成立了普惠金融事业分部，指导二级分行成立普惠金融服务中心，安排专人专岗推动普惠金融基础服务型网点转型；建设银行山东省分行坚持“以小为主、以微为重”的客户定位，深入推进小企业业务客户“四化”转型，持续开发适合小企业客户“期限短”“金额小”“支用频”“用款急”特点的特色业务，2017 年也完成了普惠金融事业部的设立；交通银行山东省分行及16 家辖属分行在2017 年均已成立普惠金融事业部，负责全辖授信敞口2000 万元（含）以下授信业务的经营管理，额度较小的小微贷款主要以全线上产品、随借随还模式开展，重点突出高效便捷，符合条件的客户则采取信用担保方式开展合作，中等额度小微贷款主要以供应链、银政合作、商圈等集群项目制模式开展，重点突出项目营销。截至 2017 年末，交通银行山东省分行涉农贷款增速 5. 51%，高于全行贷款平均增速 0. 63 个百分点。

工商银行青岛市分行，作为岛城“信贷第一大行”，竭力满足中小微企业的各项金融服务需求，积极服务“三农”领域，早在 2016 年就成立了工行系统内首家分行级小微金融业务中心，作为小微金融业务的牵头主管部门和专营机构，开创了“大银行服务小微企业”的新局面；农业银行青岛市分行于2017 年 8 月在系统内第一批成立普惠金融事业部，在市分行设立八大中后台普惠金融服务中心，发文确定高新区、市北二等 6 家支行为辖区首批普惠金融服务专营机构，组建三家“专营支行”、两大“服务中心”、一个“信贷工厂”的“3 +2 +1”普惠金融全覆盖服务体系；中国银行青岛市分行将辖内 98 家网点作为普惠金融基础服务网点，加快推进新设 8 家普惠型机构的筹建工作，另外还推出微型企业贷款、个人经营类贷款、中银易贷通宝、中银林权通宝、中银科技通宝等一系列相关产品支持中小微企业发展、服务“三农”、精准扶贫；建设银行青岛市分行在青岛率先成立普惠金融事业部，聚焦中小微企业、“三农”和扶贫攻坚等领域，积极贯彻总行向小行业、小企业实施战略侧重点转移的部署。截至 2017 年末，建设银行青岛市分行普惠金融贷款余额 24. 65 亿元，较年初新增 9. 13 亿元，较 9 月末新增 6. 97 亿元；交通银行青岛分行 2017 年挂牌成立了普惠金融事业部，目的就是建立专业团队，倾斜资源，进一步加大对小微、“三农”、扶贫、“双创”、助学贷款等的普惠金融业务力度。截至 2017 年末，交通银行青岛分行通过各类产品已对接服务中小微企业近 500

户，小微融资余额47亿元。

2. 股份行山东辖内分支机构普惠金融的发展

全国性股份制商业银行中，兴业银行、光大银行和浙商银行于2017年内完成了普惠金融事业部的设立，其他9家股份行也都做出了推进普惠金融发展的实践。2017年，各家股份行山东辖内分支机构积极响应国家推进商业银行普惠金融发展的政策要求，坚持“服务中小企业、服务社区”的市场定位，通过小微企业专营机构或金融服务部门，改善小额信贷服务并加速向县域乡镇和社区延伸，尝试开拓能够践行普惠金融理念的可持续发展道路。

从普惠金融实践效果来看，股份行山东辖内分支机构做出了不少积极的尝试并取得了不俗的成绩。例如，招商银行青岛分行自2000年5月开业以来，一直本着扎根青岛、立足当地市场、服务实体经济及中小微企业客户的理念，为青岛实体经济和小企业客户的发展壮大提供广泛的金融服务和资金支持。同时，招商银行青岛分行利用网点客户多、客户来源广的优势，组织开展“普惠金融服务宣传月”活动，再结合业务走访积极推进普惠金融宣传相关工作，普惠金融业务得以较快发展。截至2017年末，招商银行青岛分行零售小微贷款余额为39.82亿元，较年初增长0.47亿元，共惠及小微企业2070户，个体工商户1577户。2017年，该行共发放零售小微贷款55.16亿元，3187户小微客户获得信贷支持，其中通过自动转贷产品发放小微贷款3.15亿元，460户小微客户享受到了无还本续贷服务，降低了小微客户的再融资成本。

3. 其他商业银行山东辖内分支机构普惠金融的发展

除五大行和股份行外，作为服务中小微企业、“三农”的排头兵，邮储银行以及其他商业银行在山东辖内分支机构的普惠金融业务发展也是可圈可点。邮储银行山东省分行自2007年成立以来，始终坚持服务“三农”、服务中小微企业、服务社区的市场定位，扎根农村、服务农业、贴近农民。2017年8月1日，邮储银行三农金融事业部山东省分部正式成立，辖内各二级分行、一级支行也同步成立三农金融事业部二级分部和营业部，配备专门的机构、专门的资源和专门的人员，进行独立的考核，把“三农”业务独立出来，加大产品创新力度，精准对接“三农”特色化需求，提供更优质的“三农”金融服务；邮储银行青岛分行自2008年成立以来，一直秉承“普惠金融”的理念，深耕小微、服务“三农”，大力开展“走千家访万户”系列中小微企业走访活动，专门成立走访领导小组，由行长担任组长，由分管副行长担任副组长，小企业金融部和零售信贷部等部门积极联动助推活动开展，下辖各一级支行一把手任各支行走访活动的总负责人，自上而下，全行上下动起来。2017年7月，邮储银行青岛分行还成功发放了首笔“惠农易贷”扶贫小额信贷业务，精准扶贫工作取得了重要突破。

另外，其他商业银行山东辖内分支机构，如北京银行济南分行、天津银行济南分行、河北银行青岛分行以及张家港农村商业银行青岛即墨支行等在推进普惠金融业务发展、加速构建商业银行普惠金融体系方面也做出了积极的实践。北京银行济南分行自进入山东以来，以“服务地方、服务中小、服务百姓”的发展理念为引领，一直坚持为促进山东经济发展提供多方面的金融服务。通过协同济南市融资担保公司合作推出“三板贷”业务助力新三板企业成长、与济南东八区创意产业园合作推出“园区贷”业务、广泛开展银政合作，拓宽中小微企业融资渠道，积极支持小微业主的财富创造与价值增值，全方位服务省内中小微企业。截至2017年底，北京银行济南分行累计为山东实体经济提供资金支持4465亿元，引进省外资金支持山东省实体经济规模就超过700亿元；天津银行济南分行遵循“深入社区、贴近市民、服务中小”的经营策略，通过开设社区支行将最实惠的普惠金融产品和服务带到每一位市民的身边。同时，充分结合社区支行所在地域的人员、环境特点，采用“求同存异”的经营手段，实施差异化经营；河北银行青岛分行2011年5月落户青岛以来，一直秉持“服务地方经济、服务中小企业、服务城市居民”的企业使命，坚决贯彻落实普惠金融服务政策，2016年即被批准开展村村通业务。行内设小企业金融部，专注满足中小微企业的金融服务需求，从产品服务、审批效率、融资成本等方面入手，不断创新金融产品与服务，不断提高审批效率、降低融资成本。截至2017年底，该行小微企业贷款余额为9.66亿元，其中风险敞口不超过500万元的小微业务余额为6.4亿元，较年初增长2.04亿元，增幅46.9%，实现了快速增长；张家港农村商业银行青岛即墨支行2013年抓住总行细化小微信贷客户的机会成立小微信贷分中心，专职负责200万元以下信贷的投放。截至2017年末，小微信贷分中心共计发放贷款余额33288.4万元，较年初增加12797.07万元，持续保持良好的增长势头，在即墨当地打响了品牌。2016年，结合当地实际，小微信贷分中心针对服装市场开发了“服装市场商户信用贷款”产品，截至2017年末，服装市场贷款投放已超2000万元。张家港农村商业银行青岛即墨支行积极应对经济金融新常态，加强信贷基础工作建设，各项业务稳健发展，截至2017年12月末，支行各项贷款94277万元，比年初增加23118万元。其中，涉农贷款77582.18万元，比年初增加12007.18万元，小微企业贷款57063.48万元，比年初增加17961.48万元。

4. 山东城商行普惠金融的发展

城市商业银行的前身是20世纪80年代设立的城市信用社，当时的业务定位是为中小微企业提供金融支持，为地方经济搭桥铺路。经过几十年的发展，城商行不断延伸网点、下沉服务，主动“接地气”，服务薄弱领域和弱势群体，其普惠金融服务能力得到显著提升。截至2017年底，全国城商行的数量已达134家，山东共有法人城市商业银行14家，数量仅次于辽宁省的15家，位居全国第二。17地市中，除聊城、滨州、菏泽外，其他14地市均各有一家城商行，其中青岛银行为港股上市公司，齐鲁银行为新三板挂牌企业。根据中国证监会的公开信息，青岛银行和威海市商业银行也一直积极准备登陆A股市场。

在严监管的金融环境下，山东城商行严格落实各项监管政策，强化全面风险管理，坚定推进市场化改革与转型发展，积极响应商业银行加码发展普惠金融的政策号召，为“三农”、中小微企业等弱势群体提供了特色化的普惠金融服务。商业银行普惠金融业务大致可以分为“三农”业务和小微贷款业务两块，其中“三农”金融业务的主力军是农村合作金融机构、农业银行、邮储银行和村镇银行等，而小微贷款业务方面，五大行所占比重稳居第一，属第一梯队，城商行、农商行和股份行紧随其后，位于第二梯队。本报告整理了山东14家城商行2017年年报以及公开信息，从小微贷款和涉农贷款等方面呈现山东城商行普惠金融的发展情况。

齐鲁银行以“服务地方经济、服务小微企业、服务城乡居民”为己任，2017年在全省法人金融机构中率先在总行层面设立了普惠金融部。通过机制建设、平台建设、产品创新等多项举措，为广大中小微企业、“三农”等客户提供多元化、差异化的金融服务。截至2017年末，全行中小微企业贷款余额462.27亿元，较年初增长60亿元，增速14.92%，高于全行贷款增速0.41个百分点，小微企业贷款户数13814户，同比增长2357户，中小微企业申贷获得率94.75%，全面完成各项监管指标；通过助农服务点和电子渠道等手段扩大在农村地区的金融服务范围，截至2017年末，齐鲁银行在县域、乡镇共设立22家支行，在乡镇、行政村建设助农服务点39家，布放POS机具共129台，完成“村村通”金融服务对95个行政村的覆盖。

青岛银行聚焦中小微企业，推动普惠金融发展，通过信贷投放，促进新旧动能转换。2017年7月，青岛银行在全市率先启动小微企业“双惠”工作，并成立“银企惠通”俱乐部，为中小微企业提供一站式金融服务，实现银企共赢。2017年底，本行小微企业贷款余额483.03亿元，对小微企业的贷款平均利率为5.57%，小微企业客户8207户，服务小微企业的特色支行共2家。另外，青岛银行2017年全年新发放贷款中90%以上均投入到实体经济中，集聚总行资源向实体经济企业倾斜，全行信贷规模优先用于支持青岛实体企业和项目。

日照银行支持民生建设，大力发展普惠金融，创新推出微保贷、税联贷、租金贷、金屋顶光伏贷款等新产品，编制小微产品库，产品支撑能力持续增强。截至2017年末，全行小微企业贷款余额328.49亿元，小微贷款客户6379户，申贷获得率90.57%，圆满完成了“三个不低于”的监管目标；建设金融惠民服务站，构建与“三农”互动、互惠的新型客户关系，持续增加“三农”信贷投入，截至2017年末，日照银行涉农贷款余额128亿元，比年初增加6亿元；深入推进金融精准扶贫，为建档立卡贫困户发放扶贫贷款1亿元，发放扶贫生产经营主体贷款5.74亿元，共计带动贫困户2360户。

2017年，在国家鼓励、引导商业银行发展普惠金融的政策背景下，山东城商行纷纷加码普惠金融，从已公布的2017年年报数据来看，齐鲁银行、青岛银行、日照银行、莱商银行等在小微企业贷款、涉农贷款、助农服务点等方面的服务能力都有所提升。但在统计梳理过程中，山东城商行也暴露了明显的问题，特别是在信息披露方面。2017年，山东省内共有城商行14家，截至本报告出版，官网可以查到2017年年报的有11家，临商银行、枣庄银行和德州银行的官网尚未公布最新的年度报告。其中，德州银行官网的信息披露“年度报告”一栏一直是空白，即使已公布的城商行年报，公开数据的完整性和有效性也参差不齐。当然，这并不仅是山东城商行存在的问题。无信任（信用）就无金融，而信任的前提就是公开，没有有效的信息公开，各家银行即使做出了积极的普惠金融实践也无法被社会公众知晓，同时也存在一定的监管风险。

5. 山东农商行普惠金融的发展

普惠金融的一大重点服务对象是农村、农业和农民，农村商业银行作为“农”性银行业金融机构，核心内容就是坚定普惠金融发展方向。当前，我国经济社会已经进入新常态，农业生产走上了规模化、产业化发展道路，农户对金融的需求也开始向产业化、专业化和集约化转变。农商行牢牢把握当地经济社会发展的阶段性特征，秉承“地方银行服务地方经济”的理念，积极探索普惠金融服务模式，大力发展普惠金融，进一步做好对中小微企业的信贷支持，服务经济转型升级。截至2017年12月末，全国农商行小微企业贷款余额6.00万亿元，占商业银行小微企业贷款余额23.34万亿元的25.71%，所占比重仅次于国有五大行，是农村金融支农主力军。

根据中国银监会公布的《2017年金融法人机构》，截至2017年底，我国共有农商行1262家，山东数量最多，为110家，省内17地市农商行的数量分布见图 2。农商行是农信社改革的产物，由于其发展“三农”的定位和网点规模局限等因素，农商行的设立情况与当地经济的发展状态以及人口密度有很大的关系。从山东农商行的地域数量分布来看，临沂、德州、济宁 3 地农商行的数量分别都超过了 10 家，排名前三位；枣庄、莱芜和青岛，由于人口密度、当地城市化水平和经济发展状态等原因，农商行数量较少，排名后三位。

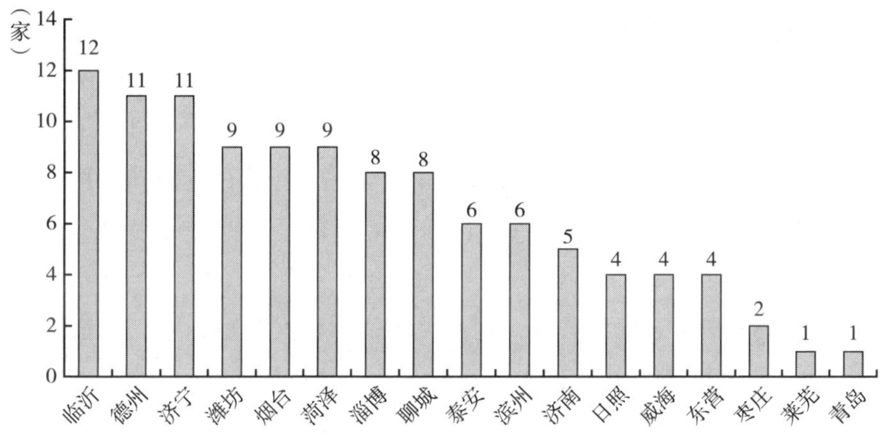

图 2 山东 17 地市农商行数量分布（2017 年）

资料来源：中国银监会，齐鲁财富网。

山东农商行立足于地区经济发展，分支机构广布于各乡村镇中，具有其他几类商业银行所不可比拟的优势，有着天然的贴近客户、方式灵活和功能全面的特点。作为金融支持服务“三农”的主力军，农村商业银行一直在服务“三农”、中小微企业等方面做着重要贡献。2017 年，山东农商行围绕支持农业供给侧结构性改革和新旧动能转换，紧跟乡村振兴战略安排，服务“三农”和实体经济能力明显增强。截至 2017 年底，全省农商行各项存款余额 16587 亿元，较年初增加 1426.1 亿元，增幅达 9.41%；各项贷款余额 10440 亿元，较年初增加 784.2 亿元，增幅达 8.12%；存、贷款规模继续保持全省银行业首位。其中，实体贷款余额 9886.2 亿元，较年初增加 876.7 亿元，同比多增 470 亿元；涉农贷款余额 7125.1 亿元，较年初增加 310.9 亿元；小微企业贷款余额 5198.9 亿元，较年初增加 428.2 亿元。积极开展精准扶贫、产业扶贫，累计发放小额扶贫贷款 36 亿元，直接带动 78 万名贫困户脱贫，通过支持农业经营主体，带动 13 万名贫困户脱贫。山东农商行对“三农”、中小微企业等普惠金融重点领域和薄弱环节金融服务的提升，离不开全省各家农商行一直以来的普惠金融实践。

青岛农商银行积极推动金融创新、践行普惠金融，探索出了一套独具特色的服务“三农”金融新模式。该行紧紧围绕全市城乡统筹一体化发展战略，持续推进金融基础设施“村村通”工程，充分发挥营业网点覆盖面最广的优势，将金融基础服务设施布设到每一个村庄，构建起以营业网点为依托，以“小微云”支付终端为延伸，以网上银行、手机银行为渠道，以自助服务终端为衔接的 1.5 公里农村金融便捷服务圈，打通了金融服务“最后一公里”，将支付结算、信贷、电商、缴费、惠农补贴领取、土地流转登记、金融信息宣传等服务送进村、送到户，让农民“足不出村”“足不出户”便可享受到与城市居民一样的金融便利。截至 2017 年末，已在全市布设小微云支付终端 2345 个，服务范围覆盖 5690 个村庄（农村社区、专业市场、专业合作社），发放“福农卡”38.34 万张、授信总额 36.32 亿元，实际用信 34.25 亿元，推动了普惠金融全面开花。另外，青岛农商银行充分发挥地方法人银行与市场前沿最近、最懂市场需求的优势，迅速适应把握引领新常态，加快产品和服务创新，主动加大对家庭农场、农民专业合作社等新型农村经营主体的服务力度，创新推出了助农履约保证保险贷款、农村承包土地的经营权抵押贷款等一系列金融产品，实施“法人 + 经济薄弱村”“企业 + 贫困户”的精准扶贫模式，有效助推了城乡一体化发展。截至 2017 年末，青岛农商行支持种植大户、家庭农场、农民专业合作社 5000 余户、贷款余额 126 亿元；农村承包土地的经营权抵押贷款余额 26078 万元；帮扶贫困村 4 个，累计支持贫困户 228 户、建档立卡的贫困户贷款余额 1030 万元；涉农贷款余额 488 亿元，在全市各银行机构中排名第一，约占全市各银行机

皮书系列

2018年

智 库 成 果 出 版 与 传 播 平 台

社长致辞

蓦然回首，皮书的专业化历程已经走过了二十年。20年来从一个出版社的学术产品名称到媒体热词再到智库成果研创及传播平台，皮书以专业化为主线，进行了系列化、市场化、品牌化、数字化、国际化、平台化的运作，实现了跨越式的发展。特别是在党的十八大以后，以习近平总书记为核心的党中央高度重视新型智库建设，皮书也迎来了长足的发展，总品种达到600余种，经过专业评审机制、淘汰机制遴选，目前，每年稳定出版近400个品种。“皮书”已经成为中国新型智库建设的抓手，成为国际国内社会各界快速、便捷地了解真实中国的最佳窗口。

20年孜孜以求，“皮书”始终将自己的研究视野与经济社会发展中的前沿热点问题紧密相连。600个研究领域，3万多位分布于800余个研究机构的专家学者参与了研创写作。皮书数据库中共收录了15万篇专业报告，50余万张数据图表，合计30亿字，每年报告下载量近80万次。皮书为中国学术与社会发展实践的结合提供了一个激荡智力、传播思想的入口，皮书作者们用学术的话语、客观翔实的数据谱写出了中国故事壮丽的篇章。

20年跬步千里，“皮书”始终将自己的发展与时代赋予的使命与责任紧紧相连。每年百余场新闻发布会，10万余次中外媒体报道，中、英、俄、日、韩等12个语种共同出版。皮书所具有的凝聚力正在形成一种无形的力量，吸引着社会各界关注中国的发展，参与中国的发展，它是我们向世界传递中国声音、总结中国经验、争取中国国际话语权最主要的平台。

皮书这一系列成就的取得，得益于中国改革开放的伟大时代，离不开来自中国社会科学院、新闻出版广电总局、全国哲学社会科学规划办公室等主管部门的大力支持和帮助，也离不开皮书研创者和出版者的共同努力。他们与皮书的故事创造了皮书的历史，他们对皮书的拳拳之心将继续谱写皮书的未来！

现在，“皮书”品牌已经进入了快速成长的青壮年时期。全方位进行规范化管理，树立中国的学术出版标准；不断提升皮书的内容质量和影响力，搭建起中国智库产品和智库建设的交流服务平台和国际传播平台；发布各类皮书指数，并使之成为中国指数，让中国智库的声音响彻世界舞台，为人类的发展做出中国的贡献——这是皮书未来发展的图景。作为“皮书”这个概念的提出者，“皮书”从一般图书到系列图书和品牌图书，最终成为智库研究和社会科学应用对策研究的知识服务和成果推广平台这整个过程的操盘者，我相信，这也是每一位皮书人执着追求的目标。

“当代中国正经历着我国历史上最为广泛而深刻的社会变革，也正在进行着人类历史上最为宏大而独特的实践创新。这种前无古人的伟大实践，必将给理论创造、学术繁荣提供强大动力和广阔空间。”

在这个需要思想而且一定能够产生思想的时代，皮书的研创出版一定能创造出新的更大的辉煌！

社会科学文献出版社社长

中国社会学会秘书长

2017年11月

社会科学文献出版社简介

社会科学文献出版社（以下简称“社科文献出版社”）成立于1985年，是直属于中国社会科学院的人文社会科学学术出版机构。成立至今，社科文献出版社始终依托中国社会科学院和国内外人文社会科学界丰厚的学术出版和专家学者资源，坚持“创社科经典，出传世文献”的出版理念、“权威、前沿、原创”的产品定位以及学术成果和智库成果出版的专业化、数字化、国际化、市场化的经营道路。

社科文献出版社是中国新闻出版业转型与文化体制改革的先行者。积极探索文化体制改革的先进方向和现代企业经营决策机制，社科文献出版社先后荣获“全国文化体制改革工作先进单位”、中国出版政府奖·先进出版单位奖，中国社会科学院先进集体、全国科普工作先进集体等荣誉称号。多人次荣获“第十届韬奋出版奖”“全国新闻出版行业领军人才”“数字出版先进人物”“北京市新闻出版广电行业领军人才”等称号。

社科文献出版社是中国人文社会科学学术出版的大社名社，也是以皮书为代表的智库成果出版的专业强社。年出版图书2000余种，其中皮书400余种，出版新书字数5.5亿字，承印与发行中国社科院院属期刊72种，先后创立了皮书系列、列国志、中国史话、社科文献学术译库、社科文献学术文库、甲骨文书系等一大批既有学术影响又有市场价值的品牌，确立了在社会学、近代史、苏东问题研究等专业学科及领域出版的领先地位。图书多次荣获中国出版政府奖、“三个一百”原创图书出版工程、“五个‘一’工程奖”、“大众喜爱的50种图书”等奖项，在中央国家机关“强素质·做表率”读书活动中，入选图书品种数位居各大出版社之首。

社科文献出版社是中国学术出版规范与标准的倡议者与制定者，代表全国50多家出版社发起实施学术著作出版规范的倡议，承担学术著作规范国家标准的起草工作，率先编撰完成《皮书手册》对皮书品牌进行规范化管理，并在此基础上推出中国版芝加哥手册——《社科文献出版社学术出版手册》。

社科文献出版社是中国数字出版的引领者，拥有皮书数据库、列国志数据库、“一带一路”数据库、减贫数据库、集刊数据库等4大产品线11个数据库产品，机构用户达1300余家，海外用户百余家，荣获“数字出版转型示范单位”“新闻出版标准化先进单位”“专业数字内容资源知识服务模式试点企业标准化示范单位”等称号。

社科文献出版社是中国学术出版走出去的践行者。社科文献出版社海外图书出版与学术合作业务遍及全球40余个国家和地区，并于2016年成立俄罗斯分社，累计输出图书500余种，涉及近20个语种，累计获得国家社科基金中华学术外译项目资助76种、“丝路书香工程”项目资助60种、中国图书对外推广计划项目资助71种以及经典中国国际出版工程资助28种，被五部委联合认定为“2015-2016年度国家文化出口重点企业”。

如今，社科文献出版社完全靠自身积累拥有固定资产3.6亿元，年收入3亿元，设置了七大出版分社、六大专业部门，成立了皮书研究院和博士后科研工作站，培养了一支近400人的高素质与高效率的编辑、出版、营销和国际推广队伍，为未来成为学术出版的大社、名社、强社，成为文化体制改革与文化企业转型发展的排头兵奠定了坚实的基础。

宏观经济类

经济蓝皮书

2018 年中国经济形势分析与预测

李平 / 主编　2017 年 12 月出版　定价：89.00 元

◆　本书为总理基金项目，由著名经济学家李扬领衔，联合中国社会科学院等数十家科研机构、国家部委和高等院校的专家共同撰写，系统分析了 2017 年的中国经济形势并预测 2018 年中国经济运行情况。

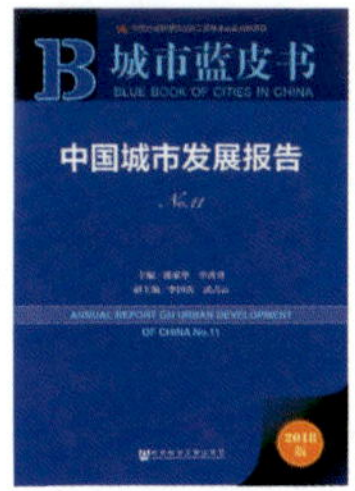

城市蓝皮书

中国城市发展报告 No.11

潘家华　单菁菁 / 主编　2018 年 9 月出版　估价：99.00 元

◆　本书是由中国社会科学院城市发展与环境研究中心编著的，多角度、全方位地立体展示了中国城市的发展状况，并对中国城市的未来发展提出了许多建议。该书有强烈的时代感，对中国城市发展实践有重要的参考价值。

人口与劳动绿皮书

中国人口与劳动问题报告 No.19

张车伟 / 主编　2018 年 10 月出版　估价：99.00 元

◆　本书为中国社会科学院人口与劳动经济研究所主编的年度报告，对当前中国人口与劳动形势做了比较全面和系统的深入讨论，为研究中国人口与劳动问题提供了一个专业性的视角。

中国省域竞争力蓝皮书

中国省域经济综合竞争力发展报告（2017 ~ 2018）

李建平　李闽榕　高燕京 / 主编　2018 年 5 月出版　估价：198.00 元

◆　本书融多学科的理论为一体，深入追踪研究了省域经济发展与中国国家竞争力的内在关系，为提升中国省域经济综合竞争力提供有价值的决策依据。

金融蓝皮书

中国金融发展报告（2018）

王国刚 / 主编　2018 年 6 月出版　估价：99.00 元

◆　本书由中国社会科学院金融研究所组织编写，概括和分析了 2017 年中国金融发展和运行中的各方面情况，研讨和评论了 2017 年发生的主要金融事件，有利于读者了解掌握 2017 年中国的金融状况，把握 2018 年中国金融的走势。

区 域 经 济 类

京津冀蓝皮书

京津冀发展报告（2018）

祝合良　叶堂林　张贵祥 / 等著　2018 年 6 月出版　估价：99.00 元

◆　本书遵循问题导向与目标导向相结合、统计数据分析与大数据分析相结合、纵向分析和长期监测与结构分析和综合监测相结合等原则，对京津冀协同发展新形势与新进展进行测度与评价。

社会政法类

社会蓝皮书

2018 年中国社会形势分析与预测

李培林　陈光金　张翼 / 主编　2017 年 12 月出版　定价：89.00 元

◆　本书由中国社会科学院社会学研究所组织研究机构专家、高校学者和政府研究人员撰写，聚焦当下社会热点，对 2017 年中国社会发展的各个方面内容进行了权威解读，同时对 2018 年社会形势发展趋势进行了预测。

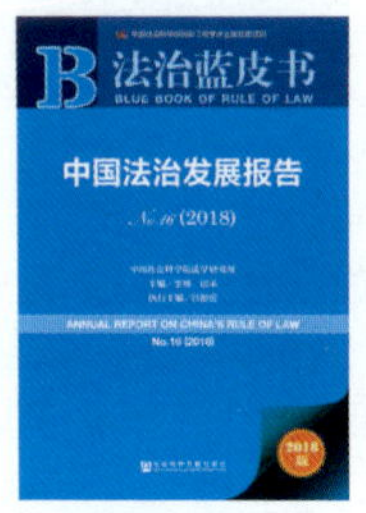

法治蓝皮书

中国法治发展报告 No.16（2018）

李林　田禾 / 主编　2018 年 3 月出版　定价：128.00 元

◆　本年度法治蓝皮书回顾总结了 2017 年度中国法治发展取得的成就和存在的不足，对中国政府、司法、检务透明度进行了跟踪调研，并对 2018 年中国法治发展形势进行了预测和展望。

教育蓝皮书

中国教育发展报告（2018）

杨东平 / 主编　2018 年 3 月出版　定价：89.00 元

◆　本书重点关注了 2017 年教育领域的热点，资料翔实，分析有据，既有专题研究，又有实践案例，从多角度对 2017 年教育改革和实践进行了分析和研究。

社会体制蓝皮书

中国社会体制改革报告 No.6（2018）

龚维斌 / 主编　2018 年 3 月出版　定价：98.00 元

◆　本书由国家行政学院社会治理研究中心和北京师范大学中国社会管理研究院共同组织编写，主要对 2017 年社会体制改革情况进行回顾和总结，对 2018 年的改革走向进行分析，提出相关政策建议。

社会心态蓝皮书

中国社会心态研究报告（2018）

王俊秀　杨宜音 / 主编　2018 年 12 月出版　估价：99.00 元

◆　本书是中国社会科学院社会学研究所社会心理研究中心“社会心态蓝皮书课题组”的年度研究成果，运用社会心理学、社会学、经济学、传播学等多种学科的方法进行了调查和研究，对于目前中国社会心态状况有较广泛和深入的揭示。

华侨华人蓝皮书

华侨华人研究报告（2018）

贾益民 / 主编　2017 年 12 月出版　估价：139.00 元

◆　本书关注华侨华人生产与生活的方方面面。华侨华人是中国建设 21 世纪海上丝绸之路的重要中介者、推动者和参与者。本书旨在全面调研华侨华人，提供最新涉侨动态、理论研究成果和政策建议。

民族发展蓝皮书

中国民族发展报告（2018）

王延中 / 主编　2018 年 10 月出版　估价：188.00 元

◆　本书从民族学人类学视角，研究近年来少数民族和民族地区的发展情况，展示民族地区经济、政治、文化、社会和生态文明“五位一体”建设取得的辉煌成就和面临的困难挑战，为深刻理解中央民族工作会议精神、加快民族地区全面建成小康社会进程提供了实证材料。

国际问题与全球治理类

世界经济黄皮书

2018 年世界经济形势分析与预测

张宇燕 / 主编　2018 年 1 月出版　定价：99.00 元

◆　本书由中国社会科学院世界经济与政治研究所的研究团队撰写，分总论、国别与地区、专题、热点、世界经济统计与预测等五个部分，对 2018 年世界经济形势进行了分析。

国际城市蓝皮书

国际城市发展报告（2018）

屠启宇 / 主编　2018 年 2 月出版　定价：89.00 元

◆　本书作者以上海社会科学院从事国际城市研究的学者团队为核心，汇集同济大学、华东师范大学、复旦大学、上海交通大学、南京大学、浙江大学相关城市研究专业学者。立足动态跟踪介绍国际城市发展时间中，最新出现的重大战略、重大理念、重大项目、重大报告和最佳案例。

非洲黄皮书

非洲发展报告 No.20（2017 ~ 2018）

张宏明 / 主编　2018 年 7 月出版　估价：99.00 元

◆　本书是由中国社会科学院西亚非洲研究所组织编撰的非洲形势年度报告，比较全面、系统地分析了 2017 年非洲政治形势和热点问题，探讨了非洲经济形势和市场走向，剖析了大国对非洲关系的新动向；此外，还介绍了国内非洲研究的新成果。

国别类

美国蓝皮书

美国研究报告（2018）

郑秉文　黄平 / 主编　2018 年 5 月出版　估价：99.00 元

◆　本书是由中国社会科学院美国研究所主持完成的研究成果，它回顾了美国 2017 年的经济、政治形势与外交战略，对美国内政外交发生的重大事件及重要政策进行了较为全面的回顾和梳理。

德国蓝皮书

德国发展报告（2018）

郑春荣 / 主编　2018 年 6 月出版　估价：99.00 元

◆　本报告由同济大学德国研究所组织编撰，由该领域的专家学者对德国的政治、经济、社会文化、外交等方面的形势发展情况，进行全面的阐述与分析。

俄罗斯黄皮书

俄罗斯发展报告（2018）

李永全 / 编著　2018 年 6 月出版　估价：99.00 元

◆　本书系统介绍了 2017 年俄罗斯经济政治情况，并对 2016 年该地区发生的焦点、热点问题进行了分析与回顾；在此基础上，对该地区 2018 年的发展前景进行了预测。

文化传媒类

新媒体蓝皮书

中国新媒体发展报告 No.9（2018）

唐绪军 / 主编　2018 年 6 月出版　估价：99.00 元

◆　本书是由中国社会科学院新闻与传播研究所组织编写的关于新媒体发展的最新年度报告，旨在全面分析中国新媒体的发展现状，解读新媒体的发展趋势，探析新媒体的深刻影响。

移动互联网蓝皮书

中国移动互联网发展报告（2018）

余清楚 / 主编　　2018 年 6 月出版　估价：99.00 元

◆　本书着眼于对 2017 年度中国移动互联网的发展情况做深入解析，对未来发展趋势进行预测，力求从不同视角、不同层面全面剖析中国移动互联网发展的现状、年度突破及热点趋势等。

文化蓝皮书

中国文化消费需求景气评价报告（2018）

王亚南 / 主编　2018 年 3 月出版　定价：99.00 元

◆　本书首创全国文化发展量化检测评价体系，也是至今全国唯一的文化民生量化检测评价体系，对于检验全国及各地 " 以人民为中心 " 的文化发展具有首创意义。

地方发展类

北京蓝皮书

北京经济发展报告（2017～2018）

杨松 / 主编　2018 年 6 月出版　估价：99.00 元

◆　本书对 2017 年北京市经济发展的整体形势进行了系统性的分析与回顾，并对 2018 年经济形势走势进行了预测与研判，聚焦北京市经济社会发展中的全局性、战略性和关键领域的重点问题，运用定量和定性分析相结合的方法，对北京市经济社会发展的现状、问题、成因进行了深入分析，提出了可操作性的对策建议。

温州蓝皮书

2018 年温州经济社会形势分析与预测

蒋儒标　王春光　金浩 / 主编　2018 年 6 月出版　估价：99.00 元

◆　本书是中共温州市委党校和中国社会科学院社会学研究所合作推出的第十一本温州蓝皮书，由来自党校、政府部门、科研机构、高校的专家、学者共同撰写的 2017 年温州区域发展形势的最新研究成果。

黑龙江蓝皮书

黑龙江社会发展报告（2018）

王爱丽 / 主编　2018 年 1 月出版　定价：89.00 元

◆　本书以千份随机抽样问卷调查和专题研究为依据，运用社会学理论框架和分析方法，从专家和学者的独特视角，对 2017 年黑龙江省关系民生的问题进行广泛的调研与分析，并对 2017 年黑龙江省诸多社会热点和焦点问题进行了有益的探索。这些研究不仅可以为政府部门更加全面深入了解省情、科学制定决策提供智力支持，同时也可以为广大读者认识、了解、关注黑龙江社会发展提供理性思考。

宏观经济类

城市蓝皮书
中国城市发展报告（No.11）
著(编)者：潘家华 单菁菁
2018年9月出版 / 估价：99.00元
PSN B-2007-091-1/1

城乡一体化蓝皮书
中国城乡一体化发展报告（2018）
著(编)者：付崇兰
2018年9月出版 / 估价：99.00元
PSN B-2011-226-1/2

城镇化蓝皮书
中国新型城镇化健康发展报告（2018）
著(编)者：张占斌
2018年8月出版 / 估价：99.00元
PSN B-2014-396-1/1

创新蓝皮书
创新型国家建设报告（2018～2019）
著(编)者：詹正茂
2018年12月出版 / 估价：99.00元
PSN B-2009-140-1/1

低碳发展蓝皮书
中国低碳发展报告（2018）
著(编)者：张希良 齐晔
2018年6月出版 / 估价：99.00元
PSN B-2011-223-1/1

低碳经济蓝皮书
中国低碳经济发展报告（2018）
著(编)者：薛进军 赵忠秀
2018年11月出版 / 估价：99.00元
PSN B-2011-194-1/1

发展和改革蓝皮书
中国经济发展和体制改革报告No.9
著(编)者：邹东涛 王再文
2018年1月出版 / 估价：99.00元
PSN B-2008-122-1/1

国家创新蓝皮书
中国创新发展报告（2017）
著(编)者：陈劲 2018年5月出版 / 估价：99.00元
PSN B-2014-370-1/1

金融蓝皮书
中国金融发展报告（2018）
著(编)者：王国刚
2018年6月出版 / 估价：99.00元
PSN B-2004-031-1/7

经济蓝皮书
2018年中国经济形势分析与预测
著(编)者：李平 2017年12月出版 / 定价：89.00元
PSN B-1996-001-1/1

经济蓝皮书春季号
2018年中国经济前景分析
著(编)者：李扬 2018年5月出版 / 估价：99.00元
PSN B-1999-008-1/1

经济蓝皮书夏季号
中国经济增长报告（2017～2018）
著(编)者：李扬 2018年9月出版 / 估价：99.00元
PSN B-2010-176-1/1

农村绿皮书
中国农村经济形势分析与预测（2017～2018）
著(编)者：魏后凯 黄秉信
2018年4月出版 / 定价：99.00元
PSN G-1998-003-1/1

人口与劳动绿皮书
中国人口与劳动问题报告No.19
著(编)者：张车伟 2018年11月出版 / 估价：99.00元
PSN G-2000-012-1/1

新型城镇化蓝皮书
新型城镇化发展报告（2017）
著(编)者：李伟 宋敏
2018年3月出版 / 定价：98.00元
PSN B-2005-038-1/1

中国省域竞争力蓝皮书
中国省域经济综合竞争力发展报告（2016～2017）
著(编)者：李建平 李闽榕
2018年2月出版 / 定价：198.00元
PSN B-2007-088-1/1

中小城市绿皮书
中国中小城市发展报告（2018）
著(编)者：中国城市经济学会中小城市经济发展委员会
中国城镇化促进会中小城市发展委员会
《中国中小城市发展报告》编纂委员会
中小城市发展战略研究院
2018年11月出版 / 估价：128.00元
PSN G-2010-161-1/1

区域经济类

东北蓝皮书
中国东北地区发展报告（2018）
著(编)者：姜晓秋　2018年11月出版 / 估价：99.00元
PSN B-2006-067-1/1

金融蓝皮书
中国金融中心发展报告（2017～2018）
著(编)者：王力 黄育华　2018年11月出版 / 估价：99.00元
PSN B-2011-186-6/7

京津冀蓝皮书
京津冀发展报告（2018）
著(编)者：祝合良 叶堂林 张贵祥
2018年6月出版 / 估价：99.00元
PSN B-2012-262-1/1

西北蓝皮书
中国西北发展报告（2018）
著(编)者：王福生 马廷旭 董秋生
2018年1月出版 / 定价：99.00元
PSN B-2012-261-1/1

西部蓝皮书
中国西部发展报告（2018）
著(编)者：璋勇 任保平　2018年8月出版 / 估价：99.00元
PSN B-2005-039-1/1

长江经济带产业蓝皮书
长江经济带产业发展报告（2018）
著(编)者：吴传清　2018年11月出版 / 估价：128.00元
PSN B-2017-666-1/1

长江经济带蓝皮书
长江经济带发展报告（2017～2018）
著(编)者：王振　2018年11月出版 / 估价：99.00元
PSN B-2016-575-1/1

长江中游城市群蓝皮书
长江中游城市群新型城镇化与产业协同发展报告（2018）
著(编)者：杨刚强　2018年11月出版 / 估价：99.00元
PSN B-2016-578-1/1

长三角蓝皮书
2017年创新融合发展的长三角
著(编)者：刘飞跃　2018年5月出版 / 估价：99.00元
PSN B-2005-038-1/1

长株潭城市群蓝皮书
长株潭城市群发展报告（2017）
著(编)者：张萍 朱有志　2018年6月出版 / 估价：99.00元
PSN B-2008-109-1/1

特色小镇蓝皮书
特色小镇智慧运营报告（2018）：顶层设计与智慧架构标准
著(编)者：陈劲　2018年1月出版 / 定价：79.00元
PSN B-2018-692-1/1

中部竞争力蓝皮书
中国中部经济社会竞争力报告（2018）
著(编)者：教育部人文社会科学重点研究基地南昌大学中国中部经济社会发展研究中心
2018年12月出版 / 估价：99.00元
PSN B-2012-276-1/1

中部蓝皮书
中国中部地区发展报告（2018）
著(编)者：宋亚平　2018年12月出版 / 估价：99.00元
PSN B-2007-089-1/1

区域蓝皮书
中国区域经济发展报告（2017～2018）
著(编)者：赵弘　2018年5月出版 / 估价：99.00元
PSN B-2004-034-1/1

中三角蓝皮书
长江中游城市群发展报告（2018）
著(编)者：秦尊文　2018年9月出版 / 估价：99.00元
PSN B-2014-417-1/1

中原蓝皮书
中原经济区发展报告（2018）
著(编)者：李英杰　2018年6月出版 / 估价：99.00元
PSN B-2011-192-1/1

珠三角流通蓝皮书
珠三角商圈发展研究报告（2018）
著(编)者：王先庆 林至颖　2018年7月出版 / 估价：99.00元
PSN B-2012-292-1/1

社会政法类

北京蓝皮书
中国社区发展报告（2017～2018）
著(编)者：于燕燕　2018年9月出版 / 估价：99.00元
PSN B-2007-083-5/8

殡葬绿皮书
中国殡葬事业发展报告（2017～2018）
著(编)者：李伯森　2018年6月出版 / 估价：158.00元
PSN G-2010-180-1/1

城市管理蓝皮书
中国城市管理报告（2017-2018）
著(编)者：刘林 刘承水　2018年5月出版 / 估价：158.00元
PSN B-2013-336-1/1

城市生活质量蓝皮书
中国城市生活质量报告（2017）
著(编)者：张连城 张平 杨春学 郎丽华
2017年12月出版 / 定价：89.00元
PSN B-2013-326-1/1

城市政府能力蓝皮书
中国城市政府公共服务能力评估报告（2018）
著(编)者：何艳玲　2018年5月出版 / 估价：99.00元
PSN B-2013-338-1/1

创业蓝皮书
中国创业发展研究报告（2017~2018）
著(编)者：黄群慧 赵卫星 钟宏武
2018年11月出版 / 估价：99.00元
PSN B-2016-577-1/1

慈善蓝皮书
中国慈善发展报告（2018）
著(编)者：杨团　2018年6月出版 / 估价：99.00元
PSN B-2009-142-1/1

党建蓝皮书
党的建设研究报告No.2（2018）
著(编)者：崔建民 陈东平　2018年6月出版 / 估价：99.00元
PSN B-2016-523-1/1

地方法治蓝皮书
中国地方法治发展报告No.3（2018）
著(编)者：李林 田禾　2018年6月出版 / 估价：118.00元
PSN B-2015-442-1/1

电子政务蓝皮书
中国电子政务发展报告（2018）
著(编)者：李季　2018年8月出版 / 估价：99.00元
PSN B-2003-022-1/1

儿童蓝皮书
中国儿童参与状况报告（2017）
著(编)者：苑立新　2017年12月出版 / 定价：89.00元
PSN B-2017-682-1/1

法治蓝皮书
中国法治发展报告No.16（2018）
著(编)者：李林 田禾　2018年3月出版 / 定价：128.00元
PSN B-2004-027-1/3

法治蓝皮书
中国法院信息化发展报告 No.2（2018）
著(编)者：李林 田禾　2018年2月出版 / 定价：118.00元
PSN B-2017-604-3/3

法治政府蓝皮书
中国法治政府发展报告（2017）
著(编)者：中国政法大学法治政府研究院
2018年3月出版 / 定价：158.00元
PSN B-2015-502-1/2

法治政府蓝皮书
中国法治政府评估报告（2018）
著(编)者：中国政法大学法治政府研究院
2018年9月出版 / 估价：168.00元
PSN B-2016-576-2/2

反腐倡廉蓝皮书
中国反腐倡廉建设报告 No.8
著(编)者：张英伟　2018年12月出版 / 估价：99.00元
PSN B-2012-259-1/1

扶贫蓝皮书
中国扶贫开发报告（2018）
著(编)者：李培林 魏后凯　2018年12月出版 / 估价：128.00元
PSN B-2016-599-1/1

妇女发展蓝皮书
中国妇女发展报告 No.6
著(编)者：王金玲　2018年9月出版 / 估价：158.00元
PSN B-2006-069-1/1

妇女教育蓝皮书
中国妇女教育发展报告 No.3
著(编)者：张李玺　2018年10月出版 / 估价：99.00元
PSN B-2008-121-1/1

妇女绿皮书
2018年：中国性别平等与妇女发展报告
著(编)者：谭琳　2018年12月出版 / 估价：99.00元
PSN G-2006-073-1/1

公共安全蓝皮书
中国城市公共安全发展报告（2017~2018）
著(编)者：黄育华 杨文明 赵建辉
2018年6月出版 / 估价：99.00元
PSN B-2017-628-1/1

公共服务蓝皮书
中国城市基本公共服务力评价（2018）
著(编)者：钟君 刘志昌 吴正杲
2018年12月出版 / 估价：99.00元
PSN B-2011-214-1/1

公民科学素质蓝皮书
中国公民科学素质报告（2017~2018）
著(编)者：李群 陈雄 马宗文
2017年12月出版 / 定价：89.00元
PSN B-2014-379-1/1

公益蓝皮书
中国公益慈善发展报告（2016）
著(编)者：朱健刚 胡小军　2018年6月出版 / 估价：99.00元
PSN B-2012-283-1/1

国际人才蓝皮书
中国国际移民报告（2018）
著(编)者：王辉耀　2018年6月出版 / 估价：99.00元
PSN B-2012-304-3/4

国际人才蓝皮书
中国留学发展报告（2018）No.7
著(编)者：王辉耀 苗绿　2018年12月出版 / 估价：99.00元
PSN B-2012-244-2/4

海洋社会蓝皮书
中国海洋社会发展报告（2017）
著(编)者：崔凤 宋宁而　2018年3月出版 / 定价：99.00元
PSN B-2015-478-1/1

行政改革蓝皮书
中国行政体制改革报告No.7（2018）
著(编)者：魏礼群　2018年6月出版 / 估价：99.00元
PSN B-2011-231-1/1

华侨华人蓝皮书
华侨华人研究报告（2017）
著(编)者：张禹东 庄国土　2017年12月出版 / 定价：148.00元
PSN B-2011-204-1/1

互联网与国家治理蓝皮书
互联网与国家治理发展报告（2017）
著(编)者：张志安　2018年1月出版 / 定价：98.00元
PSN B-2017-671-1/1

环境管理蓝皮书
中国环境管理发展报告（2017）
著(编)者：李金惠　2017年12月出版 / 定价：98.00元
PSN B-2017-678-1/1

环境竞争力绿皮书
中国省域环境竞争力发展报告（2018）
著(编)者：李建平 李闽榕 王金南
2018年11月出版 / 估价：198.00元
PSN G-2010-165-1/1

环境绿皮书
中国环境发展报告（2017~2018）
著(编)者：李波　2018年6月出版 / 估价：99.00元
PSN G-2006-048-1/1

家庭蓝皮书
中国“创建幸福家庭活动”评估报告（2018）
著(编)者：国务院发展研究中心“创建幸福家庭活动评估”课题组
2018年12月出版 / 估价：99.00元
PSN B-2015-508-1/1

健康城市蓝皮书
中国健康城市建设研究报告（2018）
著(编)者：王鸿春 盛继洪　2018年12月出版 / 估价：99.00元
PSN B-2016-564-2/2

健康中国蓝皮书
社区首诊与健康中国分析报告（2018）
著(编)者：高和荣 杨叔禹 姜杰
2018年6月出版 / 估价：99.00元
PSN B-2017-611-1/1

教师蓝皮书
中国中小学教师发展报告（2017）
著(编)者：曾晓东 鱼霞
2018年6月出版 / 估价：99.00元
PSN B-2012-289-1/1

教育扶贫蓝皮书
中国教育扶贫报告（2018）
著(编)者：司树杰 王文静 李兴洲
2018年12月出版 / 估价：99.00元
PSN B-2016-590-1/1

教育蓝皮书
中国教育发展报告（2018）
著(编)者：杨东平　2018年3月出版 / 定价：89.00元
PSN B-2006-047-1/1

金融法治建设蓝皮书
中国金融法治建设年度报告（2015~2016）
著(编)者：朱小黄　2018年6月出版 / 估价：99.00元
PSN B-2017-633-1/1

京津冀教育蓝皮书
京津冀教育发展研究报告（2017~2018）
著(编)者：方中雄　2018年6月出版 / 估价：99.00元
PSN B-2017-608-1/1

就业蓝皮书
2018年中国本科生就业报告
著(编)者：麦可思研究院　2018年6月出版 / 估价：99.00元
PSN B-2009-146-1/2

就业蓝皮书
2018年中国高职高专生就业报告
著(编)者：麦可思研究院　2018年6月出版 / 估价：99.00元
PSN B-2015-472-2/2

科学教育蓝皮书
中国科学教育发展报告（2018）
著(编)者：王康友　2018年10月出版 / 估价：99.00元
PSN B-2015-487-1/1

劳动保障蓝皮书
中国劳动保障发展报告（2018）
著(编)者：刘燕斌　2018年9月出版 / 估价：158.00元
PSN B-2014-415-1/1

老龄蓝皮书
中国老年宜居环境发展报告（2017）
著(编)者：党俊武 周燕珉　2018年6月出版 / 估价：99.00元
PSN B-2013-320-1/1

连片特困区蓝皮书
中国连片特困区发展报告（2017~2018）
著(编)者：游俊 冷志明 丁建军
2018年6月出版 / 估价：99.00元
PSN B-2013-321-1/1

流动儿童蓝皮书
中国流动儿童教育发展报告（2017）
著(编)者：杨东平　2018年6月出版 / 估价：99.00元
PSN B-2017-600-1/1

民调蓝皮书
中国民生调查报告（2018）
著(编)者：谢耘耕　2018年12月出版 / 估价：99.00元
PSN B-2014-398-1/1

民族发展蓝皮书
中国民族发展报告（2018）
著(编)者：王延中　2018年10月出版 / 估价：188.00元
PSN B-2006-070-1/1

女性生活蓝皮书
中国女性生活状况报告No.12（2018）
著(编)者：高博燕　2018年7月出版 / 估价：99.00元
PSN B-2006-071-1/1

汽车社会蓝皮书
中国汽车社会发展报告（2017～2018）
著(编)者：王俊秀 2018年6月出版 / 估价：99.00元
PSN B-2011-224-1/1

青年蓝皮书
中国青年发展报告（2018）No.3
著(编)者：廉思 2018年6月出版 / 估价：99.00元
PSN B-2013-333-1/1

青少年蓝皮书
中国未成年人互联网运用报告（2017～2018）
著(编)者：季为民 李文革 沈杰
2018年11月出版 / 估价：99.00元
PSN B-2010-156-1/1

人权蓝皮书
中国人权事业发展报告No.8（2018）
著(编)者：李君如 2018年9月出版 / 估价：99.00元
PSN B-2011-215-1/1

社会保障绿皮书
中国社会保障发展报告No.9（2018）
著(编)者：王延中 2018年6月出版 / 估价：99.00元
PSN G-2001-014-1/1

社会风险评估蓝皮书
风险评估与危机预警报告（2017～2018）
著(编)者：唐钧 2018年8月出版 / 估价：99.00元
PSN B-2012-293-1/1

社会工作蓝皮书
中国社会工作发展报告（2016~2017）
著(编)者：民政部社会工作研究中心
2018年8月出版 / 估价：99.00元
PSN B-2009-141-1/1

社会管理蓝皮书
中国社会管理创新报告No.6
著(编)者：连玉明 2018年11月出版 / 估价：99.00元
PSN B-2012-300-1/1

社会蓝皮书
2018年中国社会形势分析与预测
著(编)者：李培林 陈光金 张翼
2017年12月出版 / 定价：89.00元
PSN B-1998-002-1/1

社会体制蓝皮书
中国社会体制改革报告No.6（2018）
著(编)者：龚维斌 2018年3月出版 / 定价：98.00元
PSN B-2013-330-1/1

社会心态蓝皮书
中国社会心态研究报告（2018）
著(编)者：王俊秀 2018年12月出版 / 估价：99.00元
PSN B-2011-199-1/1

社会组织蓝皮书
中国社会组织报告（2017-2018）
著(编)者：黄晓勇 2018年6月出版 / 估价：99.00元
PSN B-2008-118-1/2

社会组织蓝皮书
中国社会组织评估发展报告（2018）
著(编)者：徐家良 2018年12月出版 / 估价：99.00元
PSN B-2013-366-2/2

生态城市绿皮书
中国生态城市建设发展报告（2018）
著(编)者：刘举科 孙伟平 胡文臻
2018年9月出版 / 估价：158.00元
PSN G-2012-269-1/1

生态文明绿皮书
中国省域生态文明建设评价报告（ECI 2018）
著(编)者：严耕 2018年12月出版 / 估价：99.00元
PSN G-2010-170-1/1

退休生活蓝皮书
中国城市居民退休生活质量指数报告（2017）
著(编)者：杨一帆 2018年6月出版 / 估价：99.00元
PSN B-2017-618-1/1

危机管理蓝皮书
中国危机管理报告（2018）
著(编)者：文学国 范正青
2018年8月出版 / 估价：99.00元
PSN B-2010-171-1/1

学会蓝皮书
2018年中国学会发展报告
著(编)者：麦可思研究院 2018年12月出版 / 估价：99.00元
PSN B-2016-597-1/1

医改蓝皮书
中国医药卫生体制改革报告（2017～2018）
著(编)者：文学国 房志武
2018年11月出版 / 估价：99.00元
PSN B-2014-432-1/1

应急管理蓝皮书
中国应急管理报告（2018）
著(编)者：宋英华 2018年9月出版 / 估价：99.00元
PSN B-2016-562-1/1

政府绩效评估蓝皮书
中国地方政府绩效评估报告 No.2
著(编)者：贠杰 2018年12月出版 / 估价：99.00元
PSN B-2017-672-1/1

政治参与蓝皮书
中国政治参与报告（2018）
著(编)者：房宁 2018年8月出版 / 估价：128.00元
PSN B-2011-200-1/1

政治文化蓝皮书
中国政治文化报告（2018）
著(编)者：邢元敏 魏大鹏 龚克
2018年8月出版 / 估价：128.00元
PSN B-2017-615-1/1

中国传统村落蓝皮书
中国传统村落保护现状报告（2018）
著(编)者：胡彬彬 李向军 王晓波
2018年12月出版 / 估价：99.00元
PSN B-2017-663-1/1

中国农村妇女发展蓝皮书
农村流动女性城市生活发展报告（2018）
著(编)者：谢丽华　　2018年12月出版 / 估价：99.00元
PSN B-2014-434-1/1

宗教蓝皮书
中国宗教报告（2017）
著(编)者：邱永辉　　2018年8月出版 / 估价：99.00元
PSN B-2008-117-1/1

产业经济类

保健蓝皮书
中国保健服务产业发展报告 No.2
著(编)者：中国保健协会　　中共中央党校
2018年7月出版 / 估价：198.00元
PSN B-2012-272-3/3

保健蓝皮书
中国保健食品产业发展报告 No.2
著(编)者：中国保健协会
　　中国社会科学院食品药品产业发展与监管研究中心
2018年8月出版 / 估价：198.00元
PSN B-2012-271-2/3

保健蓝皮书
中国保健用品产业发展报告 No.2
著(编)者：中国保健协会
　　国务院国有资产监督管理委员会研究中心
2018年6月出版 / 估价：198.00元
PSN B-2012-270-1/3

保险蓝皮书
中国保险业竞争力报告（2018）
著(编)者：保监会　　2018年12月出版 / 估价：99.00元
PSN B-2013-311-1/1

冰雪蓝皮书
中国冰上运动产业发展报告（2018）
著(编)者：孙承华 杨占武 刘戈 张鸿俊
2018年9月出版 / 估价：99.00元
PSN B-2017-648-3/3

冰雪蓝皮书
中国滑雪产业发展报告（2018）
著(编)者：孙承华 伍斌 魏庆华 张鸿俊
2018年9月出版 / 估价：99.00元
PSN B-2016-559-1/3

餐饮产业蓝皮书
中国餐饮产业发展报告（2018）
著(编)者：邢颖
2018年6月出版 / 估价：99.00元
PSN B-2009-151-1/1

茶业蓝皮书
中国茶产业发展报告（2018）
著(编)者：杨江帆 李闽榕
2018年10月出版 / 估价：99.00元
PSN B-2010-164-1/1

产业安全蓝皮书
中国文化产业安全报告（2018）
著(编)者：北京印刷学院文化产业安全研究院
2018年12月出版 / 估价：99.00元
PSN B-2014-378-12/14

产业安全蓝皮书
中国新媒体产业安全报告（2016～2017）
著(编)者：肖丽　　2018年6月出版 / 估价：99.00元
PSN B-2015-500-14/14

产业安全蓝皮书
中国出版传媒产业安全报告（2017～2018）
著(编)者：北京印刷学院文化产业安全研究院
2018年6月出版 / 估价：99.00元
PSN B-2014-384-13/14

产业蓝皮书
中国产业竞争力报告 （2018）No.8
著(编)者：张其仔　　2018年12月出版 / 估价：168.00元
PSN B-2010-175-1/1

动力电池蓝皮书
中国新能源汽车动力电池产业发展报告（2018）
著(编)者：中国汽车技术研究中心
2018年8月出版 / 估价：99.00元
PSN B-2017-639-1/1

杜仲产业绿皮书
中国杜仲橡胶资源与产业发展报告（2017～2018）
著(编)者：杜红岩 胡文臻 俞锐
2018年6月出版 / 估价：99.00元
PSN G-2013-350-1/1

房地产蓝皮书
中国房地产发展报告No.15（2018）
著(编)者：李春华 王业强
2018年5月出版 / 估价：99.00元
PSN B-2004-028-1/1

服务外包蓝皮书
中国服务外包产业发展报告（2017～2018）
著(编)者：王晓红 刘德军
2018年6月出版 / 估价：99.00元
PSN B-2013-331-2/2

服务外包蓝皮书
中国服务外包竞争力报告（2017～2018）
著(编)者：刘春生 王力 黄育华
2018年12月出版 / 估价：99.00元
PSN B-2011-216-1/2

工业和信息化蓝皮书
世界信息技术产业发展报告（2017～2018）
著(编)者：尹丽波　2018年6月出版 / 估价：99.00元
PSN B-2015-449-2/6

工业和信息化蓝皮书
战略性新兴产业发展报告（2017～2018）
著(编)者：尹丽波　2018年6月出版 / 估价：99.00元
PSN B-2015-450-3/6

海洋经济蓝皮书
中国海洋经济发展报告（2015～2018）
著(编)者：殷克东 高金田 方胜民
2018年3月出版 / 定价：128.00元
PSN B-2018-697-1/1

康养蓝皮书
中国康养产业发展报告（2017）
著(编)者：何莽　2017年12月出版 / 定价：88.00元
PSN B-2017-685-1/1

客车蓝皮书
中国客车产业发展报告（2017～2018）
著(编)者：姚蔚　2018年10月出版 / 估价：99.00元
PSN B-2013-361-1/1

流通蓝皮书
中国商业发展报告（2018～2019）
著(编)者：王雪峰 林诗慧
2018年7月出版 / 估价：99.00元
PSN B-2009-152-1/2

能源蓝皮书
中国能源发展报告（2018）
著(编)者：崔民选 王军生 陈义和
2018年12月出版 / 估价：99.00元
PSN B-2006-049-1/1

农产品流通蓝皮书
中国农产品流通产业发展报告（2017）
著(编)者：贾敬敦 张东科 张玉玺 张鹏毅 周伟
2018年6月出版 / 估价：99.00元
PSN B-2012-288-1/1

汽车工业蓝皮书
中国汽车工业发展年度报告（2018）
著(编)者：中国汽车工业协会
中国汽车技术研究中心
丰田汽车公司
2018年5月出版 / 估价：168.00元
PSN B-2015-463-1/2

汽车工业蓝皮书
中国汽车零部件产业发展报告（2017～2018）
著(编)者：中国汽车工业协会
中国汽车工程研究院深圳市沃特玛电池有限公司
2018年9月出版 / 估价：99.00元
PSN B-2016-515-2/2

汽车蓝皮书
中国汽车产业发展报告（2018）
著(编)者：中国汽车工程学会
大众汽车集团（中国）
2018年11月出版 / 估价：99.00元
PSN B-2008-124-1/1

世界茶业蓝皮书
世界茶业发展报告（2018）
著(编)者：李闽榕 冯廷佺
2018年5月出版 / 估价：168.00元
PSN B-2017-619-1/1

世界能源蓝皮书
世界能源发展报告（2018）
著(编)者：黄晓勇　2018年6月出版 / 估价：168.00元
PSN B-2013-349-1/1

石油蓝皮书
中国石油产业发展报告（2018）
著(编)者：中国石油化工集团公司经济技术研究院
中国国际石油化工联合有限责任公司
中国社会科学院数量经济与技术经济研究所
2018年2月出版 / 定价：98.00元
PSN B-2018-690-1/1

体育蓝皮书
国家体育产业基地发展报告（2016～2017）
著(编)者：李颖川　2018年6月出版 / 估价：168.00元
PSN B-2017-609-5/5

体育蓝皮书
中国体育产业发展报告（2018）
著(编)者：阮伟 钟秉枢
2018年12月出版 / 估价：99.00元
PSN B-2010-179-1/5

文化金融蓝皮书
中国文化金融发展报告（2018）
著(编)者：杨涛 金巍
2018年6月出版 / 估价：99.00元
PSN B-2017-610-1/1

新能源汽车蓝皮书
中国新能源汽车产业发展报告（2018）
著(编)者：中国汽车技术研究中心
日产（中国）投资有限公司
东风汽车有限公司
2018年8月出版 / 估价：99.00元
PSN B-2013-347-1/1

薏仁米产业蓝皮书
中国薏仁米产业发展报告No.2（2018）
著(编)者：李发耀 石明 秦礼康
2018年8月出版 / 估价：99.00元
PSN B-2017-645-1/1

邮轮绿皮书
中国邮轮产业发展报告（2018）
著(编)者：汪泓　2018年10月出版 / 估价：99.00元
PSN G-2014-419-1/1

智能养老蓝皮书
中国智能养老产业发展报告（2018）
著(编)者：朱勇　2018年10月出版 / 估价：99.00元
PSN B-2015-488-1/1

中国节能汽车蓝皮书
中国节能汽车发展报告（2017～2018）
著(编)者：中国汽车工程研究院股份有限公司
2018年9月出版 / 估价：99.00元
PSN B-2016-565-1/1

中国陶瓷产业蓝皮书
中国陶瓷产业发展报告（2018）
著(编)者：左和平 黄速建
2018年10月出版 / 估价：99.00元
PSN B-2016-573-1/1

装备制造业蓝皮书
中国装备制造业发展报告（2018）
著(编)者：徐东华
2018年12月出版 / 估价：118.00元
PSN B-2015-505-1/1

行业及其他类

“三农”互联网金融蓝皮书
中国“三农”互联网金融发展报告（2018）
著(编)者：李勇坚 王弢
2018年8月出版 / 估价：99.00元
PSN B-2016-560-1/1

SUV蓝皮书
中国SUV市场发展报告（2017～2018）
著(编)者：靳军 2018年9月出版 / 估价：99.00元
PSN B-2016-571-1/1

冰雪蓝皮书
中国冬季奥运会发展报告（2018）
著(编)者：孙承华 伍斌 魏庆华 张鸿俊
2018年9月出版 / 估价：99.00元
PSN B-2017-647-2/3

彩票蓝皮书
中国彩票发展报告（2018）
著(编)者：益彩基金 2018年6月出版 / 估价：99.00元
PSN B-2015-462-1/1

测绘地理信息蓝皮书
测绘地理信息供给侧结构性改革研究报告（2018）
著(编)者：库热西・买合苏提
2018年12月出版 / 估价：168.00元
PSN B-2009-145-1/1

产权市场蓝皮书
中国产权市场发展报告（2017）
著(编)者：曹和平
2018年5月出版 / 估价：99.00元
PSN B-2009-147-1/1

城投蓝皮书
中国城投行业发展报告（2018）
著(编)者：华景斌
2018年11月出版 / 估价：300.00元
PSN B-2016-514-1/1

城市轨道交通蓝皮书
中国城市轨道交通运营发展报告（2017～2018）
著(编)者：崔学忠 贾文峥
2018年3月出版 / 定价：89.00元
PSN B-2018-694-1/1

大数据蓝皮书
中国大数据发展报告（No.2）
著(编)者：连玉明 2018年5月出版 / 估价：99.00元
PSN B-2017-620-1/1

大数据应用蓝皮书
中国大数据应用发展报告No.2（2018）
著(编)者：陈军君 2018年8月出版 / 估价：99.00元
PSN B-2017-644-1/1

对外投资与风险蓝皮书
中国对外直接投资与国家风险报告（2018）
著(编)者：中债资信评估有限责任公司
中国社会科学院世界经济与政治研究所
2018年6月出版 / 估价：189.00元
PSN B-2017-606-1/1

工业和信息化蓝皮书
人工智能发展报告（2017～2018）
著(编)者：尹丽波 2018年6月出版 / 估价：99.00元
PSN B-2015-448-1/6

工业和信息化蓝皮书
世界智慧城市发展报告（2017～2018）
著(编)者：尹丽波 2018年6月出版 / 估价：99.00元
PSN B-2017-624-6/6

工业和信息化蓝皮书
世界网络安全发展报告（2017～2018）
著(编)者：尹丽波 2018年6月出版 / 估价：99.00元
PSN B-2015-452-5/6

工业和信息化蓝皮书
世界信息化发展报告（2017～2018）
著(编)者：尹丽波 2018年6月出版 / 估价：99.00元
PSN B-2015-451-4/6

工业设计蓝皮书
中国工业设计发展报告（2018）
著(编)者：王晓红 于炜 张立群 2018年9月出版 / 估价：168.00元
PSN B-2014-420-1/1

公共关系蓝皮书
中国公共关系发展报告（2017）
著(编)者：柳斌杰 2018年1月出版 / 定价：89.00元
PSN B-2016-579-1/1

公共关系蓝皮书
中国公共关系发展报告（2018）
著(编)者：柳斌杰　2018年11月出版 / 估价：99.00元
PSN B-2016-579-1/1

管理蓝皮书
中国管理发展报告（2018）
著(编)者：张晓东　2018年10月出版 / 估价：99.00元
PSN B-2014-416-1/1

轨道交通蓝皮书
中国轨道交通行业发展报告（2017）
著(编)者：仲建华 李闽榕
2017年12月出版 / 定价：98.00元
PSN B-2017-674-1/1

海关发展蓝皮书
中国海关发展前沿报告（2018）
著(编)者：干春晖　2018年6月出版 / 估价：99.00元
PSN B-2017-616-1/1

互联网医疗蓝皮书
中国互联网健康医疗发展报告（2018）
著(编)者：芮晓武　2018年6月出版 / 估价：99.00元
PSN B-2016-567-1/1

黄金市场蓝皮书
中国商业银行黄金业务发展报告（2017～2018）
著(编)者：平安银行　2018年6月出版 / 估价：99.00元
PSN B-2016-524-1/1

会展蓝皮书
中外会展业动态评估研究报告（2018）
著(编)者：张敏 任中峰 聂鑫焱 牛盼强
2018年12月出版 / 估价：99.00元
PSN B-2013-327-1/1

基金会蓝皮书
中国基金会发展报告（2017~2018）
著(编)者：中国基金会发展报告课题组
2018年6月出版 / 估价：99.00元
PSN B-2013-368-1/1

基金会绿皮书
中国基金会发展独立研究报告（2018）
著(编)者：基金会中心网　中央民族大学基金会研究中心
2018年6月出版 / 估价：99.00元
PSN G-2011-213-1/1

基金会透明度蓝皮书
中国基金会透明度发展研究报告（2018）
著(编)者：基金会中心网
清华大学廉政与治理研究中心
2018年9月出版 / 估价：99.00元
PSN B-2013-339-1/1

建筑装饰蓝皮书
中国建筑装饰行业发展报告（2018）
著(编)者：葛道顺 刘晓一
2018年10月出版 / 估价：198.00元
PSN B-2016-553-1/1

金融监管蓝皮书
中国金融监管报告（2018）
著(编)者：胡滨　2018年3月出版 / 定价：98.00元
PSN B-2012-281-1/1

金融蓝皮书
中国互联网金融行业分析与评估（2018～2019）
著(编)者：黄国平 伍旭川　2018年12月出版 / 估价：99.00元
PSN B-2016-585-7/7

金融科技蓝皮书
中国金融科技发展报告（2018）
著(编)者：李扬 孙国峰　2018年10月出版 / 估价：99.00元
PSN B-2014-374-1/1

金融信息服务蓝皮书
中国金融信息服务发展报告（2018）
著(编)者：李平　2018年5月出版 / 估价：99.00元
PSN B-2017-621-1/1

金蜜蜂企业社会责任蓝皮书
金蜜蜂中国企业社会责任报告研究（2017）
著(编)者：殷格非 于志宏 管竹笋
2018年1月出版 / 定价：99.00元
PSN B-2018-693-1/1

京津冀金融蓝皮书
京津冀金融发展报告（2018）
著(编)者：王爱俭 王璟怡　2018年10月出版 / 估价：99.00元
PSN B-2016-527-1/1

科普蓝皮书
国家科普能力发展报告（2018）
著(编)者：王康友　2018年5月出版 / 估价：138.00元
PSN B-2017-632-4/4

科普蓝皮书
中国基层科普发展报告（2017～2018）
著(编)者：赵立新 陈玲　2018年9月出版 / 估价：99.00元
PSN B-2016-568-3/4

科普蓝皮书
中国科普基础设施发展报告（2017～2018）
著(编)者：任福君　2018年6月出版 / 估价：99.00元
PSN B-2010-174-1/3

科普蓝皮书
中国科普人才发展报告（2017～2018）
著(编)者：郑念 任嵘嵘　2018年7月出版 / 估价：99.00元
PSN B-2016-512-2/4

科普能力蓝皮书
中国科普能力评价报告（2018～2019）
著(编)者：李富强 李群　2018年8月出版 / 估价：99.00元
PSN B-2016-555-1/1

临空经济蓝皮书
中国临空经济发展报告（2018）
著(编)者：连玉明　2018年9月出版 / 估价：99.00元
PSN B-2014-421-1/1

旅游安全蓝皮书
中国旅游安全报告（2018）
著(编)者：郑向敏 谢朝武　2018年5月出版 / 估价：158.00元
PSN B-2012-280-1/1

旅游绿皮书
2017~2018年中国旅游发展分析与预测
著(编)者：宋瑞　2018年1月出版 / 定价：99.00元
PSN G-2002-018-1/1

煤炭蓝皮书
中国煤炭工业发展报告（2018）
著(编)者：岳福斌　2018年12月出版 / 估价：99.00元
PSN B-2008-123-1/1

民营企业社会责任蓝皮书
中国民营企业社会责任报告（2018）
著(编)者：中华全国工商业联合会
2018年12月出版 / 估价：99.00元
PSN B-2015-510-1/1

民营医院蓝皮书
中国民营医院发展报告（2017）
著(编)者：薛晓林　2017年12月出版 / 定价：89.00元
PSN B-2012-299-1/1

闽商蓝皮书
闽商发展报告（2018）
著(编)者：李闽榕 王日根 林琛
2018年12月出版 / 估价：99.00元
PSN B-2012-298-1/1

农业应对气候变化蓝皮书
中国农业气象灾害及其灾损评估报告（No.3）
著(编)者：矫梅燕　2018年6月出版 / 估价：118.00元
PSN B-2014-413-1/1

品牌蓝皮书
中国品牌战略发展报告（2018）
著(编)者：汪同三　2018年10月出版 / 估价：99.00元
PSN B-2016-580-1/1

企业扶贫蓝皮书
中国企业扶贫研究报告（2018）
著(编)者：钟宏武　2018年12月出版 / 估价：99.00元
PSN B-2016-593-1/1

企业公益蓝皮书
中国企业公益研究报告（2018）
著(编)者：钟宏武 汪杰 黄晓娟
2018年12月出版 / 估价：99.00元
PSN B-2015-501-1/1

企业国际化蓝皮书
中国企业全球化报告（2018）
著(编)者：王辉耀 苗绿　2018年11月出版 / 估价：99.00元
PSN B-2014-427-1/1

企业蓝皮书
中国企业绿色发展报告No.2（2018）
著(编)者：李红玉 朱光辉
2018年8月出版 / 估价：99.00元
PSN B-2015-481-2/2

企业社会责任蓝皮书
中资企业海外社会责任研究报告（2017~2018）
著(编)者：钟宏武 叶柳红 张蒽
2018年6月出版 / 估价：99.00元
PSN B-2017-603-2/2

企业社会责任蓝皮书
中国企业社会责任研究报告（2018）
著(编)者：黄群慧 钟宏武 张蒽 汪杰
2018年11月出版 / 估价：99.00元
PSN B-2009-149-1/2

汽车安全蓝皮书
中国汽车安全发展报告（2018）
著(编)者：中国汽车技术研究中心
2018年8月出版 / 估价：99.00元
PSN B-2014-385-1/1

汽车电子商务蓝皮书
中国汽车电子商务发展报告（2018）
著(编)者：中华全国工商业联合会汽车经销商商会
北方工业大学
北京易观智库网络科技有限公司
2018年10月出版 / 估价：158.00元
PSN B-2015-485-1/1

汽车知识产权蓝皮书
中国汽车产业知识产权发展报告（2018）
著(编)者：中国汽车工程研究院股份有限公司
中国汽车工程学会
重庆长安汽车股份有限公司
2018年12月出版 / 估价：99.00元
PSN B-2016-594-1/1

青少年体育蓝皮书
中国青少年体育发展报告（2017）
著(编)者：刘扶民 杨桦　2018年6月出版 / 估价：99.00元
PSN B-2015-482-1/1

区块链蓝皮书
中国区块链发展报告（2018）
著(编)者：李伟　2018年9月出版 / 估价：99.00元
PSN B-2017-649-1/1

群众体育蓝皮书
中国群众体育发展报告（2017）
著(编)者：刘国永 戴健　2018年5月出版 / 估价：99.00元
PSN B-2014-411-1/3

群众体育蓝皮书
中国社会体育指导员发展报告（2018）
著(编)者：刘国永 王欢　2018年6月出版 / 估价：99.00元
PSN B-2016-520-3/3

人力资源蓝皮书
中国人力资源发展报告（2018）
著(编)者：余兴安　2018年11月出版 / 估价：99.00元
PSN B-2012-287-1/1

融资租赁蓝皮书
中国融资租赁业发展报告（2017~2018）
著(编)者：李光荣 王力　2018年8月出版 / 估价：99.00元
PSN B-2015-443-1/1

商会蓝皮书
中国商会发展报告No.5（2017）
著(编)者：王钦敏　2018年7月出版 / 估价：99.00元
PSN B-2008-125-1/1

商务中心区蓝皮书
中国商务中心区发展报告No.4（2017~2018）
著(编)者：李国红 单菁菁　2018年9月出版 / 估价：99.00元
PSN B-2015-444-1/1

设计产业蓝皮书
中国创新设计发展报告（2018）
著(编)者：王晓红 张立群 于炜
2018年11月出版 / 估价：99.00元
PSN B-2016-581-2/2

社会责任管理蓝皮书
中国上市公司社会责任能力成熟度报告 No.4（2018）
著(编)者：肖红军 王晓光 李伟阳
2018年12月出版 / 估价：99.00元
PSN B-2015-507-2/2

社会责任管理蓝皮书
中国企业公众透明度报告No.4（2017~2018）
著(编)者：黄速建 熊梦 王晓光 肖红军
2018年6月出版 / 估价：99.00元
PSN B-2015-440-1/2

食品药品蓝皮书
食品药品安全与监管政策研究报告（2016~2017）
著(编)者：唐民皓　2018年6月出版 / 估价：99.00元
PSN B-2009-129-1/1

输血服务蓝皮书
中国输血行业发展报告（2018）
著(编)者：孙俊　2018年12月出版 / 估价：99.00元
PSN B-2016-582-1/1

水利风景区蓝皮书
中国水利风景区发展报告（2018）
著(编)者：董建文 兰思仁
2018年10月出版 / 估价：99.00元
PSN B-2015-480-1/1

数字经济蓝皮书
全球数字经济竞争力发展报告（2017）
著(编)者：王振　2017年12月出版 / 定价：79.00元
PSN B-2017-673-1/1

私募市场蓝皮书
中国私募股权市场发展报告（2017~2018）
著(编)者：曹和平　2018年12月出版 / 估价：99.00元
PSN B-2010-162-1/1

碳排放权交易蓝皮书
中国碳排放权交易报告（2018）
著(编)者：孙永平　2018年11月出版 / 估价：99.00元
PSN B-2017-652-1/1

碳市场蓝皮书
中国碳市场报告（2018）
著(编)者：定金彪　2018年11月出版 / 估价：99.00元
PSN B-2014-430-1/1

体育蓝皮书
中国公共体育服务发展报告（2018）
著(编)者：戴健　2018年12月出版 / 估价：99.00元
PSN B-2013-367-2/5

土地市场蓝皮书
中国农村土地市场发展报告（2017~2018）
著(编)者：李光荣　2018年6月出版 / 估价：99.00元
PSN B-2016-526-1/1

土地整治蓝皮书
中国土地整治发展研究报告（No.5）
著(编)者：国土资源部土地整治中心
2018年7月出版 / 估价：99.00元
PSN B-2014-401-1/1

土地政策蓝皮书
中国土地政策研究报告（2018）
著(编)者：高延利 张建平 吴次芳
2018年1月出版 / 定价：98.00元
PSN B-2015-506-1/1

网络空间安全蓝皮书
中国网络空间安全发展报告（2018）
著(编)者：惠志斌 覃庆玲
2018年11月出版 / 估价：99.00元
PSN B-2015-466-1/1

文化志愿服务蓝皮书
中国文化志愿服务发展报告（2018）
著(编)者：张永新 良警宇　2018年11月出版 / 估价：128.00元
PSN B-2016-596-1/1

西部金融蓝皮书
中国西部金融发展报告（2017~2018）
著(编)者：李忠民　2018年8月出版 / 估价：99.00元
PSN B-2010-160-1/1

协会商会蓝皮书
中国行业协会商会发展报告（2017）
著(编)者：景朝阳 李勇　2018年6月出版 / 估价：99.00元
PSN B-2015-461-1/1

新三板蓝皮书
中国新三板市场发展报告（2018）
著(编)者：王力　2018年8月出版 / 估价：99.00元
PSN B-2016-533-1/1

信托市场蓝皮书
中国信托业市场报告（2017~2018）
著(编)者：用益金融信托研究院
2018年6月出版 / 估价：198.00元
PSN B-2014-371-1/1

信息化蓝皮书
中国信息化形势分析与预测（2017~2018）
著(编)者：周宏仁　2018年8月出版 / 估价：99.00元
PSN B-2010-168-1/1

信用蓝皮书
中国信用发展报告（2017~2018）
著(编)者：章政 田侃　2018年6月出版 / 估价：99.00元
PSN B-2013-328-1/1

休闲绿皮书
2017~2018年中国休闲发展报告
著(编)者：宋瑞　2018年7月出版 / 估价：99.00元
PSN G-2010-158-1/1

休闲体育蓝皮书
中国休闲体育发展报告（2017~2018）
著(编)者：李相如 钟秉枢
2018年10月出版 / 估价：99.00元
PSN B-2016-516-1/1

养老金融蓝皮书
中国养老金融发展报告（2018）
著(编)者：董克用 姚余栋
2018年9月出版 / 估价：99.00元
PSN B-2016-583-1/1

遥感监测绿皮书
中国可持续发展遥感监测报告（2017）
著(编)者：顾行发 汪克强 潘教峰 李闽榕 徐东华 王琦安
2018年6月出版 / 估价：298.00元
PSN B-2017-629-1/1

药品流通蓝皮书
中国药品流通行业发展报告（2018）
著(编)者：佘鲁林 温再兴
2018年7月出版 / 估价：198.00元
PSN B-2014-429-1/1

医疗器械蓝皮书
中国医疗器械行业发展报告（2018）
著(编)者：王宝亭 耿鸿武
2018年10月出版 / 估价：99.00元
PSN B-2017-661-1/1

医院蓝皮书
中国医院竞争力报告（2017~2018）
著(编)者：庄一强　2018年3月出版 / 定价：108.00元
PSN B-2016-528-1/1

瑜伽蓝皮书
中国瑜伽业发展报告（2017~2018）
著(编)者：张永建 徐华锋 朱泰余
2018年6月出版 / 估价：198.00元
PSN B-2017-625-1/1

债券市场蓝皮书
中国债券市场发展报告（2017~2018）
著(编)者：杨农　2018年10月出版 / 估价：99.00元
PSN B-2016-572-1/1

志愿服务蓝皮书
中国志愿服务发展报告（2018）
著(编)者：中国志愿服务联合会
2018年11月出版 / 估价：99.00元
PSN B-2017-664-1/1

中国上市公司蓝皮书
中国上市公司发展报告（2018）
著(编)者：张鹏 张平 黄胤英
2018年9月出版 / 估价：99.00元
PSN B-2014-414-1/1

中国新三板蓝皮书
中国新三板创新与发展报告（2018）
著(编)者：刘平安 闻召林
2018年8月出版 / 估价：158.00元
PSN B-2017-638-1/1

中国汽车品牌蓝皮书
中国乘用车品牌发展报告（2017）
著(编)者：《中国汽车报》社有限公司
博世（中国）投资有限公司
中国汽车技术研究中心数据资源中心
2018年1月出版 / 定价：89.00元
PSN B-2017-679-1/1

中医文化蓝皮书
北京中医药文化传播发展报告（2018）
著(编)者：毛嘉陵　2018年6月出版 / 估价：99.00元
PSN B-2015-468-1/2

中医文化蓝皮书
中国中医药文化传播发展报告（2018）
著(编)者：毛嘉陵　2018年7月出版 / 估价：99.00元
PSN B-2016-584-2/2

中医药蓝皮书
北京中医药知识产权发展报告No.2
著(编)者：汪洪 屠志涛　2018年6月出版 / 估价：168.00元
PSN B-2017-602-1/1

资本市场蓝皮书
中国场外交易市场发展报告（2016~2017）
著(编)者：高峦　2018年6月出版 / 估价：99.00元
PSN B-2009-153-1/1

资产管理蓝皮书
中国资产管理行业发展报告（2018）
著(编)者：郑智　2018年7月出版 / 估价：99.00元
PSN B-2014-407-2/2

资产证券化蓝皮书
中国资产证券化发展报告（2018）
著(编)者：沈炳熙 曹彤 李哲平
2018年4月出版 / 定价：98.00元
PSN B-2017-660-1/1

自贸区蓝皮书
中国自贸区发展报告（2018）
著(编)者：王力 黄育华
2018年6月出版 / 估价：99.00元
PSN B-2016-558-1/1

国际问题与全球治理类

“一带一路”跨境通道蓝皮书
“一带一路”跨境通道建设研究报（2017~2018）
著(编)者：余鑫 张秋生　2018年1月出版 / 定价：89.00元
PSN B-2016-557-1/1

“一带一路”蓝皮书
“一带一路”建设发展报告（2018）
著(编)者：李永全　2018年3月出版 / 定价：98.00元
PSN B-2016-552-1/1

“一带一路”投资安全蓝皮书
中国“一带一路”投资与安全研究报告（2018）
著(编)者：邹统钎 梁昊光　2018年4月出版 / 定价：98.00元
PSN B-2017-612-1/1

“一带一路”文化交流蓝皮书
中阿文化交流发展报告（2017）
著(编)者：王辉　2017年12月出版 / 定价：89.00元
PSN B-2017-655-1/1

G20国家创新竞争力黄皮书
二十国集团（G20）国家创新竞争力发展报告（2017~2018）
著(编)者：李建平 李闽榕 赵新力 周天勇
2018年7月出版 / 估价：168.00元
PSN Y-2011-229-1/1

阿拉伯黄皮书
阿拉伯发展报告（2016~2017）
著(编)者：罗林　2018年6月出版 / 估价：99.00元
PSN Y-2014-381-1/1

北部湾蓝皮书
泛北部湾合作发展报告（2017~2018）
著(编)者：吕余生　2018年12月出版 / 估价：99.00元
PSN B-2008-114-1/1

北极蓝皮书
北极地区发展报告（2017）
著(编)者：刘惠荣　2018年7月出版 / 估价：99.00元
PSN B-2017-634-1/1

大洋洲蓝皮书
大洋洲发展报告（2017~2018）
著(编)者：喻常森　2018年10月出版 / 估价：99.00元
PSN B-2013-341-1/1

东北亚区域合作蓝皮书
2017年“一带一路”倡议与东北亚区域合作
著(编)者：刘亚政 金美花
2018年5月出版 / 估价：99.00元
PSN B-2017-631-1/1

东盟黄皮书
东盟发展报告（2017）
著(编)者：杨静林 庄国土　2018年6月出版 / 估价：99.00元
PSN Y-2012-303-1/1

东南亚蓝皮书
东南亚地区发展报告（2017~2018）
著(编)者：王勤　2018年12月出版 / 估价：99.00元
PSN B-2012-240-1/1

非洲黄皮书
非洲发展报告No.20（2017~2018）
著(编)者：张宏明　2018年7月出版 / 估价：99.00元
PSN Y-2012-239-1/1

非传统安全蓝皮书
中国非传统安全研究报告（2017~2018）
著(编)者：潇枫 罗中枢　2018年8月出版 / 估价：99.00元
PSN B-2012-273-1/1

国际安全蓝皮书
中国国际安全研究报告（2018）
著(编)者：刘慧　2018年7月出版 / 估价：99.00元
PSN B-2016-521-1/1

国际城市蓝皮书
国际城市发展报告（2018）
著(编)者：屠启宇　2018年2月出版 / 定价：89.00元
PSN B-2012-260-1/1

国际形势黄皮书
全球政治与安全报告（2018）
著(编)者：张宇燕　2018年1月出版 / 定价：99.00元
PSN Y-2001-016-1/1

公共外交蓝皮书
中国公共外交发展报告（2018）
著(编)者：赵启正 雷蔚真　2018年6月出版 / 估价：99.00元
PSN B-2015-457-1/1

海丝蓝皮书
21世纪海上丝绸之路研究报告（2017）
著(编)者：华侨大学海上丝绸之路研究院
2017年12月出版 / 定价：89.00元
PSN B-2017-684-1/1

金砖国家黄皮书
金砖国家综合创新竞争力发展报告（2018）
著(编)者：赵新力 李闽榕 黄茂兴
2018年8月出版 / 估价：128.00元
PSN Y-2017-643-1/1

拉美黄皮书
拉丁美洲和加勒比发展报告（2017~2018）
著(编)者：袁东振　2018年6月出版 / 估价：99.00元
PSN Y-1999-007-1/1

澜湄合作蓝皮书
澜沧江-湄公河合作发展报告（2018）
著(编)者：刘稚　2018年9月出版 / 估价：99.00元
PSN B-2011-196-1/1

欧洲蓝皮书
欧洲发展报告（2017～2018）
著(编)者：黄平 周弘 程卫东
2018年6月出版 / 估价：99.00元
PSN B-1999-009-1/1

葡语国家蓝皮书
葡语国家发展报告（2016～2017）
著(编)者：王成安 张敏 刘金兰
2018年6月出版 / 估价：99.00元
PSN B-2015-503-1/2

葡语国家蓝皮书
中国与葡语国家关系发展报告·巴西（2016）
著(编)者：张曙光
2018年8月出版 / 估价：99.00元
PSN B-2016-563-2/2

气候变化绿皮书
应对气候变化报告（2018）
著(编)者：王伟光 郑国光
2018年11月出版 / 估价：99.00元
PSN G-2009-144-1/1

全球环境竞争力绿皮书
全球环境竞争力报告（2018）
著(编)者：李建平 李闽榕 王金南
2018年12月出版 / 估价：198.00元
PSN G-2013-363-1/1

全球信息社会蓝皮书
全球信息社会发展报告（2018）
著(编)者：丁波涛 唐涛　2018年10月出版 / 估价：99.00元
PSN B-2017-665-1/1

日本经济蓝皮书
日本经济与中日经贸关系研究报告（2018）
著(编)者：张季风　2018年6月出版 / 估价：99.00元
PSN B-2008-102-1/1

上海合作组织黄皮书
上海合作组织发展报告（2018）
著(编)者：李进峰　2018年6月出版 / 估价：99.00元
PSN Y-2009-130-1/1

世界创新竞争力黄皮书
世界创新竞争力发展报告（2017）
著(编)者：李建平 李闽榕 赵新力
2018年6月出版 / 估价：168.00元
PSN Y-2013-318-1/1

世界经济黄皮书
2018年世界经济形势分析与预测
著(编)者：张宇燕　2018年1月出版 / 定价：99.00元
PSN Y-1999-006-1/1

世界能源互联互通蓝皮书
世界能源清洁发展与互联互通评估报告（2017）：欧洲篇
著(编)者：国网能源研究院
2018年1月出版 / 定价：128.00元
PSN B-2018-695-1/1

丝绸之路蓝皮书
丝绸之路经济带发展报告（2018）
著(编)者：任宗哲 白宽犁 谷孟宾
2018年1月出版 / 定价：89.00元
PSN B-2014-410-1/1

新兴经济体蓝皮书
金砖国家发展报告（2018）
著(编)者：林跃勤 周文
2018年8月出版 / 估价：99.00元
PSN B-2011-195-1/1

亚太蓝皮书
亚太地区发展报告（2018）
著(编)者：李向阳　2018年5月出版 / 估价：99.00元
PSN B-2001-015-1/1

印度洋地区蓝皮书
印度洋地区发展报告（2018）
著(编)者：汪戎　2018年6月出版 / 估价：99.00元
PSN B-2013-334-1/1

印度尼西亚经济蓝皮书
印度尼西亚经济发展报告（2017）：增长与机会
著(编)者：左志刚　2017年11月出版 / 定价：89.00元
PSN B-2017-675-1/1

渝新欧蓝皮书
渝新欧沿线国家发展报告（2018）
著(编)者：杨柏 黄森
2018年6月出版 / 估价：99.00元
PSN B-2017-626-1/1

中阿蓝皮书
中国-阿拉伯国家经贸发展报告（2018）
著(编)者：张廉 段庆林 王林聪 杨巧红
2018年12月出版 / 估价：99.00元
PSN B-2016-598-1/1

中东黄皮书
中东发展报告No.20（2017～2018）
著(编)者：杨光　2018年10月出版 / 估价：99.00元
PSN Y-1998-004-1/1

中亚黄皮书
中亚国家发展报告（2018）
著(编)者：孙力
2018年3月出版 / 定价：98.00元
PSN Y-2012-238-1/1

国别类

澳大利亚蓝皮书
澳大利亚发展报告（2017-2018）
著(编)者：孙有中 韩锋　2018年12月出版 / 估价：99.00元
PSN B-2016-587-1/1

巴西黄皮书
巴西发展报告（2017）
著(编)者：刘国枝　2018年5月出版 / 估价：99.00元
PSN Y-2017-614-1/1

德国蓝皮书
德国发展报告（2018）
著(编)者：郑春荣　2018年6月出版 / 估价：99.00元
PSN B-2012-278-1/1

俄罗斯黄皮书
俄罗斯发展报告（2018）
著(编)者：李永全　2018年6月出版 / 估价：99.00元
PSN Y-2006-061-1/1

韩国蓝皮书
韩国发展报告（2017）
著(编)者：牛林杰 刘宝全　2018年6月出版 / 估价：99.00元
PSN B-2010-155-1/1

加拿大蓝皮书
加拿大发展报告（2018）
著(编)者：唐小松　2018年9月出版 / 估价：99.00元
PSN B-2014-389-1/1

美国蓝皮书
美国研究报告（2018）
著(编)者：郑秉文 黄平　2018年5月出版 / 估价：99.00元
PSN B-2011-210-1/1

缅甸蓝皮书
缅甸国情报告（2017）
著(编)者：祝湘辉
2017年11月出版 / 定价：98.00元
PSN B-2013-343-1/1

日本蓝皮书
日本研究报告（2018）
著(编)者：杨伯江　2018年4月出版 / 定价：99.00元
PSN B-2002-020-1/1

土耳其蓝皮书
土耳其发展报告（2018）
著(编)者：郭长刚 刘义　2018年9月出版 / 估价：99.00元
PSN B-2014-412-1/1

伊朗蓝皮书
伊朗发展报告（2017～2018）
著(编)者：冀开运　2018年10月 / 估价：99.00元
PSN B-2016-574-1/1

以色列蓝皮书
以色列发展报告（2018）
著(编)者：张倩红　2018年8月出版 / 估价：99.00元
PSN B-2015-483-1/1

印度蓝皮书
印度国情报告（2017）
著(编)者：吕昭义　2018年6月出版 / 估价：99.00元
PSN B-2012-241-1/1

英国蓝皮书
英国发展报告（2017～2018）
著(编)者：王展鹏　2018年12月出版 / 估价：99.00元
PSN B-2015-486-1/1

越南蓝皮书
越南国情报告（2018）
著(编)者：谢林城　2018年11月出版 / 估价：99.00元
PSN B-2006-056-1/1

泰国蓝皮书
泰国研究报告（2018）
著(编)者：庄国土 张禹东　刘文正
2018年10月出版 / 估价：99.00元
PSN B-2016-556-1/1

文化传媒类

“三农”舆情蓝皮书
中国“三农”网络舆情报告（2017～2018）
著(编)者：农业部信息中心
2018年6月出版 / 估价：99.00元
PSN B-2017-640-1/1

传媒竞争力蓝皮书
中国传媒国际竞争力研究报告（2018）
著(编)者：李本乾 刘强 王大可
2018年8月出版 / 估价：99.00元
PSN B-2013-356-1/1

传媒蓝皮书
中国传媒产业发展报告（2018）
著(编)者：崔保国
2018年5月出版 / 估价：99.00元
PSN B-2005-035-1/1

传媒投资蓝皮书
中国传媒投资发展报告（2018）
著(编)者：张向东 谭云明
2018年6月出版 / 估价：148.00元
PSN B-2015-474-1/1

非物质文化遗产蓝皮书
中国非物质文化遗产发展报告（2018）
著(编)者：陈平 2018年6月出版 / 估价：128.00元
PSN B-2015-469-1/2

非物质文化遗产蓝皮书
中国非物质文化遗产保护发展报告（2018）
著(编)者：宋俊华 2018年10月出版 / 估价：128.00元
PSN B-2016-586-2/2

广电蓝皮书
中国广播电影电视发展报告（2018）
著(编)者：国家新闻出版广电总局发展研究中心
2018年7月出版 / 估价：99.00元
PSN B-2006-072-1/1

广告主蓝皮书
中国广告主营销传播趋势报告No.9
著(编)者：黄升民 杜国清 邵华冬 等
2018年10月出版 / 估价：158.00元
PSN B-2005-041-1/1

国际传播蓝皮书
中国国际传播发展报告（2018）
著(编)者：胡正荣 李继东 姬德强
2018年12月出版 / 估价：99.00元
PSN B-2014-408-1/1

国家形象蓝皮书
中国国家形象传播报告（2017）
著(编)者：张昆 2018年6月出版 / 估价：128.00元
PSN B-2017-605-1/1

互联网治理蓝皮书
中国网络社会治理研究报告（2018）
著(编)者：罗昕 支庭荣
2018年9月出版 / 估价：118.00元
PSN B-2017-653-1/1

纪录片蓝皮书
中国纪录片发展报告（2018）
著(编)者：何苏六 2018年10月出版 / 估价：99.00元
PSN B-2011-222-1/1

科学传播蓝皮书
中国科学传播报告（2016~2017）
著(编)者：詹正茂 2018年6月出版 / 估价：99.00元
PSN B-2008-120-1/1

两岸创意经济蓝皮书
两岸创意经济研究报告（2018）
著(编)者：罗昌智 董泽平
2018年10月出版 / 估价：99.00元
PSN B-2014-437-1/1

媒介与女性蓝皮书
中国媒介与女性发展报告（2017~2018）
著(编)者：刘利群 2018年5月出版 / 估价：99.00元
PSN B-2013-345-1/1

媒体融合蓝皮书
中国媒体融合发展报告（2017~2018）
著(编)者：梅宁华 支庭荣
2017年12月出版 / 定价：98.00元
PSN B-2015-479-1/1

全球传媒蓝皮书
全球传媒发展报告（2017~2018）
著(编)者：胡正荣 李继东 2018年6月出版 / 估价：99.00元
PSN B-2012-237-1/1

少数民族非遗蓝皮书
中国少数民族非物质文化遗产发展报告（2018）
著(编)者：肖远平（彝） 柴立（满）
2018年10月出版 / 估价：118.00元
PSN B-2015-467-1/1

视听新媒体蓝皮书
中国视听新媒体发展报告（2018）
著(编)者：国家新闻出版广电总局发展研究中心
2018年7月出版 / 估价：118.00元
PSN B-2011-184-1/1

数字娱乐产业蓝皮书
中国动画产业发展报告（2018）
著(编)者：孙立军 孙平 牛兴侦
2018年10月出版 / 估价：99.00元
PSN B-2011-198-1/2

数字娱乐产业蓝皮书
中国游戏产业发展报告（2018）
著(编)者：孙立军 刘跃军 2018年10月出版 / 估价：99.00元
PSN B-2017-662-2/2

网络视听蓝皮书
中国互联网视听行业发展报告（2018）
著(编)者：陈鹏 2018年2月出版 / 定价：148.00元
PSN B-2018-688-1/1

文化创新蓝皮书
中国文化创新报告（2017·No.8）
著(编)者：傅才武 2018年6月出版 / 估价：99.00元
PSN B-2009-143-1/1

文化建设蓝皮书
中国文化发展报告（2018）
著(编)者：江畅 孙伟平 戴茂堂
2018年5月出版 / 估价：99.00元
PSN B-2014-392-1/1

文化科技蓝皮书
文化科技创新发展报告（2018）
著(编)者：于平 李凤亮 2018年10月出版 / 估价：99.00元
PSN B-2013-342-1/1

文化蓝皮书
中国公共文化服务发展报告（2017~2018）
著(编)者：刘新成 张永新 张旭
2018年12月出版 / 估价：99.00元
PSN B-2007-093-2/10

文化蓝皮书
中国少数民族文化发展报告（2017~2018）
著(编)者：武翠英 张晓明 任乌晶
2018年9月出版 / 估价：99.00元
PSN B-2013-369-9/10

文化蓝皮书
中国文化产业供需协调检测报告（2018）
著(编)者：王亚南 2018年3月出版 / 定价：99.00元
PSN B-2013-323-8/10

文化蓝皮书
中国文化消费需求景气评价报告（2018）
著(编)者：王亚南　　2018年3月出版 / 定价：99.00元
PSN B-2011-236-4/10

文化蓝皮书
中国公共文化投入增长测评报告（2018）
著(编)者：王亚南　　2018年3月出版 / 定价：99.00元
PSN B-2014-435-10/10

文化品牌蓝皮书
中国文化品牌发展报告（2018）
著(编)者：欧阳友权　　2018年5月出版 / 估价：99.00元
PSN B-2012-277-1/1

文化遗产蓝皮书
中国文化遗产事业发展报告（2017～2018）
著(编)者：苏杨 张颖岚 卓杰 白海峰 陈晨 陈叙图
2018年8月出版 / 估价：99.00元
PSN B-2008-119-1/1

文学蓝皮书
中国文情报告（2017～2018）
著(编)者：白烨　　2018年5月出版 / 估价：99.00元
PSN B-2011-221-1/1

新媒体蓝皮书
中国新媒体发展报告No.9（2018）
著(编)者：唐绪军　　2018年7月出版 / 估价：99.00元
PSN B-2010-169-1/1

新媒体社会责任蓝皮书
中国新媒体社会责任研究报告（2018）
著(编)者：钟瑛　　2018年12月出版 / 估价：99.00元
PSN B-2014-423-1/1

移动互联网蓝皮书
中国移动互联网发展报告（2018）
著(编)者：余清楚　　2018年6月出版 / 估价：99.00元
PSN B-2012-282-1/1

影视蓝皮书
中国影视产业发展报告（2018）
著(编)者：司若 陈鹏 陈锐
2018年6月出版 / 估价：99.00元
PSN B-2016-529-1/1

舆情蓝皮书
中国社会舆情与危机管理报告（2018）
著(编)者：谢耘耕
2018年9月出版 / 估价：138.00元
PSN B-2011-235-1/1

中国大运河蓝皮书
中国大运河发展报告（2018）
著(编)者：吴欣　　2018年2月出版 / 估价：128.00元
PSN B-2018-691-1/1

地方发展类-经济

澳门蓝皮书
澳门经济社会发展报告（2017～2018）
著(编)者：吴志良 郝雨凡
2018年7月出版 / 估价：99.00元
PSN B-2009-138-1/1

澳门绿皮书
澳门旅游休闲发展报告（2017～2018）
著(编)者：郝雨凡 林广志
2018年5月出版 / 估价：99.00元
PSN G-2017-617-1/1

北京蓝皮书
北京经济发展报告（2017～2018）
著(编)者：杨松　　2018年6月出版 / 估价：99.00元
PSN B-2006-054-2/8

北京旅游绿皮书
北京旅游发展报告（2018）
著(编)者：北京旅游学会
2018年7月出版 / 估价：99.00元
PSN G-2012-301-1/1

北京体育蓝皮书
北京体育产业发展报告（2017～2018）
著(编)者：钟秉枢 陈杰 杨铁黎
2018年9月出版 / 估价：99.00元
PSN B-2015-475-1/1

滨海金融蓝皮书
滨海新区金融发展报告（2017）
著(编)者：王爱俭 李向前　　2018年4月出版 / 估价：99.00元
PSN B-2014-424-1/1

城乡一体化蓝皮书
北京城乡一体化发展报告（2017～2018）
著(编)者：吴宝新 张宝秀 黄序
2018年5月出版 / 估价：99.00元
PSN B-2012-258-2/2

非公有制企业社会责任蓝皮书
北京非公有制企业社会责任报告（2018）
著(编)者：宋贵伦 冯培
2018年6月出版 / 估价：99.00元
PSN B-2017-613-1/1

福建旅游蓝皮书
福建省旅游产业发展现状研究（2017~2018）
著(编)者：陈敏华 黄远水　2018年12月出版 / 估价：128.00元
PSN B-2016-591-1/1

福建自贸区蓝皮书
中国(福建)自由贸易试验区发展报告(2017~2018)
著(编)者：黄茂兴　2018年6月出版 / 估价：118.00元
PSN B-2016-531-1/1

甘肃蓝皮书
甘肃经济发展分析与预测（2018）
著(编)者：安文华 罗哲　2018年1月出版 / 定价：99.00元
PSN B-2013-312-1/6

甘肃蓝皮书
甘肃商贸流通发展报告（2018）
著(编)者：张应华 王福生 王晓芳
2018年1月出版 / 定价：99.00元
PSN B-2016-522-6/6

甘肃蓝皮书
甘肃县域和农村发展报告（2018）
著(编)者：包东红 朱智文 王建兵
2018年1月出版 / 定价：99.00元
PSN B-2013-316-5/6

甘肃农业科技绿皮书
甘肃农业科技发展研究报告（2018）
著(编)者：魏胜文 乔德华 张东伟
2018年12月出版 / 估价：198.00元
PSN B-2016-592-1/1

甘肃气象保障蓝皮书
甘肃农业对气候变化的适应与风险评估报告（No.1）
著(编)者：鲍文中 周广胜
2017年12月出版 / 定价：108.00元
PSN B-2017-677-1/1

巩义蓝皮书
巩义经济社会发展报告（2018）
著(编)者：丁同民 朱军　2018年6月出版 / 估价：99.00元
PSN B-2016-532-1/1

广东外经贸蓝皮书
广东对外经济贸易发展研究报告（2017~2018）
著(编)者：陈万灵　2018年6月出版 / 估价：99.00元
PSN B-2012-286-1/1

广西北部湾经济区蓝皮书
广西北部湾经济区开放开发报告（2017~2018）
著(编)者：广西壮族自治区北部湾经济区和东盟开放合作办公室
广西社会科学院
广西北部湾发展研究院
2018年5月出版 / 估价：99.00元
PSN B-2010-181-1/1

广州蓝皮书
广州城市国际化发展报告（2018）
著(编)者：张跃国　2018年8月出版 / 估价：99.00元
PSN B-2012-246-11/14

广州蓝皮书
中国广州城市建设与管理发展报告（2018）
著(编)者：张其学 陈小钢 王宏伟　2018年8月出版 / 估价：99.00元
PSN B-2007-087-4/14

广州蓝皮书
广州创新型城市发展报告（2018）
著(编)者：尹涛　2018年6月出版 / 估价：99.00元
PSN B-2012-247-12/14

广州蓝皮书
广州经济发展报告（2018）
著(编)者：张跃国 尹涛　2018年7月出版 / 估价：99.00元
PSN B-2005-040-1/14

广州蓝皮书
2018年中国广州经济形势分析与预测
著(编)者：魏明海 谢博能 李华
2018年6月出版 / 估价：99.00元
PSN B-2011-185-9/14

广州蓝皮书
中国广州科技创新发展报告（2018）
著(编)者：于欣伟 陈爽 邓佑满　2018年8月出版 / 估价：99.00元
PSN B-2006-065-2/14

广州蓝皮书
广州农村发展报告（2018）
著(编)者：朱名宏　2018年7月出版 / 估价：99.00元
PSN B-2010-167-8/14

广州蓝皮书
广州汽车产业发展报告（2018）
著(编)者：杨再高 冯兴亚　2018年7月出版 / 估价：99.00元
PSN B-2006-066-3/14

广州蓝皮书
广州商贸业发展报告（2018）
著(编)者：张跃国 陈杰 荀振英
2018年7月出版 / 估价：99.00元
PSN B-2012-245-10/14

贵阳蓝皮书
贵阳城市创新发展报告No.3（白云篇）
著(编)者：连玉明　2018年5月出版 / 估价：99.00元
PSN B-2015-491-3/10

贵阳蓝皮书
贵阳城市创新发展报告No.3（观山湖篇）
著(编)者：连玉明　2018年5月出版 / 估价：99.00元
PSN B-2015-497-9/10

贵阳蓝皮书
贵阳城市创新发展报告No.3（花溪篇）
著(编)者：连玉明　2018年5月出版 / 估价：99.00元
PSN B-2015-490-2/10

贵阳蓝皮书
贵阳城市创新发展报告No.3（开阳篇）
著(编)者：连玉明　2018年5月出版 / 估价：99.00元
PSN B-2015-492-4/10

贵阳蓝皮书
贵阳城市创新发展报告No.3（南明篇）
著(编)者：连玉明　2018年5月出版 / 估价：99.00元
PSN B-2015-496-8/10

贵阳蓝皮书
贵阳城市创新发展报告No.3（清镇篇）
著(编)者：连玉明　2018年5月出版 / 估价：99.00元
PSN B-2015-489-1/10

贵阳蓝皮书
贵阳城市创新发展报告No.3（乌当篇）
著(编)者：连玉明　2018年5月出版 / 估价：99.00元
PSN B-2015-495-7/10

贵阳蓝皮书
贵阳城市创新发展报告No.3（息烽篇）
著(编)者：连玉明　2018年5月出版 / 估价：99.00元
PSN B-2015-493-5/10

贵阳蓝皮书
贵阳城市创新发展报告No.3（修文篇）
著(编)者：连玉明　2018年5月出版 / 估价：99.00元
PSN B-2015-494-6/10

贵阳蓝皮书
贵阳城市创新发展报告No.3（云岩篇）
著(编)者：连玉明　2018年5月出版 / 估价：99.00元
PSN B-2015-498-10/10

贵州房地产蓝皮书
贵州房地产发展报告No.5（2018）
著(编)者：武廷方　2018年7月出版 / 估价：99.00元
PSN B-2014-426-1/1

贵州蓝皮书
贵州册亨经济社会发展报告（2018）
著(编)者：黄德林　2018年6月出版 / 估价：99.00元
PSN B-2016-525-8/9

贵州蓝皮书
贵州地理标志产业发展报告（2018）
著(编)者：李发耀 黄其松　2018年8月出版 / 估价：99.00元
PSN B-2017-646-10/10

贵州蓝皮书
贵安新区发展报告（2017～2018）
著(编)者：马长青 吴大华　2018年6月出版 / 估价：99.00元
PSN B-2015-459-4/10

贵州蓝皮书
贵州国家级开放创新平台发展报告（2017～2018）
著(编)者：申晓庆 吴大华 季泓
2018年11月出版 / 估价：99.00元
PSN B-2016-518-7/10

贵州蓝皮书
贵州国有企业社会责任发展报告（2017～2018）
著(编)者：郭丽　2018年12月出版 / 估价：99.00元
PSN B-2015-511-6/10

贵州蓝皮书
贵州民航业发展报告（2017）
著(编)者：申振东 吴大华　2018年6月出版 / 估价：99.00元
PSN B-2015-471-5/10

贵州蓝皮书
贵州民营经济发展报告（2017）
著(编)者：杨静 吴大华　2018年6月出版 / 估价：99.00元
PSN B-2016-530-9/9

杭州都市圈蓝皮书
杭州都市圈发展报告（2018）
著(编)者：洪庆华 沈翔　2018年4月出版 / 定价：98.00元
PSN B-2012-302-1/1

河北经济蓝皮书
河北省经济发展报告（2018）
著(编)者：马树强 金浩 张贵　2018年6月出版 / 估价：99.00元
PSN B-2014-380-1/1

河北蓝皮书
河北经济社会发展报告（2018）
著(编)者：康振海　2018年1月出版 / 定价：99.00元
PSN B-2014-372-1/3

河北蓝皮书
京津冀协同发展报告（2018）
著(编)者：陈璐　2017年12月出版 / 定价：79.00元
PSN B-2017-601-2/3

河南经济蓝皮书
2018年河南经济形势分析与预测
著(编)者：王世炎　2018年3月出版 / 定价：89.00元
PSN B-2007-086-1/1

河南蓝皮书
河南城市发展报告（2018）
著(编)者：张占仓 王建国　2018年5月出版 / 估价：99.00元
PSN B-2009-131-3/9

河南蓝皮书
河南工业发展报告（2018）
著(编)者：张占仓　2018年5月出版 / 估价：99.00元
PSN B-2013-317-5/9

河南蓝皮书
河南金融发展报告（2018）
著(编)者：喻新安 谷建全
2018年6月出版 / 估价：99.00元
PSN B-2014-390-7/9

河南蓝皮书
河南经济发展报告（2018）
著(编)者：张占仓 完世伟
2018年6月出版 / 估价：99.00元
PSN B-2010-157-4/9

河南蓝皮书
河南能源发展报告（2018）
著(编)者：国网河南省电力公司经济技术研究院
河南省社会科学院
2018年6月出版 / 估价：99.00元
PSN B-2017-607-9/9

河南商务蓝皮书
河南商务发展报告（2018）
著(编)者：焦锦淼 穆荣国　2018年5月出版 / 估价：99.00元
PSN B-2014-399-1/1

河南双创蓝皮书
河南创新创业发展报告（2018）
著(编)者：喻新安 杨雪梅
2018年8月出版 / 估价：99.00元
PSN B-2017-641-1/1

黑龙江蓝皮书
黑龙江经济发展报告（2018）
著(编)者：朱宇　2018年1月出版 / 定价：89.00元
PSN B-2011-190-2/2

湖南城市蓝皮书
区域城市群整合
著(编)者：童中贤 韩未名 2018年12月出版 / 估价：99.00元
PSN B-2006-064-1/1

湖南蓝皮书
湖南城乡一体化发展报告（2018）
著(编)者：陈文胜 王文强 陆福兴
2018年8月出版 / 估价：99.00元
PSN B-2015-477-8/8

湖南蓝皮书
2018年湖南电子政务发展报告
著(编)者：梁志峰 2018年5月出版 / 估价：128.00元
PSN B-2014-394-6/8

湖南蓝皮书
2018年湖南经济发展报告
著(编)者：卞鹰 2018年5月出版 / 估价：128.00元
PSN B-2011-207-2/8

湖南蓝皮书
2016年湖南经济展望
著(编)者：梁志峰 2018年5月出版 / 估价：128.00元
PSN B-2011-206-1/8

湖南蓝皮书
2018年湖南县域经济社会发展报告
著(编)者：梁志峰 2018年5月出版 / 估价：128.00元
PSN B-2014-395-7/8

湖南县域绿皮书
湖南县域发展报告（No.5）
著(编)者：袁准 周小毛 黎仁寅
2018年6月出版 / 估价：99.00元
PSN G-2012-274-1/1

沪港蓝皮书
沪港发展报告（2018）
著(编)者：尤安山 2018年9月出版 / 估价：99.00元
PSN B-2013-362-1/1

吉林蓝皮书
2018年吉林经济社会形势分析与预测
著(编)者：邵汉明 2017年12月出版 / 定价：89.00元
PSN B-2013-319-1/1

吉林省城市竞争力蓝皮书
吉林省城市竞争力报告（2017~2018）
著(编)者：崔岳春 张磊
2018年3月出版 / 定价：89.00元
PSN B-2016-513-1/1

济源蓝皮书
济源经济社会发展报告（2018）
著(编)者：喻新安 2018年6月出版 / 估价：99.00元
PSN B-2014-387-1/1

江苏蓝皮书
2018年江苏经济发展分析与展望
著(编)者：王庆五 吴先满
2018年7月出版 / 估价：128.00元
PSN B-2017-635-1/3

江西蓝皮书
江西经济社会发展报告（2018）
著(编)者：陈石俊 龚建文 2018年10月出版 / 估价：128.00元
PSN B-2015-484-1/2

江西蓝皮书
江西设区市发展报告（2018）
著(编)者：姜玮 梁勇
2018年10月出版 / 估价：99.00元
PSN B-2016-517-2/2

经济特区蓝皮书
中国经济特区发展报告（2017）
著(编)者：陶一桃 2018年1月出版 / 估价：99.00元
PSN B-2009-139-1/1

辽宁蓝皮书
2018年辽宁经济社会形势分析与预测
著(编)者：梁启东 魏红江 2018年6月出版 / 估价：99.00元
PSN B-2006-053-1/1

民族经济蓝皮书
中国民族地区经济发展报告（2018）
著(编)者：李曦辉 2018年7月出版 / 估价：99.00元
PSN B-2017-630-1/1

南宁蓝皮书
南宁经济发展报告（2018）
著(编)者：胡建华 2018年9月出版 / 估价：99.00元
PSN B-2016-569-2/3

内蒙古蓝皮书
内蒙古精准扶贫研究报告（2018）
著(编)者：张志华 2018年1月出版 / 定价：89.00元
PSN B-2017-681-2/2

浦东新区蓝皮书
上海浦东经济发展报告（2018）
著(编)者：周小平 徐美芳
2018年1月出版 / 定价：89.00元
PSN B-2011-225-1/1

青海蓝皮书
2018年青海经济社会形势分析与预测
著(编)者：陈玮 2018年1月出版 / 定价：98.00元
PSN B-2012-275-1/2

青海科技绿皮书
青海科技发展报告（2017）
著(编)者：青海省科学技术信息研究所
2018年3月出版 / 定价：98.00元
PSN G-2018-701-1/1

山东蓝皮书
山东经济形势分析与预测（2018）
著(编)者：李广杰 2018年7月出版 / 估价：99.00元
PSN B-2014-404-1/5

山东蓝皮书
山东省普惠金融发展报告（2018）
著(编)者：齐鲁财富网
2018年9月出版 / 估价：99.00元
PSN B2017-676-5/5

山西蓝皮书
山西资源型经济转型发展报告（2018）
著(编)者：李志强　2018年7月出版 / 估价：99.00元
PSN B-2011-197-1/1

陕西蓝皮书
陕西经济发展报告（2018）
著(编)者：任宗哲 白宽犁 裴成荣
2018年1月出版 / 定价：89.00元
PSN B-2009-135-1/6

陕西蓝皮书
陕西精准脱贫研究报告（2018）
著(编)者：任宗哲 白宽犁 王建康
2018年4月出版 / 定价：89.00元
PSN B-2017-623-6/6

上海蓝皮书
上海经济发展报告（2018）
著(编)者：沈开艳　2018年2月出版 / 定价：89.00元
PSN B-2006-057-1/7

上海蓝皮书
上海资源环境发展报告（2018）
著(编)者：周冯琦 胡静　2018年2月出版 / 定价：89.00元
PSN B-2006-060-4/7

上海蓝皮书
上海奉贤经济发展分析与研判（2017～2018）
著(编)者：张兆安 朱平芳　2018年3月出版 / 定价：99.00元
PSN B-2018-698-8/8

上饶蓝皮书
上饶发展报告（2016～2017）
著(编)者：廖其志　2018年6月出版 / 估价：128.00元
PSN B-2014-377-1/1

深圳蓝皮书
深圳经济发展报告（2018）
著(编)者：张骁儒　2018年6月出版 / 估价：99.00元
PSN B-2008-112-3/7

四川蓝皮书
四川城镇化发展报告（2018）
著(编)者：侯水平 陈炜　2018年6月出版 / 估价：99.00元
PSN B-2015-456-7/7

四川蓝皮书
2018年四川经济形势分析与预测
著(编)者：杨钢　2018年1月出版 / 定价：158.00元
PSN B-2007-098-2/7

四川蓝皮书
四川企业社会责任研究报告（2017～2018）
著(编)者：侯水平 盛毅　2018年5月出版 / 估价：99.00元
PSN B-2014-386-4/7

四川蓝皮书
四川生态建设报告（2018）
著(编)者：李晟之　2018年5月出版 / 估价：99.00元
PSN B-2015-455-6/7

四川蓝皮书
四川特色小镇发展报告（2017）
著(编)者：吴志强　2017年11月出版 / 定价：89.00元
PSN B-2017-670-8/8

体育蓝皮书
上海体育产业发展报告（2017~2018）
著(编)者：张林 黄海燕
2018年10月出版 / 估价：99.00元
PSN B-2015-454-4/5

体育蓝皮书
长三角地区体育产业发展报（2017～2018）
著(编)者：张林　2018年6月出版 / 估价：99.00元
PSN B-2015-453-3/5

天津金融蓝皮书
天津金融发展报告（2018）
著(编)者：王爱俭 孔德昌
2018年5月出版 / 估价：99.00元
PSN B-2014-418-1/1

图们江区域合作蓝皮书
图们江区域合作发展报告（2018）
著(编)者：李铁　2018年6月出版 / 估价：99.00元
PSN B-2015-464-1/1

温州蓝皮书
2018年温州经济社会形势分析与预测
著(编)者：蒋儒标 王春光 金浩
2018年6月出版 / 估价：99.00元
PSN B-2008-105-1/1

西咸新区蓝皮书
西咸新区发展报告（2018）
著(编)者：李扬 王军
2018年6月出版 / 估价：99.00元
PSN B-2016-534-1/1

修武蓝皮书
修武经济社会发展报告（2018）
著(编)者：张占仓 袁凯声
2018年10月出版 / 估价：99.00元
PSN B-2017-651-1/1

偃师蓝皮书
偃师经济社会发展报告（2018）
著(编)者：张占仓 袁凯声 何武周
2018年7月出版 / 估价：99.00元
PSN B-2017-627-1/1

扬州蓝皮书
扬州经济社会发展报告（2018）
著(编)者：陈扬
2018年12月出版 / 估价：108.00元
PSN B-2011-191-1/1

长垣蓝皮书
长垣经济社会发展报告（2018）
著(编)者：张占仓 袁凯声 秦保建
2018年10月出版 / 估价：99.00元
PSN B-2017-654-1/1

遵义蓝皮书
遵义发展报告（2018）
著(编)者：邓彦 曾征 龚永育
2018年9月出版 / 估价：99.00元
PSN B-2014-433-1/1

地方发展类-社会

安徽蓝皮书
安徽社会发展报告（2018）
著(编)者：程桦　2018年6月出版 / 估价：99.00元
PSN B-2013-325-1/1

安徽社会建设蓝皮书
安徽社会建设分析报告（2017～2018）
著(编)者：黄家海 蔡宪
2018年11月出版 / 估价：99.00元
PSN B-2013-322-1/1

北京蓝皮书
北京公共服务发展报告（2017～2018）
著(编)者：施昌奎　2018年6月出版 / 估价：99.00元
PSN B-2008-103-7/8

北京蓝皮书
北京社会发展报告（2017～2018）
著(编)者：李伟东
2018年7月出版 / 估价：99.00元
PSN B-2006-055-3/8

北京蓝皮书
北京社会治理发展报告（2017～2018）
著(编)者：殷星辰　2018年7月出版 / 估价：99.00元
PSN B-2014-391-8/8

北京律师蓝皮书
北京律师发展报告 No.4（2018）
著(编)者：王隽　2018年12月出版 / 估价：99.00元
PSN B-2011-217-1/1

北京人才蓝皮书
北京人才发展报告（2018）
著(编)者：敏华　2018年12月出版 / 估价：128.00元
PSN B-2011-201-1/1

北京社会心态蓝皮书
北京社会心态分析报告（2017～2018）
北京市社会心理服务促进中心
2018年10月出版 / 估价：99.00元
PSN B-2014-422-1/1

北京社会组织管理蓝皮书
北京社会组织发展与管理（2018）
著(编)者：黄江松
2018年6月出版 / 估价：99.00元
PSN B-2015-446-1/1

北京养老产业蓝皮书
北京居家养老发展报告（2018）
著(编)者：陆杰华 周明明
2018年8月出版 / 估价：99.00元
PSN B-2015-465-1/1

法治蓝皮书
四川依法治省年度报告No.4（2018）
著(编)者：李林 杨天宗 田禾
2018年3月出版 / 定价：118.00元
PSN B-2015-447-2/3

福建妇女发展蓝皮书
福建省妇女发展报告（2018）
著(编)者：刘群英　2018年11月出版 / 估价：99.00元
PSN B-2011-220-1/1

甘肃蓝皮书
甘肃社会发展分析与预测（2018）
著(编)者：安文华 谢增虎 包晓霞
2018年1月出版 / 定价：99.00元
PSN B-2013-313-2/6

广东蓝皮书
广东全面深化改革研究报告（2018）
著(编)者：周林生 涂成林
2018年12月出版 / 估价：99.00元
PSN B-2015-504-3/3

广东蓝皮书
广东社会工作发展报告（2018）
著(编)者：罗观翠　2018年6月出版 / 估价：99.00元
PSN B-2014-402-2/3

广州蓝皮书
广州青年发展报告（2018）
著(编)者：徐柳 张强
2018年8月出版 / 估价：99.00元
PSN B-2013-352-13/14

广州蓝皮书
广州社会保障发展报告（2018）
著(编)者：张跃国　2018年8月出版 / 估价：99.00元
PSN B-2014-425-14/14

广州蓝皮书
2018年中国广州社会形势分析与预测
著(编)者：张强 郭志勇 何镜清
2018年6月出版 / 估价：99.00元
PSN B-2008-110-5/14

贵州蓝皮书
贵州法治发展报告（2018）
著(编)者：吴大华　2018年5月出版 / 估价：99.00元
PSN B-2012-254-2/10

贵州蓝皮书
贵州人才发展报告（2017）
著(编)者：于杰 吴大华
2018年9月出版 / 估价：99.00元
PSN B-2014-382-3/10

贵州蓝皮书
贵州社会发展报告（2018）
著(编)者：王兴骥　2018年6月出版 / 估价：99.00元
PSN B-2010-166-1/10

杭州蓝皮书
杭州妇女发展报告（2018）
著(编)者：魏颖
2018年10月出版 / 估价：99.00元
PSN B-2014-403-1/1

河北蓝皮书
河北法治发展报告（2018）
著(编)者：康振海 2018年6月出版 / 估价：99.00元
PSN B-2017-622-3/3

河北食品药品安全蓝皮书
河北食品药品安全研究报告（2018）
著(编)者：丁锦霞
2018年10月出版 / 估价：99.00元
PSN B-2015-473-1/1

河南蓝皮书
河南法治发展报告（2018）
著(编)者：张林海 2018年7月出版 / 估价：99.00元
PSN B-2014-376-6/9

河南蓝皮书
2018年河南社会形势分析与预测
著(编)者：牛苏林 2018年5月出版 / 估价：99.00元
PSN B-2005-043-1/9

河南民办教育蓝皮书
河南民办教育发展报告（2018）
著(编)者：胡大白 2018年9月出版 / 估价：99.00元
PSN B-2017-642-1/1

黑龙江蓝皮书
黑龙江社会发展报告（2018）
著(编)者：王爱丽 2018年1月出版 / 定价：89.00元
PSN B-2011-189-1/2

湖南蓝皮书
2018年湖南两型社会与生态文明建设报告
著(编)者：卞鹰 2018年5月出版 / 估价：128.00元
PSN B-2011-208-3/8

湖南蓝皮书
2018年湖南社会发展报告
著(编)者：卞鹰 2018年5月出版 / 估价：128.00元
PSN B-2014-393-5/8

健康城市蓝皮书
北京健康城市建设研究报告（2018）
著(编)者：王鸿春 盛继洪
2018年9月出版 / 估价：99.00元
PSN B-2015-460-1/2

江苏法治蓝皮书
江苏法治发展报告No.6（2017）
著(编)者：蔡道通 龚廷泰
2018年8月出版 / 估价：99.00元
PSN B-2012-290-1/1

江苏蓝皮书
2018年江苏社会发展分析与展望
著(编)者：王庆五 刘旺洪
2018年8月出版 / 估价：128.00元
PSN B-2017-636-2/3

民族教育蓝皮书
中国民族教育发展报告（2017·内蒙古卷）
著(编)者：陈中永
2017年12月出版 / 定价：198.00元
PSN B-2017-669-1/1

南宁蓝皮书
南宁法治发展报告（2018）
著(编)者：杨维超 2018年12月出版 / 估价：99.00元
PSN B-2015-509-1/3

南宁蓝皮书
南宁社会发展报告（2018）
著(编)者：胡建华 2018年10月出版 / 估价：99.00元
PSN B-2016-570-3/3

内蒙古蓝皮书
内蒙古反腐倡廉建设报告 No.2
著(编)者：张志华 2018年6月出版 / 估价：99.00元
PSN B-2013-365-1/1

青海蓝皮书
2018年青海人才发展报告
著(编)者：王宇燕 2018年9月出版 / 估价：99.00元
PSN B-2017-650-2/2

青海生态文明建设蓝皮书
青海生态文明建设报告（2018）
著(编)者：张西明 高华 2018年12月出版 / 估价：99.00元
PSN B-2016-595-1/1

人口与健康蓝皮书
深圳人口与健康发展报告（2018）
著(编)者：陆杰华 傅崇辉
2018年11月出版 / 估价：99.00元
PSN B-2011-228-1/1

山东蓝皮书
山东社会形势分析与预测（2018）
著(编)者：李善峰 2018年6月出版 / 估价：99.00元
PSN B-2014-405-2/5

陕西蓝皮书
陕西社会发展报告（2018）
著(编)者：任宗哲 白宽犁 牛昉
2018年1月出版 / 定价：89.00元
PSN B-2009-136-2/6

上海蓝皮书
上海法治发展报告（2018）
著(编)者：叶必丰 2018年9月出版 / 估价：99.00元
PSN B-2012-296-6/7

上海蓝皮书
上海社会发展报告（2018）
著(编)者：杨雄 周海旺
2018年2月出版 / 定价：89.00元
PSN B-2006-058-2/7

社会建设蓝皮书
2018年北京社会建设分析报告
著(编)者：宋贵伦 冯虹 2018年9月出版 / 估价：99.00元
PSN B-2010-173-1/1

深圳蓝皮书
深圳法治发展报告（2018）
著(编)者：张骁儒 2018年6月出版 / 估价：99.00元
PSN B-2015-470-6/7

深圳蓝皮书
深圳劳动关系发展报告（2018）
著(编)者：汤庭芬 2018年8月出版 / 估价：99.00元
PSN B-2007-097-2/7

深圳蓝皮书
深圳社会治理与发展报告（2018）
著(编)者：张骁儒 2018年6月出版 / 估价：99.00元
PSN B-2008-113-4/7

生态安全绿皮书
甘肃国家生态安全屏障建设发展报告（2018）
著(编)者：刘举科 喜文华
2018年10月出版 / 估价：99.00元
PSN G-2017-659-1/1

顺义社会建设蓝皮书
北京市顺义区社会建设发展报告（2018）
著(编)者：王学武 2018年9月出版 / 估价：99.00元
PSN B-2017-658-1/1

四川蓝皮书
四川法治发展报告（2018）
著(编)者：郑泰安 2018年6月出版 / 估价：99.00元
PSN B-2015-441-5/7

四川蓝皮书
四川社会发展报告（2018）
著(编)者：李羚 2018年6月出版 / 估价：99.00元
PSN B-2008-127-3/7

四川社会工作与管理蓝皮书
四川省社会工作人力资源发展报告（2017）
著(编)者：边慧敏 2017年12月出版 / 定价：89.00元
PSN B-2017-683-1/1

云南社会治理蓝皮书
云南社会治理年度报告（2017）
著(编)者：晏雄 韩全芳
2018年5月出版 / 估价：99.00元
PSN B-2017-667-1/1

地方发展类-文化

北京传媒蓝皮书
北京新闻出版广电发展报告（2017～2018）
著(编)者：王志 2018年11月出版 / 估价：99.00元
PSN B-2016-588-1/1

北京蓝皮书
北京文化发展报告（2017～2018）
著(编)者：李建盛 2018年5月出版 / 估价：99.00元
PSN B-2007-082-4/8

创意城市蓝皮书
北京文化创意产业发展报告（2018）
著(编)者：郭万超 张京成 2018年12月出版 / 估价：99.00元
PSN B-2012-263-1/7

创意城市蓝皮书
天津文化创意产业发展报告（2017～2018）
著(编)者：谢思全 2018年6月出版 / 估价：99.00元
PSN B-2016-536-7/7

创意城市蓝皮书
武汉文化创意产业发展报告（2018）
著(编)者：黄永林 陈汉桥 2018年12月出版 / 估价：99.00元
PSN B-2013-354-4/7

创意上海蓝皮书
上海文化创意产业发展报告（2017～2018）
著(编)者：王慧敏 王兴全 2018年8月出版 / 估价：99.00元
PSN B-2016-561-1/1

非物质文化遗产蓝皮书
广州市非物质文化遗产保护发展报告（2018）
著(编)者：宋俊华 2018年12月出版 / 估价：99.00元
PSN B-2016-589-1/1

甘肃蓝皮书
甘肃文化发展分析与预测（2018）
著(编)者：马廷旭 戚晓萍 2018年1月出版 / 定价：99.00元
PSN B-2013-314-3/6

甘肃蓝皮书
甘肃舆情分析与预测（2018）
著(编)者：王俊莲 张谦元 2018年1月出版 / 定价：99.00元
PSN B-2013-315-4/6

广州蓝皮书
中国广州文化发展报告（2018）
著(编)者：屈哨兵 陆志强 2018年6月出版 / 估价：99.00元
PSN B-2009-134-7/14

广州蓝皮书
广州文化创意产业发展报告（2018）
著(编)者：徐咏虹 2018年7月出版 / 估价：99.00元
PSN B-2008-111-6/14

海淀蓝皮书
海淀区文化和科技融合发展报告（2018）
著(编)者：陈名杰 孟景伟 2018年5月出版 / 估价：99.00元
PSN B-2013-329-1/1

河南蓝皮书
河南文化发展报告（2018）
著(编)者：卫绍生　　2018年7月出版 / 估价：99.00元
PSN B-2008-106-2/9

湖北文化产业蓝皮书
湖北省文化产业发展报告（2018）
著(编)者：黄晓华　　2018年9月出版 / 估价：99.00元
PSN B-2017-656-1/1

湖北文化蓝皮书
湖北文化发展报告（2017~2018）
著(编)者：湖北大学高等人文研究院
中华文化发展湖北省协同创新中心
2018年10月出版 / 估价：99.00元
PSN B-2016-566-1/1

江苏蓝皮书
2018年江苏文化发展分析与展望
著(编)者：王庆五 樊和平　　2018年9月出版 / 估价：128.00元
PSN B-2017-637-3/3

江西文化蓝皮书
江西非物质文化遗产发展报告（2018）
著(编)者：张圣才 傅安平　　2018年12月出版 / 估价：128.00元
PSN B-2015-499-1/1

洛阳蓝皮书
洛阳文化发展报告（2018）
著(编)者：刘福兴 陈启明　　2018年7月出版 / 估价：99.00元
PSN B-2015-476-1/1

南京蓝皮书
南京文化发展报告（2018）
著(编)者：中共南京市委宣传部
2018年12月出版 / 估价：99.00元
PSN B-2014-439-1/1

宁波文化蓝皮书
宁波“一人一艺”全民艺术普及发展报告（2017）
著(编)者：张爱琴　　2018年11月出版 / 估价：128.00元
PSN B-2017-668-1/1

山东蓝皮书
山东文化发展报告（2018）
著(编)者：涂可国　　2018年5月出版 / 估价：99.00元
PSN B-2014-406-3/5

陕西蓝皮书
陕西文化发展报告（2018）
著(编)者：任宗哲 白宽犁 王长寿
2018年1月出版 / 定价：89.00元
PSN B-2009-137-3/6

上海蓝皮书
上海传媒发展报告（2018）
著(编)者：强荧 焦雨虹　　2018年2月出版 / 定价：89.00元
PSN B-2012-295-5/7

上海蓝皮书
上海文学发展报告（2018）
著(编)者：陈圣来　　2018年6月出版 / 估价：99.00元
PSN B-2012-297-7/7

上海蓝皮书
上海文化发展报告（2018）
著(编)者：荣跃明　　2018年6月出版 / 估价：99.00元
PSN B-2006-059-3/7

深圳蓝皮书
深圳文化发展报告（2018）
著(编)者：张骁儒　　2018年7月出版 / 估价：99.00元
PSN B-2016-554-7/7

四川蓝皮书
四川文化产业发展报告（2018）
著(编)者：向宝云 张立伟　　2018年6月出版 / 估价：99.00元
PSN B-2006-074-1/7

郑州蓝皮书
2018年郑州文化发展报告
著(编)者：王哲　　2018年9月出版 / 估价：99.00元
PSN B-2008-107-1/1

皮书起源

“皮书”起源于十七、十八世纪的英国，主要指官方或社会组织正式发表的重要文件或报告，多以“白皮书”命名。在中国，“皮书”这一概念被社会广泛接受，并被成功运作、发展成为一种全新的出版形态，则源于中国社会科学院社会科学文献出版社。

皮书定义

皮书是对中国与世界发展状况和热点问题进行年度监测，以专业的角度、专家的视野和实证研究方法，针对某一领域或区域现状与发展态势展开分析和预测，具备原创性、实证性、专业性、连续性、前沿性、时效性等特点的公开出版物，由一系列权威研究报告组成。

皮书作者

皮书系列的作者以中国社会科学院、著名高校、地方社会科学院的研究人员为主，多为国内一流研究机构的权威专家学者，他们的看法和观点代表了学界对中国与世界的现实和未来最高水平的解读与分析。

皮书荣誉

皮书系列已成为社会科学文献出版社的著名图书品牌和中国社会科学院的知名学术品牌。2016 年，皮书系列正式列入“十三五”国家重点出版规划项目；2013~2018 年，重点皮书列入中国社会科学院承担的国家哲学社会科学创新工程项目；2018 年，59 种院外皮书使用“中国社会科学院创新工程学术出版项目”标识。

中国皮书网

（网址：www.pishu.cn）

发布皮书研创资讯，传播皮书精彩内容
引领皮书出版潮流，打造皮书服务平台

栏目设置

关于皮书：何谓皮书、皮书分类、皮书大事记、皮书荣誉、
皮书出版第一人、皮书编辑部

最新资讯：通知公告、新闻动态、媒体聚焦、网站专题、视频直播、下载专区

皮书研创：皮书规范、皮书选题、皮书出版、皮书研究、研创团队

皮书评奖评价：指标体系、皮书评价、皮书评奖

互动专区：皮书说、社科数托邦、皮书微博、留言板

所获荣誉

2008 年、2011 年，中国皮书网均在全国新闻出版业网站荣誉评选中获得“最具商业价值网站”称号；

2012 年，获得“出版业网站百强”称号。

网库合一

2014 年，中国皮书网与皮书数据库端口合一，实现资源共享。

权威报告·一手数据·特色资源

皮书数据库

ANNUAL REPORT(YEARBOOK) DATABASE

当代中国经济与社会发展高端智库平台

所获荣誉

- 2016年，入选“‘十三五’国家重点电子出版物出版规划骨干工程”
- 2015年，荣获“搜索中国正能量 点赞2015”“创新中国科技创新奖”
- 2013年，荣获“中国出版政府奖·网络出版物奖”提名奖
- 连续多年荣获中国数字出版博览会“数字出版·优秀品牌”奖

www.pishu.com.cn

成为会员

通过网址www.pishu.com.cn或使用手机扫描二维码进入皮书数据库网站，进行手机号码验证或邮箱验证即可成为皮书数据库会员（建议通过手机号码快速验证注册）。

会员福利

- 使用手机号码首次注册的会员，账号自动充值100元体验金，可直接购买和查看数据库内容（仅限使用手机号码快速注册）。
- 已注册用户购书后可免费获赠100元皮书数据库充值卡。刮开充值卡涂层获取充值密码，登录并进入“会员中心”—“在线充值”—“充值卡充值”，充值成功后即可购买和查看数据库内容。

数据库服务热线：400-008-6695
数据库服务QQ：2475522410
数据库服务邮箱：database@ssap.cn

图书销售热线：010-59367070/7028
图书服务QQ：1265056568
图书服务邮箱：duzhe@ssap.cn

更多信息请登录

皮书数据库
http：//www.pishu.com.cn

中国皮书网
http：//www.pishu.cn

皮书微博
http：//weibo.com/pishu

皮书微信“皮书说”

请到当当、亚马逊、京东或各地书店购买，也可办理邮购

咨询/邮购电话： 010-59367028　59367070

邮　　箱： duzhe@ssap.cn

邮购地址： 北京市西城区北三环中路甲29号院3号楼
华龙大厦13层读者服务中心

邮　　编： 100029

银行户名： 社会科学文献出版社

开户银行： 中国工商银行北京北太平庄支行

账　　号： 0200010019200365434

构涉农贷款总额的17.5%。

诸城农商银行坚持把普惠初心与服务实体经济相结合，深化机制改革，加快创新发展，全面满足农村地区金融服务需求，做支持“三农”发展的普惠银行、助推县域经济的主流银行、服务城乡居民的零售银行。截至2017年末，该行各项贷款117亿元，其中涉农贷款106亿元，占比90.6%；布放助农金融机具农商宝563台，平均全市每两个自然村1台；设立27家农区支行、6家农村社区银行，全面提高金融服务覆盖率和客户满意度，打通农村金融服务“最后一公里”。诸城农商银行在全省首创“1+N”农村社区银行模式，搭建银行网点与农金员有效衔接平台，“1”即1名农金员长期值守，“N”即多种样式、功能互补的电子机具，在农区初步形成了以支行网点为中心、以社区银行为基点、以电子机具为补充的“三位一体”服务模式，实现客户就近安全快速办理业务。

二　山东辖内商业银行普惠金融发展现状

2017年，山东以商业银行为代表的金融机构在普惠金融方面的表现令人瞩目。年末金融机构本外币存款余额91018.7亿元，比年初增加5335.2亿元。年末金融机构本外币贷款余额70873.9亿元，比年初增加5630.4亿元。其中，涉农贷款余额25819.4亿元，增加1690.4亿元；县域贷款余额20707.9亿元，增加1353.7亿元；小微企业贷款余额15330.7亿元，增加1426.9亿元。2017年，山东金融机构发放各类精准扶贫贷款380.5亿元，较上年增长78.1亿元；惠及44.9万贫困人口，较上年增长158%。2017年山东建立扶贫再贷款、支农再贷款等货币政策工具与精准扶贫贷款投放的挂钩机制，并对贫困地区41家新增存款用于当地贷款比例考核达标的县域法人金融机构和省内25家考核达标的农业银行县级“三农金融事业部”，分别执行降低1个和2个百分点的优惠存款准备金率。为更好地推动金融精准扶贫，中国人民银行济南分行组织金融机构对接扶贫部门确定的建档立卡贫困人口，分类建立包括贫困户家庭基本情况、劳动技能、资产构成、生产生活、就业就学、金融需求等内容的精准扶贫金融服务档案，实现贫困户“一户一档”，基本摸清了贫困户融资需求的底数。2017 年全省发放各类贫困户贷款 55 亿元，较 2016 年增加 32.3 亿元。在产业扶贫方面，山东也强化了金融支持。据人行济南分行介绍，2017 年山东开展“金融支持产业扶贫进万家”活动，对符合信贷条件的扶贫生产经营主体融资需求应贷尽贷，全省累计发放扶贫生产经营主体贷款 250 亿元，较上年增长 113.2 亿元；带动帮扶贫困人口 25.1 万人，较上年增长 182%。

商业银行发展普惠金融有利于我国普惠金融体系的进一步完善，对于提高银行服务的覆盖率和普惠金融的可得性，具有非常重要的意义。作为经济转型的一部分，银行等金融机构在提供信贷时也应更加重视住户、中小微企业以及劳动密集型企业。近年来，全国商业银行都在积极推进普惠金融业务的发展，山东商业银行也在不断加强对中小微企业、“三农”和偏远地区的金融服务，推进金融精准扶贫，为本省普惠金融体系的完善做出积极的努力，并取得了显著成就。

多元化普惠金融服务体系初步构建，基本形成了政策性银行、国有大型银行、股份制商业银行、地方法人机构共同推进、互为补充的普惠金融服务供给组织体系。早在 2017 年 9 月，山东已率先在全国实现全省所有行政村金融基础设施、银行卡助农取款服务点和手机支付全覆盖。2017 年 6 月，山东首家民营银行威海蓝海银行开业运行，邮储银行和城商行实现县域全覆盖，大型银行县域支行以下机构占比 43%，小微、社区支行遍布城乡，乡镇银行网点覆盖率、行政村基础金融服务点覆盖率达 100%。除此之外，之所以说山东银行业特别是商业银行在普惠金融方面发展成效显著，最重要的体现则是其在精准扶贫方面所做出的重要贡献。

2017 年，山东银行业深入落实国家普惠金融发展规划，持续推动普惠金融体系建设，不断改善中小微企业、农民、城镇低收入人群、贫困人群和残疾人、老年人等特殊群体的金融服务。在金融精准扶贫方面，不断强化扶贫开发的金融支持，完善金融扶贫工作机制，精准聚焦扶贫重点领域，做好产业扶贫融资需求对接，助力农村地区金融基础设施建设。全年累计发放扶贫贷款877亿元，较年初增长75%，其中小额扶贫信贷较年初增长114%，惠及29.46万贫困人口。山东各银行业金融机构在2017年还创新推出了“金融+产业+就业”模式、“孵化式”产业链就业模式等多种扶贫模式，截至2017年6月底，累计发放产业扶贫贷款245亿元，惠及贫困人口17.1万人。除此之外，根据山东贫困人口“插花式”分布特点，2017年9月，山东省政府推行“分片包干”责任制，即“分片包干”模式，每个乡镇明确一家责任银行，对建档立卡贫困户实行名单制管理，逐户走访和信用评定、对接融资需求、设计金融服务方案。

就目前商业银行发展普惠金融业务的情况来看，特别是大中型商业银行设立普惠金融事业部方面，总体的规划和方案比较健全，但缺少实际有效的落实，这不仅是山东商业银行在推进普惠金融过程中面临的困境，也是全国商业银行必须解决和面对的问题。

三　山东商业银行开展普惠金融业务面临的问题及发展建议

国务院《推进普惠金融发展规划（2016—2020）》对商业银行提出了明确要求：一是加快建设小微企业专营机构，努力提升小微企业融资服务水平；二是创新产品和服务方式，推广创新针对小微企业、高校毕业生、农户、特殊群体以及精准扶贫对象的小额贷款；三是提升科技运用水平，鼓励运用大数据、云计算等新兴信息技术，打造互联网金融服务平台，为客户提供信息、资金、产品等全方位的金融服务；四是发挥互联网促进普惠金融发展的有益作用，鼓励网络支付服务电子商务发展，为社会提供小额、快捷、便民支付服务，提升支付效率；五是推进农村支付环境建设，面向农村地区提供安全、可靠的网上支付、手机支付等服务，拓展银行卡助农取款服务的广度和深度，代理农村地区金融服务机构支付结算业务。银监会普惠金融部负责推进银行业普惠金融工作。《大中型商业银行设立普惠金融事业部实施方案》要求，大中型商业银行要设立普惠金融事业部门，贯彻

"条线化"管理体制和"五专"经营机制，从总行到分支机构、自上而下搭建起普惠金融垂直管理体系，并落实专门的综合服务、统计核算、风险管理、资源配置和考核评价。中国银监会依法对大中型商业银行普惠金融事业部经营情况进行监测与考核，督促相关银行严格落实小微企业贷款增速不低于各项贷款平均增速、户数不低于上年同期户数、申贷获得率不低于上年同期水平的要求。银监会派出机构分别对其辖内大中型商业银行普惠金融事业部业务开展情况进行监测评估，重点关注基础金融服务、信贷投放以及服务的覆盖率、可得性、满意度等。银监会还在小微企业融资和涉农贷款等方面出台了相关政策和考核指标，包括小微企业贷款的"三个不低于"和不良率不高于3.5%或不高于自身各项贷款不良率年度目标的两个百分点，区别对待涉农贷款和小额信贷监管尺度等。但是，在商业银行发展普惠金融的实践中，存在着诸如经营管理体系还不成熟，成本、风险与收益不匹配，普惠金融合作协调不够等各种各样的困难与挑战，山东商业银行普惠金融的发展同样面临很多问题，需要立足实际，结合实践，做出更好的改进。

（一）山东商业银行开展普惠金融业务面临的问题

1. 商业银行普惠金融服务体系不够完善

由于体制机制的原因，现阶段商业银行普惠金融服务体系的基础还比较薄弱，像中小微企业、"三农"等基础金融的服务体系建设相对落后，需要进一步完善。商业银行发展普惠金融，多基于社会责任，追逐利益的目标与普惠金融主体融资需求存在矛盾，导致商业银行提供的产品和服务与普惠金融主体的资金需求难以匹配；"三农"和中小微企业融资难、融资贵的问题，通过现阶段商业银行提供的产品很难得到根本性解决，出于成本和规模的考虑，商业银行大多把资金提供给相对优质的国有企业、上市公司等，普惠金融主体能够从商业银行获得的产品和服务相对较少；商业银行在偏远地区提供普惠金融服务的深度和广度不足，五大行、股份行的机构网点在城市地区较为集中，但在金融资源相对匮乏的欠发达地区却设立较少，而本应服务乡镇的农商行、农业银行、邮储银行等商业银行，也没有完全打通普惠金融的“最后一公里”；商业银行对普惠金融市场的细分还不够充分，普惠金融供给不足，很多有融资需求的普惠金融主体仍无法通过商业银行满足自身的融资需求，只能借助高利贷等非正规渠道获得资金，一定程度上扰乱了地区金融市场。

2. 缺乏地方配套政策

虽然从 GDP 规模上看，山东是经济大省，但人均支出在全国排名上却不具有优势，且全省东西部地区发展极不均衡。随着经济下行压力的加大，地方财政收支更加紧张，尤其是基层财政部门，在预算有限的前提下，由于配套资金落实困难，势必会在推行各项政策时进行取舍。例如，中央涉农贷款增量奖励政策出发点很好，但由于配套资金的大头在省级以下，基层在吃饭财政的背景下，或多或少存在不配套或舍弃该项政策的问题。

财政支持金融发展主要通过贷款贴息、风险补偿、以奖代补等间接手段，资金既十分有限又普惠分散。从中央层面来看，财政金融互动政策仍然较少，规模效应难以发挥。山东省为解决中小微企业融资难问题出台的“政银保”政策虽然“含金量”高，但从开展情况看，银行机构和保险公司的协作力度还不够强；同时，部分金融机构将业务审批权限上收至总公司，审核流程延长，也影响了政策的进一步推广。

3. 商业银行发展普惠金融的可持续性面临挑战

近年来，政府一直在积极推动普惠金融的发展，并鼓励和引导商业银行发展普惠金融，对商业银行的监管要求提出“三个不低于”，以达到商业银行每年对小微企业贷款比例不断上升的目的。但普惠金融的普惠性与商业银行的盈利性某种程度上存在矛盾，政府主导下的商业银行普惠金融可能会对商业可持续性带来挑战。

商业银行发展普惠金融的可持续性，不仅指商业银行在开展普惠金融业务过程中要达到保本微利，提供金融服务的可持续性，还包括中小微企业、“三农”等中低收入群体在享受普惠金融服务时，能够以较低的成本、较便利的方式获得商业银行提供的普惠金融服务。这两者在商业银行发展普惠金融过程中面临着挑战。中小微企业、“三农”等普惠金融服务的重点对象有很大的融资需求，但针对单一个体来说，资金需求量还较小，而且缺少足够的信息，缺少信用担保，缺少抵押担保物等，商业银行对这类资金需求主体的贷款调查比大资金需求者更为繁琐，而且承担的风险也更大，商业银行提供普惠金融服务的内生动力不足；商业银行若更多地考虑自身商业发展的可持续性，提高普惠金融产品与服务的价格，很多中小微企业和普通农户的资金需求无法真正得到满足，普惠金融受众生存与发展的可持续性也就面临挑战；同时，商业银行在乡镇地区提供的金融服务多是传统的存、贷、汇业务，面对多元化、多样性的融资需求，会有无法匹配或者错配的问题。商业银行普惠金融的发展需要政府的引导与鼓励，但也需要商业银行、普惠金融主体等各方的共同努力，寻求风险与创新的平衡，真正做到商业可持续。

（二）山东商业银行开展普惠金融业务的建议

1. 改革商业银行经营管理机制

商业银行大力发展普惠金融，成立普惠金融事业部后，要结合普惠金融的内涵进行经营管理机制的改革。银监会对商业银行普惠金融事业部提出的要求是要实现条线化管理，建立五个专的经营机制，它并不完全以盈利为目的。商业银行在稳健运行的基础上大力开展普惠金融业务的关键是要形成良好的公司治理，这也是实现可持续发展的制度保障。总行层面，普惠金融事业部主要功能在于制定决策，重在制度机制的建设、产品的研发以及风控的把握；分行层面，普惠金融事业部相当于职能部门，重在执行总行做出的决策；还没有建立普惠金融事业部的其他商业银行，可以在总部建立或者指定已有专营部门负责经营普惠金融业务，将本行的普惠金融业务集中到该部门下，其他部门或者分支机构不再经营或管理普惠金融业务。

2. 商业银行要加速构建普惠金融服务体系

为更好地服务中小微企业、“三农”等，提高普惠金融的广度和深度，形成全方位、多层次、广覆盖的普惠金融服务体系，政府大力推进商业银行发展普惠金融。商业银行应积极响应政策号召，整合业务和资源，配套完善的组织框架和经营机制，将发展普惠金融上升到本行的战略高度，加速构建普惠金融服务体系。已经设立普惠金融事业部的商业银行应进一步明确事业部的功能和职责，向更深层次推广，充分发挥事业部的功能作用，尚未建立事业部的商业银行应从本行实际出发积极推动普惠金融事业部的设立。商业银行应充分利用现有营业网点，向社会公众普及金融基础知识，懂得自身权益的维护；创新普惠金融产品与服务，细分普惠金融市场，为不同层次、不同发展阶段、不同规模的中小微企业、“三农”等提供满足其融资需求的银行产品和服务。同时，提供风险管控能力和定价能力，为有条件的普惠金融主体提供投行服务，促进更多的中小微企业等通过上市、发债等不同的渠道满足融资需求。

3. 利用金融科技解决商业可持续性问题

商业银行发展普惠金融，面对的一个很大挑战是商业可持续性问题。普惠金融具有较强的政策性、社会性，但如果盈利与成本和风险不匹配，财务上不可持续，最终也可能只是昙花一现。运用金融科技有助于将普惠金融服务标准化、批量化，降低运营成本，一定程度上提高其商业可持续性。金融科技与普惠金融的深度结合，形成了“数字普惠金融”的概念。2016 年 9 月，G20 杭州峰会通过的《数字普惠金融高级原则》提出，倡导利用数字技术推动普惠金融发展。数字普惠金融运用先进的金融科技手段，以可负担的成本为无法获得金融服务或者缺乏金融服务的群体提供正规的金融服务，更大程度、更大范围地满足普惠金融主体的资金需求。而且，金融科技的运用，降低了商业银行开展普惠金融业务的运营成本以及信用风险管理成本，还极大地提高了普惠金融服务的效率和质量，使商业银行在开展普惠金融业务过程中的可持续问题得到一定程度的解决。但是，需要注意的是，数字普惠金融的出现也改变了传统金融业务的风险特征，需要监管层加强监管来平衡技术创新与风险之间的矛盾。完善监管框架，做好全过程的风险管控，规范产品设计与创新流程，充分发挥政策的引导作用；加强普惠金融受众的权益保护，增强风险意识和风险承受能力，多方面普及金融知识，将可能出现的风险降到最低。

B.4

山东村镇银行发展报告

摘　要：　经过11年的发展，村镇银行已成为我国普惠金融体系的重要组成部分，在为“三农”、中小微企业提供金融服务方面发挥了重要作用。到2017年末，我国村镇银行数量达到1562家①。村镇银行在山东经过了3个阶段的发展，数量居全国之首，对振兴山东乡村起到了重要推动作用。2017年，村镇银行在山东形成以下特点：村镇银行数量达126家，数量居全国首位；中国银行成为在山东组建村镇银行数量最多的发起行；从主发起行性质来看，农商行成为组建村镇银行的主力军；东营莱商村镇银行网点数量达34家，居省内村镇银行首位；齐鲁银行新接受15家村镇银行。在2017年银行业严监管背景下，村镇银行受到一定影响。山东村镇银行在发展中存在差距变大、信息披露不足等问题，本报告从坚持“支农支小”、规范和推动村镇银行并购整合、提高创新能力、完善政策4个方面提出发展建议。

关键词：　山东村镇银行　三农　乡村振兴　发展建议

---

① 2018年2月9日，中国银监会首次对外集中公布了中国银行业金融机构法人名单。截至2017年末，银行业金融机构法人共4549家，即银监会批准持牌经营的总行级机构有4549家。在涉及农村金融方面，其中包括农村商业银行1262家、农村合作银行33家、农村信用社965家、村镇银行1562家、农村资金互助社48家。除特别说明外，本报告所涉及全国村镇银行家数均为1562家。

自20世纪90年代以来，我国金融改革步伐不断加快，政府和金融监管部门积极借鉴国际经验、结合国情推动普惠金融健康发展。2013年，党的十八届三中全会明确提出“发展普惠金融”理念；2015年，国务院印发《推进普惠金融发展规划（2016—2020年）》，将普惠金融列为国家发展战略；2017年，党的十九大提出“实施乡村振兴战略”，而振兴乡村、解决“三农”问题离不开普惠金融的支持。

村镇银行在国外被叫作乡村银行（Country Bank，Rural Bank），在美国也被叫作社区银行（Community Bank）。它指的是在一定的社区范围内按市场化原则设立、运营，主要为社区内中小企业或个人服务的小型银行。这类银行强调提供针对客户需求的个性化服务（Bank on the Personel Touch）。按照中国银监会《村镇银行管理暂行规定》，村镇银行主要是为农民、农业和农村经济发展提供金融服务的银行业金融机构，是普惠金融的有效组成部分。村镇银行的建立，有效地填补了农村地区金融服务的空白，增加了农村地区的金融支持力度。村镇银行是优化农村金融资源配置格局的创新制度安排，是补充农村金融服务供给体系的新型市场主体，坚守“支农支小”的战略定位，承担为农村地区及弱势群体提供金融服务的职责。2017年初，中国银监会提出了培育村镇银行发展的六字方针：“强化、坚守和创新”，即强化定位监管，继续坚守风险底线，积极创新村镇银行的培育模式。2017年我国村镇银行规模继续扩大，根据中国银监会农村中小金融机构监管部副主任马晓光透露，截止到2017年末，全国已组建村镇银行1587家①，资产、贷款余额分别达1.4万亿元、0.8万亿元。经过11年的发展，村镇银行已逐步成为服务农村县域的金融生力军，在合理配置农村金融资源，培育多元化、竞争性农村金融市场，增加农户及小微企业金融服务等方面发挥着重要

① 2018年1月12日，中国银监会召开关于村镇银行有关政策发布会，银监会农村金融部副主任马晓光在会上表示，全国共组建村镇银行1587家，在涉及村镇银行经营和支农支小时提到，村镇银行资产总额已经达到1.4万亿元，贷款余额8000亿元，农户和小微企业贷款合计占比92.3%，户均贷款37万元；已累计为634万客户发放贷款1024万笔，累计放款4.4万亿元，支农支小特色显著。此处与2018年2月9日银监会对外公布的中国银行业金融机构法人名单中1562家村镇银行数量有所不同。

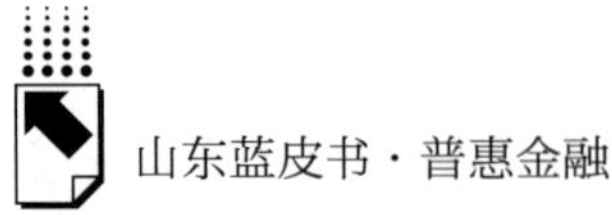

作用。

山东是农业大省，农业户口人口约7000万人，农村常住人口超过4000万人。为深入贯彻党的十九大关于乡村振兴要求，省委、省政府提出“全力推动乡村振兴”。2017年6月，山东省政府发布《关于推进普惠金融发展的实施意见》，提出“逐步建立与本省经济社会发展相适应的普惠金融服务体系，提高金融服务的覆盖率、可得性和满意度；支持村镇银行在乡镇设点和采用更加灵活、便捷的支付清算系统”。截止到2017年末，山东共组建村镇银行126家，数量居全国各省、市（直辖市）首位，村镇银行在支持“三农”、振兴山东乡村方面起到了重要作用。

本报告所涉及的村镇银行数据取自中国银监会、村银网和Wind资讯①，并通过对三方校对完善了2017年山东村镇银行数据。尽管如此，由于相关监管部门和村镇银行本身信息披露不足，经营数据获取困难，因此报告不涉及经营状况分析，这也成了我们的一大遗憾。本报告将围绕山东省村镇银行发展现状及特征、严监管对银行业的影响、村镇银行存在问题以及建议三个方面进行阐述。

一　村镇银行发展现状及特点

自2008年山东第一家村镇银行——即墨京都村镇银行成立以来，村镇银行在山东的发展已经历了10年历史，这期间经历了从无到有、从少到多、数量跃居全国首位的历程。回顾这一历程，主要经历了初建阶段、扩张阶

① 在编写报告过程中，为了力求准确，我们通过多个渠道来寻找村镇银行数据资料，首先查询了中国人民银行、人行济南分行、中国银监会、山东银监局等官网数据，由于公开的资料有限，我们又参考了村银网、Wind资讯以及有关职能部门职员公开发表的网络资料，还包括中国建设银行、中银富登村镇银行、齐鲁银行等银行官网。在具体引用中，自2007年开始，全国村镇银行累计成立数量和2016年、2017年资产、负债规模等数据来自银监会；全国各省市村镇银行数量来自村银网；山东省126村镇银行名称、成立时间（工商备案日期，非开业日期）、网点数量、注册资本等数据取自Wind，主发起行情况取自村银网，股权及注册资本变更情况取自山东省银监局。

段。目前，全省已形成了蓝海系、青隆系、北海系、圆融系、齐丰系5大村镇银行系列，平台化管理、规模化发展模式显现；另外，齐鲁银行接受15家省外村镇银行股权投资，同时也成为在省外设立村镇银行数量最多的一家。

（一）村镇银行发展

1. 初建期（2008 ~2009年）

自2006年12月中国银监会发布《关于调整放宽农村地区银行业金融机构准入政策，更好支持社会主义新农村建设的若干意见》以来，农村地区开立银行业金融机构政策得以放宽，湖北、四川、吉林等6个省（区）率先试点。2007年，中国银监会先后发布《村镇银行管理暂行规定》《村镇银行组建审批工作指引》，试点范围扩大至全国，3月，我国第一家村镇银行——四川仪陇惠民村镇银行成立开业。山东也进行了积极的探索，但是当年未实现村镇银行的组建。从2008年开始，村镇银行在山东辖内陆续成立，11月份，省内第一家村镇银行——即墨京都村镇银行成立开业。同时，张家港农商银行在潍坊成立了1家村镇银行——寿光张农商村镇银行。进入12月，山东省内银行潍坊市商业银行试水农村金融，发起成立了青岛胶南海汇村镇银行，成为山东省内银行发起设立的第一家村镇银行。

2. 扩张期（2010 ~2016年）

这一时期主要经历了两个阶段，一是省外发起行集中组建期（2010 ~ 2012年），二是省内发起行集中组建期（2013 ~2016年）。

2010年5月，国务院发布《关于鼓励和引导民间投资健康发展的若干意见》，支持民间资本以入股方式参与商业银行的增资扩股和农村信用社、城市信用社的改制工作。2012年5月，中国银监会出台《关于鼓励和引导民间资本进入银行业的实施意见》，支持民营企业参与村镇银行发起设立或增资扩股，将村镇银行主发起行最低持股比例由20%降低至15%。这一政策为民营资本进入银行业创造了良好环境。山东村镇银行数量在这一时期迅速增长，数量从2009年末的3家发展到2012年末的57家。其中，这一时期省外发起行组建的村镇银行数量达44家，占据此期间省内村镇银行组建

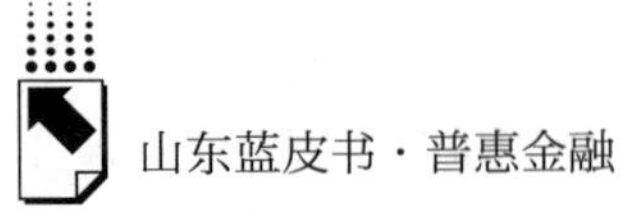

数量的 81.48%，省外发起行成为组建村镇银行的主力。

2014 年，中国银监会发布《农村中小金融机构行政许可事项实施办法》，规定农村中小金融机构的筹建和开业申请，均由银监分局或所在城市银监局受理、审查并决定，方便了村镇银行的申请建立。2015 年，国务院印发《推进普惠金融发展规划（2016—2020 年）》，将普惠金融列为国家发展战略，普惠金融开始稳步推广。截至 2016 年末，根据银监会数据，全国已组建村镇银行 1519 家，资产规模达到 1.24 万亿元。这一时期山东辖内组建村镇银行 69 家，其中，省内发起行共组建村镇银行 52 家，占据这一时期山东省村镇银行组建数量的 75.36%。截至 2016 年末，山东省共组建村镇银行 126 家，数量居全国之首，占全国村镇银行总量的 8.29%。

3. 质变期（2017年）

2017 年 7 月，第五次全国金融工作会议召开，会议强调“建设普惠金融体系，加强对小微企业、‘三农’和偏远地区的金融服务，推进金融精准扶贫”；10 月，党的十九大召开，习近平总书记在报告中提出“实施乡村振兴战略”，随着城乡一体化进程的加速，这一战略给“三农”的发展带来了强大的动力。全国村镇银行数量继续保持增长，新组建村镇银行 43 家，截止到 2017 年末，全国村镇银行数量达到 1562 家（见图 1）。当年山东没有

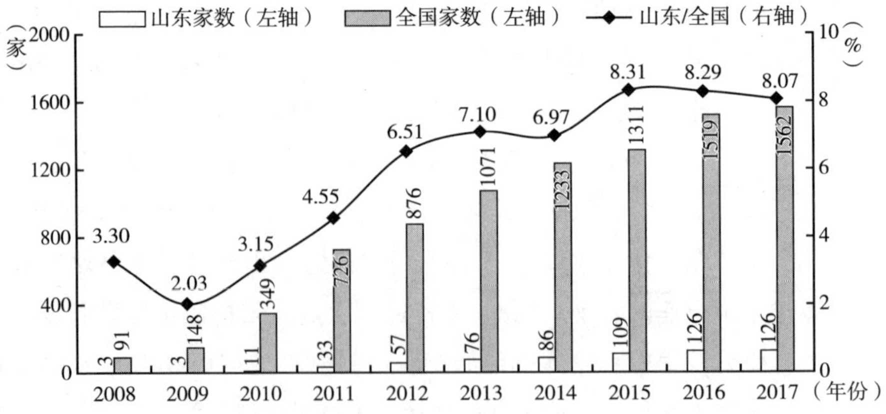

图 1　山东与全国村镇银行数量对比（2008 ~ 2017 年）

资料来源：中国银监会，Wind 资讯，齐鲁财富网。

新设立村镇银行，经过前期的高速增长后，全省村镇银行除了烟台长岛县没有设立外，其他地市均已实现县域全覆盖，根据 6 月山东省政府发布的《关于推进普惠金融发展的实施意见》，山东开始着力提高金融服务覆盖率、可得性、满意度和建设全国领先的金融基础设施。在村镇银行方面，支持村镇银行在乡镇布设网点、拓展业务；为优化农村支付环境，支持村镇银行等农村金融服务机构和网点采取灵活、便捷的方式接入中国人民银行支付系统或其他专业化支付清算系统；同时，鼓励商业银行代理农村地区金融服务机构支付结算业务。山东村镇银行发展已开始由量变向质变转化。

（二）村镇银行发展特点

村镇银行在山东经过 10 年的发展，已在合理配置农村金融资源，培育多元化、竞争性农村金融市场，创新普惠金融产品服务模式，促进民间资本进入银行业等方面发挥了重要作用，也逐步成为扎根县域、“支农支小”的生力军。村镇银行还充分发挥独立法人容易贴近市场、决策链短、机制灵活的优势，创新信贷产品和服务方式，加大了信贷投放力度，着力解决了“三农”和小微企业融资难题，帮助实体经济渡过困难，支持了省内“三农”和小微企业的发展。截止到 2017 年末，共有 44 家主发起行在山东组建了 126 家村镇银行，其中农商行发起组建村镇银行数量较大，单一发起行中国银行组建数量最多，东营莱商村镇银行所设支行及营业网点达 34 家，蓝海系、青隆系、胶东系村镇银行形成自己特色。

1. 村镇银行数量全国第一

2006 年，中国银监会《关于调整放宽农村地区银行业金融机构准入政策，更好支持社会主义新农村建设的若干意见》出台后，农村地区银行业金融机构准入门槛开始放宽，在一系列政策鼓励下，村镇银行雨后春笋般在全国铺开，2017 年全国村镇银行数量已达 1562 家。从区域来看，我国村镇银行主要集中在山东、江苏、浙江等东部沿海省份和中部地区的河南、河北、湖北等省份，而西部地区的内蒙古、云南、四川和贵州等省份村镇银行数量也相对较多，值得一提的是这几个西部省份的广大农村地区地理位置较为偏远，村镇银行“支农支小”的市场定位及其自身优势得到充分体现。从数量来看，目前只有山东突破了100家，紧随其后的江苏、河南等省份数量均在70家左右，山东村镇银行数量遥遥领先。全国有16个省份数量集中50~80家，数量分布相对较为集中。数量排名靠后的是西部地区的西藏，数量为1家，其次是青海的3家（见图2）。

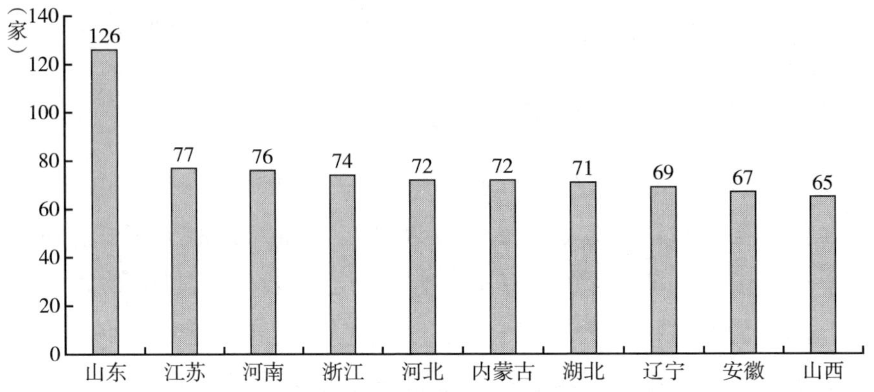

图2　各省份村镇银行数量排名TOP10（2017年）

资料来源：村银网，齐鲁财富网。

山东十分重视金融对实体经济的服务，尤其是2013年发布了“金改22条”之后，积极整合金融资源支持小微企业和农村发展，发挥金融、财政和产业政策协同作用，拓宽县域多元化融资渠道，大力发展服务于农业产业化、农村经济合作组织、专业市场、小微企业和产业集群的金融业务，扩大小微企业和农民创业融资来源。村镇银行作为新型农村金融服务机构专业服务于“三农”，其数量从2011年得到迅速提高，2011年、2012年新组建家数均突破了20家；2013年、2014年新建数量回落，但2015年起恢复增长，2015年、2016年2年时间内新组建数量达到40家；2017年由于各县市基本实现覆盖，整体进入稳定发展时期，全年没有新组建村镇银行（见图3）。

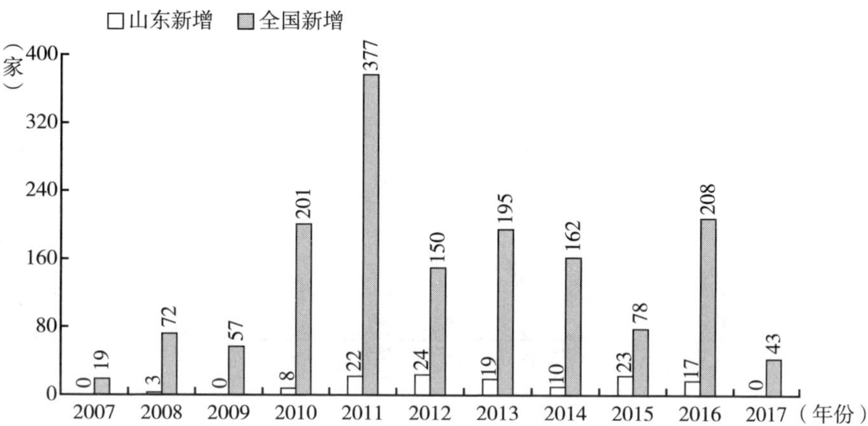

图3　全国和山东组建村镇银行数量（2007～2017年）

资料来源：中国银监会，Wind资讯，齐鲁财富网。

2. 中国银行组建村镇银行数量居首位

从山东村镇银行主发起行来看，中国银行在山东发起组建村镇银行数量多达12家，占据全省126家村镇银行数量的9.52%，数量居全省第一名。为积极落实国家普惠金融战略，支持“三农”发展，破解中小微企业、农户融资难题，实施精准扶贫，中国银行与新加坡淡马锡公司下属的富登金控合作，共同组建了中银富登村镇银行。中银富登村镇银行借助中国银行的品牌和资源优势，结合富登金融的微型金融经验，自2011年起在全国范围内规模化、批量化发起设立村镇银行，积极探索具有中国特色的大型银行发展微型金融之路，努力扶持县域实体经济，解决小微企业以及“三农”客户融资难题，力求填补农村金融空缺，帮助村镇居民提高生活水平。截止到2017年末，除北京之外，中银富登村镇银行在全国12个省市设立了82家村镇银行和77家支行（见图4），其中78%的银行分布在中西部省市，33%的银行位于国家级贫困县，成为国内机构数量最多、地域覆盖范围最广的村镇银行。中银富登村镇银行在山东共组建12家村镇银行，仅次于湖北省的13家，中银富登在助力山东农村经济发展、帮助贫困地区脱贫方面做出了重要贡献。

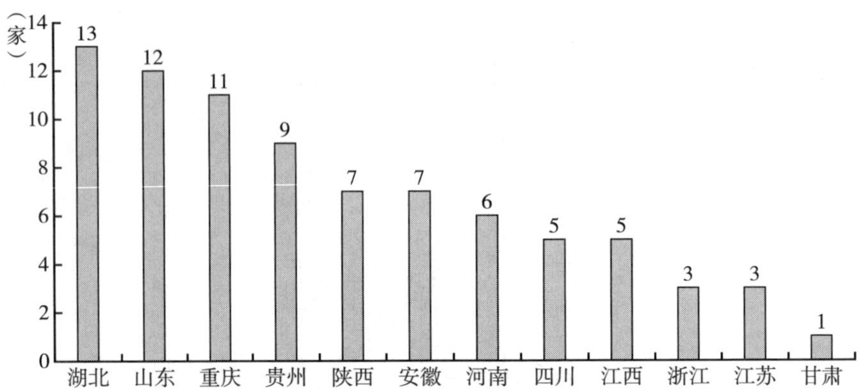

图4　中银富登村镇银行平台省份分布情况（2017年）

资料来源：http：//www. bocfullertonbank. com/，齐鲁财富网。

关于中银富登村镇银行服务“三农”事迹，这里介绍一个典型案例①。

每年2、3月份和8、9月份是山东农村地区化肥销售旺季，下游的农户和零售商需求量猛增，但这却给菏泽曹县某农资有限公司的王玉亮带来了难题，由于货源紧俏，他必须提前打款才能到生产厂家排队提货，却没有那么多的流动资金。货款加上厂家的预付款，王玉亮的资金压力就像紧箍咒一样，每年的两次销售旺季都会遇到。王玉亮不是没有想过贷款，他询问过很多银行，最终都折戟而归，拦路虎就是银行里繁琐而刻板的流程。2011年6月份，曹县中银富登村镇银行找到了王玉亮，在经过严格认真的现场核查后，没过多久村镇银行就给王玉亮提供了贷款支持，此后他的农资公司可以轻松地迎接销售旺季了。实际上，王玉亮选择的这种产品，是中银富登村镇银行根据当地实际情况，经过多次调查摸索而开发出的一款针对中小企业的产品——无忧贷，其特点就是客户可以根据自己的淡旺季及资金需求情况随时还款、随时用款，

① 案例来自中银富登村镇银行网站：http：//www. bocfullertonbank. com/default. php？file = business&id = 1，访问日期为2018年4月17日。

而且没有任何的罚息，既便利了客户，又为客户节约了融资成本。王玉亮不但解决了资金流动问题，还节约了部分的融资成本，成为中银富登村镇银行的朋友。

在五大国有商业银行中，除中国银行外，中国建设银行和交通银行在山东辖内也组建了自己的村镇银行，分别为5家和1家（见图5）。股份制商业银行——民生银行组建了蓬莱民生村镇银行。另外，政策性银行国家开发银行也在2010年组建了自己的村镇银行——龙口国开南山村镇银行（2017年更名为“龙口中银富登南山村镇银行”）。汇丰银行也在全国8个省市组建了村镇银行，2011年在山东省设立了荣城汇丰村镇银行，并于2013年设立了石岛支行营业部。城市行业银行方面，江西九江银行、内蒙古包商银行、宁夏石嘴山银行等和省内齐鲁银行、莱商银行、济宁银行等都在山东辖内组建了村镇银行［详见本章附表——山东省村镇银行名单（2017年）］。

3. 农商行成为组建村镇银行的主力军

农村商业银行和村镇银行历史上有着天然的关系。农村商业银行是农村金融体系改革的产物，其前身是立足于广大农村地区的农村信用社。1979年2月，国务院决定恢复中国农业银行，《关于恢复中国农业银行的通知》（国发〔1979〕56号）规定，农村信用社归中国农业银行管理；1996年国务院发布《关于农村金融体制改革的决定》，再次明确规定农村信用社独立经营；2001年开始，农村信用社开始改制成农村商业银行，此后农村商业银行发展迅速，无论是机构数量还是资产规模、税后利润都得到快速攀升，在农村金融体系中的地位也越来越重要。2006年12月，为了弥补农村地区金融服务不足、金融竞争力不强的问题，中国银监会发布了《关于调整放宽农村地区银行业金融机构准入政策更好支持社会主义新农村建设的若干意见》，提出要在农村地区发展新型农村金融机构，自此拉开了村镇银行发展的序幕。农村商业银行在为“三农”及小微企业提供金融服务方面积累了丰富的经验，作为其发起组建的一级法人单位的村镇银行可以借鉴其成功经验，发挥在农村地区的竞争优势。

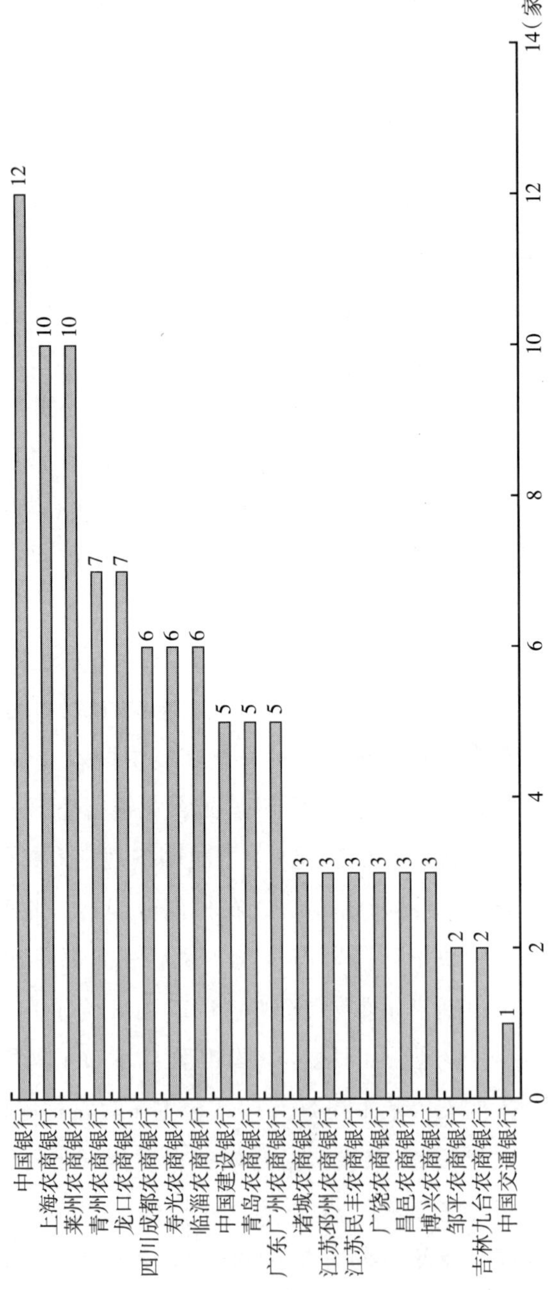

图5　山东村镇银行主发起行组建数量TOP20（2017年）

资料来源：wind资讯，村银网，齐鲁财富网。

从全国范围来看，目前规模较大且营业网点较多的全国性村镇银行发起行主要集中于我国东部经济较为发达的省市，如上海农商银行组建的沪农商系村镇银行、浦发银行组建的浦发系村镇银行、广州农商银行组建的珠江系村镇银行等，还有来自内陆省份的江西九江银行组建的九银系村镇银行和东北黑龙江的哈尔滨银行组建的融兴系村镇银行等（见表1）。这些村镇银行规模较大，具有先进的管理理念，能够为“三农”提供优质的金融产品，且形成自己的特色服务，它们在活跃农村金融市场、助推农村经济发展、服务当地“三农”和小微企业方面获得了社会各界的认可。

表1　全国六大村镇银行平台统计（2017年）

单位：个

主发起行	村镇银行平台	分布省市	网点机构数量	是否上市
上海农商银行	沪农商村镇银行	6	70	否
浦发银行	浦发村镇银行	10	57	否
广州农商银行	珠江村镇银行	9	149	是(香港)
九江银行	九银村镇银行	4	41	否
哈尔滨银行	融兴村镇银行	10	65	否
成都农商银行	中成村镇银行	7	52	否

资料来源：6家村镇银行平台官网，齐鲁财富网。

在山东村镇银行的组建中，农村商业银行起到了主要作用，在126家村镇银行中，27家农商行共发起组建了93家村镇银行，占全省总量的73.81%。山东省内银行发起组建了64家村镇银行，占据全省总量的50.79%（见图6）；在这64家村镇银行中，由省内农商行发起组建的村镇银行共计57家，余下7家由城商行发起组建。由此可见，农商行在村镇银行的组建中起到了主力军的作用（见图7）。从数量上看，上海农商行和莱州农商行各自在山东组建了10家村镇银行，两家成为仅次于中国银行的主发起行，也是农商行中组建村镇银行数量较多的两家；青州农商行和龙口农商行各自在省内组建了7家村镇银行（见图8），两家农商行目前已形成自己的特色，青州农商行组建了青隆系村镇银行，而龙口农商行组建了胶东系

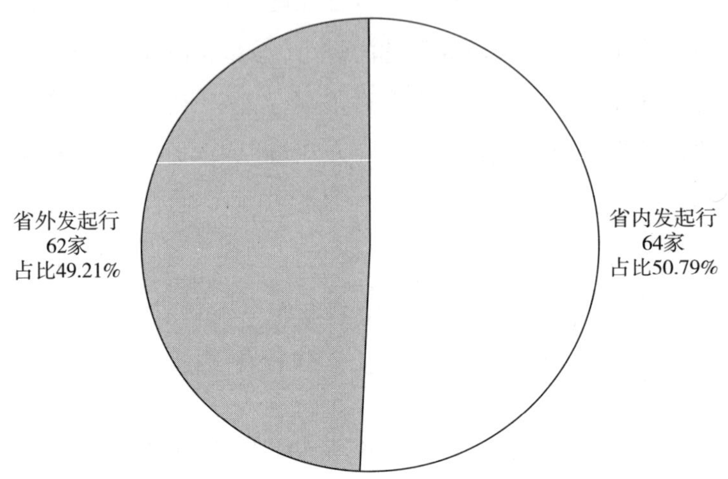

图6　山东省内外发起行组建村镇银行数量及其占比（2017 年）

资料来源：村银网，Wind 资讯，齐鲁财富网。

村镇银行。农商行作为发起设立村镇银行的主力优势较大，但山东省内农商行规模与全国性的上海农商行、广州农商行、成都农商行等银行相比依然存在较大差距，山东省在培育省内农商行方面仍有待进一步加强。

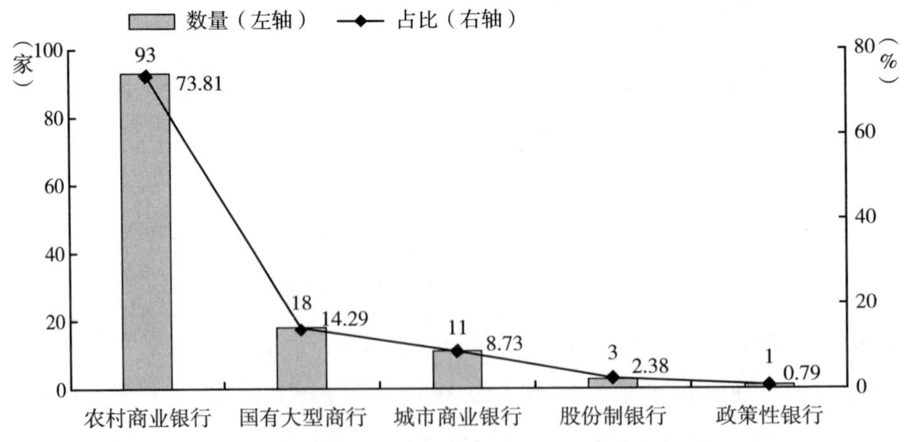

图7　山东村镇银行主发起行性质及其组建数量（2017 年）

资料来源：村银网，Wind 资讯，齐鲁财富网。

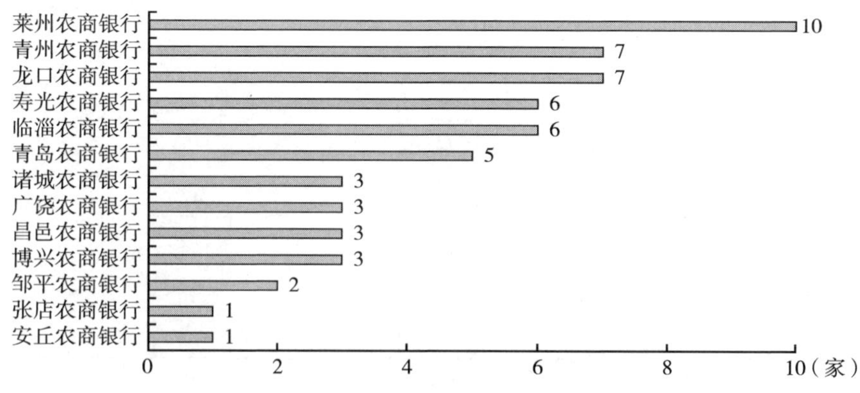

图 8　山东省内农商行组建村镇银行数量（2017 年）

资料来源：村银网，Wind 资讯，齐鲁财富网。

4. 东营莱商村镇银行网点数量排省内第一

截止到 2017 年末，村镇银行在全国设有 5200 多家网点机构。在银行的整体布局规划中，网点是最重要的环节之一，它是银行与客户直接交流的第一平台，是银行参与市场竞争的重要资源。因此，提升银行网点服务力和营销力成为网点建设的重中之重，进而能够提高客户忠诚度和营销业绩，最终提升银行品牌形象和品牌价值。因此，网点选址的成功与否，将直接关系到银行自身形象和市场竞争力。同样，网点数量的多少也影响到客户金融服务的可得性，尤其是在农村地区，没有足够的数量很难获得农户的信任。截止到 2017 年末，山东 126 家村镇银行共有 437 家网点机构。随着互联网金融和移动支付的迅猛发展，银行网点也面临着激烈的竞争，从近 3 年来看，村镇银行新设网点机构数量出现了下降趋势（见图 9）。互联网金融对村镇银行来说既是挑战也是机遇，村镇银行应顺应趋势，创新产品，寻求差异化服务，在服务“三农”方面继续发挥自己的优势。

在山东省 126 家村镇银行中，东营莱商村镇银行注册资本 5.80 亿元，设有 34 家网点机构，是省内注册资本和网点数量均排在第一位的村镇银行。另外，网点机构在 10 ~ 20 家的村镇银行共有 4 家（见表 2），余下 121 家村镇银行网点机构均在 10 家之下。可见村镇银行网点数量差距较大，进而说

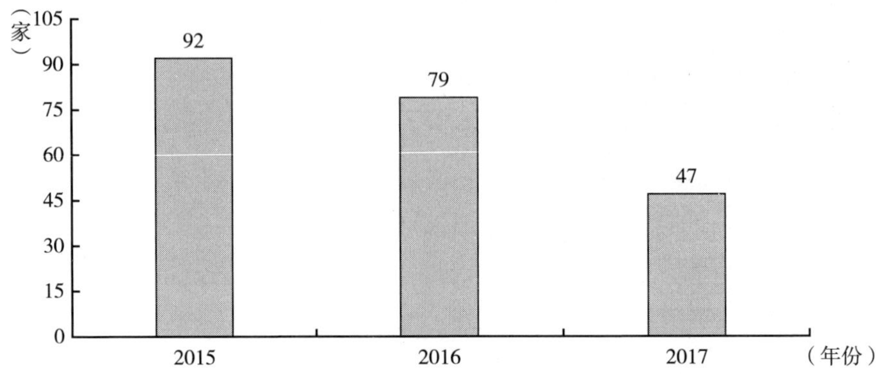

图9　山东村镇银行新设网点机构数量（2015～2017年）

资料来源：Wind资讯，齐鲁财富网。

表2　山东村镇银行网点机构数量TOP10（2017年）

单位：家

排名	村镇银行	地市	发起银行	网点数量
1	东营莱商村镇银行	东营	莱商银行	34
2	济宁儒商村镇银行	济宁	济宁银行	12
3	沂源博商村镇银行	淄博	张店农商银行	12
4	临沂河东齐商村镇银行	临沂	齐商银行	10
5	兰陵村镇银行	临沂	寿光农商银行	10
6	青岛胶南海汇村镇银行	青岛	潍坊市商业银行	9
7	莱芜珠江村镇银行	莱芜	广东广州农商银行	8
8	青岛平度惠民村镇银行	青岛	吉林九台农商银行	8
9	高密惠民村镇银行	潍坊	吉林九台农商银行	7
10	莒南村镇银行	临沂	江苏赣榆农商银行	7

资料来源：Wind资讯，齐鲁财富网。

明村镇银行之间也存在较大的规模差距。东营莱商村镇银行成立于2010年10月，是莱芜市商业银行联合东营当地资本发起组建的新型法人银行，总行位于东营市。作为新型金融机构，东营莱商村镇银行始终坚持“立足当地经济、服务城乡居民、支持小企业”的发展规划，充分体现“小银行服务小企业”的经营思路，致力于为广大小企业、“三农”经济和城乡居民提供全方位、多元化、高品质的金融支持和服务。截至 2017 年末，资产总额达 94.23 亿元，存款余额 80.24 亿元，贷款余额 52.47 亿元，营业网点 34 家，成立 7 年来累计实现净利润 8.42 亿元，累计上缴各类税收 5.12 亿元，各项经营指标位居村镇银行序列全省乃至全国前列。东营莱商村镇银行主动适应广大小企业和“三农”经济的金融需求，给广大小企业和“三农”经济引进全新的金融理念，实现了与区域经济的和谐互动，与其他银行同业的业务互补、共同发展。

5. 村镇银行股权资本变更情况

随着银行竞争的加剧，商业银行的蓝海变成了普惠金融所涉及的中小微客户。大型商行通过集团化的形式发展村镇银行，成为深入县域服务“三农”的有利抓手。2017 年 4 月，中国银行以 9.78 亿元收购国家开发银行持有的 15 家村镇银行股权，成为国内第一宗发起行打包转让名下所有村镇银行股权的案例。中国银行通过这次收购，提升了县域金融服务的具体实践，并扩大了村镇银行规模，巩固了在村镇银行领域的行业领先地位。这次收购案例在一定程度上反映了村镇银行未来发展趋势，村镇银行将向着集团化发展，通过优质的发起行做大做强，村镇银行将获得更多的支持资源。

2017 年，山东共有 12 家村镇银行发生了股权变更，2 家村镇银行发生了注册资本变更（见表 3）。股权变更中包括国家开发银行在山东的龙口国开南山村镇银行股权变更，变更后“龙口国开南山村镇银行股份有限公司”更名为“龙口中银富登南山村镇银行股份有限公司”。商河汇金村镇银行和青岛黄岛舜丰村镇银行还完成了增资扩股。2017 年 11 月，山东银监局批准了《山东商河汇金村镇银行定向募股方案》，商河汇金村镇银行通过向多名自然人发行股份，预募集股份 1500 万股，发行价格为每股人民币 1.00 元，12 月 21 日，注册资本扩至 1.03 亿元。2017 年 3 月，青岛银监局批准《青岛黄岛舜丰村镇银行股份有限公司关于变更注册资本的请示》，变更后注册资本由人民币 1 亿元变更为人民币 1.14 亿元，其中，山东诸城农村商业银行股份有限公司持股 5700 万股，持股比例为 50%；荣成市双久水产食品有限公司持股 800 万股，持股比例为 7.02%；青岛七星施工图审查有限公司持股 800 万股，持股比例 7.02%；青岛丹宁服饰有限公司持股 720 万股，持股比例 6.32%；青岛海之冠汽车配件制造有限公司持股 700 万股，持股比例 6.14%。

表 3　山东村镇银行股权或注册资本变更情况（2017 年）

<table>
<tr><td rowspan="12">股权变更</td><td>莒县金谷村镇银行</td><td>其他公司将股权比例的 9.397% 转让给呼和浩特金谷农村商业银行</td></tr>
<tr><td>龙口国开南山村镇银行</td><td>国家开发银行将所持 51% 股权转让给中国银行和富登金融控股</td></tr>
<tr><td>菏泽牡丹北海村镇银行</td><td>山东华信制药集团 500 万股股权转让给华信东唐医疗科技有限公司</td></tr>
<tr><td>鄄城包商村镇银行</td><td>鄄城海源工贸有限公司 300 万股股权转让给鄄城御府置业有限公司</td></tr>
<tr><td>广饶梁邹村镇银行</td><td>山东金沙投资有限公司 500 万股股权转让给涌金轮胎销售有限公司</td></tr>
<tr><td>日照九银村镇银行</td><td>昌华食品集团 250 万股股权转让给山东观澜房地产开发有限公司</td></tr>
<tr><td>肥城民丰村镇银行</td><td>山东永惠食品有限公司股权归山东永康建设投资有限公司所有</td></tr>
<tr><td>莱州珠江村镇银行</td><td>莱州工艺品集团 640 万股股权转让给山东金源航海洋渔业有限公司</td></tr>
<tr><td>烟台福山珠江村镇银行</td><td>多家公司将 5800 万股股权转让给广州农村商业银行</td></tr>
<tr><td>青岛胶南海汇村镇银行</td><td>青岛老船长航运公司将 500 万股股份转让给盛大城市发展有限公司</td></tr>
<tr><td>肥城民丰村镇银行</td><td>三源家电有限公司 450 万股股权转让给肥城隆源矿业工程有限公司</td></tr>
<tr><td>高密惠民村镇银行</td><td>定项募股 2000 万股</td></tr>
<tr><td rowspan="2">注册资本变更</td><td>商河汇金村镇银行</td><td>注册资本由人民币 9000 万元变更为人民币 10300 万元</td></tr>
<tr><td>青岛黄岛舜丰村镇银行</td><td>注册资本由人民币 1 亿元变更为人民币 1.14 亿元</td></tr>
</table>

资料来源：山东省银监局，齐鲁财富网。

从 126 家村镇银行的情况来看，注册资本分布在 0.30 亿元至 5.80 亿元之间。其中，0.30 亿元至 1.00 亿元（含）之间分布数量最多，共计 108 家，占山东村镇银行数量的 85.71%；注册资本大于 1.00 亿元的仅 18 家，占比为 14.29%（见图 10）；注册资本最大的为东营莱商村镇银行，高达 5.80 亿元。整体来看，比肩于省外较强实力的村镇银行，山东省缺乏大型集团化村镇银行平台，应重点培育自己的村镇银行平台。从国有大型发起行来看，中国银行组建的12家村镇银行中，4家注册资本0.30亿元，5家注册资本0.40亿元，2家0.50亿元，1家0.65亿元；中国建设银行在山东组建的5家村镇银行注册资本均为1.00亿元。通过对比，中国银行组建的中银富登村镇银行系包括山东在内，虽然注册资本额度较小，但组建数量较多，范围覆盖全国，包括西部地区，践行了国家关于村镇银行“支农支小”的战略定位。而中国建设银行组建的村镇银行虽然规模较大，注册资本普遍在1.00亿元之上，但主要集中于华东经济较为发达地区，和中国银行相比，其在帮助西部地区开发、服务“三农”方面存在差别。

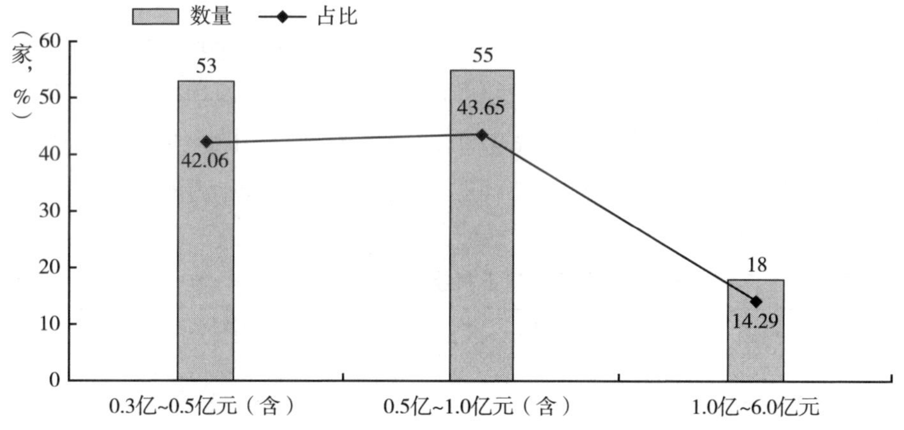

图10　山东村镇银行注册资本分布情况（2017年）

资料来源：Wind资讯，齐鲁财富网。

6. 齐鲁银行接受澳洲联邦银行旗下村镇银行

2017年7月，澳洲联邦银行将其旗下15家村镇银行全部持股股权以股权认购增发股份的形式全部转让给了齐鲁银行（832666. OC），成为2017年继国开行之后打包转让村镇银行股权的第二宗案例。齐鲁银行由此也成为在山东省外设立村镇银行数量最多的银行。

齐鲁银行成立于1996年6月，是全国首批城商行，也是全国第四家和山东省首家实现中外合作的地方银行，同时也是全国首家登陆新三板的城商行。

《齐鲁银行年度报告（2017）》提出，“2017 年是我们实施新三年发展规划的元年”，确立了“打造具有竞争力的精品区域银行，成为中小企业、城乡居民和驱动本地经济的首选银行”的战略愿景，并将县域金融业务列为核心战略之一。因此，从齐鲁银行发展战略来看村镇银行具有较高投资价值。2017 年 7 月齐鲁银行拟通过定增方式募资 50 亿元，定向发行股票分为现金认购和非现金资产认购两种方式。在以 3.90 元/股的认购价格中，其中 11.13 亿股为现金认购，另有 1.69 亿股为非现金资产认购。非现金资产认购的发行对象为齐鲁银行股东澳洲联邦银行，澳洲联邦银行以持有的位于河南、河北 2 省的 15 家村镇银行的股权作为对价参与认购，作价 6.59 亿元。股权转换后，加上 2011 年组建的章丘齐鲁村镇银行，齐鲁银行共持有 16 家村镇银行的控股股权或全部股权（见表4），成为拥有省内外村镇银行数量最多的银行。根据章丘齐鲁村镇银行 7 年的实践经验，旗下村镇银行积极与当地小微企业、农户和种植合作社进行联系，搭建金融服务平台，面向符合条件的小微企业和农户提供资金支持，多措并举，加大投放，持续提升金融服务深度，助力地方经济发展。

表 4　齐鲁银行旗下村镇银行情况（2017 年）

<table>
<tr><td rowspan="16">齐鲁银行</td><td>山东</td><td>章丘齐鲁村镇银行</td></tr>
<tr><td rowspan="7">河南</td><td>济源齐鲁村镇银行</td></tr>
<tr><td>登封齐鲁村镇银行</td></tr>
<tr><td>永城齐鲁村镇银行</td></tr>
<tr><td>渑池齐鲁村镇银行</td></tr>
<tr><td>伊川齐鲁村镇银行</td></tr>
<tr><td>兰考齐鲁村镇银行</td></tr>
<tr><td>温县齐鲁村镇银行</td></tr>
<tr><td rowspan="8">河北</td><td>邯郸邯山齐鲁村镇银行</td></tr>
<tr><td>邯郸永年齐鲁村镇银行</td></tr>
<tr><td>辛集齐鲁村镇银行</td></tr>
<tr><td>成安齐鲁村镇银行</td></tr>
<tr><td>磁县齐鲁村镇银行</td></tr>
<tr><td>魏县齐鲁村镇银行</td></tr>
<tr><td>石家庄栾城齐鲁村镇银行</td></tr>
<tr><td>涉县齐鲁村镇银行</td></tr>
</table>

资料来源：齐鲁银行，齐鲁财富网。

二 村镇银行相关监管政策

（一）三大会议对金融的影响

1. 十九大提出防止系统性金融风险

金融是现代经济的核心，是国家重要的核心竞争力。2017 年 10 月，党的十九大召开，党的十九大报告指出，中国特色社会主义进入新时代，社会主要矛盾已经转化为人民日益增长的美好生活需要和不平衡不充分的发展之间的矛盾。在解决我国经济发展“不平衡不充分”的问题中，金融服务实体经济的能力是其关键因素。解决“不平衡不充分”问题，必须深化金融体制改革，提高直接融资比重，增强金融服务实体经济的能力，促进多层次资本市场的健康发展，必须发展普惠金融。

第一，金融成为现代化经济体系的一部分，金融业要回归本源。建设现代化经济体系，必须把发展经济的着力点放在实体经济上，着力加快建设现代金融、实体经济、人力资源、科技创新协同发展的产业体系。同时把现代金融归为现代化经济体系的一部分，强调了金融是整个国民经济的一部分，与实体经济紧密联系、互相支撑。

第二，深化金融体制改革，增强金融服务实体经济能力。银行在我国金融体系中居主导地位，随着经济新常态的宏观环境，银行应该以服务实体经济为己任，积极主动适应利率市场化和互联网金融发展的挑战，加快差异化、特色化战略转型，支持供给侧结构性改革。民生银行首席研究员温彬认为，为了满足我国经济结构转型升级的客观要求，银行应从普惠金融、科技金融、消费金融、绿色金融 4 个方面加大对实体经济的支持力度。

第三，健全金融监管体系，守住不发生系统性金融风险的底线。习近平总书记强调“金融安全是国家安全的重要组成部分，准确判断风险隐患是保障金融安全的前提”。从当前环境来看，我国金融领域尚处在风险易发高发期，结构失衡问题和违法违规乱象使得潜在风险和隐患不断积累，因此，既要防止“黑天鹅”事件，也要防止“灰犀牛”风险。随着金融创新加快和金融混业经营加速，金融机构、市场、产品之间容易发生风险交叉传染，造成系统性风险。为防止系统性风险发生，必须健全法律法规政策体系和监管机构，明确监管主体，落实监管责任，建立功能监管和行为监管框架，强化综合监管。

另外，党的十九大在涉及普惠金融时还提到两个重要问题，一是实施乡村振兴战略，二是打赢扶贫攻坚战。

“三农”问题是关系国计民生的根本性问题，实施乡村振兴战略是中国特色社会主义进入新时代做好“三农”工作的总抓手。在实施乡村振兴战略中，金融起到重要的支撑作用，乡村振兴和普惠金融相结合，必须做到健全适合农业农村特点的农村金融体系，强化金融服务方式创新，提升金融服务乡村振兴的能力和水平。目前，随着中国城镇化建设的加快，农村金融的供需表现为供给主体的多元化和需求主体的多元化。基层的农村新型金融组织、村镇银行、农商行、国有商行等，形成了农村金融机构的新体系。同时，土地制度改革极大地缓解了抵押和担保问题，加上互联网金融的发展，为农村金融服务注入了新的活力。这些新趋势意味着农村普惠金融体系的建设进入快车道，一个规模多层次、产权多元化、广覆盖、可持续的现代农村金融体系正在加快形成。

党的十九大提出打赢脱贫攻坚战，实施精准扶贫、精准脱贫，“确保到2020年我国现行标准下农村贫困人口实现脱贫，贫困县全部摘帽，解决区域性整体贫困，做到脱真贫、真脱贫。”以前“大水漫灌”式的扶贫方式存在一定弊端，贫困地区仍存在未脱贫的农民和一度脱贫后又返贫的农民。因此，必须实施精准扶贫、脱贫，才能促使贫困地区整体脱贫、全面脱贫，这也是发展普惠金融的意义所在。金融对于农村的扶贫攻坚工作非常重要，首先，明确金融扶贫对象，解决“扶持谁”的问题。建立贫困户建档立卡信息和多维贫困识别体系，完善贫困人口有进有出机制。其次，金融扶贫要解决“谁来扶”的问题。中国人民银行可以充分运用政策工具，引导金融资源向贫困地区聚集，政策性银行可以在贫困地区基础设施和外部发展环境方面提供支持，商业银行、村镇银行应积极向贫困地区延伸服务网点，实现贫困地区金融服务全覆盖。最后，创新金融扶贫模式，通过普惠金融解决“怎么扶”的问题。充分利用国家扶贫政策，推动信贷资金流向农村，推动政府、银行、保险小额扶贫贷款模式，完善农村生产要素确权、登记、评估市场，利用互联网信息搭建农村面向城市消费者的供需平台，精准对接贫困人口，解决好贫困人口脱贫的可持续性问题。

2. 全国金融工作会议提出“三大任务”和“四项原则”

2017 年 7 月，第五次全国金融工作会议召开，这个五年召开一次的会议是在经济步入新常态、中央推动供给侧结构性改革和经济去杠杆的大背景下召开的，将对我国金融业改革、发展和稳定产生深远影响，具有重要意义。近年来，我国金融业取得了长足的发展，金融服务效果显著。但是我国金融业在发展过程中也积聚了一定的风险。因此，在此次会议上，习近平主席提出“服务实体经济、防控金融风险和深化金融改革”三大任务，针对三大任务又提出“回归本源、优化结构、强化监管、市场导向”四项原则，强调要把主动防范化解系统性金融风险放在更加重要的位置。

（1）“三大任务”的具体内容

首先，服务实体经济。金融要回归本源，真实的服务于实体经济。打击金融空转、房价飙升等挤压实体经济的行为，同时发展直接金融，进行国有大行战略转型，发展中小和民营金融。其次，防控系统性金融领域风险。防止发生系统性金融风险是金融工作的永恒主题。通过实施稳健货币政策，规范地方债，金融去杠杆等多措施降低金融风险。监管体系中实行监管问责制。最后，深化金融改革。会议决定设立国务院金融稳定发展委员会，这是补齐监管短板、加强金融监管协调的重要举措，“改变了过去可能没有更高的权威机关来协调各监管部门问题或者协调机制不完善的弊病”①。

① 申万宏源证券首席宏观分析师李慧勇：《金融工作会议解读：坚定深化金融改革》，中国经济网，2017 年 7 月 20 日。

（2）“四项原则”的政策含义

全国金融工作会议指出，金融工作要把握好四个重要原则。一是回归本源，服从服务于经济社会发展。金融要为实体经济服务，并要全面提升服务水平和效率，把更多金融资源引导到经济发展的薄弱环节和重点领域，以更好满足实体经济多样化的金融需求。二是优化结构，完善金融市场、金融机构、金融产品体系。要坚持质量优先原则，使得金融业发展同经济社会发展相协调，降低实体经济成本、提高资源配置效率、促进融资便利化、保障风险可控。三是强化监管，提高防范化解金融风险能力。要以防范系统性金融风险为底线，以强化金融监管为重点，加强宏观审慎管理制度建设和功能监管，加快相关法律法规建设，完善法人治理结构，重视行为监管。四是市场导向，发挥市场在金融资源配置中的决定性作用。要以社会主义市场经济改革为导向，做好政府对市场的合理调控，提高金融资源配置效率，完善市场约束机制。加强和健全市场规则，改善政府宏观调控。

3. 中央经济工作会议提出：金融防风险居首

2017 年 12 月，中央经济工作会议举行。这次会议强调“今后三年要重点抓好决胜全面建成小康社会的防范化解重大风险、精准脱贫、污染防治三大攻坚战。打好防范化解重大风险攻坚战，重点是防控金融风险，要服务于供给侧结构性改革这条主线，促进形成金融和实体经济、金融和房地产、金融体系内部的良性循环，做好重点领域风险防范和处置，坚决打击违法违规金融活动，加强薄弱环节监管制度建设。”

尽管会议没有提及“去杠杆”，但金融风险防控依然是重点，不管是房地产、实体，还是金融机构、地方融资风险，追其根本都在金融。因此，必须围绕防风险服务，采取措施控制降低金融杠杆率，继续深化金融严监管。

4. 大中型商业银行设立普惠金融事业部

2017 年李克强总理在《政府工作报告》中提出，鼓励大中型商业银行设立普惠金融事业部，国有大型银行要率先做到，实行差别化考核评价办法和支持政策，有效缓解中小微企业融资难、融资贵问题。2017 年 5 月下旬，中国银监会、中国人民银行等多部门发布《大中型商业银行设立普惠金融事业部实施方案》，商业银行设立普惠金融事业部，将聚焦小微企业、“三农”、创业创新群体和脱贫攻坚等领域，在弥补金融服务短板，增加金融有效供给，促进金融业可持续均衡发展方面起到推进作用。

全年5家大型国有商行和多家商业银行均成立了普惠金融事业部。普惠金融事业部按照“条线化”管理体制和有关经营机制，聚焦“三农”、小微企业、创业创新群体等领域，更好地为社会各阶层提供普惠金融服务。商业银行组建普惠金融事业部，一方面是培育农业农村发展新动能、推动大众创业万众创新和助推经济发展方式转型升级的有效途径，也是银行业坚持主业、回归本源的重要体现；另一方面，则是要探索建立可持续发展的普惠金融商业模式，走出一条具有中国特色的普惠金融发展之路。例如，2017年6月，中国银行以中银富登村镇银行为基础成立了普惠金融事业部，经营主体较为集中，基本形成了一整套可持续的普惠金融商业模式。

（二）有关村镇银行的业务监管

1. 中国人民银行政策

第一，2017年起，表外理财正式纳入MPA（宏观审慎评估体系）考核，引导理财业务回归资管本质。2016年12月，中国人民银行发布消息，从2017年第一季度起将表外理财纳入MPA（宏观审慎评估体系）考核。近年来，随着银行业的严监管，为满足监管要求部分银行将部分表内资产转移至表外，实现“资产出表”。此次将银行表外理财正式纳入MPA考核，要求银行提高自身资产管理水平，引导理财业务回归资产管理本质，同时也是金融去杠杆，缓慢释放表外理财风险的需要。

第二，部分同业存单纳入MPA考核，取消1年以上NCD发行。2017年8月，中国人民银行发布的《2017年第二季度中国货币政策执行报告》指出，从2018年第一季度起，将资产规模5000亿元以上的银行发行的1年以内同业存单纳入MPA进行负债考核。将同业存单纳入MPA考核，是为了更全面地反映金融机构对同业融资的依赖程度，引导金融机构做好流动性管理，同时有助于长期防控金融风险，推动资金进入实体经济。

第三，规范整顿“现金贷”。2017 年 12 月初，中国人民银行与中国银监会联合发布《关于规范整顿“现金贷”业务的通知》，清理整顿现金贷行业乱象，划定从业机构应遵循的红线。通知要求，“银行业金融机构不得以任何形式，为无放贷业务资质的机构提供资金发放贷款，不得与无放贷业务资质的机构共同出资发放贷款”。同时还规定，“银行等与第三方机构合作开展贷款业务的，不得将授信审查、风险控制等核心业务外包；银行业金融机构及其发行、管理的资产管理产品不得直接投资或变相投资以‘现金贷’、‘校园贷’、‘首付贷’等为基础资产发售的（类）证券化产品或其他产品”。监管从严整治现金贷风险，严控银行等金融机构通过保证金、配资、联合放贷、助贷等模式，变相参与到“现金贷”资金来源和业务合作，整治行业乱象，防范潜在金融风险。

2. 中国银监会政策

（1）净化金融环境，启动专项治理

2017 年 3 月，中国银监会发布了《关于开展银行业“违法、违规、违章”行为专项治理工作的通知》，要求在银行业金融机构中全面开展“违反金融法律、违反监管规则、违反内部规章”行为专项治理工作。通过开展“三违反”行为专项治理，促使银行业金融机构进一步深化合规文化建设，筑牢依法依规依章经营的制度基础和机制保障，确保“不越监管底线、不踩规章红线、不碰违法违规高压线”。

与此同时，中国银监会还下发了《关于开展银行业“监管套利、空转套利、关联套利”专项治理的通知》，针对银行业金融机构投资业务、同业业务、理财业务等领域，对这些跨市场、跨行业交叉性金融业务中存在的链条长、杠杆高、套利多、嵌套多等问题开展的专项治理。

4 月 6 日，中国银监会发布《关于开展银行业“不当创新、不当交易、不当激励、不当收费”专项治理工作的通知》，专项治理瞄准银行同业业务、理财业务、信托业务。通过治理行动，强化了银行金融机构风险管理和内部控制，使得金融创新与自身风险管理和风险承受能力相匹配，能够有效管控新业务、新产品面临的各类风险，牢牢守住不发生系统性风险的底线。

4 月 7 日，中国银监会发布《关于集中开展银行业市场乱象整治工作的通知》，由中国银监会牵头现场检查，组织全国银行业进行集中整治市场乱象，这十大乱象包括：股权和对外投资方面；机构与高管；规章制度；业务；产品；人员行为；行业廉洁风险；监管履职；内外勾结违法方面；涉及非法金融活动方面，对非法集资、地下钱荒、乱办金融等活动进行打击和取缔。文件不仅强化了对于银行行为的外部监管，对于公司内部治理、激励机制、人员行为和行业廉洁等也做出严格规定和改革调整，大幅抑制银行机构冒险冲动，引导部分机构从追求利润转向追求安全性。

通过以上专项治理和对市场秩序的整顿，净化了金融环境，使金融回归本源，进一步为实体经济服务。

（2）银行风险防控的十大重点领域

2017 年 4 月 7 日，中国银监会发布《关于银行业风险防控工作的指导意见》，明确了银行业风险防控的重点领域，要求银行“摸清风险底数”“严控增量风险”“处置存量风险”“提升风险缓释能力”。提出十条重大监管要求，即：

- 加强信用风险管控，维护资产质量总体稳定；
- 完善流动性风险治理体系，提升流动性风险管控能力；
- 加强债券投资业务，密切关注债市波动；
- 整治同业业务，加强交叉金融业务管控；
- 规范银行理财和代销业务，加强金融消费者保护；
- 坚持分类调控、因城施策，防范房地产风险；
- 加强地方政府债务风险管控，切实防范地方政府债务风险；
- 推进互联网金融风险治理，促进合规稳健发展；
- 加强外部冲击风险加测，防止民间风险向银行业传递；
- 维护银行业稳定，防止出现重大案件和群体事件。

（3）防范利益输送，规范金融机构吸收公款存款行为

2017 年 6 月 21 日，中国银监会发布《关于进一步规范银行业金融机构吸收公款存款行为的通知》，整顿规范银行业金融机构吸收公款存款行为，

在严禁利益输送、防范道德风险、强化廉洁从业、提升服务水平方面提出具体要求。银行业金融机构办理公款存款业务，“不得向公款存放主体相关负责人员赠送现金、有价证券与实物等；不得通过安排公款存放主体相关负责人员的配偶、子女及其配偶和其他直接利益相关人员就业、升职，或向上述人员发放奖酬等方式进行利益输送。若公款存放主体相关负责人员的配偶、子女及其配偶和其他直接利益相关人员为银行业金融机构员工，该员工应实行回避，对不按规定回避的，所在机构要作出严肃处理”。

（4）银行流动性风险管理加码，中小行被有效监管

2017 年 12 月 6 日，中国银监会就《商业银行流动性风险管理办法（修订征求意见稿）》公开征求意见。相关修订的主要内容包括新引入三个量化指标，完善流动性风险监测体系，细化流动性风险管理相关要求。意见弥补了之前对资产规模在 2000 亿元以下的中小银行缺乏有效监管的短板，加强了对银行同业业务的抑制，有助于鼓励银行业务服务实体经济、回归传统业务本源。

3. 有关村镇银行多部委联合监管政策

（1）取消多项收费，中小企业或将获得实惠

2017 年 7 月 10 日，国家发展改革委、中国银监会发布《关于取消和暂停商业银行部分基础金融服务收费的通知》，取消个人异地本行柜台取现手续费，暂停收取本票和银行汇票的手续费、挂失费、工本费 6 项收费等。通知调整较大的主要是对公业务，即本票、汇票的费用减免，中小企业或将从此规定中获得实惠。

（2）规范互联网金融，治理“现金贷”乱象

2017 年 12 月初，互联网金融风险专项整治、P2P 网贷风险专项整治工作领导小组办公室正式下发《关于规范整顿“现金贷”业务的通知》。通知要求，进一步规范银行业金融机构参与“现金贷”业务。内容指出，第一，银行业金融机构应严格按照有关监管和风险管理要求，规范贷款发放活动。第二，银行业金融机构不得以任何形式为无放贷业务资质的机构提供资金发放贷款和共同出资发放贷款。第三，银行业金融机构与第三方机构合作开展

贷款业务的，不得将授信审查、风险控制等核心业务外包。第四，银行业金融机构及其发行、管理的资产管理产品不得直接投资或变相投资以“现金贷”“校园贷”“首付贷”等为基础资产发售的（类）证券化产品或其他产品。

4. 监管政策对银行业的影响

目前，我国金融负债率过高，降杠杆的本质就是降低负债，2017 年在金融监管风暴下，金融机构开始实质性去杠杆，业务向着规范化发展，诸如理财和同业的空转问题、银行调整监管指标、银行藏匿不良贷款等问题得以解决，但也对市场产生了一定的冲击。

第一，委外业务收缩，未来业务趋于正常化。2017 年 5 月，中国银监会对所有发行过分级型理财产品的银行进行窗口指导，要求暂停新发分级型理财产品，目的亦是防止委外资金通过加杠杆进入债市产生利益输送。在此背景下，委外定制债基遭遇赎回，债券型基金规模开始缩水。一些配置较为激进的银行迫于监管压力主动收缩委外业务，另一些由于在委外业务中收益不理想的银行迫于负债端的压力会对委外业务进行被动赎回，对中小行尤其是城商行、农商行来说影响较大。通过规范委外业务，使得银行调整产品结构，向优化资产配置方向发展。

第二，同业存单、同业理财增速放缓。在当前“去杠杆”的大背景下，加强对同业存单业务的监管，同业存单发行缩量将是长期趋势，随着同业存单发行增速趋缓，银行负债端的压力增大，将着手调整资产负债结构，更多的资源将配置到存款业务。理财业务方面，受到偏紧的货币政策带来的货币市场资金价格走高以及监管层要求消除多重嵌套、统一杠杆倍数、限制非标投资和通道业务的背景下，有些产品到期后不再续做，理财业务规模呈现出下降态势。同业理财作为通道的职能弱化，表外资金逐步回归表内，理财增速将放缓。此外，由于理财业务是中间业务增收和转型的重要部分，理财业务增速回落、定期存款利率上行，将对银行业盈利水平带来一定影响。

第三，资金池业务严格禁止，通道业务收缩。2017 年初一行三会资管新规指导意见禁止银行理财、证券期货类资管产品、基金子公司、保险资管产品以及信托产品等开展资金池业务，统一杠杆要求，并对非标投资和通道业务进行限制，严禁多层嵌套，要求除 FOF、MOM 外资产管理产品不得投资其他资产管理产品。从监管影响来看，出于指标腾挪的纯通道业务将无法持续，监管层鼓励的是券商和基金进行主动管理的业，在此过程中，实行统一标准、协同监管、明确责任分割将在未来逐步细化。此外，此次监管严禁银行信贷借道建筑业或其他行业投向限制行业，禁止借助通道业务等变相融资，房地产和政府融资平台的融资难度将会加大。

第四，货币市场利率上扬，银行负债端压力上行。在监管加强的预期下，2017 年以来，商业银行负债端成本全面上行。上海清算所银行间信用债综合指数（总收益）年初值为 109.63，年内一路震荡上行，在 4 月末 5 月初和 11 月经历短时间小幅回落外，整体一直保持上升趋势，年末上升至 113.03。由于银行主要通过期限错配的方式盈利，短期内商业银行可通过强化成本管理等方式消化负债端的压力，但在同业监管长期持续的背景下，为保证净息差不至于大幅收窄，长期来看银行有动机提高信贷定价以进行资产端的调整。值得注意的是，对于股份制银行等存款核心类负债发展能力不强的中小银行来说，其对于同业负债的依赖度较高，强监管背景下在负债来源受限而资产短期内无法调整到位的情况下，其面临的流动性压力可能有所上升。

三 村镇银行存在问题

经过十几年的发展，我国村镇银行已进入稳步发展阶段。村镇银行之间的差距开始变大，但市场潜力仍然较大。村镇银行增加了县域金融服务的供给，促进了普惠金融建设，对小微企业和“三农”发展起到了促进作用，但覆盖面依然不够。主发起行制度对村镇银行的发展发挥了重要作用，但仍存在一家独大的弊端。不同村镇银行之间运行状况分化开始出现，对于业务牌照、经营地域等方面的监管政策已不能适应当前发展的需要，应该进行适当调整。村镇银行在服务小微企业和“三农”道路上难免不会出现一些问题，正视存在问题并解决问题，才能在“支农支小”的普惠金融道路上走得更远。2018年初，国务院批准了《山东新旧动能转换综合试验区建设总体方案》，在省域支持新动能发展过程中，在“大众创业、万众创新”号召下，中小微企业和农民通过新发明或者自身创业走上致富之路，这都是新动能的一部分，而这又来不开金融的支持。因此，探讨村镇银行的发展之路具有重要意义。

（一）村镇银行差距扩大

由于我国多数村镇银行脱胎于股份制银行、城商行、农商行，所以自身的管理经营机制也大多照搬发起行模式，而这种模式并不完全适用于县域或者村域市场，造成了管理机制和市场需求之间的矛盾。村镇银行多接近于广大农村地区，专业管理人才较少造成经营水平低，加之发起行的话语权较大，在经营灵活性上造成了障碍。农村地区还具有经济特性、文化作风的高度趋同性，使村镇银行暴露在风险集中度高、客户违约概率大的风险环境中。国家给予村镇银行的战略定位是“支农支小”，惠民、惠农，带动地方经济，帮助农民脱贫和发家致富，但由于村镇银行也是“自主经营，自担风险，自负盈亏，自我约束”的独立的企业法人，各发起人或出资人必然会把实现利润最大化作为自身最大的追求目标，这就不能排除少数管理层舍弃村镇银行建立的初衷和本质，单纯地追求经济效益，改变服务方向延续其他银行的经营模式。

虽然在2017年末全国村镇银行资产已达1.4万亿元，但据不完全统计，大部分村镇银行的资产规模仍然在2亿~7亿元，据中国社科院农村发展研究所和中国村镇银行发展论坛组委会等单位发布的《中国村镇银行发展报告2016》指出，2015年有80.36%的村镇银行实现盈利，19.37%的村镇银行处于亏损状态。由于缺乏完整数据披露，2017年全国村镇银行的经营状况目前尚无法得知。但面对商业银行净利润增长额的持续下降，作为银行业最薄弱的群体村镇银行情况也不会太乐观。

尽管村镇银行发展中面临种种困难，但是一批村镇银行坚持“支农支小”战略定位，坚持服务“三农”和中小微企业为导向，深入所在环境进行实地调查，创新服务举措和拓宽服务深度，不但支持了当地经济的发展，还壮大了本身。例如山东省内东营莱商村镇银行，截至2017年末，资产总额达94.23亿元，同比增长11.95%；存款余额80.24亿元，贷款余额52.47亿元，成为山东规模靠前的一家村镇银行。由中国县镇金融机构发展促进委员会和中国村镇银行发展论坛组委会以及联合国家开发银行、浦发银行等多家银行共同对全国村镇银行进行了排名，2017年全国百强村镇银行中山东共有兰陵村镇银行、青岛胶南海汇村镇银行、临清沪农商村镇银行和临朐聚丰村镇银行4家入选。随着村镇银行网点数量的增加，之间的竞争在加剧，创新并适应当地文化环境、得到当地百姓信任的村镇银行在逐渐壮大，而那些缺乏创新、适应能力差的村镇银行资产逐步萎缩，村镇银行之间的差距在不断扩大，未来村镇银行股权并购或成为常态化。

（二）信息披露不足

在金融市场上，信息的流动引导资源配置。提升信息透明度，有利于市场参与者之间公平和有效地进行交换，从而优化市场资源配置，促进资本市场的健康发展。作为国家金融体系的重要组成部分，银行与普通企业相比拥有更广泛的利益相关者，其信息披露的及时性、有效性对市场和社会的影响更大，因而银行更应该及时、真实地公布经营数据、突发事件等相关信息。全球金融危机过后的2009年，美国联邦最高法院大法官路易斯·布兰代斯（Brandeis D. Louis）在他《别人的钱：投资银行家的贪婪真相》（*Other People's Money and How the Bankers Use It*）一书中曾经写下“阳光是最好的防腐剂，路灯是最好的警察”这一经典名句。事实上，对于所有金融机构而言，信息披露也是监管的重点和核心。2007年实施的《商业银行信息披露办法》明确规定商业银行应按照本办法规定披露财务会计报告、各类风险管理状况、公司治理、年度重大事项等信息。可见，金融机构的信息披露是其职责所在。青岛大学的孙国茂教授在《普惠金融组织与普惠金融发展研究》一书中说："金融建立在信任（信用）的基础上，信息披露对于金融机构非常重要。人类社会的一个共同的和基本的常识就是，当你不了解一个人、一个机构或者事物时，你就不可能对它产生信任！"尽管法律规定了银行等金融机构要进行信息披露，多位专家学者也呼吁金融机构要接受公众监督，定时披露信息。但是，受制于制度的落后和技术的限制，很多监管部门和金融机构并未做到及时有效的披露信息。事实上，我们在编写报告过程中，查阅了大量的监管部门网站和金融机构官网，但得到的信息量极其有限。通过查阅山东村镇银行网站以及电话回访等方式，最终统计发现，山东有 31 家村镇银行拥有自己的独立网站，有 27 家村镇银行在主发起行官网进行展示，49 家村镇银行通过本系主网宣传。另外，有 15 家村镇银行只能通过"百度百科"呈现银行资料，余下 4 家只能通过在互联网发布的招聘广告来呈现（见图 11）。

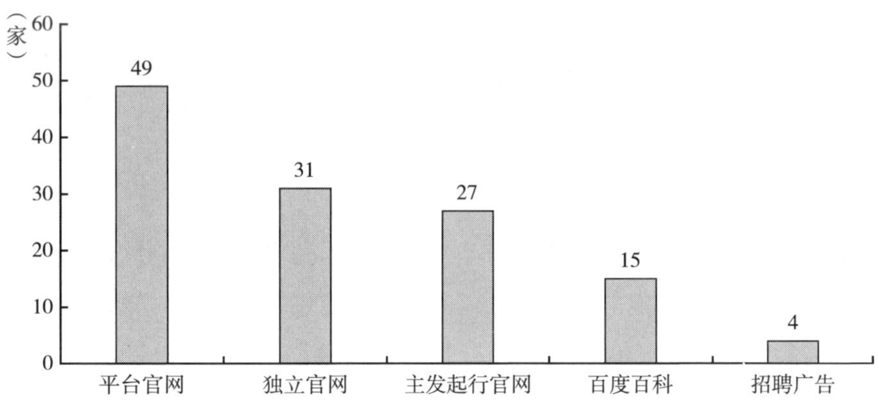

图 11　山东村镇银行网络资料呈现情况（2017 年）

资料来源：齐鲁财富网。

从 31 家村镇银行网站内容来看，除介绍相关业务产品外，而《商业银行信息披露办法》中规定的有关经营数据、年度财务报告内容却没有披露在官网上。相反，由于监管的要求，全国披露信息比较规范的是已经登陆新三板和预登陆新三板的村镇银行，其中已登陆新三板的村镇银行有鹿城银行

(832792. OC)、客家银行(839969. OC)和国民银行(870874. OC),其中国民银行(870874. OC)是一家2017年3月登陆新三板的浙江省村镇银行。从山东来看,目前青岛农商银行正准备登陆新三板,旗下蓝海系村镇银行共有8家,其中省内分布5家,在信息披露方面较为完善。可见,监管部门应该主动监督,金融机构为完善治理结构应该积极主动披露信息,自动接受公众监督。

(三)村镇银行业务单一

中国银监会公布的《村镇银行管理暂行规定》明确规定,村镇银行是独立的企业法人,村镇银行以安全性、流动性、效益性为经营原则,自主经营,自担风险,自负盈亏,自我约束。村镇银行可经营业务包括:吸收公众存款;发放短期、中期和长期贷款;办理国内结算;办理票据承兑与贴现;从事同业拆借;从事银行卡业务;代理发行、代理兑付、承销政府债券等。按照有关规定,可代理政策性银行、商业银行和保险公司、证券公司等金融机构的业务。虽然业务内容很多,但从实际情况来看,山东村镇银行主要业务局限于人民币存、贷款、柜面结算及同业业务,业务品种、结算手段单一。

由于受经营规模小、服务范围窄、科技力量薄弱等因素制约,部分村镇银行还不具备开展规定的全部业务范围,业务范围较窄。在村镇银行核心系统业务中,根据中国人民银行济南分行的调查数据①,网上银行电子渠道业务开通率仅为41.4%,该类业务的缺失直接屏蔽了客户需求,制约了其业务的拓展和规模的发展。核心系统中支持银行卡业务的村镇银行有30家,但实际上获得发卡资质的村镇银行仅16家,占村镇银行总体比例的27.6%,且尚未有村镇银行发行金融IC卡,发卡量也不足全省发卡总量的万分之一。为满足村镇银行客户需求,更好地为广大客户提供多品种的个性

① 数据来自网络资料,网址:http://www.cfc365.com/case/2013-09-03/10984.shtml,取自日期2018年4月20日。

化服务，提高自身竞争力，村镇银行开展多种业务已经势在必行。另外，村镇银行还普遍存在信贷信息缺失的情况，这在工作中不但造成自身业务不便，也使征信系统信息的完整性、真实性和权威性大打折扣，进而影响到整个社会的信用体系建设。但村镇银行由于科技力量薄弱，人才有限，并受技术、业务规范、信贷规模、信用体系等多种因素制约，在当前条件下接入中国人民银行征信系统客观上存在诸多困难，例如大部分村镇银行的信贷综合电子系统未建立，缺乏接入征信系统的基础性要素，业务人员对接入征信系统要求不了解等。

国家设立村镇银行的目的之一是打通金融服务的“最后一公里”，把金融服务送入农村地区，而要实现这一目的，村镇银行的机构、人员、机具、产品这四大要素至少有一样要进驻，这既是服务手段问题也是服务渠道问题。小微企业和农户，不光需要资金的支持，同样也需要信息与技术的支持，也就是需要资金之外的智力支持，只有多层次的服务才会增加客户与银行的黏性，进从而培养出忠诚的客户群，但村镇银行距离这一步还有一定的距离，它的业务还仅限于存、贷、汇等最基本的品种，客观上造成了村镇银行功能不全、业务单一。因此，村镇银行扩大业务范围势在必行。

（四）村镇银行股权结构不合理

根据《村镇银行管理暂行规定》，我国村镇银行最大股东或唯一股东必须是银行业金融机构，最大银行业金融机构股东持股比例不得低于村镇银行股本总额的20%，单个自然人股东及关联方持股比例不得超过村镇银行股本总额的10%，单一非银行金融机构或单一非金融机构企业法人及其关联方持股比例不得超过村镇银行股本总额的10%。任何单位或个人持有村镇银行股本总额5%以上的，应当事前报经银监分局或所在城市银监局审批。从设计来看，存在发起行股权一家独大与其他资本股权分散之间的矛盾。

在股权设置上，出于审慎考虑，主发起行的控股权有利于确立主发起行的主体责任，落实风险控制的兜底条款；有利于树立发起行的主人翁精神，调动其对村镇银行扶持的积极性；有利于提高董事会的决策效率，降低股东之间的协调成本。但是，这种绝对控股权也会带来一定弊端，深圳光明沪农商村镇银行董事长张晋学认为，村镇银行其他股东会因股权比例小而担心大股东以大欺小，引发小股东对自己利益的担忧；主发起行的绝对控股地位抑制了民间资本的投资积极性，同时民间资本投资比例限制也使其失去经营话语权。同样，如果主发起行在股权上不能做到一股独大，分散的股权一方面使股东之间诉求各不相同，意见难以统一；另一方面非银行股东由于对银行业不熟悉，提出一些非理性甚至不合监管规定的诉求，或者把村镇银行当作提款机，或者逼迫引诱经营层放弃部分监管准则，走向违规经营的不归路。一旦其诉求不能满足，就会联合其他股东与主发起行博弈，导致协调难度极大，经营秩序难以维持，经营风险难以把控。村镇银行主发起行与其他资本股权之间的博弈均衡点需要在试点过程中进一步探索。

四　村镇银行发展建议

（一）坚持“支农支小”战略定位

坚守“支农支小”的战略定位，既是村镇银行的社会责任，也是村镇银行实现可持续发展的必由之路。随着我国农业供给侧改革的推进以及山东省政府提出的新旧动能转换重大项目的实施，金融在帮助农村振兴、拓展农村发展道路上起到了重大推动作用，同时随着农村的发展、农民收入的提高，村镇银行发展潜力巨大。村镇银行具有资本金规模小、抗风险能力弱的特点，只有坚守“支农支小”的战略定位，通过客户定位和经营策略的差异化，才能获得持续稳定的发展空间。但村镇银行与其他商业银行等金融机构相比较，也具有优势：一是在辖内市场积累了一定的美誉度和社会认知度；二是具有高效的决策链条。这些先天条件，决定了村镇银行的比较优势。从村镇银行所处的外部环境来看，目前农村金融市场竞争压力相对较小，村镇银行可以发挥覆盖县域优势，坚持本土化、特色化的经营导向，在传统业务领域精耕细作，巩固社区银行的金融特性，扩大本地金融比较优势。

（二）规范和推动村镇银行并购整合

从2007年我国第一家村镇银行成立至今，村镇银行已经成长为我国多层次农村金融体系中的生力军。目前，村镇银行的发展进入了一个全新阶段，包括国有大型银行、城商行、农商行等银行业金融机构共同参与发起组建1562家村镇银行，对全国主要县域基本实现了全覆盖。经过10多年发展，不但让山东省内村镇银行之间，也包括山东省内和省外村镇银行之间的发展差距越来越大。一批管理能力强、适应性好的村镇银行不断壮大，而也有一些村镇银行也由于所处客观环境和自身等原因而变得止步不前。

随着我国村镇银行进入稳定阶段和调整阶段，村镇银行间的差距在变大，工作重心转化到如何平衡风险、成本和效益的精细化管理上来。部分村镇银行适应能力强，找到了成功的商业模式，在承担社会责任的同时也实现了自身可持续发展；部分村镇银行由于目标定位不清，经营管理不善，处境岌岌可危。在当前阶段，部分主发起银行客观上存在调整经营策略的需求，希望通过资本运作进一步拓展机构数量，增强规模效应；也有的主发起银行希望通过市场化的方式退出村镇银行。因此，支持和规范村镇银行资本运作和并购整合，既是完善村镇银行退出机制、防范银行业风险的需要，也是支持有条件的村镇银行扩大规模、进一步整合行业资源做大做强的需要。具有优势的村镇银行并购其他村镇银行，一是市场发展的需要，二是还能解决村镇银行差距变大的问题，村镇银行向着集团化、规模化发展的时代到来，2017年国家开发银行旗下15家村镇银行股权打包转让给中国银行旗下的中银富登村镇银行是明显的案例。

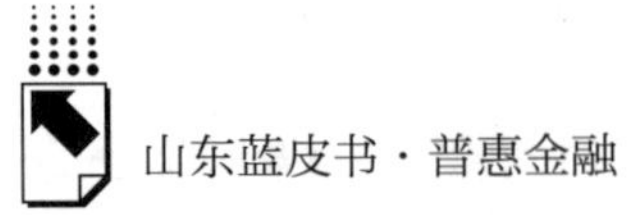

（三）提高创新能力增强市场竞争力

村镇银行是“自主经营，自担风险，自负盈亏，自我约束”的独立的企业法人，生存成了村镇银行第一要务。与其他商业银行等金融机构相比，村镇银行业务单一，大多数仅限于存、贷、汇等最基本的品种，大额存单、理财业务、信用卡业务等有条件地办理，客观上造成了村镇银行功能不全、业务单一，给客户一种落伍的感觉。

村镇银行植根于农村地区但还要生存，这就要求必须把创新产品服务作为经营发展的重要手段。第一，在吸储和支付方式上要大力创新，通过上门、电话等更加亲切的服务方式，最大限度地吸收存储资金，通过电子、银行现代化支付系统等多渠道支付方式，方便农户和小微企业进行结算往来，利用手机银行、网银、自助设备等渠道向客户提供水、电、气、暖等生活缴费服务；第二，创新业务品种，推出有自身特色的金融产品，积极探索多元化的贷款担保模式；第三，要在政策宣传上实现创新，在辖区内树立村镇银行的品牌形象，要借助政府推广普惠金融、三大工程等活动，扩大村镇银行的社会影响力。

（四）相关政策有待完善

由于我国村镇银行发展历史较短，存在着业务范围窄、抗风险能力弱、市场认可度较低等缺陷，加上监管政策“同质化”等因素的综合影响，村镇银行业发展形势较为严峻。2018 年初，中国银监会主席郭树清在相关会议上提出“完善村镇银行准入条件，继续发展村镇银行等小微金融机构，提高农村基础性金融服务的覆盖率、渗透率和便捷性，做实基层网点”等工作。要求从实际出发，加快完善货币政策、财税政策和监管政策扶持“组合拳”，推动村镇银行差异化发展，积极构建具有正向激励的长期化、制度化、法制化村镇银行扶持政策体系，进一步“健全适合农业农村特点的农村金融体系”。

在村镇银行财税政策、监管政策方面，我们参考了专家的观点给出建议。

在财税政策方面，运用财税政策“组合拳”，强化财税政策支持力度。一是适当延长村镇银行奖励政策；二是确保地方财政各项补贴资金及时足额拨付；三是税收优惠政策到期延续，可采取逐年递减的税费优惠方式；四是将村镇银行列入财政专户准入名单。

在监管政策方面，进一步完善村镇银行差异化监管政策，提高监管效率。一是对村镇银行拨贷比、拨备覆盖率、流动性管理等主要监管指标实行差异化管理；二是根据灵活有效的原则，设置合理的公司治理架构，逐步落实村镇银行治理要求；三是将村镇银行业务范围、经营区域、规模与监管评级、风险监测结果挂钩，适当放宽限制，体现差异化监管原则。例如，对于监管评级达到二级以上的村镇银行，适当增加其代理、委托等中间业务；对于支农支小成效显著的村镇银行适当放开票据、理财、信用卡等业务限制等。

在完善村镇银行股权结构方面，一是降低民间资本投资门槛，适度放宽村镇银行股权投资限制，利于扩大融资渠道。二是建立适度准入机制和监控体系，加强对投资资本的监管。在村镇银行的设立上应当随着金融领域的改革而变化，当前金融领域已发生较大变化，监管层应该审时度势，根据具体情况适度降低门槛。三是村镇银行的股权结构设计应遵循以下三个原则。首先，去行政化原则。由于村镇银行之间所处地理环境差距较大，其股权结构应地方化，更要去地方行政化，通过股权制约可以有效防止村镇银行成为地方政府新的融资平台。其次，鼓励民间资本积极投资。积极发挥主发起银行的杠杆作用，吸引民间资本前来投资，扩大村镇银行规模，增强抗风险能力，同时也要严防一致行动人关系和关联关系，防止变为民营资本的钱袋子。最后，资本节约原则。除了中国银行、建设银行等国有商业银行以外，山东村镇银行主发起银行主要是地方农商银行，虽为最大股东，但自身还要经营，因此，对发起行股权比例的严格限制，也是导致主发起银行缺失的一个直接诱因。

附表　山东省村镇银行名单

山东省村镇银行名单（2017 年）

单位：万元，家

主发起行名称	村镇银行名称	所属地市	注册资本	成立日期	网点数量
安徽马鞍山农商银行	博兴新华村镇银行	滨州	8000	2013 - 01 - 16	2
安丘农商银行	沾化青云村镇银行	滨州	6000	2016 - 12 - 10	1
北京农商银行	青岛即墨惠民村镇银行	青岛	20000	2008 - 10 - 14	3
博兴农商银行	阳信河海村镇银行	滨州	8000	2016 - 08 - 22	1
	滨州河海村镇银行	滨州	12000	2016 - 05 - 26	1
	定陶河海村镇银行	菏泽	5000	2016 - 11 - 28	1
昌邑农商银行	高青汇金村镇银行	淄博	6000	2016 - 07 - 11	1
	临淄汇金村镇银行	淄博	10000	2015 - 09 - 07	2
	商河汇金村镇银行	济南	9000	2015 - 07 - 02	4
广东广州农商银行	莱州珠江村镇银行	烟台	8000	2011 - 11 - 30	5
	莱芜珠江村镇银行	莱芜	6000	2011 - 03 - 29	8
	海阳珠江村镇银行	烟台	7000	2011 - 12 - 01	5
	青岛城阳珠江村镇银行	青岛	10000	2012 - 07 - 25	4
	烟台福山珠江村镇银行	烟台	10000	2012 - 04 - 27	3
广东江门融和农商银行	东营融和村镇银行	东营	12100	2014 - 04 - 29	3
广饶农商银行	庆云乐安村镇银行	德州	5000	2013 - 09 - 18	3
	垦利乐安村镇银行	东营	10000	2011 - 07 - 07	5
	昌乐乐安村镇银行	潍坊	10000	2014 - 10 - 31	3
国家开发银行	中银富登南山村镇银行	烟台	20000	2010 - 11 - 03	2
汇丰银行	荣成汇丰村镇银行	威海	10000	2011 - 07 - 07	2
吉林九台农商银行	青岛平度惠民村镇银行	青岛	9350	2010 - 12 - 23	8
	高密惠民村镇银行	潍坊	9700	2011 - 05 - 25	7
济宁银行	济宁儒商村镇银行	济宁	19446	2012 - 09 - 04	12
江苏赣榆农商银行	莒南村镇银行	临沂	8240	2012 - 05 - 24	7
江苏民丰农商银行	肥城民丰村镇银行	泰安	5000	2011 - 07 - 22	3
	临沭民丰村镇银行	临沂	5000	2011 - 08 - 12	3
	梁山民丰村镇银行	济宁	5000	2012 - 08 - 17	3
江苏邳州农商银行	成武汉源村镇银行	菏泽	5000	2014 - 08 - 20	4
	平邑汉源村镇银行	临沂	10000	2014 - 07 - 21	3
	郯城汉源村镇银行	临沂	5000	2014 - 06 - 06	4

续表

主发起行名称	村镇银行名称	所属地市	注册资本	成立日期	网点数量
江苏张家港农商银行	寿光张农商村镇银行	潍坊	10000	2008－11－11	3
江西九江银行	日照九银村镇银行	日照	5000	2011－11－30	7
莱商银行	东营莱商村镇银行	东营	58000	2010－09－30	34
莱州农商银行	济阳北海村镇银行	济南	4000	2015－11－24	1
	菏泽牡丹北海村镇银行	菏泽	5000	2015－11－18	1
	郓城北海村镇银行	菏泽	5000	2015－11－18	1
	微山北海村镇银行	济宁	5000	2016－03－11	1
	昌邑北海村镇银行	潍坊	5000	2016－04－14	1
	淄博博山北海村镇银行	淄博	5000	2016－04－29	1
	淄博淄川北海村镇银行	淄博	5000	2016－04－29	1
	安丘北海村镇银行	潍坊	6000	2016－04－18	1
	济南高新北海村镇银行	济南	8000	2016－04－28	1
	潍坊潍城北海村镇银行	潍坊	8500	2016－04－18	1
临沂兰山农村合作银行	临朐聚丰村镇银行	潍坊	20000	2012－12－25	6
临淄农商银行	冠县齐丰村镇银行	聊城	5000	2015－12－11	1
	莱山齐丰村镇银行	烟台	8000	2015－11－23	2
	蒙阴齐丰村镇银行	临沂	5000	2015－10－30	1
	芝罘齐丰村镇银行	烟台	10000	2015－10－20	2
	泗水齐丰村镇银行	济宁	5000	2015－08－19	3
	新泰齐丰村镇银行	泰安	8000	2015－07－16	1
龙口农商银行	宁津胶东村镇银行	德州	5000	2013－12－28	4
	牟平胶东村镇银行	烟台	7000	2014－03－04	5
	齐河胶东村镇银行	德州	7000	2013－12－28	4
	莱阳胶东村镇银行	烟台	7000	2014－03－04	4
	夏津胶东村镇银行	德州	5000	2013－12－28	5
	禹城胶东村镇银行	德州	7000	2013－12－27	2
	威海富民村镇银行	威海	5000	2015－03－18	4
民生银行	蓬莱民生村镇银行	烟台	10000	2011－04－28	3
内蒙古包商银行	鄄城包商村镇银行	菏泽	3000	2011－04－13	2
内蒙古鄂尔多斯农商银行	乳山天骄村镇银行	威海	5000	2010－09－13	7
内蒙古金谷农商银行	莒县金谷村镇银行	日照	10388	2010－11－25	7
内蒙古银行	潍坊寒亭蒙银村镇银行	潍坊	10000	2011－02－12	5
宁夏石嘴山银行	青岛莱西元泰村镇银行	青岛	5000	2010－07－9	5

续表

主发起行名称	村镇银行名称	所属地市	注册资本	成立日期	网点数量
齐鲁银行	章丘齐鲁村镇银行	济南	5000	2011－09－30	6
齐商银行	临沂河东齐商村镇银行	临沂	20000	2010－12－27	10
青岛农商银行	日照蓝海村镇银行	日照	10000	2016－01－22	2
	济宁蓝海村镇银行	济宁	10000	2016－05－23	2
	金乡蓝海村镇银行	济宁	10000	2016－05－23	2
	平阴蓝海村镇银行	济南	10000	2016－05－16	1
	沂南蓝海村镇银行	临沂	10000	2016－06－17	1
青州农商银行	鱼台青隆村镇银行	济宁	6000	2015－05－29	4
	东阿青隆村镇银行	聊城	6000	2015－08－18	2
	莘县青隆村镇银行	聊城	8000	2015－06－26	2
	高唐青隆村镇银行	聊城	8000	2015－06－29	2
	桓台青隆村镇银行	淄博	8000	2015－11－19	1
	邹平青隆村镇银行	滨州	16828	2012－08－29	5
	周村青隆村镇银行	淄博	6000	2015－09－16	2
日照银行	济宁高新村镇银行	济宁	5000	2012－04－23	5
上海农商银行	阳谷沪农商村镇银行	聊城	5000	2012－06－05	1
	聊城沪农商村镇银行	聊城	5000	2012－06－05	2
	宁阳沪农商村镇银行	泰安	5000	2012－06－06	2
	槐荫沪农商村镇银行	济南	5000	2012－05－11	2
	长清沪农商村镇银行	济南	5000	2012－05－11	3
	东平沪农商村镇银行	泰安	5000	2012－06－06	2
	茌平沪农商村镇银行	聊城	5000	2012－06－01	2
	临清沪农商村镇银行	聊城	5000	2012－06－01	3
	日照沪农商村镇银行	日照	5000	2012－05－28	2
	泰安沪农商村镇银行	泰安	5000	2012－08－30	1
上海浦发银行	邹平浦发村镇银行	滨州	15000	2010－05－13	5
寿光农商银行	兰陵村镇银行	临沂	16000	2011－10－9	10
	乐陵圆融村镇银行	德州	5000	2015－06－15	5
	历城圆融村镇银行	济南	20000	2015－08－14	4
	平原圆融村镇银行	德州	4000	2015－07－22	3
	武城圆融村镇银行	德州	5000	2015－07－22	2
	德州陵城圆融村镇银行	德州	4000	2015－06－30	3

续表

主发起行名称	村镇银行名称	所属地市	注册资本	成立日期	网点数量
四川成都农商银行	东营河口中成村镇银行	东营	10000	2013－12－09	1
	莱芜中成村镇银行	莱芜	8000	2013－12－12	1
	无棣中成村镇银行	滨州	8000	2013－12－27	1
	兖州中成村镇银行	济宁	10000	2013－12－10	1
	青岛胶州中成村镇银行	青岛	20000	2011－12－06	1
	潍坊奎文中成村镇银行	潍坊	20000	2013－12－31	1
潍坊市商业银行	青岛胶南海汇村镇银行	青岛	10000	2008－12－29	9
张店农商银行	沂源博商村镇银行	淄博	13000	2011－07－11	12
中国建设银行	滕州建信村镇银行	枣庄	10000	2011－12－05	1
	诸城建信村镇银行	潍坊	10000	2012－03－15	1
	邹城建信村镇银行	济宁	10000	2012－04－23	1
	文登建信村镇银行	威海	10000	2012－11－30	1
	招远建信村镇银行	烟台	10000	2013－04－19	1
中国交通银行	青岛崂山交银村镇银行	青岛	15000	2012－08－16	4
中国银行	临邑中银富登村镇银行	德州	3000	2011－06－16	3
	汶上中银富登村镇银行	济宁	3000	2013－11－15	3
	单县中银富登村镇银行	菏泽	3000	2012－01－10	2
	沂水中银富登村镇银行	临沂	4000	2011－04－19	4
	巨野中银富登村镇银行	菏泽	4000	2013－08－16	3
	东明中银富登村镇银行	菏泽	4000	2013－08－16	2
	嘉祥中银富登村镇银行	济宁	3000	2012－01－04	4
	曹县中银富登村镇银行	菏泽	4000	2011－03－30	5
	五莲中银富登村镇银行	日照	4000	2013－02－26	3
	曲阜中银富登村镇银行	济宁	5000	2013－02－20	4
	栖霞中银富登村镇银行	烟台	5000	2013－08－12	2
	青州中银富登村镇银行	潍坊	6500	2011－06－09	3
诸城农商银行	惠民舜丰村镇银行	滨州	5000	2014－09－28	3
	利津舜丰村镇银行	东营	5000	2014－09－28	4
	青岛黄岛舜丰村镇银行	青岛	11400	2014－10－21	6
	费县梁邹村镇银行	临沂	6000	2013－06－21	6
邹平农商银行	广饶梁邹村镇银行	东营	10000	2011－07－13	5

资料来源：Wind 资讯，村银网，齐鲁财富网。

B.5
山东省小额贷款行业发展报告

摘　要： 自2008年山东开展试点工作以来，全省小额贷款行业快速发展并形成相当大规模。经历试点之初蓬勃发展后，近两年山东小额贷款公司数量逐渐趋于稳定，贷款余额和实收资本总体维持稳中有升态势。总的来看，山东小额贷款公司规模虽然较大，但行业仍存在经营风险增加、不良贷款率激增、业务开展难度加大、机构地域分布不均衡以及行业信息披露不完善等问题，本报告主要分析山东小额贷款公司存在的问题并提出建议，以此来促进行业健康发展。

关键词： 山东省　小额贷款公司　新三板　经营绩效

2017年，我国经济运行整体好于预期，国内生产总值增长6.9%，居民收入增长7.3%，主要经济指标的增速与上年相比均有所加快。受全国经济形势好转以及去产能压力缓解等因素影响，全国工业增速回升，企业利润增长高达21%。全国经济发展呈现出增长与质量、结构、效益相得益彰的良好局面。在经济好于预期的同时我们也应意识到，国际金融市场跌宕起伏，贸易保护主义抬头，世界经济复苏依然乏力。我国经济发展中结构性问题和深层次矛盾凸显，经济下行压力依然较大。山东作为经济大省，区域经济依然存在产业结构不优、新动能成长不快、发展活力不足、经济效益不高等问题，这些发展短板制约着山东经济发展，减弱了山东省综合竞争力。

2018年初，国务院批复山东建设新旧动能转换综合试验区，旨在加快山东经济新旧动能转换，大力培育新兴产业，改造传统产业，化解落后产能，提升经济发展质量和竞争力。新旧动能转换综合试验区的批复为山东调整经济结构提供动力，同时也为山东普惠金融发展提供新机遇。近年来，山东普惠金融机构在各级政府支持下迎来蓬勃发展期，全省普惠金融法规政策以及基础设施不断健全，作为普惠金融重要组织形式，山东省内小额贷款公司的发展也受到各级政府重视。国家在2005年开展试点工作以来，小额贷款公司在规范民间融资行为等方面发挥了积极作用。近两年，山东部分小额贷款公司在互联网金融冲击下面临着巨大的生存与发展压力，经历十余年扩张后小额贷款行业将何去何从值得思考。本报告重点分析山东小额贷款公司发展过程中存在的问题及不足，以利于我们进一步了解山东普惠金融发展的环境，为山东小额贷款公司探索新出路，助力山东省新旧动能转换重大工程。

自2005年全国第一家小额贷款公司在山西开业以来，全国接连出台一系列政策文件支持小额贷款公司发展。2008年5月，中国人民银行和中国银监会出台《关于小额贷款公司试点的指导意见》，小额贷款公司如雨后春笋般在全国快速发展起来。截至2017年末，全国共有小额贷款公司8551家，合计贷款余额达9799.49亿元。在全国经济结构出现重大变革的历史机遇期，小额贷款行业整合也明显加速。与传统银行等金融机构不同，小额贷款公司以“三农”、中小微企业和个体工商户为主要客户群体，小额贷款公司目标客户的选择对弥补银行信贷服务短板有重要作用。在全国经济去产能、调结构压力不断加大以及金融市场竞争加剧大环境下，全国小额贷款公司经历试点之初的高速发展后也逐渐进入严峻挑战期，小额贷款行业实收资本增速持续放缓，经营压力不断加大。在政策层面，2017年国家有关部门相继出台《关于小额贷款公司有关税收政策的通知》与《关于促进扶贫小额信贷健康发展的通知》，这为促进小额贷款公司进一步发展提供了政策依据。《小额贷款公司网络小额贷款业务风险专项整治实施方案》的出台也为小额贷款公司开展网络小额贷款业务提供

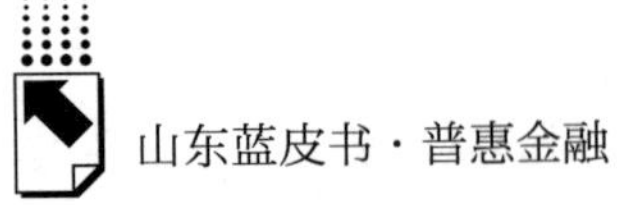

政策依据，相关政策的发布极大地促进了小额贷款公司回归普惠本源、依法合规发展。

山东小额贷款公司近十年发展历程与全国小额贷款行业发展相一致，经历试点之初的蓬勃发展后，山东小额贷款公司在近几年也面临诸多挑战。山东小额贷款公司质量参差不齐，小额贷款行业整合速度明显加快。山东省政府也在积极改善小额贷款行业运行环境，引导小额贷款公司良性健康发展。随着山东新旧动能转换工程的持续推进，山东小额贷款公司或将再次迎来发展新机遇。

一　山东小额贷款公司行业发展情况

小额贷款公司成立之后为成千上万中小微企业、个体工商户、农户和个人提供贷款服务，也逐渐成为我国传统金融供给的有效补充和普惠金融体系的重要组成部分，小额贷款公司在规范民间融资以及促进金融市场多元化发展等方面发挥着重要作用。在 2017 年 7 月召开的全国金融工作会议上习近平总书记强调“遵循金融发展规律，紧紧围绕服务实体经济、防控金融风险、深化金融改革三项任务，创新和完善金融调控，健全现代金融企业制度，完善金融市场体系，推进构建现代金融监管框架，加快转变金融发展方式，健全金融法治，保障国家金融安全，促进经济和金融良性循环、健康发展”。李克强总理在讲话中指出“要积极发展普惠金融，大力支持小微企业、‘三农’和精准脱贫等经济社会发展薄弱环节，着力解决融资难融资贵问题。”近年来，我国金融服务普惠性逐渐增强，多层次金融市场不断完善，小额贷款公司作为普惠金融重要组织形式在构建多层次金融市场上的作用不可忽视。自试点以来，山东小额贷款公司始终以服务“三农”、中低收入群体和中小微企业为宗旨，坚持“小额、分散、快捷”的定位，根据机构自身实际情况找准商业模式，走特色化经营道路。山东小额贷款公司机构数量与从业人员连续两年减少，机构实收资本稳步增长，山东小额贷款公司资金实力逐渐提升。

随着金融改革不断深入，国家陆续出台多项政策文件引导和支持小额贷款行业健康发展，在政策的支持和引导下小额贷款行业整合明显提速。2015 年，全国小额贷款公司数量达到 8910 家峰值后维持稳中有降态势。据中国人民银行统计数据，截至 2017 年末，全国共有 8551 家小额贷款公司，与上年同期相比减少 122 家，降幅为 1.41%，与 2016 年的降幅（2.66%）相比下滑 1.25 个百分点，全国小额贷款公司数量减少速度有所减缓；从业人员 103988 人，与上年同期相比减少 4893 人，同比下降 4.49%，与 2016 年降幅相比下滑 2.72 个百分点。从平均值来看，全国小额贷款公司平均实收资本达到 0.97 亿元，同比增长 0.02 亿元；平均贷款余额为 1.15 亿元，同比增长 0.08 亿元，小额贷款公司整体实力逐步增强。随着小额贷款行业整合加速，一些资金实力弱、风控水平低的小额贷款公司逐步被淘汰出局，全国小额贷款公司的数量、从业人员均出现不同程度的减少，小额贷款行业加速整合也驱使行业内公司更注重综合实力竞争，行业内资金实力强、经营管理规范的小额贷款公司逐渐在普惠金融市场中生根并形成适合自身的经营模式。从 GDP 全国排名前四位的广东、江苏、山东、浙江来看，各省小额贷款公司在数量、实收资本等方面依然存在较大差别（见表 1）。

表 1　四省小额贷款公司情况统计（2017 年）

区域	机构数量(家)	从业人员数(人)	贷款余额(亿元)	实收资本(亿元)
全国	8551	103988	9799.49	8270.33
广东	461	9509	855.6	653.54
江苏	630	5795	932.72	809.26
山东	334	4282	495.04	448.62
浙江	326	3418	668.24	574.58

注：由于批准设立与正式营业并具备报数条件之间存在时滞，统计口径小额贷款公司数量与各地公布的小额贷款公司批准设立数量有差别。

资料来源：中国人民银行，齐鲁财富网。

据中国人民银行公布数据，截至2017年末，山东共有小额贷款公司334家，从业人员4282人，贷款余额为495.04亿元，实收资本[①]448.62亿元。山东小额贷款公司数量、从业人员在2015年达到阶段峰值后即维持稳中有降的态势。与机构数量变动不同，小额贷款公司的贷款余额扭转下滑态势在2017年重现正增长。这也从侧面印证了山东小额贷款公司放款规模逐渐提升，机构资金实力与放贷能力出现稳步提升，小额贷款行业重现回暖趋势（见表2）。

表2　山东小额贷款公司发展情况（2010~2017年）

年份	机构数量(家)	从业人员(人)	贷款余额(亿元)	实收资本(亿元)
2010	97	1005	95.13	87.73
2011	184	1985	222.53	186.01
2012	257	2934	331.38	278.17
2013	294	3556	404.84	335.22
2014	327	4040	462.44	400.66
2015	339	4722	481.62	435.41
2016	335	4317	481.3	441.20
2017	334	4282	495.04	448.62

资料来源：中国人民银行，齐鲁财富网。

（一）机构数量规模持续减少

截至2017年末，山东小额贷款公司数量与上年同期相比减少1家，机

① 注：Wind数据统计注册资本为449.14亿元，由于统计口径不同，中国人民银行与Wind数据库所统计的小额贷款公司数据存在一定差别。以小额贷款公司数量为例，截至2017年末，山东省金融办公布小额贷款公司数量为419家，全国工商查询系统统计为456家（含分公司），Wind企业库统计为349家。本报告为体现小额贷款公司基本情况，综合考虑数据的可得性、权威性、连续性等影响因素，在下文对山东小额贷款公司成立时间、注册资本、地域等特点进行分析时选用Wind数据，以此得出结论并从不同角度分析山东僵尸小额贷款公司（注册成立但未开展业务的小额贷款公司）的数量，本报告具体数据差异皆因统计口径与标准不同，并不影响分析结果。

构数量在2015年达到阶段峰值后已连续两年减少。在2010～2015年，山东小额贷款公司数量维持飞速增长态势，每年机构平均净增加数量近50家，在2015年达到阶段峰值后开始逐渐减少。但从图1可以看出，山东小额贷款公司数量在2015年之前虽不断增加，但增加值不断减少，自2016年起已连续两年出现负增长，小额贷款公司数量由峰值时的339家降至334家，两年时间减少5家。

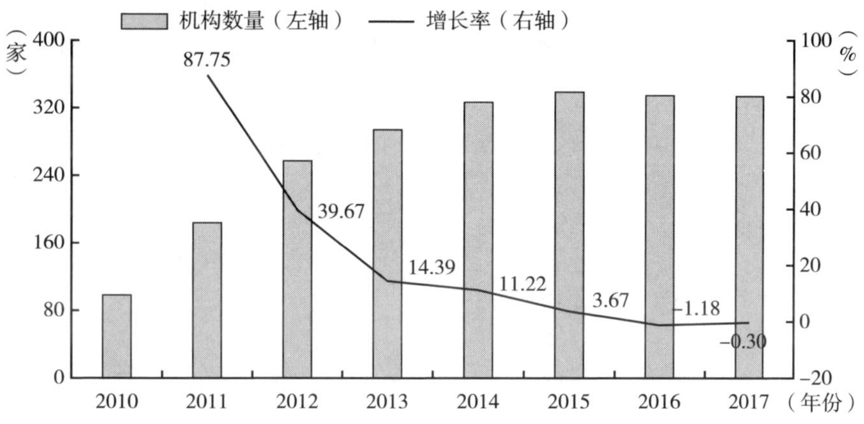

图1　山东小额贷款公司机构数量变化（2010～2017年）

资料来源：中国人民银行，齐鲁财富网。

从GDP领先的四省小额贷款公司数量来看，2017年，广东、江苏、山东、浙江四省共有1751家小额贷款公司，占全国总数的比重为20.48%，四省小额贷款公司数量与上年相比增加了15家。具体来看，山东、浙江两省小额贷款公司数量与上年相比均有减少，山东小额贷款公司数量与经济总量排在山东之前的广东、江苏两省相比明显偏少，仅略高于GDP排在山东之后的浙江省。四省中广东、江苏两省不仅GDP规模大，小额贷款公司数量在2017年也均有所增长。四省之中，江苏小额贷款公司数量最多，机构总数接近山东的两倍，广东虽然GDP规模最大但小额贷款公司数量比江苏少169家。四省由于经济发展水平等影响，区域内小额贷款公司数量也存在明显差距（见图2）。

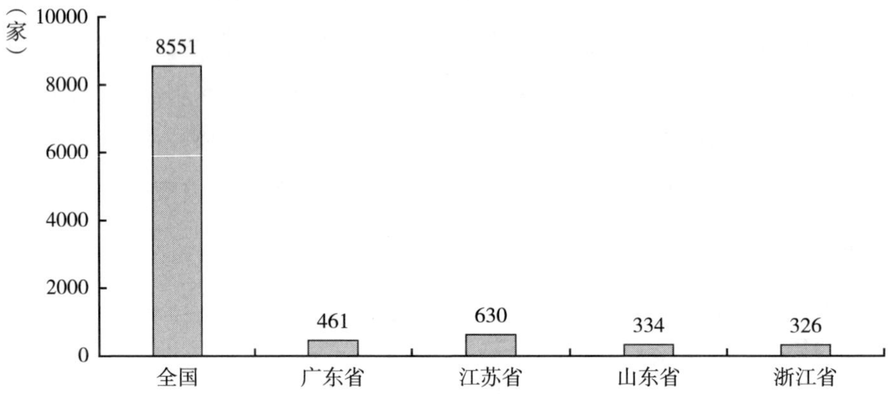

图 2　全国及四省小额贷款公司机构数量对比（2017 年）

资料来源：中国人民银行，齐鲁财富网。

（二）行业贷款余额止跌回升

中国人民银行统计数据显示，2017 年山东小额贷款公司贷款余额与上年同期相比增长 2.85%，贷款余额止跌回升再创阶段新高。2010 年末全省小额贷款公司总贷款余额为 95.16 亿元，到 2017 年末全省小额贷款公司贷款余额增加到 495.04 亿元，约为 2010 年末的 5.20 倍，如图 3 所示。从绝对量来看，全省小额贷款公司贷款余额年平均增加值为 57.13 亿元，平均增长率 60.03%。在 2011 年之后全省小额贷款公司贷款余额增速逐步放缓，到 2015 年贷款余额增幅不到 10%，在 2016 年首次出现负增长，贷款余额减少 0.32 亿元。2017 年，山东小额贷款公司贷款余额在机构数量、从业人员同比减少的情况下增长 2.85%，机构放款意愿略有增强，贷款余额的小幅回升表明小额贷款行业有回暖迹象。

从广东、江苏、山东、浙江四省小额贷款公司贷款余额对比分析来看，2017 年山东总贷款余额虽然止跌回升但与其余 3 个省份相比排名依然垫底贷款余额仅为 495.04 亿元，占全国比重为 5.05%，与上年相比下滑 0.14 个百分点。贷款余额占比下降说明山东小额贷款公司放款速度与全国平均水平

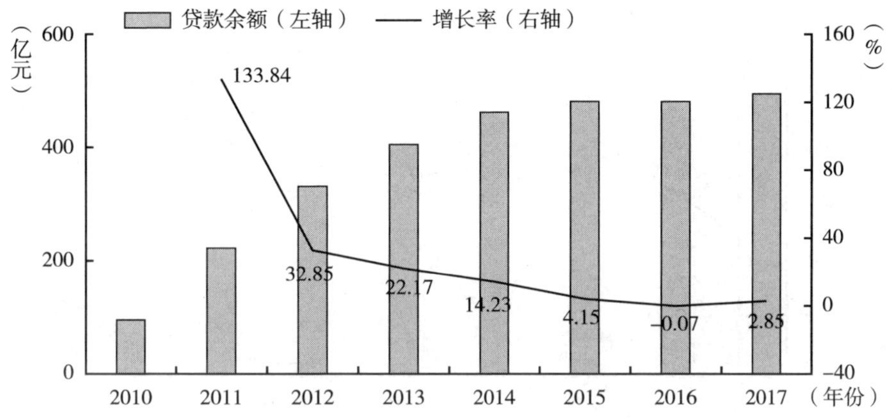

图3　山东小额贷款公司贷款余额变化（2010～2017年）

资料来源：中国人民银行，齐鲁财富网。

相比偏低。机构数量最多的江苏省小额贷款公司贷款余额在2017年减少22.84亿元，贷款余额缩减为932.72亿元，全国占比9.52%；广东省贷款余额激增179.4亿元，排在江苏之后；浙江省贷款余额与上年相比减少32.16亿元，缩减至668.24亿元。平均来看，山东省小额贷款公司平均贷款余额为1.48亿元/家，高于全国平均水平并与江苏省基本持平，但远低于浙江省的2.05亿元/家与广东省的1.86亿元/家。受制于机构资金实力不足等因素，山东小额贷款公司自有资金放贷能力仍然较差（见图4）。

（三）从业人员规模持续下降

受机构数量减少以及贷款余额增速放缓等因素影响，山东小额贷款公司从业人员数量在2015年达到阶段峰值之后也在不断减少，在2016年、2017年两年时间就合计减员440人。在2010年山东小额贷款公司从业人员数量就已超过1000人，此后随着小额贷款公司数量以及业务量的大幅增加，机构从业人员数量也激增，截至2015年末，山东小额贷款行业从业人员已高达4722人。此后山东小额贷款公司经营压力持续增加，机构从业人员在2016年、2017年两年分别减少405人、35人，山东小额贷款行业吸纳就业

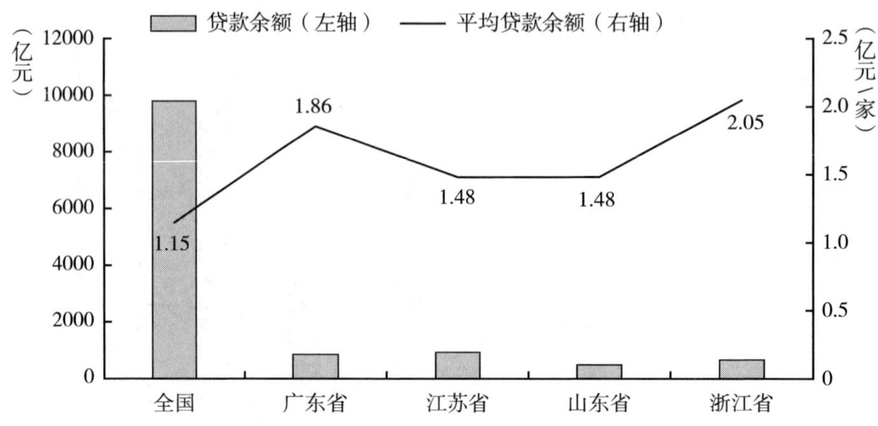

图4　全国及四省小额贷款公司贷款余额对比（2017年）

资料来源：中国人民银行，齐鲁财富网。

能力持续减弱。截至2017年末，山东小额贷款行业共吸纳就业4282人，与2015年峰值相比减少了9.32%（见图5）。

从绝对数量来看，山东小额贷款公司在2015年之前平均每年增加从业人员619人，其中仅2011年增加值就多达980人。中国人民银行统计数据显示，小额贷款公司试点之初，由于机构数量激增以及业务规模急剧扩张，在2010～2013年小额贷款公司从业人员数量也急剧增多，其中在2011年从业人员增长率高达97.51%。在此之后小额贷款公司数量增速逐步放缓并逐渐趋于稳定，山东小额贷款公司吸纳就业的能力也随之减弱。在2016年小额贷款公司数量首现下滑，行业景气度也大幅减弱，在此因素影响下山东小额贷款公司从业人员数量锐减405人。在2017年山东小额贷款行业减员压力虽有所缓解，但仍减少35人。

从广东、江苏、山东、浙江四省小额贷款公司从业人员数量对比来看，山东共有从业人员4282人，占全国小额贷款公司从业人员的比重为4.12%，山东从业人员数量远少于广东、江苏，略高于浙江。四省之中，广东从业人员数量与2016年相比增加439人达到9509人，从业人员数量居4省首位。

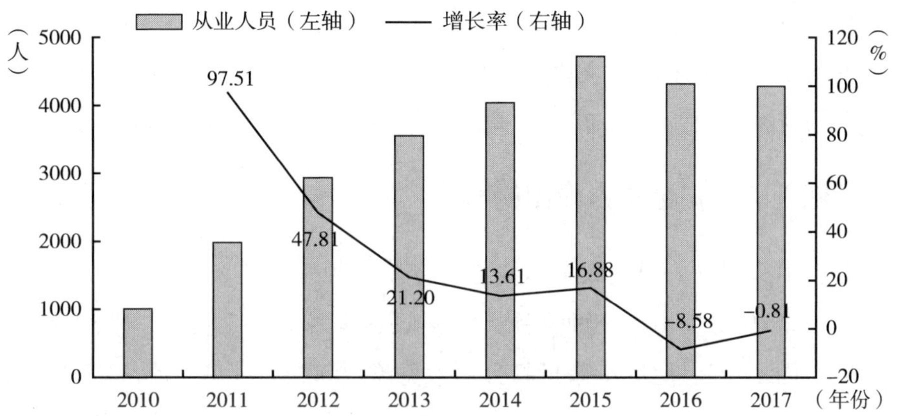

图5　山东小额贷款公司从业人员变化（2010～2017年）

资料来源：中国人民银行，齐鲁财富网。

从小额贷款公司平均从业人员数量来看，山东平均值高于全国平均水平（12.16人/家），但远低于广东平均从业人员数量。江苏、浙江两省平均从业人员数量偏少，分别为9.20人/家、10.48人/家，均低于全国平均值。四省之中江苏小额贷款公司数量最多，但区域内公司平均规模普遍偏小，平均从业人员数量排在广东、山东、浙江之后（见图6）。

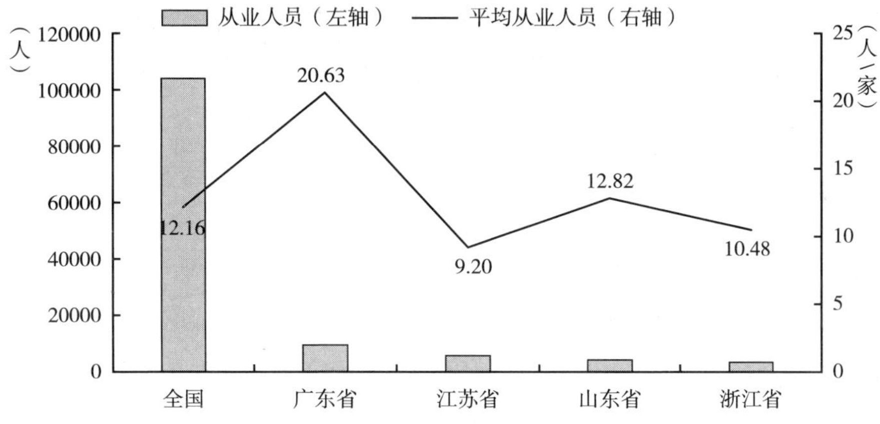

图6　全国及四省小额贷款公司从业人员数量对比（2017年）

资料来源：中国人民银行，齐鲁财富网。

结合贷款余额来看，浙江从业人员人均贷款余额为0.20亿元，远高于全国平均水平；广东由于从业人员数量偏大，人均贷款余额仅为0.09亿元；山东人均贷款余额为0.12亿元，略高于广东，排在浙江、江苏两省之后。

（四）机构资金实力整体偏弱

山东小额贷款公司实收资本变化与贷款余额变化趋势基本一致，如图7所示。在2010年，山东小额贷款公司实收资本为87.73亿元，平均实收资本不足1亿元/家。此后小额贷款公司数量激增，机构实收资本2011年突破100亿元。截至2017年末，山东小额贷款公司累计实收资本高达448.62亿元，为2010年的5.11倍，7年时间山东小额贷款公司实收资本稳步增长。

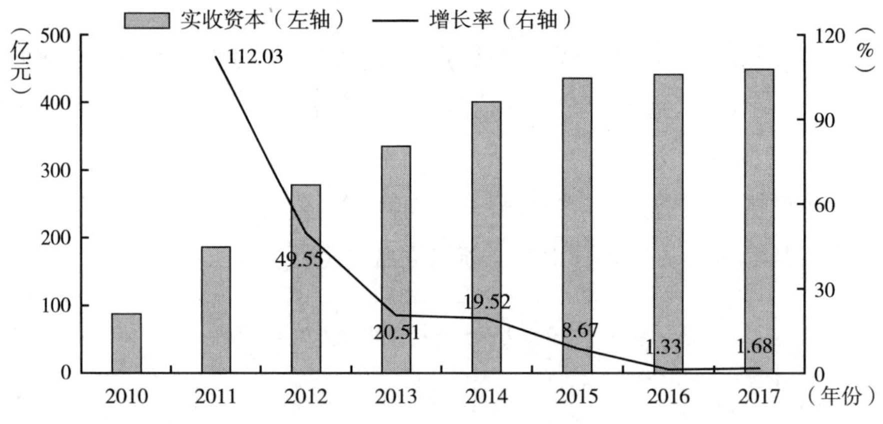

图7　山东小额贷款公司实收资本变化（2010～2017年）

资料来源：中国人民银行，齐鲁财富网。

从平均实收资本来看，试点之初山东小额贷款公司在2010年平均实收资本不足1亿元/家。截至2017年末，山东小额贷款公司平均实收资本增至1.34亿元/家，与2010年末相比增幅高达48.89%。中国人民银行统计数据显示，试点之初山东小额贷款公司数量激增，小额贷款公司的实收资本也随之增加，在2011年实收资本增幅曾一度高达112.03%，此后实收资本增长率维持下滑的态势，随着行业机构数量趋于稳定，山东小额贷款公司实收资本的增速也逐步减缓，自 2015 年开始保持个位数增长。

从广东、江苏、山东、浙江四省小额贷款公司实收资本来看，山东 2017 年实收资本为 448.62 亿元，远低于江苏和广东，也低于小额贷款公司数量较少的浙江。江苏小额贷款公司实收资本总量排在四省首位，接近山东省两倍。从平均实收资本来看，山东小额贷款公司平均实收资本为 1.34 亿元/家，高于江苏省，低于广东、浙江两省，略高于全国平均水平，山东小额贷款公司整体资金实力偏弱（见图 8）。

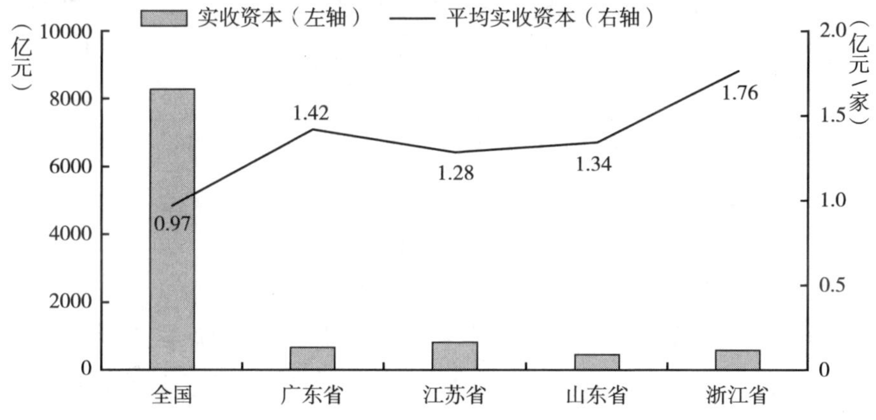

图 8　全国及四省小额贷款公司实收资本对比（2017 年）

资料来源：Wind 资讯，齐鲁财富网。

（五）新成立机构数量持续减少

统计数据显示，试点之初由于小额贷款业务量激增以及国家政策大力支持，山东小额贷款行业也吸引了众多社会资本的关注，全省小额贷款公司也迎来黄金发展期。在此期间，山东新成立机构数量激增，仅 2010 年一年全省就有 84 家小额贷款公司注册成立，为山东试点以来新注册成立小额贷款公司数量最多的一年。此后山东新注册成立的小额贷款公司家数总体呈现逐年递减的趋势，2016 年、2017 年两年时间内均无新注册成立的小额贷款公司。随着试点工作持续推进，山东小额贷款市场逐渐趋于饱和，市场由于急剧扩张所带来的风险逐渐显现，公司业务开展愈发困难，众多不利因素导致民间资本新注册成立小额贷款公司的积极性大幅降低（见图9）。

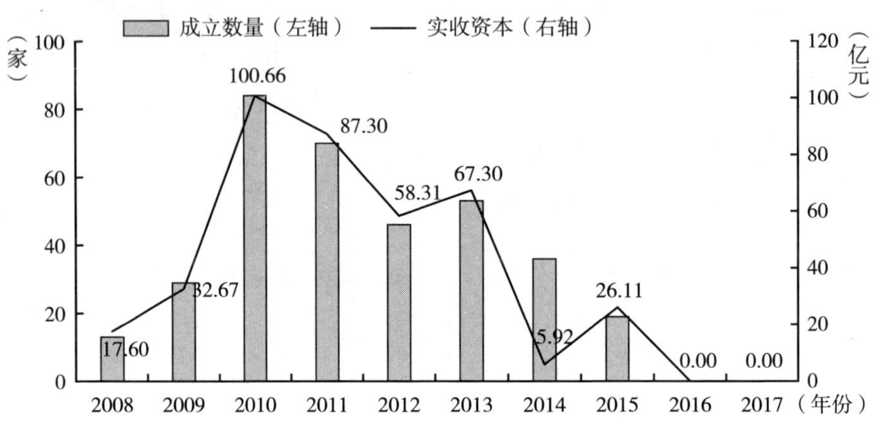

图9　山东小额贷款公司成立时间统计（2008～2017年）

资料来源：Wind资讯，齐鲁财富网。

山东新成立小额贷款公司注册资本变动趋势与新注册成立小额贷款公司数量变化基本一致，总注册资本在小额贷款公司激增之后也大致呈现下滑走势。2008年，山东新成立小额贷款公司平均注册资本高达1.35亿元/家，新注册成立小额贷款公司数量最多的2010年平均注册资本仅为1.20亿元/家，低于山东平均水平（1.29亿元/家）。从具体注册资本来看，山东小额贷款公司资金实力普遍偏弱，2017年注册资本超过5亿元的仅有4家，合计注册资本25亿元。山东另有253家小额贷款公司注册资本集中在1亿元到2亿元之间，数量占比高达72.49%。山东小额贷款公司整体资金实力偏弱，这在注册资本分布上得到了很好的体现（见图10）。

（六）小额贷款公司地域分布不均

截至2017年末，山东小额贷款公司实现17地市全覆盖，青岛、烟台等胶东沿海地区的小额贷款公司发展情况总体优于西部内陆地区。截至2017年末，潍坊小额贷款公司数量高达47家，居17地市首位，青岛、济南机构

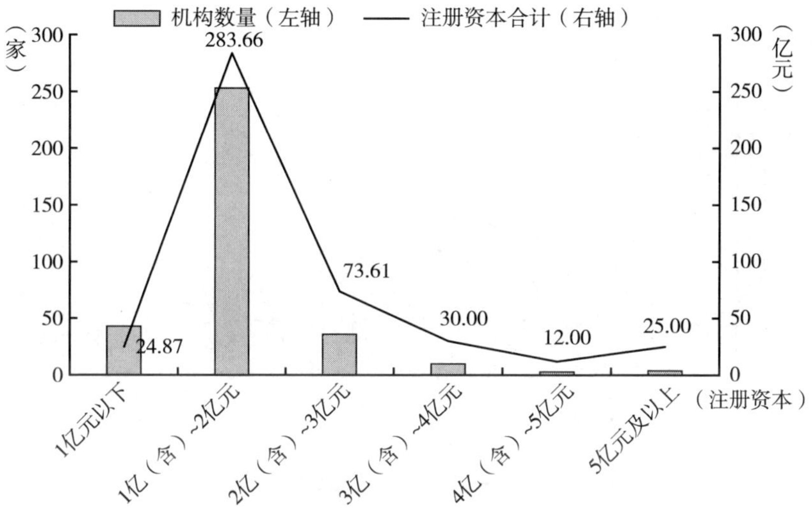

图 10　山东小额贷款公司实收资本分布（2017 年）

资料来源：Wind 资讯，齐鲁财富网。

数量分居第二、第三位，三市小额贷款公司总数高达 119 家，占山东小额贷款公司总数的 35.10%。另据统计，山东小额贷款公司数量超过山东平均值（17 家）的还有东营、滨州、济宁、临沂、淄博、烟台 6 个地市。以济南、淄博、潍坊以及青岛为代表的鲁中、胶东半岛等地小额贷款公司数量较多，济宁、菏泽等鲁西南地市由于经济发展水平与胶东半岛及鲁中地区存在一定差异，其区域内小额贷款公司发展水平也相对偏低，机构数量明显较少。其中，菏泽小额贷款公司数量仅有 11 家（见图 11）。

山东小额贷款公司依托“蓝黄两区”、济南金融中心和青岛财富管理中心呈现集群发展态势。就“蓝黄两区”而言，小额贷款公司已经实现县级区域全覆盖，两个经济区内小额贷款公司专业性逐渐显现，券商控股和外商独资的小额贷款公司纷纷落户半岛蓝色经济区，这也有效提升了小额贷款公司专业化水平。山东小额贷款公司数量较多，区域经济发展水平也较高，本地发达的经济水平也为小额贷款公司的发展营造了稳定良好的环境，小额贷款公司也为所处区域的中小微企业提供便捷的金融服务。

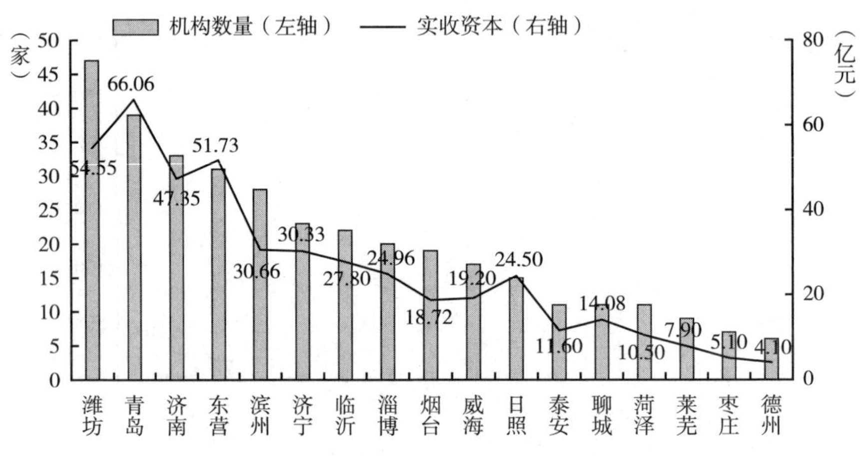

图11　山东小额贷款公司区域分布（2017年）

资料来源：Wind资讯，齐鲁财富网。

（七）山东小额贷款公司盈利能力分析

近几年小额贷款公司数量逐渐趋于饱和，前期飞速发展所遗留的问题逐渐显现，部分小额贷款公司经营风险积聚，机构不良贷款率大幅攀升，这些问题严重制约行业健康发展。从中国人民银行统计数据看，全国范围内小额贷款公司的贷款余额等部分指标虽有好转趋势但行业盈利能力持续下降依然是客观存在的事实，部分机构面临营业收入、净利润双降的困境。受自身风控能力限制，部分小额贷款公司过于关注市场拓展而忽略客观存在的坏账风险，部分公司不良贷款率持续攀升，面临经营困难，有的只收不贷甚至停业。一些公司为覆盖风险，大幅提高贷款利率，部分小额贷款公司在发放贷款及催收过程中违规行为时有发生，一些小额贷款公司信贷风险不断增加，盈利能力持续下滑。由于小额贷款行业信息披露不规范，大部分小额贷款公司的经营数据并未公开，为了解行业经营绩效情况，特选用新三板挂牌小额贷款公司经营数据做简要且具有代表性的分析，并重点分析山东新三板挂牌的两家小额贷款公司经营情况，以此来反映山东小额贷款行业的经营绩效。

1. 全国新三板挂牌小额贷款公司经营绩效分析

截至2017年末，全国共有40家小额贷款公司在新三板挂牌，其中ST昌信（831506. OC）未按期披露年报。对各小额贷款公司年报数据进行统计分析发现，2017年全国已披露年报的39家新三板挂牌小额贷款公司共实现营业收入14.75亿元，同比下降6.60%，实现净利润7.31亿元，同比下降5.94%，实现利息收入15.43亿元。在39家小额贷款公司中，仅有17家净利润出现不同幅度增长，有22家小额贷款公司净利润出现下滑。39家披露年报新三板挂牌小额贷款公司中另有26家营业收入同比下滑，营业收入与净利润同比双降的小额贷款公司也高达17家。

从图12可以看出，全国新三板挂牌小额贷款公司总营业收入近三年呈现下滑趋势，2016年营业收入同比下降11.24%，2017年全国新三板挂牌小额贷款公司营业收入下降幅度放缓但仍维持下滑态势。从平均营业收入来看，2017年全国新三板挂牌小额贷款公司平均营业收入为0.38亿元/家，全国仅有商汇小贷（833114. OC）、宏达小贷（834670. OC）、通利农贷（831098. OC）三家小额贷款公司营业收入超过1亿元，其余小额贷款公司营业收入普遍偏低。全国新三板挂牌小额贷款公司营收能力持续减弱，经营状况未有明显好转，新三板挂牌小额贷款公司营收分化有加剧迹象。

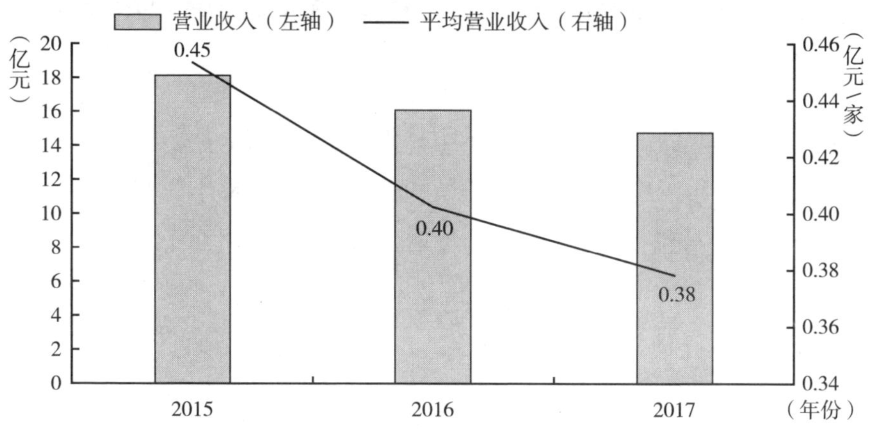

图12　全国新三板挂牌小额贷款公司营业收入情况（2015～2017年）

资料来源：Wind资讯，齐鲁财富网。

从图 13 可以看出，全国新三板挂牌小额贷款公司净利润连续两年下滑，其中 2016 年下滑幅度高达 26.53%，2017 年净利润下滑幅度虽有减缓但仍同比下滑 7.82%，全国新三板挂牌小额贷款公司盈利情况持续减弱。从平均净利润来看，2017 年全国小额贷款公司平均净利润为 0.19 亿元/家，全国仅有宏达小贷（834670.OC）、商汇小贷（833114.OC）、黔中泉（834263.OC）三家小额贷款公司营业收入超过 5000 万元，全国披露年报的 39 家小额贷款公司中有 2 家在 2017 会计年度出现亏损，全国新三板挂牌小额贷款公司盈利能力依然偏弱。

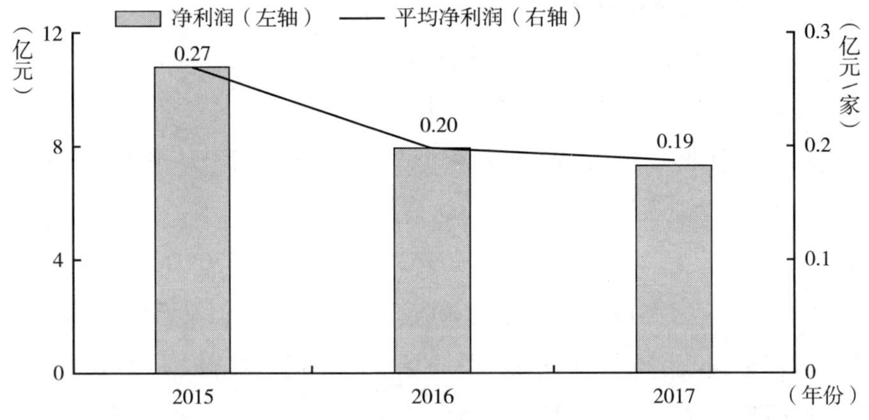

图 13　全国新三板挂牌小额贷款公司净利润实现情况（2015～2017 年）

资料来源：Wind 资讯，齐鲁财富网。

从图 14 可以看出，全国新三板挂牌小额贷款公司净资产在 2017 年增加 0.78 亿元。从净资产收益率来看，全国新三板挂牌小额贷款公司近三年净资产收益率持续下降，已由 2015 年的 10.07% 降至 2017 年的 6.51%，净资产收益率也仅略高于商业银行贷款利率（4.35%），净资产收益率的持续下行加大小额贷款公司经营风险，也严重影响了小额贷款公司展业积极性。

2. 山东新三板挂牌小额贷款公司经营绩效分析

截止到 2017 年末，山东有 2 家小额贷款公司在新三板挂牌，分别是东

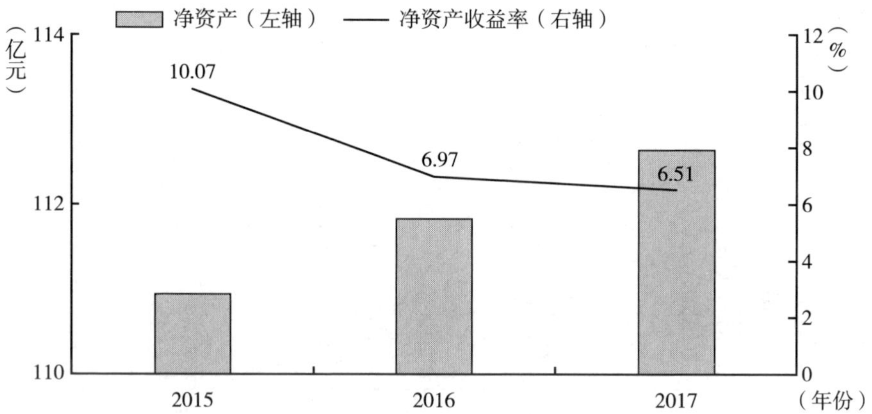

图 14　全国新三板挂牌小额贷款公司净资产收益率情况（2015～2017 年）

资料来源：Wind 资讯，齐鲁财富网。

方贷款（834339. OC）和天元小贷（831668. OC）。其中，济南市高新区东方小额贷款股份有限公司（东方贷款）成立于 2011 年 4 月 12 日，注册资金 1 亿元，实际控制人济南高新技术产业开发区国有资产管理委员会持股 30%，济南市市政工程设计研究院（集团）有限责任公司等 7 家企业分别持股 10%。聊城市东昌府区天元小额贷款股份有限公司（天元小贷）成立于 2009 年 4 月 9 日，注册资金 1. 5 亿元，控股股东为山东嘉隆石油专用管制造有限公司。

从图 15 可以看出，山东新三板挂牌小额贷款公司营业收入持续下滑，在 2017 年小额贷款公司营业收入下降速度减缓，营业收入同比下降 4. 17%。从单个公司来看，东方贷款（834339. OC）2017 年营业收入同比增长 5. 82%，天元小贷（831668. OC）营业收入持续下滑，下滑幅度为 7. 86%，山东两家新三板挂牌公司营业收入出现分化（见表 3）。

具体来说，东方贷款（834339. OC）在营业收入连续两年下滑幅度超 20% 后出现小幅增长，公司经营状况有向好迹象，但综合四年经营数据来看公司经营稳定性明显变差。天元小贷（831668. OC）营业收入连续两年负增长，在 2017 年度营业收入下滑幅度放缓但仍维持下行走势，经营状况不容

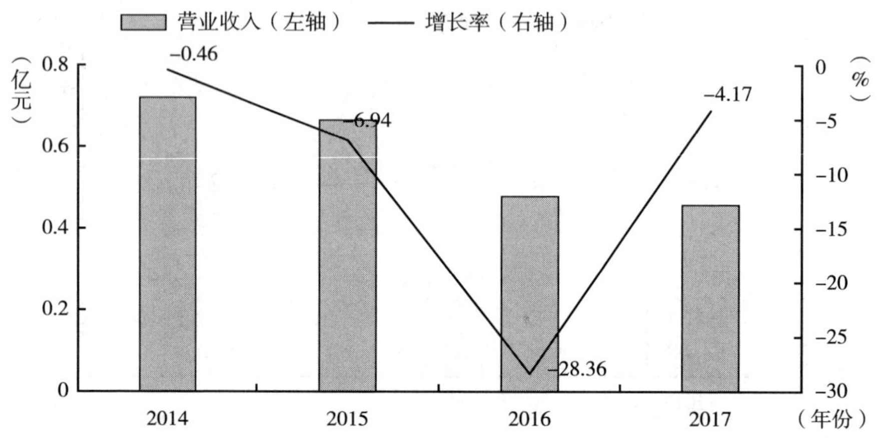

图15　山东新三板挂牌公司营业收入情况（2014～2017年）

资料来源：Wind资讯，齐鲁财富网。

表3　山东新三板挂牌公司营业收入明细

单位：亿元，%

股票代码	股票简称	2017年		2016年		2015年		2014年	
		营业收入	同比	营业收入	同比	营业收入	同比	营业收入	同比
834339.OC	东方贷款	0.12	5.82	0.11	-43.80	0.20	-23.89	0.26	6.93
831668.OC	天元小贷	0.34	-7.86	0.37	-21.52	0.47	0.64	0.46	-4.15

资料来源：Wind资讯，齐鲁财富网。

乐观。山东两家新三板挂牌小额贷款公司营业收入整体出现向好迹象，但经营稳定性仍然较差（见图16、图17）。

从图18可以看出，4年统计时间山东新三板挂牌小额贷款公司净利润持续下降，在2017年下降幅度仍高达21.21%。

单个公司来看，东方贷款（834339.OC）2017年净利润下滑幅度进一步扩大降幅高达35.88%，天元小贷（831668.OC）下滑幅度也高达17.52%。两公司整体盈利能力持续减弱（见表4）。

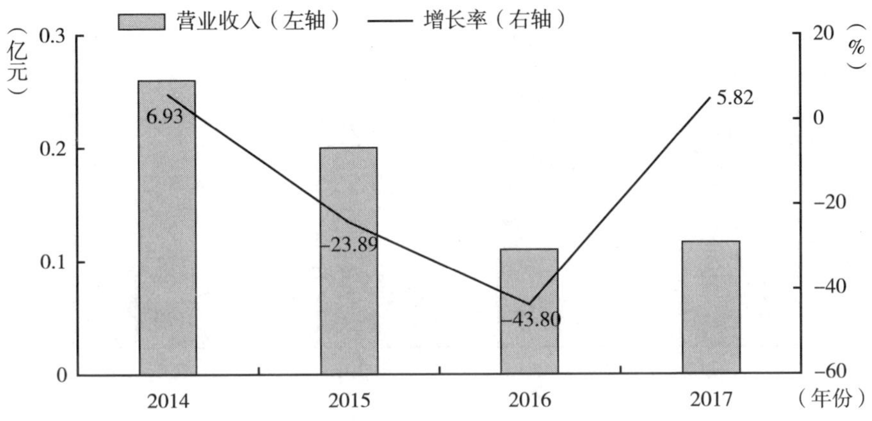

图 16　东方贷款（834339. OC）营业收入情况（2014～2017 年）

资料来源：Wind 资讯，齐鲁财富网。

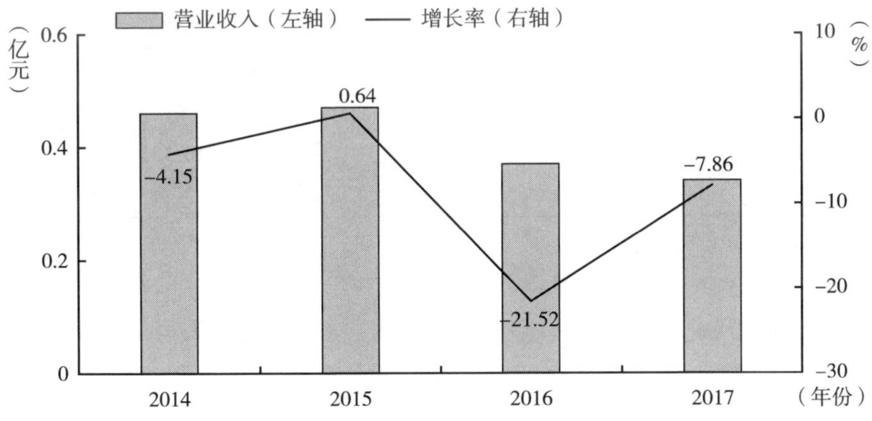

图 17　天元小贷（831668. OC）营业收入情况（2014～2017 年）

资料来源：Wind 资讯，齐鲁财富网。

具体来说，东方贷款（834339. OC）净利润持续下滑，由 2014 年的 0. 13 亿元降至 2017 年的 0. 05 亿元，东方贷款（834339. OC）营业收入虽小幅上涨但盈利能力在持续减弱，2017 年净利润降幅更是高达 35. 88%。天元小贷（831668. OC）净利润连续两年大幅下滑，其在 2017 年下降幅度达到

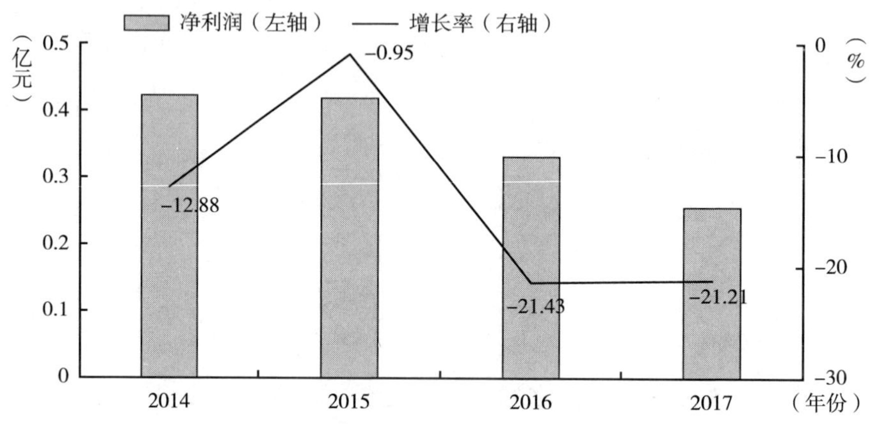

图 18　山东新三板挂牌公司净利润情况（2014～2017 年）

资料来源：Wind 资讯，齐鲁财富网。

表 4　山东新三板挂牌公司净利润明细

单位：万元，%

股票代码	股票简称	2017 年		2016 年		2015 年		2014 年	
		净利润	同比	净利润	同比	净利润	同比	净利润	同比
834339. OC	东方贷款	0. 05	－35. 88	0. 08	－30. 23	0. 12	－10. 32	0. 13	－7. 16
831668. OC	天元小贷	0. 20	－17. 52	0. 25	－17. 08	0. 30	3. 49	0. 29	－15. 29

资料来源：Wind 资讯，齐鲁财富网。

17. 52%，山东新三板挂牌小额贷款公司盈利状况持续恶化（见图 19、图 20）。

从图 21 可以看出，山东新三板挂牌小额贷款公司净资产收益率（ROE）近三年也呈下行走势，截至 2017 年末山东新三板挂牌小额贷款公司净资产收益率仅为 8. 15%，两家公司平均净资产收益率略高于全国新三板挂牌小额贷款公司平均净资产收益率（6. 51%）。

具体来看，东方贷款（834339. OC）2017 年净资产收益率下滑至 4. 38%，仅略高于银行贷款基准利率，与风险较低的货币基金收益率基本持平，在 2017 年东方贷款（834339. OC）持续经营与购买银行理财及低风险

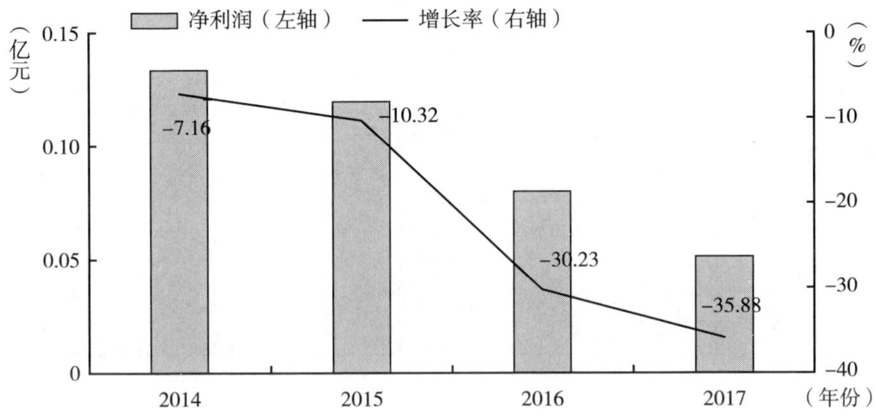

图 19　东方贷款（834339. OC）净利润情况（2014～2017 年）

资料来源：Wind 资讯，齐鲁财富网。

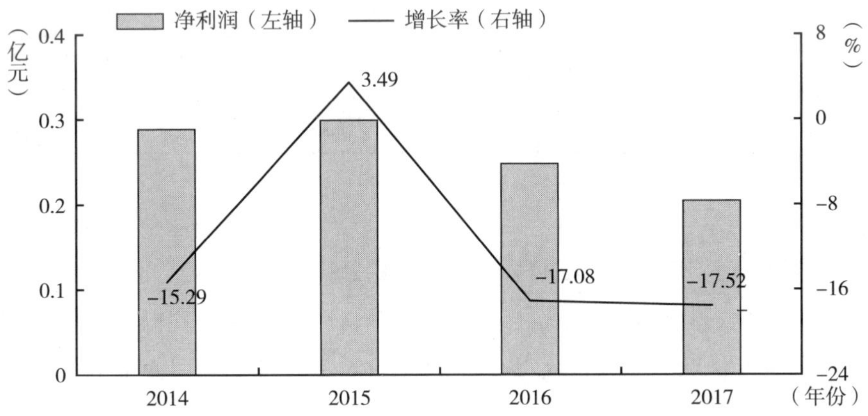

图 20　天元小贷（831668. OC）净利润情况（2014～2017 年）

资料来源：Wind 资讯，齐鲁财富网。

货币基金所获得收益基本一致。天元小贷（831668. OC）净资产收益率略高于 10%，但在近 4 年时间也下滑 5. 17 个百分点。山东新三板挂牌的两家小额贷款公司在 2017 年虽未出现亏损，但盈利能力持续下滑已是不争的事实（见表 5）。

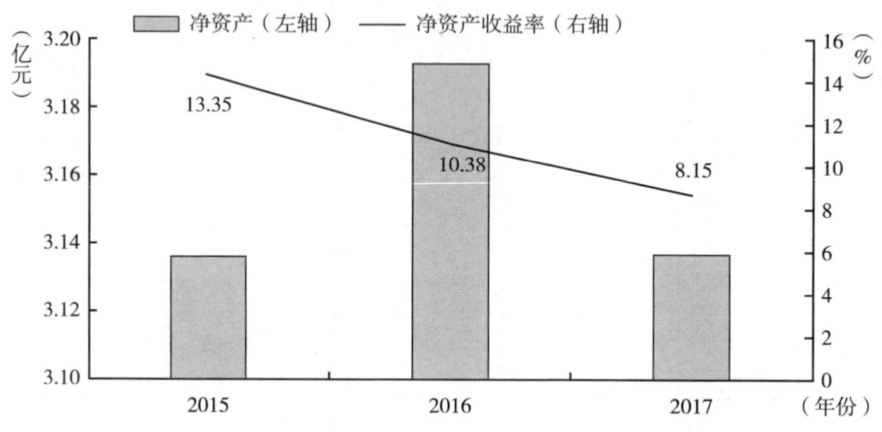

图 21　山东新三板挂牌公司净资产情况（2014～2017 年）

资料来源：Wind 资讯，齐鲁财富网。

表 5　山东新三板挂牌公司净资产收益率（ROE）明细

单位：%

股票代码	股票简称	2017 年	2016 年	2015 年	2014 年
834339. OC	东方贷款	4. 38	6. 94	10. 62	11. 92
831668. OC	天元小贷	10. 40	12. 64	15. 56	15. 57

资料来源：Wind 资讯，齐鲁财富网。

综合来看，山东新三板挂牌的小额贷款公司在山东小额贷款行业属于较为优秀的企业，但其盈利能力仍在持续下滑。山东小额贷款行业公布数据的优秀企业经营状况尚且持续恶化，实力偏弱的小额贷款公司面临的经营状况可能更严峻。

（八）小额贷款公司普惠支持力度偏弱

小额贷款公司一方面以自有资金发放贷款获取利息收入，另一方面以从商业银行短期借款发放较高利率的贷款来获取利差收入，小额贷款行业盈利模式清晰。受不良贷款率攀升以及业务开展成本增加等因素影响，小额贷款公司为覆盖经营成本实现利润最大化，普遍采取提高贷款利率方式，部分小额贷款公司平均年化利率远高于 15%，维持在 18%～24%。据山东新三板挂牌小额贷款公司东方贷款（834339. OC）年报公布数据，公司在 2016 年末月度加权平均利率为 16. 89‰，2017 年月度加权平均利率虽有所降低但仍高达 14. 93‰，折合年利率 17. 92%，东方贷款（834339. OC）放款利率与中国人民银行基准利率相比明显偏高。

走访多家小额贷款公司后发现，东方贷款（834339. OC）所执行贷款利率在山东小额贷款公司中属于中间水平，部分小额贷款公司合同利率甚至超过 30%。伴随高利率而来的是居高不下的坏账率及不良贷款率。从 2017 年中国裁判文书网发布的近 50 件有关小额贷款公司的判决书中发现，放款时间多为 2015 年的短期借款逾期，部分机构直到 2017 年才通过法律途径诉讼收回，当然全部逾期贷款回收只是理想状态。小额贷款公司通过诉讼等途径清收部分逾期贷款虽能取得一定成效，但是诉讼客户居高不下及判决周期较长等因素也影响公司本金及时回收，制约了公司资金的高效利用。逾期贷款回收期限的延长也直接降低了小额贷款公司资金周转率，严重影响了小额贷款公司普惠功能的发挥。

随着经济转型压力加大，一些企业借款人还款意愿、还款能力也在不断减弱，这也导致了小额贷款公司可供选择的优质客户越来越少，这些不利因素的堆积严重影响小额贷款公司放款意愿。山东新三板挂牌小额贷款公司东方贷款（834339. OC）公布的年报数据显示，公司在 2017 年发放贷款及垫款为 1. 38 亿元，较上年增加 73. 22%，天元小贷（831668. OC）在 2017 年发放贷款及垫款为 1. 95 亿元，较上年减少 11. 81%，两家小额贷款公司发放贷款及垫款数据存在明显分化，这也体现了山东小额贷款公司在普惠功能发挥上存在一定差别。近年来随着小额贷款公司平均融资成本的增加以及不良贷款率激增，部分小额贷款公司盈利能力明显下滑，部分小额贷款公司拓展业务积极性大幅降低，小额贷款公司普惠功能发挥严重受限。

二　山东小额贷款行业发展趋势

党的十八大以来，我国金融改革发展取得重大成就，金融业快速发展，金融产品也日益丰富，金融服务的普惠性大幅增强，全国多层次金融体系不断完善。2017 年，国家加强对重点领域和薄弱环节的支持，全国小微企业贷款增速明显高于其余各项贷款的平均增速，中国普惠金融发展越来越受到政府的重视。小额贷款公司与担保、典当、租赁、P2P 等类金融行业相比，具有直接有效地引导民间资本规范化、阳光化运行，更便捷地为中小微实体经济发展提供资金，有效平抑民间借贷利率水平等多重优势。中国人民银行公布的数据显示，截至 2017 年末，山东有 334 家小额贷款公司，合计募集资本金高达 448.62 亿元，贷款余额也高达 495.04 亿元。小额贷款公司最初定位即为补位传统金融机构，主要以低于民间高利借贷的价格，向广大难以获得传统银行信贷支持的中小微企业、农、工、商个体经营户，提供方便、灵活、快捷的生产经营和创业发展所急需的资金服务，山东大多数小额贷款公司认真履行普惠金融的基本功能。

2017 年以来山东小额贷款公司实收资本与贷款余额重现“双增长”，在行业回暖趋势显现的情况下，小额贷款行业需抓住机遇正本清源，回归补位传统金融机构的初心，有效助农、助微，发挥引导规范民间融资的作用。处在新旧动能转换关键节点的山东经济发展面临巨大历史机遇，在当前经济环境下山东小额贷款公司处境并不乐观，很多小额贷款公司经营困难，山东已有相当数量的小额贷款公司无款可放，部分处于停业状态。据不完全数据统计，山东已有很多小额贷款公司坏账率持续攀升，公司贷款投放速度明显放缓。作为普惠金融重要组织形式的小额贷款公司为山东普惠金融发展做出巨大贡献，大量农业经济组织和中小微企业获得急需的资金支持。

实践证明，小额贷款公司在服务中小微企业、支持“三农”建设和满足弱势群体金融服务等方面可发挥持续促进作用。当前山东小额贷款公司处于转型调整期，小额贷款行业在国家不断强化监管的大环境下势必更加规范，在今后实践过程中小额贷款公司补位传统金融机构的功能将凸显，小额贷款公司应当坚持设立初衷，探索适合自身实际情况的商业模式，不断提高风险控制能力并立足普惠金融服务，逐渐形成企业自身核心竞争力。

在互联网金融冲击下，小额贷款公司面临极大的生存与发展压力，传统小额贷款公司拥抱互联网将是大势所趋，小额贷款公司依靠大数据等技术来提高贷款业务安全性成为现实可行的选项。借助大数据等技术，小额贷款公司不仅可以挖掘产业供应链上中小微企业的金融需求，同时也可以探索产业链金融服务，发力新金融助推新旧动能转换。另外，小额贷款公司通过利用行业核心企业提供的采购数据、外部交易数据等进行大数据分析，完成小微企业融资自动化审批。在运用大数据快速放贷情况下，一些实力较强、经营状况好的小额贷款公司也可以在国家政策允许前提下开展互联网小额贷款业务，对原有业务进行升级，提升自身竞争力。

为促进小额贷款公司进一步发展，国家有关部门在 2017 年先后出台《关于小额贷款公司有关税收政策的通知》和《关于促进扶贫小额信贷健康发展的通知》。监管部门同年出台《小额贷款公司网络小额贷款业务风险专项整治实施方案》，规范网络贷款业务并对网络小额贷款业务提出具体要求。面对复杂多变的市场，小额贷款公司法律定位问题也一直限制着小额贷款公司的发展，各级政府有关部门虽出台一系列政策文件来规范小额贷款行业的发展，但国家层面相关法规迟迟未能落地，这也限制了小额贷款公司高质量发展。随着试点工作持续推进，国家出台小额贷款公司相关法律法规的环境日趋成熟，不久将来小额贷款公司将真正做到有法可依、有规可循。

三　山东小额贷款行业存在的问题

受世界主要经济体经济形势恶化、全球金融市场竞争加剧、市场不确定性因素增加等因素影响，全国实体经济发展面临较大压力，全国小额贷款公司也进入严峻挑战期。小额贷款公司在经历短暂繁荣发展期之后，在 2013 年就显现出衰退迹象。部分小额贷款公司经营困难，坏账风险逐步提升，小额贷款公司经营压力持续加大也成为现今小额贷款行业的真实写照。

山东小额贷款公司数量在 2016 年、2017 年连续下滑，机构贷款余额与实收资本在 2017 年虽然小幅增长，但山东小额贷款行业进入困难期已是不争事实。山东小额贷款公司除较少部分保持稳健发展状态外，其余普遍存在

“不良贷款偏高、业务开拓困难、经营效益下滑、股东信心丧失”的困难局面，山东小额贷款公司在经历十年的试点之后已经到了生死存亡的关键时刻。

在试点之初，小额贷款公司主体利率大多维持在15%～20%，小额贷款公司利率虽然远高于银行基准利率，但与民间普遍达到30%～50%甚至100%的高利贷相比依然较低，小额贷款行业的快速发展对抑制民间高利贷有重要作用。但随着试点工作的推进，一些小额贷款公司为覆盖风险大幅提高贷款利率，部分小额贷款公司存在转向高利贷的风险，极少数小额贷款公司在催讨欠款时不合规行为时有发生。另外，一些企业打着小额贷款公司的旗号从事非法集资活动，给小额贷款行业带来恶劣影响。随着经济转型压力持续增加，山东小额贷款公司面临的风险也在不断增多。山东小额贷款公司在发展过程中存在较大差异，部分机构在运营过程中偏离补位传统金融机构的定位，在实践中既不能“助农、助微”，也很难发挥规范民间融资的作用。经历十多年蓬勃发展后，山东小额贷款行业急剧扩张所带来的隐患也逐步显现，机构法律定位不明确、税负过重、人员素质偏低、融资渠道受限等问题严重制约小额贷款公司发展。

首先，融资渠道单一严重制约行业发展。小额贷款公司融资渠道主要依靠股东注资和银行贷款，山东省地方金融监管局2016年发布的《山东省小额贷款公司（试点）管理办法》（鲁金监字〔2016〕9号）规定：“支持小额贷款公司拓宽融资渠道，通过银行融资、法人股东定向借款、与各类金融机构及地方金融组织开展合作等方式进行融资，融资方式、利率水平按照市场化原则由双方自由协商确定。鼓励小额贷款公司通过发行优先股、私募债券、资产证券化、资产权益转让等方式，依法合规开展直接融资。支持符合条件的小额贷款公司通过境内外上市或全国中小企业股份转让系统、区域股权交易中心挂牌交易等途径，提高融资能力。小额贷款公司各类债务融资余额总计不得超过注册资本的2倍”。山东虽然鼓励小额贷款公司在股东出资以外进行依法融资，但企业融资限制依然较多，小额贷款公司在实际运行中缺乏充足运营资金，部分小额贷款公司在经营一段时间后即处在无款可放的尴尬境地。缺乏充足的资金也严重影响小额贷款公司业务的拓展，同时影响机构普惠金融功能的发挥。由于小额贷款公司资金实力参差不齐，政府等有关部门在监管的过程中如果采取“一刀切”的监管方式也势必会对小额贷款公司发展产生不良影响。

其次，小额贷款公司风险管控水平偏低，一些小额贷款公司经营过于看重“利率覆盖风险”，行业不良贷款率居高不下。伴随着互联网金融快速发展，一些互联网利率降至10%以下，而传统经营的小额贷款利率仍在20%左右，相对高的利率不仅减弱小额贷款公司的竞争力，同时也提升了机构不良贷款率。山东新三板挂牌小额贷款公司数据显示，2017年末，东方贷款（834339. OC）和天元小贷（831668. OC）的不良贷款率分别为7.44%、5.22%，其中东方贷款（834339. OC）不良贷款率较上年同期下降了5.84个百分点，天元小贷（831668. OC）不良贷款率增加了5.18个百分点，山东新三板挂牌小额贷款公司不良贷款率远高于商业银行机构的不良贷款率（1.74%），如果考虑一些风险贷款可通过重组等方式暂时缓解，小额贷款行业风险状况或更严重。现存小额贷款公司大多对农业组织和小微企业风险定价能力建设投入不足，部分小额贷款并不完全服务于农村组织和小微企业，在房地产市场景气度大幅提升情况下大做房地产等行业的融资。与银行等传统金融机构相比，小额贷款风控体系缺乏专业性，且获得的客户资源很多缺少足额抵押担保，这也直接导致小额贷款公司经营风险增加。据了解，目前能够按照商业银行的五级标准对信贷资产作风险分类的小额贷款公司只有极少数，小额贷款行业内对逾期贷款和不良贷款的认定标准很难统一，真正具有良好抗风险能力以及成熟商业模式的小额贷款公司少之又少。

再次，人才瓶颈制约小额贷款公司发展。试点过程中小额贷款公司内部管理混乱、公司风控体系不完善、大股东直接干预公司管理、公司业务与股东个人民间融资混同处理等现象时有发生。受专业性人才缺乏影响，部分小额贷款公司风险管理能力欠缺，贷后管理严重缺位。中国人民银行统计数据显示，全国绝大部分小额贷款公司员工数量偏少，截至2017年末，全国小额贷款公司平均员工数仅为 12.16 人/家，山东省平均员工数量虽略高于全国平均水平但也仅有 12.82 人/家。由于行业准入门槛较低，大多数小额贷款公司员工专业素质和业务能力偏低，且普遍缺乏先进、系统的小额贷款专业知识和技能培训，小额贷款公司人员素质偏低也直接影响小额贷款公司风险管控水平。部分小额贷款公司员工流动过于频繁，导致业务经营延续性偏差。

最后，小额贷款公司信息披露有待规范。由于行业信息披露不规范，全国可供研究分析的小额贷款公司经营数据少之又少，山东新三板挂牌的小额贷款公司中可供分析年度数据的仅东方贷款（834339. OC）、天元小贷（831668. OC）两家，在区域股权交易中心挂牌的小额贷款公司虽披露部分数据，但数据时效性较差，对于分析 2017 年的经营状况作用有限，信息披露不规范导致可选用数据缺乏统一性。以小额贷款公司数量为例，截止到 2017 年末，山东省金融办公布的小额贷款公司数量为 419 家，通过全国工商查询系统统计的小额贷款公司数量高达 456 家（含分公司），通过 Wind 数据库统计的小额贷款公司则仅有 349 家，中国人民银行公布的监管数据更少，仅有 334 家。通过查询中间存在差异的原因得知，工商查询系统公布的数据为注册小额贷款公司的数量，中国人民银行公布的数据为有经营活动的小额贷款公司数量，工商查询系统公布的数据与中国人民银行公布数据存在差异主要是因为已经进行工商注册的小额贷款公司并未进行放贷业务，这中间的差值又反映出山东存在大量僵尸小额贷款公司，但这些数据均未有专门机构进行统一披露，山东小额贷款公司信息披露不规范对研究山东小额贷款公司普惠功能的发挥产生极大阻力。

四　对策建议

第五次全国金融工作会议要求“金融业要回归本源，服从服务于经济社会发展”。习近平总书记强调，“金融是实体经济的血脉，为实体经济服务是金融的天职，是金融的宗旨，也是防范金融风险的根本举措。要贯彻新发展理念，树立质量优先、效率至上的理念，更加注重供给侧的存量重组、增量优化、动能转换。要把发展直接融资放在重要位置，形成融资功能完备、基础制度扎实、市场监管有效、投资者合法权益得到有效保护的多层次资本市场体系。要改善间接融资结构，推动国有大银行战略转型，发展中小银行和民营金融机构。要促进保险业发挥长期稳健风险管理和保障的功能。要建设普惠金融体系，加强对小微企业、‘三农’和偏远地区的金融服务，推进金融精准扶贫，鼓励发展绿色金融。要促进金融机构降低经营成本，清理规范中间业务环节，避免变相抬高实体经济融资成本”。小额贷款公司作为普惠金融的组成部分也一直扮演着重要角色，小额贷款公司设立的初衷主要是补位传统金融机构，发挥放贷市场中拾遗补缺的作用，但从近两年来看，小额贷款公司服务中小微企业的能力依然偏弱。有关数据显示，截至2017年末，全国商业银行贷款余额近100万亿元，小额贷款公司贷款余额还不到1万亿元，占商业银行贷款的比重不足1%，小额贷款公司补位传统金融机构的作用依然有限。

总结行业经验，小额贷款公司要实现健康稳定发展，首先要坚持“支农、支小、支微”的市场定位，按照“小额、分散”的原则发放贷款，为实体经济提供差异化金融服务，并严格坚守合法合规经营，助力山东新旧动能转换。小额贷款公司立足小微金融服务，在普惠金融业务开展上有天然优势，山东小额贷款公司要利用这个优势做好拾遗补缺补位传统金融机构的工作，坚持“支农、支小、支微”的定位，紧跟山东新旧动能转换步伐，支持经济新动能的诞生。

第二，改善小额贷款公司融资环境。融资渠道缺乏一直限制小额贷款公司的发展，过高的融资成本也倒逼小额贷款公司转向可以承担高利率的高风险客户。目前监管政策规定，在严格禁止小额贷款公司向公众吸收存款之外，允许小额贷款公司采用向银行融资、股东借款、发行私募债、贷款资产转让等方式进行外源性融资。许多省监管部门对小额贷款公司的融资杠杆率已放宽到100%～200%甚至更高。政府层面应对小额贷款公司进行差异化管理，对于一些致力于为服务“三农”、小微企业的合规达标的优秀小额贷款公司可以考虑进一步放开融资限制，明确小额贷款公司“金融机构”身份，允许小额贷款公司为小微企业提供投资、担保、咨询等增值服务。对部分经营业绩良好的小额贷款公司，鼓励其上市（挂牌），利用资本市场进行融资，通过股权融资缓解后续资金匮乏问题。对于小额贷款公司自身，应充分运用信贷资产转让、发行公司私募债券等多元化融资方式来扩大经营，为公司的持续发展提供动力。

第三，小额贷款公司要探索适合自身的商业模式，留住人才，打造核心产品。小额贷款公司要舍得投资，以立足长远的股东和高管团队以及专业务实的人力资源配置为基础，不断提升团队的风险管控能力和金融服务水平。小额贷款公司在经营过程中要探索有特色的商业模式，量身打造自身的核心产品，避免与银行同质竞争。例如，有的地区试点将小额贷款公司作为拓展供应链金融的平台，通过服务供应链金融来探索新的商业模式，提升风险管理能力。在自建能力不足的情况下，小额贷款公司可以引进专业的大数据金融信息服务机构，为公司建立严格的风控体系。

第四，国家应尽快明确小额贷款公司法律定位，建立统一的监管标准规范小额贷款行业的发展。政府在践行普惠金融的同时应确认小额贷款公司地位，采取适合小额贷款公司特点的监管政策。国家应尽快出台普惠金融的法律法规，实现普惠金融发展顶层设计的法制化，以此来促进行业发展。相关法律法规应对普惠金融服务内容进行法律界定，强调普惠金融的服务对象为全部市场主体和广大人民群众，并明确小微企业、农民、城镇低收入人群等为重点服务对象，明确各类普惠金融业务的监管主体，为小额贷款公司的发展提供法律依据。小额贷款公司以自有资金从事贷款、不经营存款，这一重要属性决定了合法经营的小额贷款公司具有较小外溢性风险。相关政府机构在监管过程中应采用非审慎性监管原则，重点守住不得非法集资、不得高息放贷、不得暴力催收三条底线，对处于不同发展阶段的小额贷款公司采用分类管理、分层指导的原则，本着支持和鼓励小额贷款行业发展的思路进行支持与监管，并逐渐出台统一的监管政策。

第五，针对互联网小额贷款监管要宽松适度，同时要建立完善的信息披露制度，严格风险控制。传统小额贷款公司在一定区域内经营不会形成区域性风险，但互联网小额贷款跨省做全国业务就具有相当大的潜在风险。互联网与小额贷款的融合为我国小额贷款行业发展带来新的生机，小额贷款公司依托互联网企业大数据库和技术可以开发出适合小额贷款的风险定价模型，大幅降低小额贷款成本。小额贷款公司凭借对客户数据的深入挖掘，贷后管理难题或将迎刃而解。从根本上说，互联网与小额贷款的结合是行业回归补位传统金融机构初心的体现，但互联网与小额贷款的融合绝不能逾越合规经营和风险可控的底线。

就山东而言，整体资金实力偏弱、地域发展不均衡都是影响小额贷款公司健康发展的重要因素。经济发展不均衡始终伴随着山东经济的发展，小额贷款公司地区发展不均衡也制约了一些地市普惠金融的发展。经过几年时间，不管从公司数量、营业规模还是从小额贷款公司的注册资本来看，山东各地市分化均有不断加大的趋势，山东小额贷款公司区域发展不均衡程度进一步加深。以小额贷款公司机构数量为例，在全省试点工作开始阶段，各地市小额贷款公司数量并没有显著差异。2011 年，省内沿海地市的小额贷款公司数量开始急剧增多，内陆地区的发展停滞不前，省内东西部之间的差异逐渐加深。政府在监管的过程中可以实行差异化管理政策，对于鲁西南等发展较为落后地区可以适当出台一定刺激政策，鼓励小额贷款公司做大做强，更好地为山东新旧动能转换提供优质金融服务。

B.6
山东民间融资行业发展报告

摘　要： 从《关于促进民间融资规范发展的意见》出台至今，山东民间融资行业经过6年的发展，逐步形成规模。当前民间融资机构发展呈现出机构数量稳定、注册资金持续增大、各地市发展差距大、地方监管逐步规范的特点。从民间融资行业经营情况看，民间资本管理机构投资额持续增大，但是经营能力较差、存在违规经营的现象；民间登记服务机构对接资金不断增多。山东民间融资机构存在债权投资、短期财务性投资占比过高，运营风险高，以及信息披露不完善等问题。针对以上问题，本报告提出发挥民间融资机构灵活优势、打造民间金融聚集区、严控金融风险、加强征信体系建设等建议，不断促进民间融资健康发展。

关键词： 山东省民间融资　民间融资机构　民间资本管理机构

中国特色社会主义新时代意味着经济发展也进入新时代。金融是现代经济的核心，新时代金融业必然呈现新的发展特征。党的十九大报告指出，要深化金融体制改革，增强金融服务实体经济的能力；要健全金融监管体系，守住不发生系统性金融风险底线。中央经济会议工作提出，要按照党的十九大要求，在全面建成小康社会未来三年，要打好防范化解重大风险攻坚战，重点是防控金融风险。党的十九大及相关会议为我们指明未来的工作方向，要深化金融体制改革，要把服务实体经济作为出发点和落脚点，提高服务的效率与水平，同时要控制金融风险，加强金融监管。李克强总理在《政府工作报告》中提出："加快金融体制改革。改革完善金融服务体系，支持金融机构扩展普惠金融业务，规范发展地方性中小金融机构，着力解决中小微企业融资难、融资贵问题。"民间融资作为普惠金融的组成部分，在解决小微企业融资难问题上发挥着一定的作用。但由于民间融资为非正规金融，在规范性以及监管方面可能存在不足，因此民间融资往往是产生金融风险的最薄弱环节，最容易引发系统性金融风险。因此，对民间融资的制度完善以及有效金融监管是发挥民间融资解决中小微企业融资难题作用的关键。

一　民间融资发展现状及特点

（一）民间融资发展现状

民间融资在我国已经有四千多年的发展历史，最早出现在夏商时期，最早主要是熟人间的信用借贷，后来逐步发展形成民间当铺、钱庄票号等，至今民间融资依然存在，而且形式也越来越多样，越来越规范化发展。民间融资之所以能够长期存在并且持续发展，主要是由于需求的催生，正规的金融机构不能满足长尾用户对于金融的需求。长期以来，民间融资一直凭借其短期、小额、快捷、灵活的优势，有效地弥补了正规金融的服务盲点，为"三农"和小微企业提供了资金支持。但是由于初期国家对金融的严控以及采取的垄断策略，民间融资一直在"地下"运行，更没有政策引导，监管也不到位，因而民间融资频繁爆发风险。

2005 年，民间金融开始获得肯定。2005 年 5 月，中国人民银行发布的《2004 年中国区域金融运行报告》中指出，要对民间金融全面认识并且正确分析，对民间融资行为进行规范和引导，促进民间融资健康发展①。这是国家首次从官方角度对民间金融进行肯定，为合法的民间金融的发展预留出新的空间。随着国家出台相关政策进行引导，各地区也开始出台相关政策积极

① 中国人民银行：《2004 年中国区域金融运行报告》，2005。

践行，促进本地民间金融的发展。尤其是2011年下半年，民间借贷最活跃的温州地区爆发借贷风波，涉及债务总额达上千亿元，并引发企业倒闭潮。此后，推进民间金融改革更加迫切。2011年11月8日，温州市金融工作会议公布“1+8”地方金融改革创新战略。其中就包含创建民间资本管理服务公司、民间借贷登记服务中心。2012年3月28日，国务院常务会议决定设立温州市金融综合改革试验区，明确“推进民间借贷规范化、阳光化”为温州金改的首要任务。2012年2月28日，温州首家民间资本管理服务中心开业。2012年3月29日，温州民间借贷登记服务有限公司（温州民间借贷登记服务中心）顺利完成登记注册，并于4月26日正式营业，成为国内第一个专业服务于民间借贷行业的登记服务中心。2012年9月，温州正式启动立法申报及起草工作，全国首部金融地方性法规和首部专门规范民间融资的法规《温州市民间融资管理条例》于2013年11月22日审议通过，自2014年3月1日起施行。

此后，温州市民间借贷逐步规范，2018年3月，温州民间借贷登记服务中心最新数据显示，民间借贷备案工作渐成体系，“两化”得到一定突破。温州在各县（市、区）分别设立7家借贷中心，共引进44家配套服务机构入驻。目前，在备案方面，全市共备案民间借贷56489笔，总金额511.26亿元；在利率方面，平均年化利率为15.86%，成效显著。温州全市设立10家民间资本管理有限公司，注册资金达10亿元。截至2017年底，温州全市设立10家民间资本管理有限公司，累计投放1378个项目、64.34亿元资金，已有19家企业登记备案定向债发行，备案金额5.005亿元，已发行1.07亿元。4家民间资本管理有限公司共分18期做了69个项目定向集合资金的备案登记，备案金额17.65亿元，已发行约8.26亿元。

温州民间借贷登记服务中心运转后，规范化运作开始产生示范效应，全国多地效仿“温州模式”筹建起民间资本管理服务公司、民间借贷登记服务中心。各地运作情况各有特点，以民间借贷登记服务中心来讲，很多地区与温州“强制备案”不同，采用以政府正向鼓励、配套措施支持备案为主。

广州民间融资服务中心仿照温州民间借贷指数每天发布广州民间小额贷款指数，借贷双方根据指数定价，成交后即自动备案登记。目前，广州民间借贷利率平均已从2至3分降到1至2分，平均加权环比下降0.23%。长沙民间融资服务中心则引进了实力雄厚的担保公司、仲裁委、律师事务所等机构，服务中心还建立了相应的风险补偿机制。

山东省民间金融模式与温州相似。2012年3月，山东省第一部规范民间融资发展的意见——《关于促进民间融资规范发展的意见》（鲁政办发〔2012〕18号）出台，以东营市和临沂市为试点城市，开展民间融资规范引导工作试点，正式开始探索民间融资的规范化发展之路。经过一年半时间的探索，确定东营和临沂两市试点取得积极成果，民间融资规范引导工作全省铺开。此后，山东省民间融资机构获得迅速发展，民间融资机构数量迅速增加，投融资额度也不断扩大。到2014年底，山东省民间融资机构数量达到680家，县域覆盖率高达90.7%，烟台等9个市已经实现县域全覆盖。随着民间融资机构的不断发展，诸多问题也逐渐暴露出来，政府及地方金融监管部门连续出台了《山东省民间融资机构监督管理暂行办法》（鲁金监字〔2016〕6号）、《山东省民间资本管理公司分类评级暂行办法》（鲁金监字〔2017〕55号）等多个文件，并制定了国内首部地方金融法规——《山东省地方金融条例》，促进民间融资机构规范化发展。

经过几年的发展，民间融资机构在不断为中小微企业服务的同时，许多制度性的、操作性的问题依然存在。为了增强民间融资机构发展活力，探索民间融资机构资金转化为企业资本更加有效的路径，推动民间融资机构更好地为企业提供服务，2016年12月山东省地方金融监督管理局印发《山东省民间资本管理公司创新业务试点暂行办法》（鲁金监字〔2016〕26号），进一步激发民间融资机构活力，推动有能力的民间资本管理有限公司进行业务创新，同时规范民间融资机构创新业务行为。该文件对创新业务的试点种类进行了规定，债券投资、私募基金管理、不良资产收购处置和资产证券化等都是创新业务。同时，对各类创新业务制定了业务规范和风险控制措施，明确创新业务的内容、操作规范和禁止性规定。由于民间融资机构的发展水平不均衡，所以部分民间融资机构并不具备开展创新业务的能力，因此该文件明确了民间融资机构申请开展创新业务试点的条件，同时对省市县三级监管机构组织开展创新业务试点工作的职责进行了划分。

2017 年 7 月 28 日，山东省民间融资机构协会第一届理事会第四次会议暨第一届常务理事会第四次会议在烟台举行，会议通过了《山东省民间融资机构协会会员管理办法》和《山东省民间融资机构董事、监事、高级管理人员水平能力评价管理办法》，进一步明确了会员管理要求、会员职责、奖惩制度，更有助于开展行业自律，促进行业发展。

2018 年 2 月 2 日，山东省地方金融监督管理局印发了《山东省民间融资机构业务许可证年审办法》（鲁金监字〔2018〕4 号）。该办法是自 2016 年山东省提出民间融资机构实行业务许可和业务许可证后，为了保证民间融资机构业务许可证年审工作的顺利进行，加强对民间融资机构的管理监督，引导民间融资机构依法合规经营所制定。对年审程序、上报材料、审查内容和设定的标准以及审查结果的运用都进行了详细规定，有助于促进民间融资机构进一步规范健康发展。

（二）民间融资机构的发展特点

从山东省金融办公室的统计数字可知，截至 2017 年 12 月末，全省获得业务许可的民间融资机构 522 家，注册资本 265.83 亿元。其中，民间资本管理有限公司 448 家，注册资本 263.39 亿元；民间融资登记服务公司 74 家，注册资本 2.44 亿元。通过对比分析近两年的数据，山东省民间融资机构已经进入稳定规范阶段，各方面指标变动幅度较小，但是这也预示着山东省民间融资机构的发展亟待创新和突破。

1. 机构数量保持稳定

自 2012 年山东省开展民间融资规范引导工作试点以来，经过 5 年多的发展，民间融资机构数量的变动趋势也从 2013 年、2014 年的迅速增加转变为 2015 年的增速减缓，直至 2016 年、2017 年的维持稳定。2017 年山东省民间融资机构数量为 522 家，相对于 2016 年的 512 家仅增加了 10 家。关于山东省民间融资机构的类型，2013 年 10 月山东省出台《关于进一步规范发展民间融资机构的意见》（鲁政办发〔2013〕33 号），明确山东省发展民间资本管理机构和民间融资登记服务公司两类，并对两类机构的形式、设立条件以及经营规范等进行了明确规定。

民间资本管理机构是在一定区域内设立，针对当地实体经济项目开展股权投资、债权投资、资本投资咨询、短期财务性投资及受托资产管理等业务的有限责任公司或股份有限公司。融资登记服务机构是在一定区域内设立，为当地民间借贷双方依法提供资金供需信息发布、中介、登记等综合性服务交易平台的公司或民办非企业单位。从两种机构的功能上可以看出，民间资本管理机构可以直接进行投资，而融资登记服务机构是提供资金供需信息的中介平台，两种机构功能的不同决定了数量的多少。

从表 1 中可以看到，2017 年底民间资本管理机构的数量为 448 家，虽然相对于前几年处于减少状态，但是相对于 74 家融资登记服务机构来讲，数量要多出许多。但是从变动趋势来讲，民间资本管理机构的数量自 2015 年起有所减少，这可能和近年来民间资本管理机构营业收入较差有关系。融资登记服务机构数量则不断增加，2017 年相对于 2016 年增加了 20 家，民间融资登记服务机构成立的门槛较低，主要做资金对接，并不需要自有资金的投入，随着民间对该机构的不断认可，业务量逐渐增多，未来发展前景也比较乐观。

表 1　山东省民间融资机构发展情况（2013 ~ 2017 年）

单位：家

年份	民间融资机构	民间资本管理机构	融资登记服务机构
2013	202	178	24
2014	680	601	79
2015	489	444	45
2016	512	458	54
2017	522	448	74

资料来源：山东省金融办，齐鲁财富网。

2. 注册资金持续增加

从注册资金来看，两种类型机构的注册资金都呈现持续增加的趋势。2017 年底，民间资本管理机构的平均注册资金为 5883 万元/家，民间融资登记服务机构的平均注册资金为 300 万元/家（见表 2）。民间资本管理机构注册资金较高，大都在 6000 万元左右，主要是由于《关于进一步规范发展民间融资机构的意见》中明确规定，民间资本公司的注册资金不少于 3000 万元。民间融资登记服务机构的平均注册资本金则要低很多，约为 300 万元。山东省出台的相关文件中并没有对民间融资登记服务机构的注册资金有明确的要求，注册门槛较低。

表 2　山东省民间融资机构注册资金情况（2013～2017 年）

年份	民间资本管理机构			民间融资登记服务机构		
	家数（家）	注册资金（亿元）	平均注册资金（亿元/家）	家数（家）	注册资金（亿元）	平均注册资金（亿元/家）
2013	178	108. 24	0. 6081	24	—	—
2014	601	335. 25	0. 5578	79	2. 31	0. 0292
2015	444	255. 18	0. 5747	45	0. 95	0. 0211
2016	458	264. 05	0. 5765	54	1. 56	0. 0289
2017	448	263. 58	0. 5883	74	2. 44	0. 0300

资料来源：山东省金融工作办公室，齐鲁财富网。

3. 各地市发展差距大

截止到 2017 年底，民间融资机构自试点起已经在山东省发展了 7 年的时间，各地市的发展情况并没有在相关部门进行统一的展示和解析。本报告通过查找各地市的新闻以及金融办的相关数据，整理出济南市、青岛市、潍坊市、临沂市、威海市以及泰安市的相关内容。各地市的发展情况如下。

从民间融资机构数量来看，临沂市具有绝对优势。截止到 2017 年底，全省共有522家民间融资机构，而仅临沂市的民间融资机构数量就为168家，占全省的32.18%，民间融资登记服务机构也有20家，占全省的27.03%，远远超过其他地市，这与临沂市民营经济发达、民间投融资活跃不无关系，而且临沂市是最早进行民间融资试点的两个城市之一。济南作为省会城市，民间融资机构的数量相对于东部沿海城市较少，省会城市优势并不明显。山东省民间融资机构分布情况见表3。

表3　山东省民间融资机构分布情况（2017年）

单位：家

地市	民间融资机构	民间资本管理机构	民间融资登记服务机构
济南	27	20	7
青岛	35	34	1
潍坊	30	25	5
临沂	168	148	20
威海	32	24	8
泰安	25	24	1

资料来源：各地市金融工作办公室，齐鲁财富网。

从投资情况看，截止到2017年底，济南市20家民间资本管理机构累计投资18.22亿元，每家资本管理机构的平均投资金额为9110万元；7家民间融资登记服务机构成功对接资金2.38亿元。

青岛市截止到2017年12月末，获得业务许可的民间融资机构达到35家，实现了七区三市全覆盖，注册资本共计31.05亿元，全市民间融资机构累计为社会解决融资需求达到126.8亿元，其中向中小微企业和“三农”投资额为102.3亿元，占总投资额的80.7%，累计实现税收6071.7万元，为地方经济发展做出了积极贡献。民间融资登记服务机构仅有1家——青岛蓝海民间融资登记服务中心（2017年成立），数量较少，作用发挥有限。

威海市截止到2017年12月末，民间融资机构共32家，其中民间资本管理机构 24 家，累计投资 431 笔，累计投资金额为 50.15 亿元，其中累计涉农、涉中小微企业投资 32.99 亿元，占累计投资金额的 65.78%。民间融资登记服务机构 8 家，累计登记资金需求 10.85 亿元，累计登记资金出借 8.94 亿元，成功对接金额 8.80 亿元。

潍坊市截至 12 月末，民间融资机构共 30 家，注册资本 11.01 亿元。其中，民间资本管理机构 25 家，投资余额 10.73 亿元，融资余额 1.05 亿元，累计投资金额 11.23 亿元；民间融资登记服务机构 5 家，累计成功对接 0.41 亿元。

临沂市 2017 年末，民间融资机构 168 家，注册资本 79.78 亿元，2017 年累计投资 50.12 亿元；20 家民间融资登记服务机构累计对接业务 3.28 亿元。

从各地市民间融资机构的投资情况来看，民间融资机构的存在对解决企业融资问题发挥了一定的作用，尤其是对中小微企业和“三农”提供了较多的资金支持。各地市民间融资登记服务机构成立数量都较少，有的地市目前还没有此类机构。成功对接资金额度有限，主要是受制于登记的出借资金较少。

4. 地方监管逐步规范

统一使用行业标志。2017 年 7 月，山东省民间融资机构协会对山东省 442 家民间融资机构（392 家民间资本管理机构和 50 家民间融资登记服务机构）进行了调研，对行业标志、营业执照、业务许可证、自律承诺和风险提示等悬挂、张贴情况开展检查。其中，412 家公司按照规定使用行业标志，并在营业场所醒目位置悬挂、张贴相关文件，占所调研公司总数的 93.21%；6 家公司未按要求使用行业标志，已知会相关部门督促整改；24 家公司已注销或确定不申请业务许可证。使用统一的行业标志有助于提升行业的社会公信力。在统一调研之前，有部分未经监管部门批准的投资咨询类公司非法使用行业标志，冒充民间融资机构，造成侵权行为，也不利于民间融资机构的公信力和长期发展。此次，行业协会对民间融资机构进行调研排查，更有助于开展行业自律，促进行业发展。

信息披露情况。民间资本管理机构进入资本市场有利于拓宽融资渠道、完善股权结构。在区域股权交易中心或是新三板等板块挂牌后，信息披露更加完善，有利于企业规范化管理，也有利于地方监管部门及时了解企业情况，进行定向监督。随着各地方不断加大对在区域股权交易市场以及新三板等挂牌企业的支持力度，截止到 2017 年 12 月底，山东省有 6 家民间融资机构在区域股权交易市场挂牌，其中 3 家在齐鲁股权交易中心、3 家在青岛蓝海股权交易中心（见表 4）。从挂牌情况看，地域性较为明显。

表 4　民间融资机构挂牌情况

挂牌企业	挂牌时间	挂牌交易机构
聊城鲁发民间资本管理有限公司	2017 年	齐鲁股权交易中心
聊城昌华民间资本管理有限公司	2017 年	齐鲁股权交易中心
聊城开元民间资本管理有限公司	2015 年	齐鲁股权交易中心
青岛益和汇普民间资本管理有限公司	2017 年	青岛蓝海股权交易中心
青岛中策民间资本管理有限公司	2015 年	青岛蓝海股权交易中心
青岛晟融民间资本管理有限公司	2015 年	青岛蓝海股权交易中心

资料来源：齐鲁股权交易中心、青岛蓝海股权交易中心，齐鲁财富网。

从新三板挂牌情况来看，全省只有青岛拥湾资产管理集团股份有限公司在 2015 年 12 月 14 日挂牌，旗下包括青岛拥湾民间资本管理有限公司。但是由于公司不符合《关于挂牌私募机构自查整改相关问题的通知》中的相关规定，因此在 2017 年 12 月 21 日被终止挂牌。

（三）民间融资机构经营情况分析

上文已经阐述，山东省民间融资机构主要发展民间资本管理机构和民间融资登记服务机构两种类型，民间资本管理机构可使用注册资金以及通过向股东借款、定向私募等方式融得的资金，开展短期财务性投资、股权投资等业务。民间融资登记服务机构主要是为当地民间借贷双方提供资金供需的信息发布、中介、登记等服务。因此，考察民间资本管理机构可以从投资额、投资方向以及利润等方面考察；对于民间融资登记服务机构，则从成功对接资金情况等方面分析。

1. 民间资本管理机构投资额持续减少

2017 年 1 ~ 12 月全省民间资本管理有限公司累计投资金额 284.83 亿元（见表 5），其中涉农、涉中小微企业投资合计 207.91 亿元，占累计投资金额的 73%。可以看出，民间资本管理有限公司累计投资金额在持续减少，2017 年相对于 2016 年累计投资金额减少 9.7%，造成该情况的原因可能是前几年资金投出后部分资金还未能成功退出收回导致。但是从投资方向来看，2017 年民间资本管理有限公司投资金额涉农、涉中小微占比不断增高，达到 73%，相对于 2016 年的 52.24%，上涨了 20.76 个百分点，对“三农”和中小微企业的扶持力度不断增强。

表 5　山东省民间资本管理机构投资情况（2013 ~ 2017 年）

单位：亿元，%

年份	累计投资金额	同比增加	平均每家投资金额
2013	94.63	—	0.53
2014	342.5	261.95	0.57
2015	346.5	1.17	0.78
2016	315.43	-8.97	0.69
2017	284.83	-9.70	0.64

资料来源：山东省金融工作办公室，齐鲁财富网。

从资金募集情况来看，2017 年民间资本管理机构累计募集资金 42.42 亿元，其中股东借款 39.81 亿元，引进优先股东 0.11 亿元，定向私募 2.5 亿元。可以看出，股东借款仍是该类机构主要的融资方式。

2. 民间资本管理机构经营能力差

对于经营能力的分析，由于信息披露不健全，所以本小节主要选取青岛汉缆股份（002498. SZ）上市公司子公司——青岛汉缆民间资本管理有限公司以及聊城开元民间资本管理有限公司、聊城昌华民间资本管理有限公司的相关数据进行分析。①

从对表 6、表 7 聊城开元民间资本管理有限公司的资产负债表以及利润表分析来看，该公司实收资本金为 3000 万元，2014 年 3 月份成立至 2014 年 12 月底，营业收入为 300 万元，去除营业成本及税金后，净利润为 137. 33 万元，总资产为 3153. 56 万元，总资产收益率（ROA）为 4. 35%，资产收益率相对较低。考虑到通货膨胀与资金的使用成本，可以判断聊城开元民间资本管理有限公司盈利能力较差，同时也充分反映了民间资本管理有限公司的资金管理水平较低。分析聊城昌华民间资本管理有限公司的经营情况，从表 8 和表 9 来看，聊城昌华民间资本管理机构的 3000 万元实收资本都用于短期投资，因此收入的来源只能是利息收入，从表 9 的利润表来看，2015 年度聊城昌华民间资本管理有限公司净利润为 115. 79 万元，总资产为 3134. 84 万元，总资产收益率（ROA）约 3. 7%。同聊城开元民间资本管理有限公司相似，经营能力较弱。

---

① 区域股权交易中心挂牌的企业以及上市公司子公司有部分信息披露。从股权交易中心挂牌企业披露的数据来看，青岛蓝海股权交易中心只发布了民间资本管理机构的挂牌通知，并没有其他数据可供查询。齐鲁股权交易中心有 3 家挂牌企业，由于在成长板挂牌，挂牌门槛较低，齐鲁股权交易中心只要求披露挂牌企业的股权挂牌说明书摘要，因此也只能查询部分数据。其中，聊城鲁发民间资本管理有限公司在 2016 年 12 月 14 日成立，2017 年 3 月挂牌，公布的财务数据只有 2017 年一季度，不具有分析价值。聊城开元民间资本管理机构、聊城昌华民间融资机构挂牌说明书摘要中，数据相对丰富，本文对该两家公司进行分析。

从上市公司子公司分析来看，位于山东省德州市的保龄宝（002286. SZ）公司于 2015 年 3 月出资 8000 万元设立全资子公司——禹城市保龄宝民间资本管理有限公司，但保龄宝（002286. SZ）年报中只对合并报表数据进行披露，无法查询子公司的经营数据。青岛汉缆股份（002498. SZ）青岛汉缆民间资本管理有限公司数据相对丰富，因此选取青岛汉缆民间资本管理有限公司数据进行分析。

表 6　聊城开元民间资本管理有限公司资产负债表

单位：元

资　产	2015 年 7 月 31 日	2014 年 12 月 31 日
流动资产：		
货币资金	64298.12	3859968.98
交易性金融资产		
应收票据		
应收账款	32823100.00	27413100.00
预付款项		
应收利息	158985.00	218600.00
应收股利		
其他应收款		
存货		
一年内到期的非流动资产		
其他流动资产		
流动资产合计	33046383.12	31491668.98
非流动资产：		
可供出售金融资产		
持有至到期投资		
长期应收款		
长期股权投资		
投资性房地产		
固定资产		43928.48
在建工程		
工程物资		
固定资产清理		
生产性生物资产		
油气资产		
无形资产		
开发支出		
商誉		
长期待摊费用		
递延所得税资产		
其他非流动资产		
非流动资产合计		
资产总计	33046383.12	31535597.46

资料来源：齐鲁股权交易中心，齐鲁财富网。

表 7　聊城开元民间资本管理有限公司利润表

单位：元

项　　目	2015 年 1 ~7 月	2014 年度
一、营业收入	2845005. 00	3003213. 50
减:营业成本		
营业税金及附加	157872. 84	170174. 93
销售费用		
管理费用	644886. 29	1012139. 44
财务费用	-5606. 33	-12413. 38
资产减值损失		
加:公允价值变动收益(损失以"-"号填列)		
投资收益(损失以"-"号填列)		140
其中:对联营企业和合营企业的投资收益		
二、营业利润(亏损以"-"号填列)	2047852. 20	1833452. 51
加:营业外收入		
减:营业外支出		
其中:非流动资产处置损失		
三、利润总额(亏损以"-"号填列)	2047852. 20	1833452. 51
减:所得税费用	447276. 64	460131. 39
四、净利润(净亏损以"-"号填列)	1600575. 56	1373321. 12

资料来源：齐鲁股权交易中心，齐鲁财富网。

表 8　聊城昌华民间资本管理有限公司资产负债表（未经审计）

单位：元

资　　产	2016 年 9 月 30 日	2015 年 12 月 31 日	2014 年 12 月 31 日
流动资产:			
货币资金	3148266. 71	1348366. 71	16781. 71
短期投资	30000000. 00	30000000. 00	30000000. 00
应收票据			
应收账款			
预付款项			
应收利息			
应收股利			
其他应收款			
存货			
一年内到期的非流动资产			
其他流动资产			
流动资产合计	33148266. 71	31348366. 71	30016781. 71

注：聊城昌华民间资本管理机构非流动资产均为 0，所以本表省略，流动资产合计即为资产总计。

资料来源：资料来源：齐鲁股权交易中心，齐鲁财富网。

表9　聊城昌华民间资本管理有限公司利润表（未经审计）

单位：元

项　　目	2016年1~9月	2015年度	2014年度
一、营业收入	2800000.00	3000000.00	450000.00
减:营业成本			
营业税金及附加			25425.00
销售费用	1015000.00	1611958.00	
管理费用	137500.00	180161.00	411581.00
财务费用		7.00	-4161.21
资产减值损失			
加:公允价值变动收益(损失以"-"号填列)			
投资收益(损失以"-"号填列)			
其中:对联营企业和合营企业的投资收益			
二、营业利润(亏损以"-"号填列)	1647500.00	1157874.00	17155.21
加:营业外收入			
减:营业外支出			
其中:非流动资产处置损失			
三、利润总额(亏损以"-"号填列)	1647500.00	1157874.00	17155.21
减:所得税费用			17,873.50
四、净利润(净亏损以"-"号填列)	1647500.00	1157874.00	-718.29

资料来源：齐鲁股权交易中心，齐鲁财富网。

分析青岛汉缆民间资本管理有限公司的经营情况，不论是从公司的注册资本情况还是从公司经营情况来看，都要强于聊城开元民间资本管理有限公司和聊城昌华民间资本管理有限公司（见表10）。该公司注册资本为3.2亿元，在全省民间资本管理机构中属于相对较大的公司。为了保持数据一致性，以及分析相关指标的变动趋势，我们统一采用青岛汉缆民间资本管理有限公司股东全部权益价值评估项目资产评估报告中的数据。2017年12月30日，汉缆股份（002498.SZ）发布公告，出售青岛汉缆民间资本管理公司100%股权，同时披露了青岛汉缆民间资本管理有限公司股东全部权益价值评估项目资产评估报告，从资产评估报告来看，可以看到从2015年以来，公司营业收入和净利润都是呈持续下降态势，尤其是进入2017年，营业收入和净利润大幅下降。资产收益率已经降至2.1%，与银行两年定期存款利率一致，资金成本难以覆盖。可见，近年来民间资本管理公司经营绩效较差，尤其是2017年经营效益下降幅度较大。

表 10　青岛汉缆民间资本管理有限公司营收情况

单位：万元人民币

项目	2014/12/31	2015/12/31	2016/12/31	2017/10/31
一、资产、财务状况				
总资产	51657.48	51189.12	40565.98	34554.83
总负债	18517.73	14819.41	435.37	1196.93
净资产	33139.75	36369.71	40130.61	33357.90
项目	2014 年度	2015 年度	2016 年度	2017 年 1 ~ 10 月
二、经营状况				
营业收入	2727.58	5896.06	3400.50	577.59
净利润	1139.75	4229.96	3760.90	727.29

资料来源：青岛汉缆民间资本管理有限公司股东全部权益价值评估项目资产评估报告，齐鲁财富网。

在齐鲁股权交易中心挂牌的民间资本管理机构或是上市公司下属的民间资本管理有限公司，相对来讲是经营状况较好，或是资源较为丰富的公司，但是从经营情况来分析，盈利能力等依旧不尽如人意，所以民间资本管理机构充分发展创新型业务、提高资金管理能力获得更高盈利才是关键。

3. 民间资本管理有限公司违规经营

对于民间资本管理机构的经营，在 2013 年山东省制定的《关于进一步规范发展民间融资机构的意见》中，明确要求民间资本管理机构对单一企业或项目投融资余额不超过公司注册资本的 30%。公司原则上不向股东及关联方、股东及关联方直接或间接控制的企业投资（含担保），如确有必要，应在满足公司关联交易相关规定条件下，投融资余额（含担保）不超过公司注册资本的 10%。2014 年《山东省民间资本管理机构分类评级暂行办法》鼓励重点支持“三农”及中小微企业的创新发展，对“三农”及中小微企业进行的股权投资、债权投资、短期财务性投资余额合计占全部投资余额的比例达到 60%（含 60%）以上的，得 15 分，每下降 1 个百分点，扣 0.5 分，扣完为止。也可以看出，设立民间资本管理机构的一个重要目的也是扶持中小微企业和“三农”的发展，鼓励民间资本机构向中小微企业和“三农”投资。

分析山东地矿股份有限公司全资子公司——山东地矿民间资本管理有限公司的投资情况，由于山东地矿（000409. SH）一直未披露 2017 年年报，所以我们选用山东地矿股份有限公司发布的 2016 年年报，从年报中可以看出，山东地矿民间资本管理有限公司的 3000 万资金全部由该公司的股东、上市公司山东地矿股份有限公司拆借去（见表 11、表 12），违反了《关于进一步规范发展民间融资机构的意见》中关联交易投资额不超过注册资本 10% 的要求。在《山东省民间资本管理机构分类评级暂行办法》中，山东地矿民间资本管理公司向中小微企业和“三农”的投资比例也不符合要求，该项得分只能是 0 分，影响公司的评级结果。根据调查走访，山东省民间资本管理机构中类似于山东地矿民间资本管理有限公司这样的情况还有很多，属于违规经营。这也反映了两方面问题，一方面是公司本身不按规定经营，违反相关要求；另一方面是监管部门监管不严格，不能有效监管。而之前所反映的民间资本管理机构经营绩效差的问题，在此处似乎也能略加解释，可以看到，山东地矿民间资本管理有限公司只是向山东地矿（000409. SH）做贷款，并没有开展创新型业务，同时收取的利率为 7. 96%，利率相对较低，经营绩效差也是在所难免。

表 11　关联方资金拆借

单位：元

关联方名称	拆入/拆出	拆借金额	起始日	到期日	备注
山东地矿民间资本管理有限公司	拆入	20000000. 00	2016. 11. 18		未偿还
山东地矿民间资本管理有限公司	拆入	10000000. 00	2016. 11. 11		未偿还
山东地矿租赁有限公司	拆入	250000000. 00	2016. 12. 15	2017. 12. 15	未偿还
山东地矿租赁有限公司	拆入	78478403. 68	2015. 6. 1	2018. 5. 31	未偿还
山东地矿集团有限公司	拆入	80000000. 00	2016. 11. 30		未偿还
山东地矿集团有限公司	拆入	290000000. 00	2015. 2. 6		未偿还

资料来源：山东地矿（000409. SH）2016 年年度报告，齐鲁财富网。

表 12　应付项目

单位：元

项目名称	关联方	年末余额	年初余额
应付账款	山东省第六地质矿产勘查院	2404039. 09	
其他应付款	蓬莱市金策选矿厂	3167421. 31	3605881. 66
其他应付款	蓬莱市金策选矿有限公司	1000000. 00	1000000. 00
其他应付款	时广智	176847408. 78	177864254. 37
其他应付款	山东省第六地质矿产勘查院	30000. 00	
其他应付款	山东地矿集团有限公司	390606916. 66	
其他应付款	山东地矿民间资本管理有限公司	30120416. 67	
其他应付款	崔全山	8272829. 21	

资料来源：山东地矿（000409. SH）2016 年年度报告，齐鲁财富网。

4. 民间融资登记服务机构对接资金不断增多

民间融资登记服务机构主要进行资金登记和对接。2017 年随着民间融资登记服务机构数量的不断增多以及民间对该机构服务的逐步认识和认可，民间融资登记服务机构的对接资金不断增多，达到 23. 57 亿元，相对于 2016 年的 20. 2 亿元，增长了 16. 68%。2017 年民间融资登记服务机构对接成功率达到 87. 07%，我们可以明确知道，对接成功率主要取决于累计登记资金出借金额。可以看到，2017 年累计登记的资金需求达到 45. 18 亿元，累计登记的出借资金仅有 27. 07 亿元，资金的需求量要明显高于资金出借量（见表 13）。所以，下一步如何增加资金出借的寻找与登记是提高民间融资登记服务机构资金对接成功率的关键。

表 13　山东民间登记服务机构资金对接情况（2014～2017 年）

单位：亿元，%

年份	累计登记资金需求	累计登记资金出借	成功对接资金	对接成功率
2014	21. 27	12. 47	9. 48	76. 00
2015	31. 14	16. 12	14. 01	86. 91
2016	37. 89	23. 46	20. 2	86. 10
2017	45. 18	27. 07	23. 57	87. 07

资料来源：山东省金融工作办公室，齐鲁财富网。

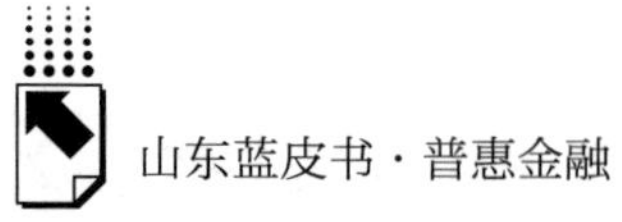

二　民间融资存在的问题

（一）债权投资、短期财务性投资所占比重偏高

受主客观条件限制，民间资本管理机构的现有业务中，债权投资、短期财务性投资所占比重偏高。债权或是短期财务性投资过多，可能会存在部分企业还款压力过大，一旦企业还款不及时，就容易形成资金链断裂，从而导致企业破产等更加严重的后果。对于民间资本管理机构来讲，企业无法偿还资金，就表示投资失败，造成损失。另外，债权投资、短期财务性的投资方式，仅能赚取利息收入，收益率低，风险高。同时，参与程度不高，民间资本管理机构无法深入参与到企业中，更好地为企业提供服务。从之前山东民间融资协会走访调查的统计数据来看，山东省民间资本管理机构在实际经营中短期财务性投资比例偏高，约占投资额的60%；股权投资比例偏低，仅占投资额的4%。从上文我们选取的4家企业的分析数据中也可以看出，基本上都是短期财务性投资。为了提高民间融资机构发展活力，2016年12月山东省地方金融监督管理局印发《山东省民间资本管理有限公司创新业务试点暂行办法》（鲁金监字〔2016〕26号），推动有能力的民间资本管理机构进行业务创新。该文件要求民间资本管理机构不仅具备相应资质的管理、技术、审核等人员，具备完备有效的内部控制制度和风险防控机制外，还要对注册资本金、持续经营的会计年度、分类评级结果等都有要求，开展创新业务的门槛相对较高。符合要求的民间资本管理有限公司要按照自愿原则，向所在地监管机构提出试点申请，监管机构再逐级向省监管机构报批，申请的流程也非常麻烦。因而，实际中通过审批开展创新业务的民间资本管理有限公司非常少，创新业务并没有获得广泛开展，所以当前民间资本管理机构依旧以债权投资、短期财务性投资为主。

另外，通过实际了解，大部分民间资本管理机构没有达到开展创新业务的资质，因此仍只能开展债权和短期财务性投资业务。但是由于调查成本高、承担风险大而收益低，尤其是近年来经济逐渐下行，企业效益不佳的情况下，民间资本管理机构逐渐开始参与到“钱生钱”的方式中，通过高利贷等方式，追逐资本游戏，而没有真正投入到实体经济中，导致民间资本管理机构逐步脱离实体经济。

（二）运营风险高

在2017年底召开的中央经济工作会议上确定防范和化解重大风险是今后三年的三大攻坚战之一，而防范和化解重大风险的重点是防控金融风险。民间金融是爆发金融风险的最危险地带，防控金融风险一定要重点关注民间金融。当前，民间融资机构的服务对象主要是中小微企业和“三农”，大部分从银行贷款较为困难、抵押物不足、抗风险能力差，民间融资机构将资金投向这类客户，资金无法回笼的概率较高，面临较大的风险。另外，民间融资机构在考察投资对象时，不论是从人员配备还是从流程操作上看，本身就不如银行等金融机构专业。而且，截至目前，山东省民间融资机构都没有接入中国人民银行的征信体系，信息对称是降低风险的关键。因此，征信体系的不完善使得民间融资在开展业务时难以准确地评估客户的风险等级，这很大程度上增加了民间融资内部的系统性风险。另外，民间融资往往缺乏规范的风控机制以及合理的信贷结构，而且在开展业务时有时缺乏必要的业务手续，这也不利于有序金融秩序的建立，增加了民间融资的运营风险。

（三）信息披露不完善

从上文对全省民间融资机构的各种数据收集和分析结果看，山东民间融资机构相关信息披露不完善。山东省金融办等官方网站上披露的信息中只有企业家数、注册资本金、投资额等几个数据，关于机构运营情况的数据几乎没有披露。山东省各地市关于民间融资机构的相关信息披露则更少了，很多地市没有相关的信息披露。即使个别有信息披露的地市，显示的数据也不完整，更不用说数据的连贯性了。因此，对山东省民间融资机构的具体运行情况分析只能从宏观角度大致分析，而对于经营中存在的问题，只能在部分上

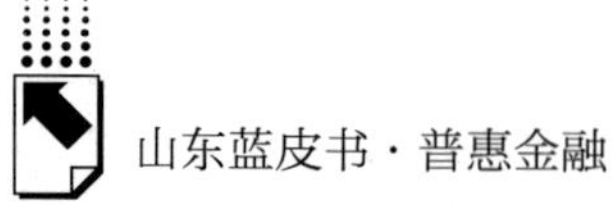

市公司披露的年报中，查找该上市公司的子公司民间融资机构的相关信息，但是这些极少的信息不能代表大多数民间融资机构的经营情况，无法深层次地发现民间融资机构存在的具体问题，更无法依据问题，对民间融资机构经营方面存在的问题，提出相应的发展建议。

三　民间融资发展建议

（一）充分发挥民间融资机构灵活优势

民间融资机构相对于传统金融机构的优势就在于“短、小、快、灵”，目前多数民间融资机构采用传统金融机构的流程和方式，只不过是将规模缩小、资金来源不同罢了，所以民间融资机构灵活的优势没有充分发挥出来，也不能实现真正为暂时资金困难的企业“雪中送炭”的目标。而随着民间融资机构多年的发展，部分民间融资机构已经摸索出自己的一套发展方式。

威海齐东民间资本管理有限公司向当地一家建筑企业以股权投资的方式投资 200 万元占股 30%，帮助企业渡过难关，一年的时间，企业资金回笼后以 10% 的收益率回购了股权。该建筑企业不符合银行贷款条件，也不满足民资公司的贷款标准，但发展潜力较大，未来收益可期，经过全面考察后，威海齐东民间资本管理有限公司选择以股权投资的方式支持企业。相比于债权借款，股权投资对于企业来说负担较小，不增加负债率，更受企业欢迎。股权投资后，民间资本管理机构可以直接参与到企业的实际经营中，风险反而降低了，同时也获取应有的收益，实现双赢。

烟台芝罘区国民民间资本管理有限公司从 2015 年底就与当地的一个建材市场合作，建材市场将房产抵押给民间资本管理有限公司，民间资本管理有限公司提供给建材市场管理者 900 万元的资金，建材市场上 800 多家商户的库存产品都存放在市场中，商户需要资金周转时，只需要向市场管理者写个欠条，3 天之内就可获得款项。纯信用贷款，按天计费，成本算下来跟信用卡费率差不多。对于民间融资来讲，与一家建材市场合作，一方面省去寻找贷款者的成本，另一方面与建材市场管理者合作，建材市场充分了解业户，业户的货物也存放在建材市场，市场房产抵押给民间资本管理有限公司，省去了每户业务的调查成本，同时降低了风险。对于建材市场来说，帮着业户解决资金周转问题，可专心管理，并且与业户成为联盟，可获得业户稳定的租金。对于业户来讲，可以轻松地获得周转资金，解决了资金困难，同时省去了向银行贷款的繁琐程序。这个方案可谓一举三赢。

近两年类似上述案例出现得比较多，我们可以明确业务创新，充分发挥民间融资灵活的优势对于多方来讲都是非常好而且非常有意义的事情。首先，民间融资机构的投资尽调一定要完善、严格，因为民间融资机构同样要保证长期持续发展，这样才能更好地为中小微企业或是“三农”服务。在这个前提下，在风险可控的范围内，民间融资机构要严格按照地方金融监管部门关于创新业务的监管要求，认真推动业务创新。要以灵活的方式满足企业的资金需求，不仅有债权、短期财务性投资，股权投资等创新型业务也可以适当开展，以灵活的方式满足企业的资金需求、支持企业发展的同时，实现自身资产保值，关键是要把握好安全性和发展之间的平衡点。

（二）打造民间金融聚集区

根据产业聚集理论（Industrial Agglomeration Theory），产业聚集是指在某一产业发展过程中，处在特定领域内的相关企业和机构，由于相互之间具有较强的共性和互补性，形成一个在地理区位上集中的、相互关联、相互支撑的产业群现象。聚集区是经济社会发展到一定阶段的结果，符合经济发展和社会分工的规律。首先，可以共用基础设施、公共服务，共享信息；其次，有助于形成产业链条，或是形成规模效应，降低成本，提高收益。最后，聚集区可以形成宣传效应和带动效应，有助于促进企业更快发展。在2014年，西安就已经建立民间金融街，目前已经成为全国第二、西北第一的民间金融聚集区。这是效仿广州金融街的发展模式，但是这种模式在西安也发展得非常好。目前金融街上含小贷、融资担保、典当、产业基金、P2P网络借贷、会计事务所等56家机构，集聚民间资本55亿元，累计为全市

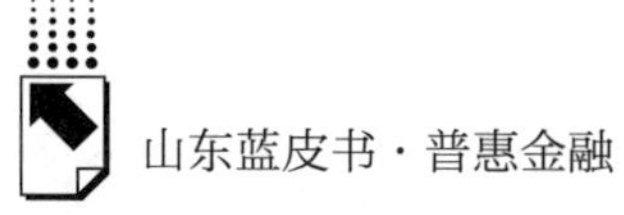

2500 家中小微企业提供近 130 亿元的融资贷款，贡献税收 1.5 亿元，新增就业岗位 400 余个，金融街 2016 年被国家发改委确立为全国民间金融投资示范典型，2017 年被市委、市政府确立为首批十个创建类特色小镇之一。

当前中国经济进入新常态，类似特色小镇、产业园区等聚集区符合经济规律，对经济转型升级具有重大意义。山东省也要把握住当前机会，加快构建民间金融的特色小镇等聚集区，形成规模效应，更好地为山东民间金融服务。

（三）严控金融风险

党的十九大报告指出，要健全金融监管体系，守住不发生系统性金融风险底线。中央经济工作会议提出，要按照党的十九大要求，在全面建成小康社会未来三年，要打好防范化解重大风险攻坚战，重点是防控金融风险。防控风险是近年来金融运行的主题，民间金融又是金融风险的多发地带，因此防控好民间金融的风险尤为重要。民间金融在限定区域内经营，多是熟人经济，而熟人经济就会导致民间融资机构碍于情面，风控把握不充分，贷款催收不及时等，从而造成逾期或者是坏账。

严控金融风险需要从民间融资机构和政府监管部门两方面入手。对于民间融资机构而言，应该严格业务流程，按照民间融资机构相关法规规定的业务标准和流程严格执行。同时，学习银行等传统金融机构内规范的贷款流程，避免衔接不当造成漏洞；学习银行等传统金融机构科学的风控体系，建立风控委员会制度，由风控委员会集体对项目把控，避免个人对项目的审批，降低运营风险。与此同时，民间融资机构要主动探索与担保公司、保险公司等机构合作，主动分散风险，这样在经营中一旦发生政策、不可抗力或是其他问题而导致投资对象无法还款时，可以由担保公司或保险公司承担一部分风险，降低民间融资机构自身风险，推动民间融资机构健康发展。

对于政府监管部门，目前山东省已经建立了完善的监管体系，有详细的监管要求，并且实施多级监管的方式。下一步建议对民间融资机构实施分类管理，要宽紧有度，一定要定期排查，地方金融监管部门要做到对当地民间融资机构心中有数。对于风控健全、风险把控能力强的民间融资机构要适当放宽要求，允许该类民间融资机构适当开展创新业务，定期监察即可。对于风控差、机构体系不健全的民间融资机构或者是运营不规范的机构，要加强管理，定期审查，严控创新业务的开展，逐步引导和规范该类企业的运营。

（四）加强征信体系建设

金融行业存在的基本前提是公平、公正和公开。所谓信息对称，指的就是公开。这也是金融行业一个老生常谈的话题了。金融风险爆发最根本的原因也是信息不对称。民间金融面对的绝大部分是中小微企业和“三农”，在信息方面有极大的局限性，因此健全征信体系为民间融资机构提供丰富的信息，是减少民间融资机构风险的关键点。

温州市在民间融资机构发展之初，当地中国人民银行支行就主动上门，向融资机构提供征信接口。在 2015 年，温州民间财富管理中心的社会公用信息查询服务平台启动，将中国人民银行征信系统、市发改委企业信用查询系统实现对接，再加上温州民间财富管理中心自身采集的民间借贷数据，形成服务于民间融资的信用数据库，这是集金融、政府、民间“三位一体”的全国首个民间借贷信用数据库，此后民间融资机构等相关部门开展业务可以直接进行网络远程查询。该数据库提供的海量信用数据对民间借贷双方具有极大的参考意义，有助于规范和引导社会资本，推动民间借贷领域和政府体系信用平台的联合建设，逐步实现各类信用信息共享和建成覆盖全社会的征信服务体系。

山东自实行金融改革以来已经过 5 年的时间，至今没有一个综合性的社会公用信息服务平台为民间融资机构、担保机构、保险机构等相关机构提供服务。下一步山东要加强对征信机构的建设，形成一个省内共享的信息平台，以供民间金融机构查询并及时补充信息，不断完善，解决中小微企业信息缺乏的问题。

B.7
山东网络借贷行业发展报告

摘　要： 2017年被称为P2P网络借贷行业的规范年，在防范金融风险和金融严监管的大背景下，P2P行业逐渐规范化，平台数量有所减少。山东省年内新增P2P平台4家，截至2017年底，全省正常运营平台75家，较2016年大幅减少。从山东P2P网络借贷平台发展现状来看，虽然新增平台有注册资本规模集中度高、平台收益率下降等特点，但受传统金融发展滞后、互联网基础条件差、金融生态恶化、缺乏运营规范等问题影响，山东P2P网络借贷平台整体运行情况相较发达地区仍有差距。针对山东网络借贷行业发展存在的问题，可从建设普惠金融体系、建立金融科技制度、完善金融监管、降低业务经营风险、丰富业务模式等方面改善；在合规的前提下，协助平台积极备案，促进行业规范发展。网络借贷行业的健康发展将提高普惠金融的可得性，助力新旧动能转换。

关键词： 山东省　网络借贷　P2P平台　互联网金融

2017年《政府工作报告》再一次提及互联网金融，这也是“互联网金融”自2014年以来第四次被写进《政府工作报告》，在经历了“促进发展”“规范发展”“警惕风险”阶段后，互联网金融进入全面规范发展时期。2017年，在互联网金融领域，重点整治与金交所合作大标产品，校园贷被叫停，重拳治理ICO和现金贷乱象，强化个人信息保护意识，整个行业环境大为改观。作为互联网金融中具有代表性的细分领域，网络借贷凭借低成本、高覆盖等特点，逐渐成为普通金融消费者以及中小微企业的首选。但网络借贷行业在爆发期集中出现的非法集资、平台跑路等现象影响了投资者信心和行业发展。自《网络借贷信息中介机构业务活动管理暂行办法》公布后，各地监管部门开始结合本地具体情况起草实施细则，行业逐步规范化。2017 年多项政策密集出台，网络借贷行业进入深度“洗牌”，逐渐走向规范化。

山东一直是经济发展的先行者，从各地区 GDP 排名来看，近年来稳居第三，但互联网金融方面仍存在不足，特别是在网络借贷行业发展过程中，呈现出发展滞后、运营规范性差等问题。在网络借贷行业爆发式增长期，跑路及问题平台数量居高不下，但经过全面整治，山东网络借贷行业已经步入稳步发展阶段，P2P 网络借贷停业及问题平台数量显著减少，投资者人数也相对稳定，监管趋严，防风险能力逐步提升。根据中国人民银行等部委出台的《关于促进互联网金融健康发展的指导意见》中对网络借贷的划分，网络借贷包括个体网络借贷（即 P2P 网络借贷）和网络小额贷款。鉴于数据可得性，本报告以网贷之家 P2P 网络借贷数据为依据，研究山东网络借贷行业现状并进行分析。为体现山东 P2P 网络借贷行业发展情况，本报告首先对山东 P2P 网络借贷发展现状进行概述，其次通过对 2017 年山东 P2P 网络借贷新增平台以及全年整体运行情况的分析总结行业特点，最后结合山东 P2P 网络借贷相关政策和监管措施归纳行业存在的问题，并从提升互联网基础条件、政策支持、降低平台风险等方面提出建议，以促进山东网络借贷行业的发展，从而为实现普惠金融奠定基础，助力山东新旧动能转换。

一 全省网络借贷行业发展现状及特点

2007 年，国内首家 P2P 网络借贷平台在上海成立，自此网络借贷模式逐渐推广开来，并逐步在全国形成爆发式增长。而山东受到经济、文化等方面的影响，网络借贷行业相较北京、上海、广东等地起步较晚。在行业监管趋严以及平台逐渐规范化的背景下，对山东 2017 年新上线平台统计发现，山东新增平台呈现注册资本规模集中度高、平台收益率下降、保障比例低等特点；从山东网络借贷全年整体运营情况来看，相较经济发达地区，则存在平台数量呈减少趋势、停业及问题平台数量 12 月达到全年最低、综合收益率全国领先等特点。

（一）网络借贷行业发展现状

P2P 网络借贷模式是点对点借贷、个人对个人的借贷。相对于传统个人对个人借贷，互联网的普及、ICT 技术的推广以及信用环境的逐渐成熟，使得借款人和放款人之间的关系发生转变，传统借贷模式受到技术变革冲击，P2P 网络借贷顺应市场，得到更多关注，也逐渐被普通金融消费者接受。在初始发展期，P2P 网络借贷利用自身优势不断向传统金融延伸，逐渐形成相对专业的 P2P 网络借贷业态。拍拍贷是我国最早出现的 P2P 网络借贷平台，由于当时对 P2P 网络借贷并不了解，行业发展缓慢。据网贷之家数据统计，自 2007 年拍拍贷在上海浦东注册，直到 2009 年红岭创投在深圳成立，网络借贷行业地区垄断的局面才被打破。同时，由于市场对 P2P 网络借贷行业认知较少，关注程度低，创业者和资金方大部分选择观望，行业整体发展缓慢。2013 年从全国经济形势来看，银行银根收紧、投资渠道变窄，资金问题突出，“贷款难”成为企业发展制约因素，面对实体经济发展的困境，民间投资者发现了 P2P 网络借贷行业优势，同时也发现了行业监管的空白。自此，P2P 网络借贷行业实现快速发展，互联网金融及网络借贷的关注度不断提升。2014 年，国务院总理李克强在作《政府工作报告》时提到促进互联网金融健康发展；中国银监会也提出 P2P 网络借贷平台发展不得突破四条红线。2015 年，P2P 网络借贷监管征求意见密集出台、全行业成交突破一万亿元、宜人贷海外上市均体现了行业爆发式增长。而 e 租宝被经侦调查、融金所被深圳经侦调查等事件也体现了行业所处爆发期与问题高发期并存的状态。行业问题高发引起监管部门重视，相关法律法规开始颁布。2016 年，P2P 网络借贷行业经历了爆发式增长后，开启了规范化发展的新篇章。

在法律法规方面，国家对互联网金融的专项整治升级，P2P 网络借贷平台数量急速下降。

自 2010 年青岛开开贷电子商务有限公司上线自己的网络借贷平台以来，山东 P2P 网络借贷平台跟随全国行业发展趋势，经历了平稳发展、爆发式增长、问题高发和规范发展四个阶段。另外，2013 年 8 月，山东省政府出台《关于加快全省金融改革发展的若干意见》，山东省金融改革拉开序幕，网络借贷行业加速发展。虽然平台数量迅速扩张，新增平台数、累计平台数、融资规模等处在全国前列，但由于山东 P2P 网络借贷平台注册资本相对较低等原因，问题平台数量也逐渐增多，投资人信心受损。政策方面，山东在 2016 年颁布了我国地方金融监管方面的首部省级地方性法规——《山东省地方金融管理条例》（简称《条例》）。《条例》对山东省地方金融的服务、监管、法律责任等都做出了明确的规定。2016 年 5 月，山东省政府印发《山东省互联网金融风险专项整治工作实施方案的通知》，从整治对象、整治行为、实施方案以及时间进度等方面做出了明确要求。

1. 行业监管趋严

2017 年，国家及地方相关政策密集出台对网络借贷行业发展产生巨大影响。2017 年 2 月，《网络借贷资金存管业务指引》（银监办发〔2017〕21 号）发布，为网络借贷平台加速对接银行存管指明了方向；2017 年 8 月，《网络借贷信息中介机构业务活动信息披露指引》（银监办发〔2017〕113 号）发布，要求网贷机构通过官方网站及其他互联网渠道向社会公众公示网贷机构基本信息、运营信息、项目信息、重大风险信息、消费者咨询投诉渠道信息等相关信息的行为；对于不符合要求的平台给予 6 个月整改期。以上两份指引联合 2016 年发布的《网络借贷信息中介机构业务活动管理暂行办法》（银监会令〔2016〕1 号）、《网络借贷信息中介机构备案登记管理指引》（银监办发〔2016〕160 号）共同组成网贷行业“1 +3”制度体系。另外，《关于落实清理整顿下一阶段工作要求的通知》（整治办函〔2017〕84 号）要求整改类机构业务规模不能增长，存量违规业务必须下降，不再新增不合规业务。P2P 网络借贷行业形成了资产荒，调整不合规资产以及平台之间对资产质量把控的竞争对行业形成新的推动力。

另外，2017年12月，P2P网络借贷风险专项整治工作领导小组办公室向各地P2P整治联合工作办公室下发的《关于做好P2P网络借贷风险专项整治整改验收工作的通知》明确提出具体整改和备案时间表。地方整改、备案网络借贷监管政策方面，厦门市金融工作办公室率先印发《厦门市网络借贷信息中介机构备案登记管理暂行办法》，这是全国首份网贷机构备案登记细则。随后，广东、深圳、北京等网络借贷平台数量较多的地区也纷纷出台当地网络借贷平台备案暂行办法。从山东的情况看，2017年6月，济南市互联网金融风险专项整治工作领导小组办公室（互金整治办）联合各县区互金整治办，集中对各互联网金融从业机构发放整改通知书。11月，山东省济南市互联网金融协会在业务主管部门济南市金融办的指导下制定发布了《济南市网络借贷信息中介机构业务退出指引（试行）》。

2017年，P2P网络借贷行业整顿处置工作得以落实，全国正常运营平台明显减少，全年数量处于单边下行趋势，问题平台纷纷退出，行业告别“野蛮生长”阶段，步入规范发展期。P2P网络借贷行业全面规范，校园贷和金交所等业务模式被叫停，由中国银行业监督管理委员会、教育部、人力资源和社会保障部联合印发的《关于进一步加强校园贷规范管理工作的通知》要求，未经银行业监管部门批准设立的机构禁止提供校园贷服务；现金贷迎来最强监管，P2P网络借贷风险专项整治工作领导小组办公室发布《关于开展“现金贷”业务活动清理整顿工作的通知》；P2P网络借贷平台海外上市均成为行业焦点；网络借贷资金存管指引、信息披露指引全面落地。从平台方面来看，普遍呈现借款更加小额、分散，逾期率有所上升的特点。综合能力排名靠前、合规程度高的平台受到关注更多，优势集中的企业将占有更多市场份额。P2P网络借贷行业专项整治工作取得显著成效，跑路和提现难等问题初步得到缓解，运营平台质量逐步提升，P2P网络借贷行业迎来规范发展。山东正常运营平台数量减少，大量问题平台退出。

2. 平台逐渐规范化

据网贷之家统计，2017年底，全国正常运营平台数为1931家，其中，山东正常运营的 P2P 网络借贷平台数量为 75 家。从山东正常运营平台数在全国正常运营平台数中的占比来看，2017 年底，占比为 3.88%，相较 2016 年底的 4.83%，降低了 0.95 个百分点。从全国各地区正常运营平台数排行来看，2017 年底，山东排位与 2016 年底相同，均位居第五。

山东 P2P 网络借贷行业具体指标方面，截至 2017 年 12 月底，全省 P2P 网络借贷行业待还款余额为 100.85 亿元，较上年同期减少了 84.18 亿元；同期全国 P2P 网络借贷行业待还款余额为 12245.87 亿元，较上年同期增加 4083.63 亿元。山东 P2P 网络借贷行业待还款余额全国占比 2017 年底为 0.82%，较上年同期占比下降了 1.45 个百分点。

综合参考收益率方面，山东 P2P 网络借贷行业达到 10.30%，相较 2016 年底的 13.80%，下降了 3.5 个百分点；同期全国的 P2P 网络借贷行业综合参考收益率为 9.45%，较 2016 年底的 10.45%，下降了 1 个百分点。无论是全国还是山东，综合收益率指标的下降速度趋缓，而山东 P2P 网络借贷行业综合参考收益率高出全国水平 0.85 个百分点。

平均借款期限指标方面，山东 P2P 网络借贷行业为 4.63 个月，较 2016 年增长了 0.25 个月；同期，全国 P2P 网络借贷行业平均借款期限则为 9.16 个月，较 2016 年增加了 1.27 个月，山东 P2P 网络借贷平均借款期限相当于全国平均借款期限的 50.54%。

从待还款余额、综合参考收益率、平均借款期限等指标与全国比较的结果来看，山东 P2P 网络借贷行业发展基本符合全国趋势，而问题平台数、经营时间等方面表现突出。2017 年全年，山东省 P2P 网络借贷行业问题及停业平台共计 46 家，相较上年同期的 262 家，数量明显减少；且其中停业数最多，为 34 家，占比达 73.91%，占比较上年同期提高 11.31 个百分点；跑路 3 家，占比 6.52%，较上年同期降低 24.78 个百分点；提现困难 7 家，占比 15.22%，较上年同期增加 9.11 个百分点；另外有盛齐财富、珠宝盒子 2 家转型。从经营时间来看，停业或问题平台中，经营不足 1 年的有 3 家，占比 6.52%；1 年以上的有 43 家，占比 93.48%。结合以上指标数据可以看出，随着监管趋严，平台逐渐规范化，注册平台更注重质量和长期发展。

综合来看，随着专项整治的不断推进，山东 P2P 网络借贷平台发展趋于理性，平台逐渐规范化。山东 P2P 网络借贷运营平台数量、跑路等问题平台数量均大幅减少；综合收益率虽仍高出全国平均水平，但同比出现大幅下降。

（二）网络借贷行业发展特点

随着监管政策趋严，2017 年 P2P 网络借贷平台逐渐规范化，监管取得显著效果，山东 P2P 网络借贷表现尤为明显。但从全省各项指标在全国的占比来看，山东在行业内排名较经济发达地区仍存差距，普惠金融的目标仍需多方努力。本部分针对 2017 年新增平台情况以及全年运行整体情况进行分析，总结行业发展特点。

1. 全省新增平台特点

（1）注册资本规模集中度高

据网贷之家数据，2017 年，山东新增 P2P 网络借贷平台数量锐减，全年仅有 4 家。从注册资本规模来看，2017 年山东新增平台中，注册资本在 1000 万～3000 万元范围内的仅卓武投资 1 家；注册资本在 3000 万～9999 万元范围内的有 3 家；而从 2016 年情况来看，新增平台注册资本规模也集中在该区域。从全国数据来看，新增平台注册资本规模在 3000 万～9999 万元的平台数量占比最高；1 亿元（含）以上占比减少（见图 1）。

从注册资本的分布区间可以看出，近年来山东新增 P2P 网络借贷平台的注册资本不断增加，但与全国相比，注册资本在 1 亿元以上的平台显然差距较大，这一点也可以反映出山东仍缺乏实力较强的新增平台。

（2）平台收益率进一步下降

2017 年全省新增平台收益率全部小于 8%，按照占比来划分，收益率小于 8% 的平台占比较 2016 年提升了 29 个百分点，结构性调整显著。2016 年，山东新增平台收益率分为小于 8%、8%～10%、10%～12%、12%～16% 以及 16% 以上五个区间，且 16% 以上的占比达 13%，而 2017 年收益率则全线回调。

全国新增平台收益率主要集中在小于 8% 的范围内，山东新增平台收益

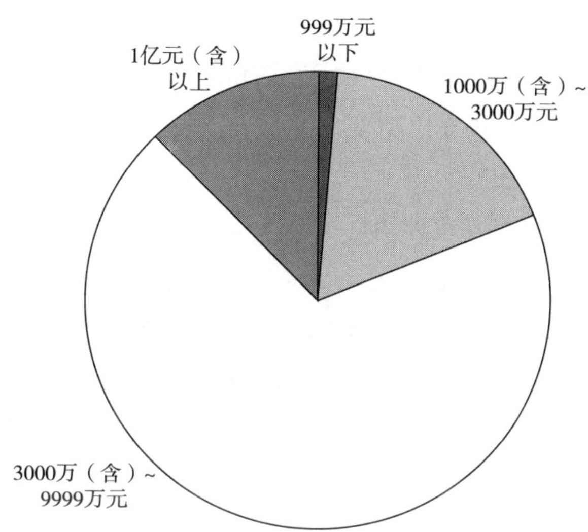

图1　全国新增平台注册资本规模分布（2017年）

资料来源：网贷之家，齐鲁财富网。

率符合全国发展趋势。相较2016年的五个区间，2017年全国新增平台收益率没有在16%以上这个区间分布，且收益率大于8%的平台占比大幅减少，较2016年的45%，降低了近37个百分点（见图2）。

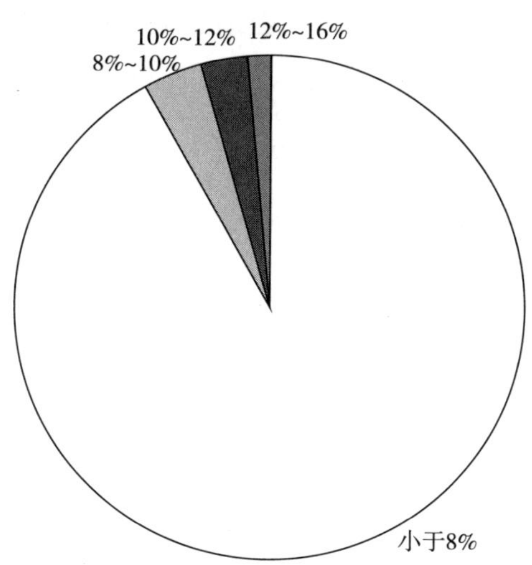

图2　全国新增平台收益率分布（2017年）

资料来源：网贷之家，齐鲁财富网。

2017 年，传统理财利率一直走低，P2P 网络借贷平台利率也全面回调。对于平台来讲，融资成本低能够吸引更多优质项目进入平台，降低平台项目风险，形成良性循环。山东 P2P 网络借贷平台融资利率的下降，也将促进行业的健康发展。

（3）保障措施涉及保理公司

保障措施关乎 P2P 网络借贷平台的发展，也是投资人关心的重点。从 2017 年新增平台来看，亿舜金服保障模式为保理公司，山东有保障措施的平台占比为 25%，另有 3 家公司没有保障模式。从全国情况来看，平台保障措施涉及小贷公司、平台垫付、融资担保、非融资性担保、风险准备金及其他 6 种形式，其中小贷公司担保模式的平台数量最多，达到 73 家，其次是平台垫付模式（见图 3）。

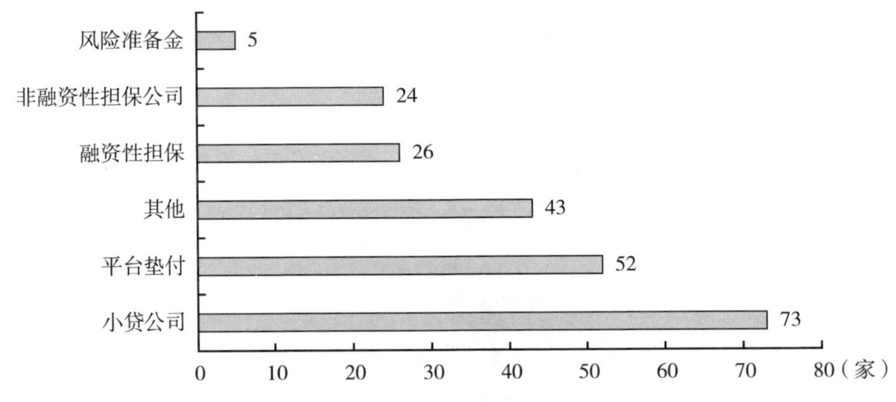

图 3　全国新增平台保障措施分布（2017 年）

资料来源：网贷之家，齐鲁财富网。

从以上数据可以看出，山东新增平台中具有保障措施的平台占比较低，仅有 1 家平台有担保措施。且担保形式较为单一，山东 P2P 网络借贷平台在担保方面还有待加强。

（4）仅 1 家披露债权转让情况

2017 年山东 P2P 网络借贷新增平台中仅国泰财富披露债权转让情况，为不可转让；其余新增平台均未披露。相比 2016 年新增平台，流动性降低，但由于仅有1家披露，所以并不能体现山东P2P网络借贷平台的情况。从全国情况来看，披露流动性信息的平台占比仅为6.37%，在已披露信息的平台中，债权为不可转让的家数最多，3个月以后可以转让的家数最少。相较2016年，未披露流动性情况的平台比例大增（见图4）。

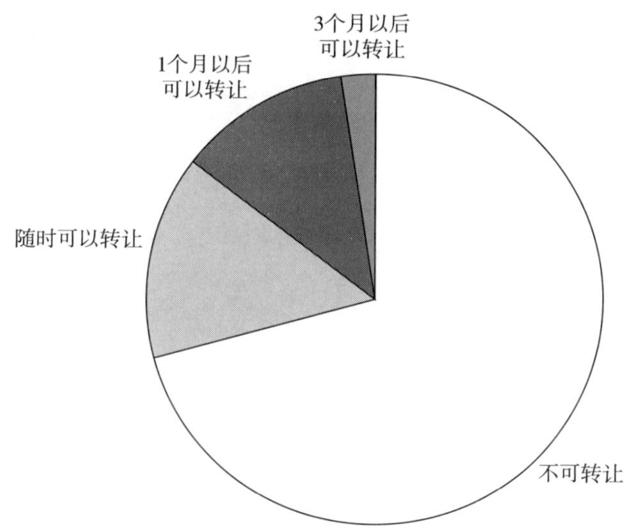

图4　全国新增平台流动性情况（2017年）

资料来源：网贷之家，齐鲁财富网。

2. 平台整体运营特点

网贷之家按照成交、人气、技术、杠杆、流动性、分散度、透明度、品牌以及合规性9个维度，对平台的综合实力以及未来发展潜力通过评级模型进行评分，最终发布2017年度P2P平台“百强榜”。其中，山东上榜企业有海融易、中融宝2家，分列第50位和第53位，海融易年度成交量为70.77亿元，贷款余额为23.01亿元；中融宝年度成交量为10.03亿元，贷款余额为4.8亿元。从网络借贷平台实力来看，山东上榜企业数量少，说明按照此维度进行评定，山东网络借贷平台综合实力较差。

然而，从整体运行情况分析，还需要进行各地域之间的对比，才能更为准确地反映山东网络借贷行业的发展现状。尤其是2017年，在监管趋严的背景下，网络借贷平台运行现状能够体现行业发展特点。在各地域网络借贷发展中，广东、江苏、浙江发展较快，具有领先地位，将山东与其他地域进行比较，能够更为准确地找到问题症结所在，也能够明确地反映山东存在的差距。各地域月度数据不仅能够展现行业发展的年度特征，而且将各地域进行对比，能够更直观地反映山东省 P2P 网络借贷行业发展特点。本部分以 2017 年山东 P2P 网络借贷业务月度数据为基础，通过各地域横向对比，同时将具有可比性的指标与全国对比，找到山东 P2P 网络借贷行业的发展特点。

（1）平台数量呈现减少态势

2017 年 P2P 网络借贷行业监管取得显著成效，全年各地运营中的 P2P 网络借贷平台数量均呈现减少态势（见图 5），与 2016 年走势保持一致。但在运营平台数量上也可看出，山东相对于广东、浙江仍有较大差距，四省比较发现，山东运营平台数仅略高于江苏。广东全年保持领先地位，在运营 P2P 网络借贷平台数量上具有绝对优势，截至年末，广东运营 P2P 网络借贷平台数量是山东的 5.47 倍。

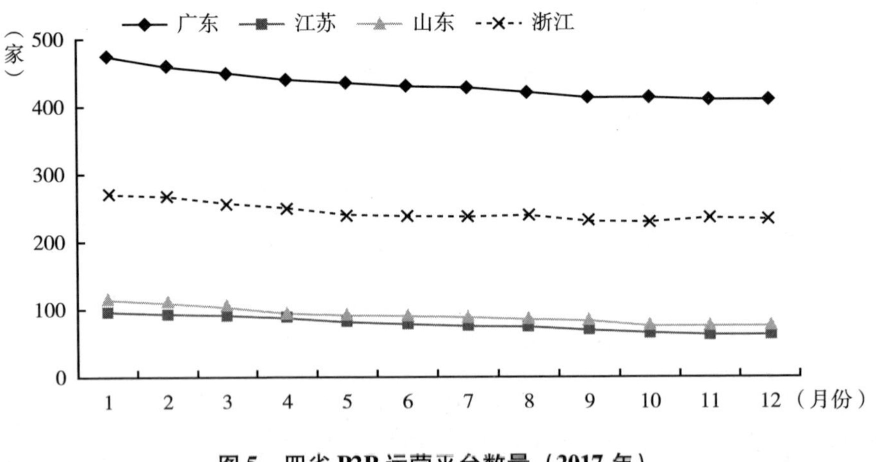

图 5　四省 P2P 运营平台数量（2017 年）

资料来源：网贷之家，齐鲁财富网。

自专项整治开始，山东网贷平台数量大幅减少。以上数据反映了专项整治对山东网络借贷行业的肃清力度，整治有利于网贷行业良币驱逐劣币，使不合规的平台退出行业。而山东网贷平台的大幅减少也说明前几年山东网贷平台质量较差，这也是山东成为问题平台重灾区的关键原因。

（2）停业及问题平台 12 月最少

据统计，截至 2017 年底，山东问题平台数量仅低于广东，成为全国第二大网络借贷问题省份，占全国问题平台总数的 14.76%。P2P 网络借贷平台退出机制逐渐成形，从跑路、停业逐渐开始根据自身业务发展需要进行转型，避免了投资者的损失，为行业有序发展奠定了基础。2017 年，P2P 网络借贷行业整改进程进入收尾阶段，退出平台同比 2016 年大幅度减少，问题平台数量占比降低，选择良性退出的平台数量增多。另外，运营平台数量的减少，不仅是受到监管的影响，同时，行业内部竞争也会导致部分平台的退出或转型。对停业及问题平台数量进行统计发现，2017 年，广东在 2 月份形成行业内终止营业的高峰，达到 15 家；山东则在 4 月与 10 月出现两次停业及问题平台数量的高点，至 12 月出现最低点（见图 6）。从全国停业及问题平台趋势来看，4 月、5 月均为 73 家，达到当年最高值。

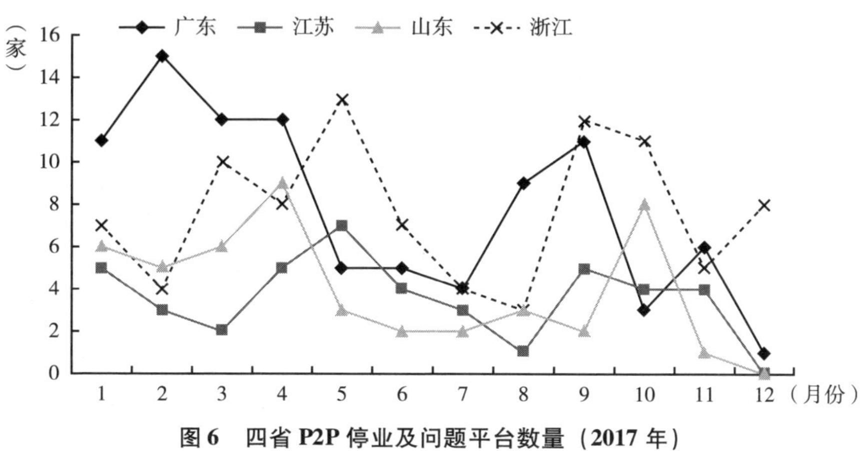

图 6　四省 P2P 停业及问题平台数量（2017 年）

资料来源：网贷之家，齐鲁财富网。

从山东和广东 P2P 网贷平台停业高峰的月份来看，山东整治进度要落后于广东等省份。具体到各省市颁布的 P2P 网络借贷政策方面，2017 年，广东颁布了多条相关政策，积极推进专项整治，相比较来看，山东在 P2P

网络借贷的备案细则或相关政策法规颁布上仍存差距。从停业及问题平台高峰期来看，山东的整治进度与全国平均水平大致相当，但落后于广东等省份。

（3）平台月度成交量走势平稳

融资作为P2P网络借贷平台重要功能之一，为中小微企业融资带来了便利，也为投资者拓宽了投资渠道，积极促进了普惠金融的全面推广。平台的月度成交量指标能够反映出融资的基本情况，通过2017年各地域的月度成交量指标对比发现，山东和江苏在1月和2月基本持平，自3月开始江苏略高于山东。整体趋势来看，浙江2月至5月出现上行趋势，广东在7月达到633.23亿元峰值，随后平稳下滑（见图7）。

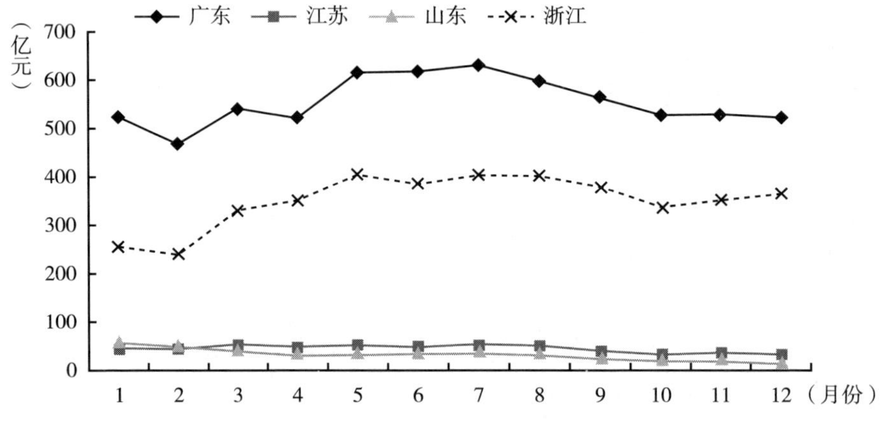

图7　四省P2P网络借贷平台成交量月度分布（2017年）

资料来源：网贷之家，齐鲁财富网。

从四省P2P网络借贷平台月度成交量来看，山东月度成交量呈现略微下降的趋势，成交额与正常运营平台数量基本匹配。但反观浙江，2017年月度成交量呈现平稳上升的趋势，这也说明浙江平台质量较高，平台对投资者吸引能力较强，对整个行业的稳定性作用较强。

（4）综合收益率领先全国水平

作为普惠金融的实践者，P2P网络借贷行业的发展，不仅影响了传统金融的发展模式，也为投资者带来了更多的服务形式。然而从投资者角度考虑，选择平台的关键之一就是综合参考收益率水平。虽然P2P网络借贷行业发展之初一直以高利率回报吸引投资者，但随着近年来监管的持续加码、制度的不断完善，P2P网络借贷平台趋向规范化，综合收益率也趋向合理化。从图8可以看出各地区均震荡下行；山东平台的综合收益率1月到7月下降明显，随后在10月出现相对高位，11月、12月再次趋缓。

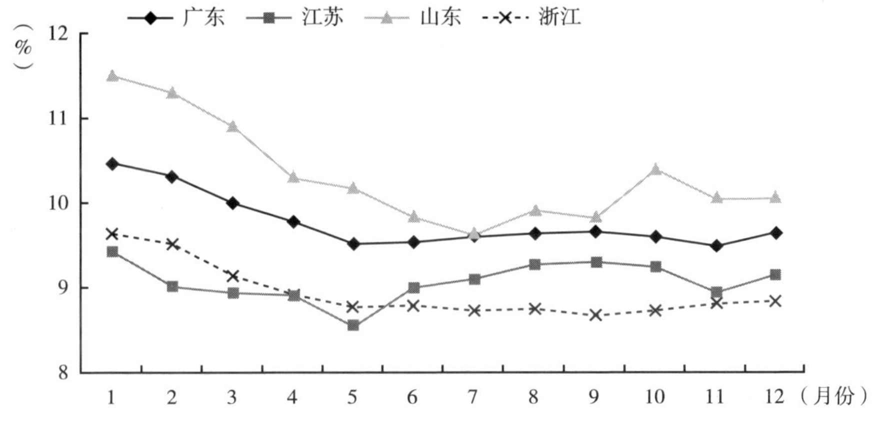

图8 四省P2P网络借贷平台综合收益率月度分布（2017年）

资料来源：网贷之家，齐鲁财富网。

以全国为对照，山东P2P网络借贷平台的综合收益率具有一定优势，1月为山东和全国平台综合收益率的年内高位，随后山东出现快速下调，在7月与全国平台综合收益率差距最小。从全年走势来看，全国平台综合收益率维持在9.2%～9.8%，而山东P2P网络借贷平台则维持在9.5%～11.5%，一直高于全国水平（见图9）。

P2P网络借贷逐步成为资产配置的一部分，越来越多的投资人开始进入P2P网络借贷，在借款端增长不如投资端的情况下，供需结构持续失衡影响网贷综合收益率持续下降。另外，随着2015年后P2P网络借贷平台爆发大量风险，投资人都比较青睐体量靠前、具有强大背景的平台，但这些平台的综合收益率相对较低；此外，应监管政策要求，资产端借款利率也在逐步下

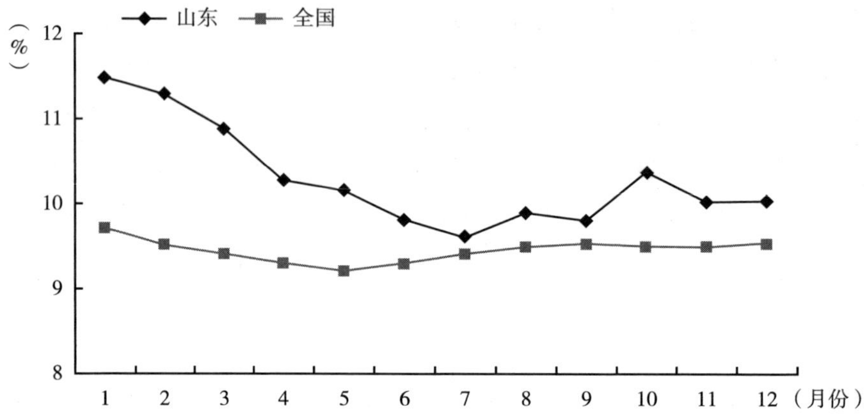

图 9　山东省与全国网络借贷平台综合收益率对比情况（2017 年）

资料来源：网贷之家，齐鲁财富网。

行，影响网络借贷行业综合收益率。

（5）平均借款期限相对较短

综合收益率是平台吸引投资者的关键指标，但平均借款期限也能够体现平台产品的周期，反映投资人风险的承受度。从 P2P 网络借贷平台的平均借款期限来看，山东与江苏、广东水平相差不大（见图 10）。从山东与全国的对比来看，山东 P2P 网络借贷平台平均借款期限 2017 年分月走势一直低于全国情况，在 3.81 个月 ~5.16 个月之间，而全国则一直保持在 8.66 个月 ~10.02 个月之间（见图 11）。全国 P2P 网络借贷平台平均借款期限最高值是山东的 1.94 倍。

借款期限长的原因主要是由于部分平台成交体量大，长期限项目标的数量越来越多，从而带动行业平均借款期限拉长。山东借款期限较全国平均水平相对较短，也体现了山东 P2P 网络借贷平台长期项目不足、短期标的较多的状况。

（6）投资人数和借款人数相对较少

随着限额令出台，各大 P2P 网络借贷平台进行业务合规转型，行业借款人数大幅增长，行业数据不断被刷新。据网贷之家统计，全国 2017 年 8

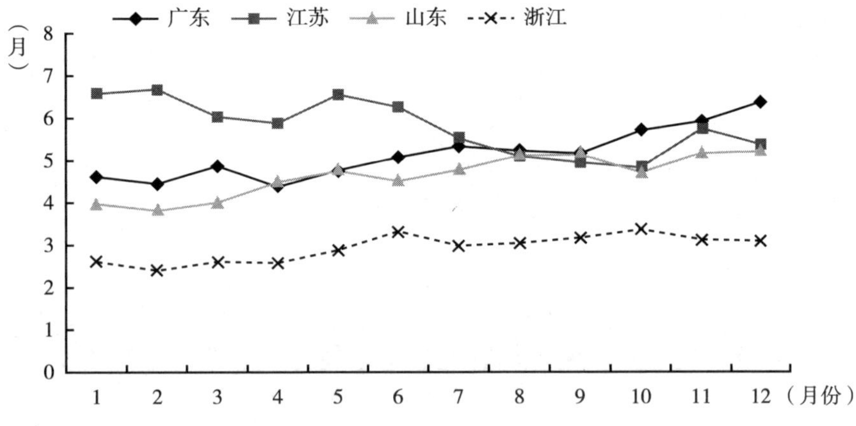

图 10　四省网络借贷平台平均借款期限月度分布（2017 年）

资料来源：网贷之家，齐鲁财富网。

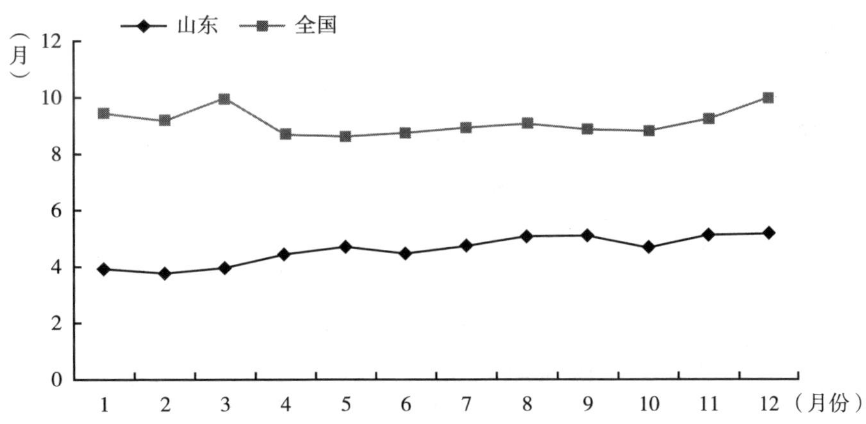

图 11　山东与全国 P2P 网络借贷平台平均借款期限月度分布（2017 年）

资料来源：网贷之家，齐鲁财富网。

月，活跃借款人数首次超过了活跃投资人数。从部分省市 P2P 网络借贷平台投资人数趋势来看，山东与江苏基本持平，虽然一直保持平稳态势，但与广东有较大差距，投资人数处在低位（见图 12）。从借款人指标来看，广东、浙江均呈现显著的上升趋势，山东和江苏则全年保持平稳态势（见图 13）。

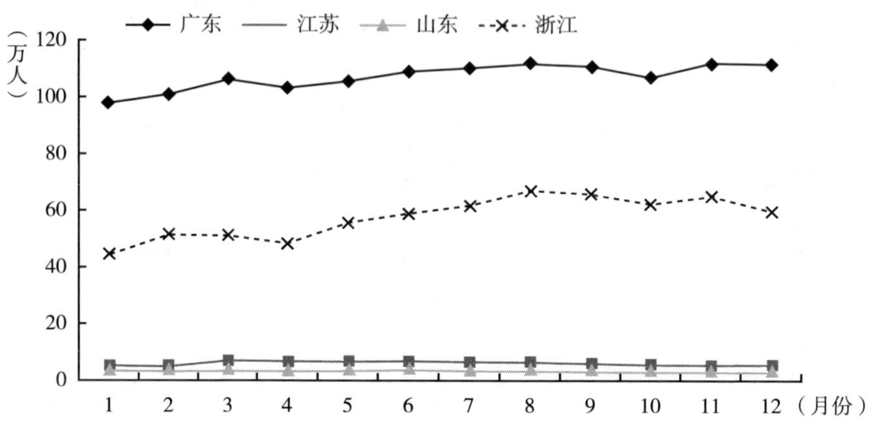

图 12　四省 P2P 网络借贷平台投资人数月度分布（2017 年）

资料来源：网贷之家，齐鲁财富网。

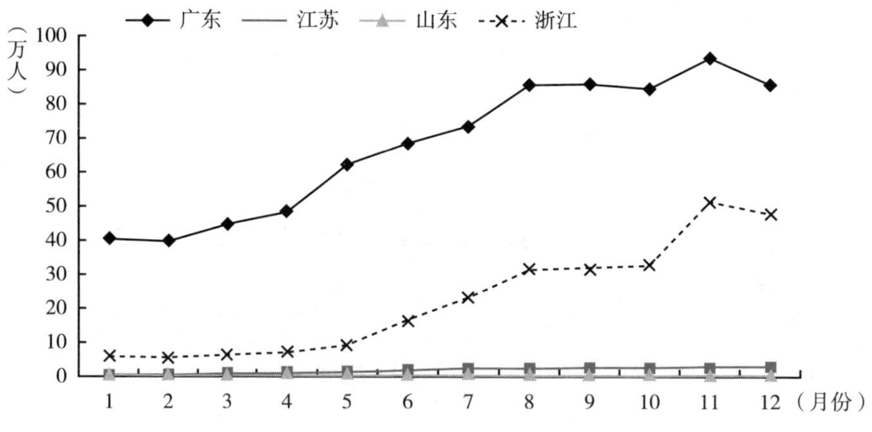

图 13　四省 P2P 网络借贷平台借款人数月度分布（2017 年）

资料来源：网贷之家，齐鲁财富网。

3. ICP 许可证欠缺

按照《网络借贷信息中介机构备案登记管理指引》中第十三条和第十四条的规定，网贷机构须持地方金融监管部门出具的备案登记证明，按相关规定申请增值电信业务经营许可、与银行业金融机构签订资金存管协议，并将相关信息反馈至工商登记注册地地方金融监管部门。在电信增值业务经营许可证方面，网贷天眼数据显示，目前山东地区无一家在运营平台获得了ICP 许可证。2018 年备案大考对山东 P2P 网络借贷平台来讲，也将是一次行业大洗牌。

二　全省网络借贷行业存在的问题

山东在全国各地域 GDP 排名中排位靠前，但网络借贷发展起步较晚，具有机构数量多、质量差的特点，网络借贷发展现状与山东经济地位不匹配。与广东、浙江等地域对比发现，山东网络借贷仍处在初级阶段，发展滞后，存在企业业务形式单一、政策支持不足、规范经营较差等问题。

（一）互联网基础条件差

互联网发展情况是网络借贷发展的基础。随着互联网在生活中的全面普及，它已经成为人们生活中不可或缺的部分，无论是消费还是投资都与互联网紧密结合。各行业与互联网形成的新业态也成为新经济发展的关键，其中，金融科技的全面加速带动了网络借贷行业发展。截至 2017 年 12 月，全国网民规模达 7.72 亿，互联网普及率达到 55.80%。我国使用网上支付的用户规模持续扩大，截至 2017 年底，达到 5.31 亿，同比增长 11.90%；手机支付用户持续增长，达到 5.27 亿，同比增长 12.30%。同时，P2P 网络借贷市场利息逐渐下降，业务趋向合规，现金贷等不合规业务整顿效果显著，系统性风险降低。《第 41 次中国互联网络发展状况统计报告》显示，截至 2017 年 12 月，我国购买互联网理财产品的规模已经达到 1.29 亿，同比增长 30.20%。

从山东情况来看，IPv4 地址数比例为 4.89%，落后于北京、广东、浙江，位居第四；从 .GOV 和 .CN 域名分布来看，山东以 3890 个居全国各省市的首位；从域名来看，山东有 1196463 个，占比达 3.1%；山东网站数 312313 个，占比达网站总数的 5.9%。相较北京、上海、广州等省市仍有较大差距，山东互联网基础条件限制了网络借贷行业的发展。

（二）金融业发展相对缓慢

山东经济发展水平一直保持全国领先地位，但是金融业却相对缓慢，存在与区域经济发展不匹配的问题。2017 年山东省地区生产总值为 72678.18 亿元，在全国排名第三，经济增速 7.4%；而金融业增加值为 3707.24 亿元，占地区生产总值的 5.10%，较全国金融业增加值占 GDP 比重（7.95%）低 2.85 个百分点。针对山东经济体量大、金融占比低的现状，需要积极发挥金融业的作用，而短期内通过传统金融改革很难取得显著效果，互联网金融作为传统金融的重要补充或能更好地释放民间金融活力。然而，山东互联网金融受金融业整体发展相对缓慢的影响，目前也与其他地区产生差距。P2P 网络借贷作为互联网金融的组成部分，积极发挥自身优势。但具体来看，山东 P2P 网络借贷行业存在起步晚、累计问题平台多、投资人缺乏理性投资观念等诸多问题。2017 年，山东 P2P 网络借贷行业在监管趋严的背景下，行业发生较大改观，良性退出平台增加，但行业发展较广东、浙江、江苏仍相对滞后。金融业发展缓慢也影响了 P2P 网络借贷行业的发展，政策制度、运行环境等多方面与其他地区产生差距。

（三）尚无平台进入资本市场

宜人贷 2015 年在纽交所上市，成为中国互联网金融企业境外上市的起点，而 2017 年，互联网金融企业在美国上市迎来小高峰，其中包括信而富、趣店、和信贷、拍拍贷等多家网络借贷平台境外上市。从已经上市的网络借贷企业来看，注册地主要分布在北京和上海。A 股市场方面，Wind 数据显示，有 18 家上市公司涉及 P2P 概念；从新三板企业来看，2015 年是网络借贷平台抢滩新三板的元年，而后 2016 年随着全国中小企业股份转让系统正式发布《关于金融类企业挂牌融资有关事项的通知》（股转系统公告〔2016〕36 号），网络借贷企业开始逐步撤离新三板；区域股权交易市场或成为网络借贷首选。目前 P2P 网贷平台挂牌的股权交易中心主要集中在前海股权交易中心和上海股权托管中心。而从 P2P 网络借贷平台背景来看，2017 年全国上线平台仅粤盛金融属于上市公司参股。具体到山东来看，目前并没有境外上市网络借贷平台，平台背景方面，2017 年新上线的平台均无上市公司参股和控股背景。而从 A 股市场角度，山东并没有 A 股上市公司属于 P2P 概念。

（四）网络借贷生态圈缺乏深度融合

P2P 网络借贷行业在我国已有十余年的发展历程，经历了加速发展期、野蛮生长期、问题频发期，规范发展期，网络借贷逐渐走向规范化，行业生态圈也在逐步构建。尤其在 2017 年，随着各省市颁布 P2P 网络借贷发展规范，整个行业加速走向合规化发展的新时代。2017 年 12 月，P2P 网贷风险专项整治工作领导小组办公室下发《关于做好 P2P 网络借贷风险专项整治整改验收工作的通知》，P2P 网络借贷行业进入备案冲刺阶段，厦门、深圳等地抢跑备案登记，作为民间借贷大省，山东 P2P 网络借贷发展与监管则相对落后。

P2P 网络借贷生态圈的建立需要有配套的政策支持以及龙头企业的参与，在政策的扶持下，龙头企业借助以点连线、多线连片的方式，促进整个行业的发展。作为全国企业典范，阿里巴巴集团与互联网形成深度融合，涉足消费金融、互联网金融、保险等多行业，形成有效的金融生态圈，成为行业内龙头企业。企业自身资源的整合，也进一步促进了集团整体发展，集团式运作也能够有效构建网络借贷生态圈。目前山东整个互联网金融，尤其是 P2P 网络借贷行业发展与山东整体经济水平不匹配，对省内经济发展贡献较低，未能形成与互联网的深度融合。2017 年，随着监管的不断加码，多省市也出台相关政策，网络借贷行业逐渐规范化，同时企业构建网络借贷生态圈的态势也愈加明显。大量企业整合优质资源，采取集团化运作模式，而山东网络借贷企业涉及业务依然较为单一，省内网络借贷发展受到局限，缺乏竞争力。即使有海融易等综合实力和品牌均相对较强的企业，但其本身并没有形成优质生态圈，相较浙江、广东等地的龙头企业仍存差距。同时，山东互联网金融研究院于2016年12月在济南成立，虽然汇聚了企业、高校以及社会力量，但由于起步晚，在经验上有所欠缺。研究院成立一年多来尚未取得较有价值和影响力的研究成果。另外，山东省内缺乏如阿里巴巴集团这种涵盖支付宝、余额宝、蚂蚁花呗、淘宝众筹等包含第三方支付、小贷服务、众筹平台以及个人消费金融贷款等的企业生态圈。

2017年，从P2P网络借贷发展大环境来看，合规经营与可持续发展能力俨然已经成为行业发展的关键，同时征信情况、技术支持以及法律法规的全面完善也将有利于行业发展。网络借贷安全和金融创新也是行业发展的重要驱动力，是构成网络借贷发展生态圈的关键。推动网络借贷稳步前进需要政府指引，北京、上海等地为支持网络借贷发展，建立了互联网金融产业园，吸引了大批企业入驻，形成了互联网金融基地，并产生集群效应。人力资源的汇聚对网络借贷发展形成了积极的促进作用，对园区内的企业形成有效支持，尤其是互联网金融产业园对签约入驻企业人员的及时培训，也为企业发展奠定了基础。从园区的分布情况来看，位于北京、上海、深圳、浙江的园区较多，相比较而言，山东省互联网金融产业园成立较晚，青岛在2014年7月设立了互联网金融产业园；2016年11月，济南高新技术产业开发区管理委员会与北京中关村互联网信息服务中心（网金中心）签约共同在济南高新区建立了互联网金融（山东）产业园。但由于山东省产业园入驻企业有限，对于园区内举行的关于网络借贷行业发展的相关活动，企业参与积极性不高；同时，受到山东本身网络借贷企业规模不大的影响，园区内缺乏领头羊企业，没有形成集团式发展的趋势。

（五）普遍缺乏运营规范性

P2P网络借贷行业自发展初期就受到多方关注，由于互联网技术的不断突破，与金融行业的深度融合，P2P网络借贷取得全面爆发，但也面临制度的滞后性等问题。无论是全国还是山东P2P网络借贷行业发展都受到法律法规滞后性的影响，普遍存在信用风险高、传播速度快、行业准入标准低等特点。部分企业并不具备相关资质和运营能力，但是借助互联网+的风口，也在网络借贷行业取得快速发展，然而由于成立之初就存隐患，致使网络借贷平台出现跑路等问题。同时，信息披露也是平台发展的关键，很多网络借贷平台存在经营问题，由于没有及时披露，导致信息不对称，投资人未能及时掌握平台发展最新状态，而承担信用风险。另外，从借款人角度出发，由于网络借贷没有纳入央行征信系统，大数据挖掘以及各企业自身征信数据积累不足，对信息的查询和验证能力差，导致部分用户利用信息不对称的特点骗取资金，致使平台的逾期率极高。

P2P 网络借贷行业运营规范性差，导致行业发展过程中不断出现平台跑路、问题平台以及老赖等现象，分析其原因主要有以下三点。首先，政府政策的滞后性。从 P2P 网络借贷来看，e 租宝、陆金所“被点名”引发债转风波等大量非法集资和代销产品逾期事件曝光后，相关管理办法才得以颁布；2017 年疯狂席卷网络借贷的校园贷也在经历了野蛮生长后被叫停。众筹行业的监管空白也让越来越多的 P2P 网络借贷平台瞄准转型方向，尤其山东汽车众筹平台居全国首位，未来发展的规范性、企业是否能长期发展、行业内风险都将受到严峻考验。

其次，平台自身风控问题存隐患。网络借贷行业发展经历的爆发期也是问题平台数量最多的时期，究其原因，主要是平台自身存在风控不到位、运营不规范以及风险处置不合理等问题。由于信息的不对称性，平台本身不能全面掌握用户的征信情况，同时，平台自己也欠缺有效的、标准的风控体系，最终导致平台逾期率的上升，从而影响运营情况。另外，还有部分平台过分看重大数据风控指标，缺乏对用户真实情况的深入了解，最终或导致平台众多的风险问题。

最后，网络借贷行业信息披露成难题。运营平台信息披露不仅是投资者关注的焦点，也是行业发展的关键。行业目前信息披露透明度不高，平台运营数据真假难辨。虽然 2017 年 6 月，中国互联网金融协会为监管部门统一监测、社会公众统一查询提供了平台信息披露入口，正式上线了“互联网金融登记披露服务平台”，但截至 2017 年 12 月底，仅有 116 家平台对接并披露基本信息和运营信息。

三 全省网络借贷行业发展建议

P2P网络借贷作为新兴业态，行业发展和平台运营都需要来自各方的支持，政策的扶持以及投资者的持续关注都有利于行业的全面发展。山东P2P网络借贷行业所存在的法律法规滞后、平台运营规范性差、网络借贷生态圈处于初级阶段等问题得以逐步改善，有助于营造良好的行业发展氛围，实现普惠金融服务实体经济的目的。

（一）做好“最后一公里”接入

山东互联网覆盖率是P2P网络借贷发展的关键，做好“最后一公里”接入，实现4G网络在城市与农村的全覆盖，加强5G技术的研发与推广，提高农村宽带覆盖率，以实现普惠金融在农村地区发展的全面加速。同时，提高固定宽带的家庭普及率、移动互联网普及率，在达到全国水平的基础上，赶超浙江等地。加快推进“宽带中国”示范城市建设，推进“智慧城市”建设。

做好“最后一公里”的接入，关系到山东互联网普及情况，也关系到网络借贷发展问题，同时也是普惠金融的关键所在。农村地区普惠金融的快速发展依托互联网的全面推广，近年来农村金融的快速崛起也成为网络借贷发展的新方向。2017年5月，中国银监会印发《大中型商业银行设立普惠金融事业部实施方案》，推动大中型商业银行设立聚焦中小微企业、“三农”、创业创新群体和脱贫攻坚等领域的普惠金融事业部。目前，以场景为基础的P2P网络借贷平台受到投资者的广泛关注，而业务类型涉及农村金融的平台也成为焦点。据网贷之家统计，2017年上线的P2P网络借贷平台中，有6个涉及农村金融，而山东并没有平台涉及农村金融业务，与山东农业大省现实情况不匹配。究其原因，也与互联网普及程度相关。做好“最后一公里”的接入，将有效促进山东省P2P网络借贷平台农村金融业务的发展。

山东在改善互联网发展现状、提升互联网普及率的同时，在云计算与大数据应用领域也需要取得更大突破。互联网技术的发展对网络借贷发展有着至关重要的作用，目前网络借贷平台风控体系中依赖大数据风控的越来越多，如何能够做好大数据俨然成为山东省网络借贷平台发展的关键。积极推进以浪潮集团为代表的山东省内大数据企业发展，形成云数据中心，为大数据发展提供技术支持；并运用互联网思维，全面构建以龙头企业为核心，以重点高校为基础，以研究成果应用为目的的产学研高效结合的产业集群，从而促进网络借贷行业的发展。

（二）构建普惠金融体系

山东作为P2P问题平台大省，要加强行业专项整治力度，从而达到净化行业环境的目的，严格实行P2P网络借贷平台备案制度，积极应对各种问题，第三方存管、风险准备金等均要按照规定进行完善。帮助平台完成备案，若存在不符合备案登记制度以及不具备条件的可进行转型或停业，净化山东P2P网络借贷行业。同时，对于实力强、经营状况好的平台，山东应该在政策上给予一定的支持，助力平台进行集团化运营，鼓励其进行业务模式的创新，尽量减少审批环节，促进平台之间的融合，拉动山东P2P网络借贷行业的整体发展，形成山东品牌，树立山东形象。对于部分中小型平台，则可以依靠场景消费以及农村金融进行深耕，在平台创新的过程中，当地政府也可出台有关措施帮扶企业发展，并组织学习，让中小平台掌握最新的行业知识和行业发展现状，以便为当地的企业服务，最终实现普惠金融。

另外，在整个P2P网络借贷走向合规化的背景下，山东需把握时机，出台相关政策鼓励企业健康发展，引导网络借贷企业的积聚，并紧抓龙头企业，形成示范效应；紧抓重点城市，形成战略格局；为山东P2P网络借贷发展营造良好的政策环境。并积极发挥济南与青岛互联网金融产业园的优势，通过各企业之间的相互学习，把握全国行业发展动态，形成有效的竞争优势。对于符合条件的企业给予互联网转型资金和科研经费等，让产学研深度结合。

山东P2P网络借贷发展滞后问题，需要政策的支持。从广东等地的成功经验来看，P2P网络借贷行业发展的基本条件之一便是有利于行业发展的政策环境。政策环境得以改善，行业才能取得快速健康的发展，才能在构建普惠金融体系上形成有效支撑，弥补传统金融经营成本高、覆盖面小、资金配置效率低等短板，在山东全面发展普惠金融的过程中贡献力量。山东需发挥实体经济大省优势，积极开展互联网、大数据、云计算、物联网、人工制造与制造业的深度融合，促进网络借贷行业发展。规范发展融资担保、网络借贷、股权融资、要素交易等新业态，更好地发挥齐鲁股权交易中心等区域股权市场功能，促进多层次资本市场健康发展也将成为重点。同时，山东省将全面构建普惠金融体系，支持济南区域性产业金融中心、青岛财富管理金融综合改革试验区、烟台区域性基金管理中心建设。另外，《山东省“互联网+”行动计划（2016～2018年）》中指出，到2018年，山东省“互联网+”发展环境更加优化，与经济社会融合发展更加深化，新产品、新模式、新业态不断涌现，驱动经济社会发展新动力不断增强。

（三）进入多层次资本市场

2017年迎来P2P网络借贷平台境外上市的小高峰，趣店等多家网络借贷企业境外上市，引起市场的关注。而网络借贷平台借助资本市场也能够更好地进行资源整合，并在监管趋严的大背景下，找到新的发力点。然而由于监管政策逐渐落地，上市企业受到政策方面的影响，顺利拿到备案的企业也将减少其不确定风险。另外，资产注入后，网络借贷平台具体表现仍受到政策和行业环境的影响。结合山东行业发展来看，应积极发挥互联网金融产业园的集聚效应，发展龙头企业，并借助境外资本市场优势，完善平台的全方位发展。同时，也可借助齐鲁股权交易中心以及青岛蓝海股权交易中心的力量，加速企业拥抱资本市场，从而获得机构的青睐，通过定向增资、股份转让等方式进行融资，提高平台综合竞争力。然而，在监管不断落实的背景下，网络借贷自身运营能力才是获得资本青睐的重要条件，在合规的前提下，才能赢得更多机构的关注。

（四）完善网络借贷金融生态圈

良好的P2P网络借贷内外部环境能够有效促进行业健康发展，促进各业态之间的融合，实现行业平衡。打造绿色健康的P2P网络借贷生态圈，良好的信用是行业发展的根本。山东可以通过促进不同机构协作发展，以促进企业集团化；创建自有品牌，形成山东龙头企业，从而吸引投融资方，形成良性循环。积极打造互联网金融产业园，推进园区内入住企业之间的相互交流，推进落实山东对P2P网络借贷行业的优惠政策，以吸引更多的企业入住，形成产业集群，发挥辐射效用。另外，以济南、青岛已建成的互联网金融产业园为中心，形成点带面的形势，助力周边地市网络借贷企业的发展，尤其是P2P网络借贷行业中具有代表性的企业，最终形成以龙头企业为核心，以产业园为依托，以济南、青岛为根据地的全面开花的局面，共同构建网络借贷的良性发展环境，形成有利于企业发展的金融生态圈。

完善信用体系。互联网具有高效性以及覆盖广的特点，但是在信息互联互通的基础上，也存在极大的风险，而金融业的发展，也是以信用为基石，因而完善的信用体系对于网络借贷有着极其重要的意义。山东网络借贷行业可努力接入中国人民银行证信系统或与商业银行征信系统相连接，从而改善行业内信用难题。同时，山东建立健全评价系统，可以从服务满意度、交易评价等方面统一评价标准，降低网络借贷的运行风险。建立公平、公正、公开的资格评价体系，改善信息披露状况。结合大数据应用，借助互联网技术、大数据分析筛选，对客户的潜在需求以及信誉度进行调查，以降低交易风险。完善山东征信体系的发展，对网络借贷行业形成有力支撑。

（五）降低平台业务经营风险

完善个人信用审核与评价体系，通过积极地创造条件，让网络借贷平台能够针对违约数据及时报送征信系统，及时更新失信人。同时，可以建立区域性逾期催收平台，从而降低行业逾期率，结合不良资产处置平台，为网络借贷的发展解除根本性问题。另外，投资人教育也是必不可少的环节，提升山东整体网络借贷行业发展，投资人树立理性回报预期，才能避免“高回报”的诱惑，从而降低行业资金成本，也从根本上降低平台运营风险，最终带动网络借贷行业良性健康的发展。

从平台自身来看，风险管理意识仍有待提高。在网络借贷平台的发展中，风险管理是关系到平台经营时间的关键指标，风险控制能够有效地降低逾期率。业务部门与风控部门的融合发展才能更好地调整运营理念，人力资源和平台业务模式以及制度流程全面结合，才能保证高效的风险控制管理。另外，投资人作为融资项目风险的直接承担者，对平台监督有着自发性和积极性，建立投资人监督组合或可提高平台信息透明度，从而防范道德风险。

2017 年受到各项法规的影响，P2P 网络借贷行业引发新一轮的资产荒，而资产荒并未完全限制平台发展，部分平台在摸索中找到了新模式，集团化作战、深耕细分领域都成为平台发展的重要方向。P2P 网络借贷平台业务的“十三条红线”让很多平台为了能够合规，纷纷转型；集团化的战略布局，让原本不同业务由不同独立主体运营，所持牌照、上线产品以及品牌相互独立，多业务的模式最终形成集团化布局。而平台根据自身优势，将布局业务持续深入细化，在“三农”业务、供应链金融、消费金融对应领域进行深耕，形成特色，从而吸引投资人关注。同时，深耕细分领域也可以根据资质、线上信息等方式，形成风险控制，有利于平台的全面发展。山东 P2P 网络借贷企业也可以通过细分领域深耕，实现自身发展，尤其是发挥山东省农业大省的优势，结合“三农”业务，不断拓展业务模式；另外，依靠山东汽车众筹行业的优势，车贷平台也将有不俗表现。

（六）创新互联网金融业务模式

P2P 网络借贷是互联网金融的重要组成形式，P2P 网络借贷的良好发展也将有效带动互联网金融行业稳步前行，同样，互联网金融所包含的第三方支付、众筹融资等形式的发展也会对 P2P 网络借贷行业产生影响。丰富互联网金融业务模式，不仅需要对山东 P2P 网络借贷行业进行调整，也需要以发展普惠金融为目的，从多角度入手，充分利用山东优势。根据山东自身发展现状以及 P2P 网络借贷行业存在的问题综合来看，创新业务模式对山东普惠金融发展将起到积极的促进作用。

第三方支付机构持续在垂直领域深耕，从蚂蚁金服旗下支付宝发布的 2017 年全民账单数据来看，2017 年移动支付的普及度提升，因移动支付累计的信用记录也让社会资源高效运转。第三方支付回归“小额支付”本质。移动支付用户黏度不断提升，互联网活跃度也普遍高于非移动支付人群，使用场景的依赖程度逐渐提高。同时，由于移动支付天然的 O2O 属性，在 O2O 领域，移动支付的用户活跃度远高于非移动支付。因此，作为互联网金融用户资金融通和支付结算的主要平台，移动端已经成为重要组成部分。山东第三方支付需要加强应用场景的开发，同时在垂直领域深耕，做精、做专，让企业龙头成为行业龙头，进而带动周边园区内互联网金融企业的发展。

移动设备的普及率不断提升、移动互联网技术取得不断突破，为第三方支付提供了运营环境；同时，现象级产品大量出现增加了移动支付用户数量；用户场景的覆盖率提升以及使用频次的增加也积极拉动了第三方支付的发展，行业发展得到全面推进，行业规模得以提升。相对于 PC 端，移动支付具有快捷、便携的优势，不断提高移动支付在第三方支付中的比重，用户规模持续增长。而从市场规模来看，支付宝、财付通已经占据移动支付大部分市场份额，然而山东并没有第三方支付的领军企业，行业深耕和发展均有待开发。另外，还需要把握移动支付监管趋严的发展机遇，针对牌照合规、备付金、实名制、反洗钱等进行细化，严格准入机制；但也需要谨慎中保持宽容的态度，采取灵活监管政策，助力第三方企业发展。扫码支付为 O2O 提供了新入口，也提升了平台的金融综合服务能力，进一步拉近了用户的距离，提升客户的忠诚度。山东在推广第三方支付的过程中，也需要将企业与平台相结合，实现共赢，进而推动互联网金融的发展。

作为互联网金融的重要组成部分，众筹行业的发展也增加了互联网金融的内生动力，随着网络借贷行业政策不断趋严，部分平台纷纷转型，其中，众筹行业也成为关注的焦点。2017 年大量众筹平台下线或转型，众筹行业面临适者生存的洗牌。在各细分领域中，汽车众筹项目最为火爆，但平台乱象迭出，影响投资者的信任度。从众筹业务筹资来看，汽车众筹同比增加 19.87%；从地域分布来看，山东省汽车众筹平台在全国汽车众筹领域居于首位，在全国正常运营的汽车众筹平台中占比超三成，具有细分领域的绝对优势。山东在汽车众筹领域的领先优势显现，在细分领域的深入渗透，让山东众筹业具有自己的特色，稳健、理性地发展。这也让网络借贷平台可以借助自身优势进行转型，符合标准和行业规定的则可考虑向众筹业务进行延伸，从而增加互联网金融的原动力。调整各种新众筹模式的均衡发展，在发挥山东汽车众筹优势的基础上，均衡其他模式的发展。利用山东汽车众筹优势，助力 P2P 网络借贷行业发展。做好风险控制，明确平台运行标准，促进平台的健康发展。

P2P 网络借贷平台业务模式的创新也至关重要。随着《网络借贷信息中介机构业务活动管理暂行办法》的发布以及专项整治的开展，P2P 网络借贷行业内竞争加剧，小平台纷纷转型。自《网络借贷资金存管业务指引》和《网络借贷信息中介机构业务活动信息披露指引》分别出台以来，行业内银行存管、备案以及信息披露三大主要政策纷纷落地。政策趋严也导致了平台的转型，较之前出现好转的是，P2P 网络借贷平台在 2017 年以良性退出为主，跑路及问题平台数量大幅减少，同时也有大平台整合自身资源，通过融合业务类型，全面升级优化。P2P 网络借贷平台接入场景模式创新也能够有效带动企业发展，目前涉及的有个人信贷、企业信贷、车贷、供应链金融、融资租赁、票据、农村金融、消费金融等类型。平台借助农村金融和场景消费的大趋势，P2P 网络借贷或将有更好的发展机遇。2017 年合规主题词不断深化，在行业“洗牌”背景下，积极创新业务模式，细分领域不断深化，严控风险，以安全为根基，为客户搭建健康的互联网金融平台，满足投资者与用户的需要。在监管趋严的背景下，产业和 P2P 网络借贷融合也成为拓展方向，不仅能够在产业端增加盈利点，盘活生态链，从 P2P 网络借贷角度来看，也能更好地引入资本的支持。尤其是目前部分企业正在积极布局金融业务，而 P2P 网络借贷成为重要的选择方向。结合企业的资源，利用平台拓展模式，从而盘活产业生态链，进而为 P2P 网络借贷发展引入优质的资产端资源。细分领域的深耕也是平台发展的方向。

（七）加强监管与风险防范

自《山东省地方金融条例》正式实施以来，山东省地方金融监管全面加速，2017 年，山东初步建立了地方普惠金融监管体系，三级地方金融监管体系覆盖全省，金融监管和防范风险走在全国前列并形成特色。然而，在 P2P 网络借贷迅速发展的背景下，山东仍需要在金融监管和风险防范上做出努力。

完善 P2P 网络借贷的法律法规。目前 P2P 网络借贷行业仍处在相对被动的监管状态，虽然在近年来颁布多项监管政策，但法律法规方面仍存在缺乏针对性的问题。山东省或可积极构建网络借贷法律法规体系，根据网络借贷特点，设定基础性法律框架，将有助于网络借贷行业的规范发展。

积极发挥行业协会的作用。济南市互联网金融协会于 2017 年 7 月成立，协会成立以来，建立自律检查和披露制度，及时向会员和社会公众提示相关风险，对山东网络借贷行业发展形成了有效监督。同时，也对中小微企业、科技企业等群体形成了金融支持，形成了多元化、多层次的金融服务。而由于成立时间较晚，仍处在初步发展阶段，并没有全面发挥出协会的带动作用。同时，积极发挥山东省互联网金融协会作用，对山东互联网金融以及 P2P 网络借贷行业发展形成了一定制约。行业协会的发展对互联网金融乃至 P2P 网络借贷都将形成推动作用，也将在征信、数据统计上取得更多的进展，加强行业内企业之间的交流，完善信息共享机制，协调风险控制中的规则等问题。促进监管部门与市场的沟通，发挥引导示范作用，提升业务人员水平，从而带动行业整体发展。

防范金融风险。在加强监管的过程中，风险防控不可忽视，督促网络借贷平台建立风险防控机制，实行有效、可持续的风险防控，将在企业发展中起到关键作用。尤其是网络借贷行业由于目前征信系统并不完善，若出现借款人大规模违约，平台便很难填补资金空缺，跑路、提现难等问题会随之而出，最终影响平台发展。因此，风险防控机制的建立是网络借贷行业发展中必不可少的环节。山东需积极发挥监管体系作用，明确监管部门，无论是准入审核、运营监管以及责任承担均需要明确责任主体。监管部门也可通过结合大数据技术以及披露制度，了解网络借贷平台的运营情况，从而做到及时反馈与分析。同时，山东监管部门在防范金融风险的过程中也需要建立风险分析模型，对监管对象的业务运行情况进行分析，及时掌握信息披露状态，从而具备避免爆发大规模风险的能力。全面实施“穿透式”监管，并明确监管规则，为企业发展和投资人资金保驾护航。

B.8
山东新型农村合作金融发展报告

摘　要： 习近平在第五次全国金融工作会议上强调，要建立包容性金融体系，加强对中小企业、农村和边远地区的金融服务，提高扶贫金融的准确性。鼓励发展绿色金融。截止到2017年底，山东新型农村合作金融试点已平稳运行两年，试点效果显著。新型农村金融的影响范围及深度较以往均有不同程度的提升，农民真正从中得到了实惠。新型农村合作金融的平稳发展离不开国家从中央到地方的重视和扶持，本报告重点从农村资金互助社出发，通过对基于四种组织形式的新型农村合作金融组织的持续关注，阐述了山东省新农村金融的发展历程和发展趋势，并对存在的问题从明确新型农村合作金融法律地位、服务“三农”、营造外部环境、完善监管体系四个方面提出发展建议。

关键词： 山东省　新型农村合作金融　乡村振兴　普惠金融

2014年初，党中央、国务院印发的《关于全面深化农村改革加快推进农业现代化的若干意见》（2014年中央一号文件）提出，“发展新型农村合作金融组织。在管理民主、运行规范、带动力强的农民合作社和供销合作社基础上，培育发展农村合作金融，不断丰富农村地区金融机构类型。坚持社员制、封闭性原则，在不对外吸储放贷、不支付固定回报的前提下，推动社区性农村资金互助组织发展。完善地方农村金融管理体制，明确地方政府对新型农村合作金融监管职责，鼓励地方建立风险补偿基金，有效防范金融风险。适时制定农村合作金融发展管理办法。”2017年10月18日，党的十九大报告首次提出乡村振兴战略。而该战略的核心内容就是要实现城乡间的协同发展，国家大力推行乡村振兴，这对于新型农村合作金融的蓬勃发展毫无疑问是一个强大助力。此外，在谈到山东农业现代化发展的问题时，习近平总书记曾经说过，全国农业看山东。作为农业大省，山东要再创农业农村发展新优势，加快打造乡村振兴齐鲁样板，必须发展新型农村合作金融组织，探索农村合作金融发展模式。

山东作为首批新型农村合作金融的试点省份，无论是从政策角度还是从区位角度看，都存在自然的优势。在阐述山东新农村合作金融发展过程中，本报告主要从农村资金互助社、依托农业专业合作社建立的信用合作组织、贫困村资金互助社及依托供销合作社的合作性金融组织四个方面入手来分析2017年山东新农村金融的变化和发展。

一　山东新型农村合作金融试点期发展回顾

众所周知，山东是我国农业大省，农业户口人口约7000万人，农村居住人口超过4000万人。新型农村合作金融健康可持续发展对于山东有着重要的意义。2014年初，山东省人民政府向国务院上报了《关于开展新型农村合作金融试点的请示》。国务院批准山东省开展新型农村合作金融试点，使山东省成为全国唯一的农村合作金融改革试点省份。

所谓的新型农村合作金融是指国家推动的社区性农村资金互助组织开展的金融活动，这种金融活动必须坚持社员制、封闭性原则，坚持不吸储放贷、不支付固定回报的原则。它是相对于以往失败的农村合作基金会和农村信用合作社的新型农村金融组织的全称。过去农村合作基金会及农村信用合作社由于政府干预过多，相应地忽略了本应作为主体的社员，最终成为政府的金融工具，没有达到既定的目标，进而导致其资金使用效率低下，财务状况难以为继，最终导致农村合作基金会被迫关闭，农村信用合作社则向农商行方向进行股份制改革，而完全丧失了其真正的新型合作金融的性质。目前所谓的新型农村合作金融组织则是面向农村低收入弱势群体、未解决自身信贷难题的群体，同时以入社成员的股金为资本，实行民主统一管理，从而为入社社员提供资金互助服务，同时自愿联合组建的一种合作经济组织。

自山东成为全国新型农村合作金融试点省份以来，开展好试点工作既是国务院交付给山东的一项重要的任务，也是实现山东农业现代化的关键举措。通过对合作金融组织的进一步优化和管理，为山东实现社会主义新农村建设、实现农业现代化、深入推进乡村振兴战略提供了强大的资金支持及金融服务。根据《山东省“十三五”脱贫攻坚规划》，以 2015 年为基期，规划期限为 2016 年至 2020 年，重点是 2016 年至 2018 年脱贫攻坚期。脱贫攻坚期正好与山东新型农村合作金融试点期不谋而合，可以说山东新型农村合作金融的试点发展对于山东精准脱贫是极大的推动。2014 年以来，山东省有 500 多万贫困人口稳步脱贫。其中，2016 年有 1. 512 亿低于省级标准的贫困人口脱贫，2017 年又有 83. 2 万贫困人口脱贫，贫困率从 7. 2% 下降到 0. 3% 以下。在消除贫困的斗争中取得了重大的进展。而在这期间，山东新型农村合作金融的贡献不可估量。

山东新型农村合作金融的萌芽阶段起源于 2004 年中央发布的“一号文件”。文中提及“鼓励有条件的地方，在严格监管、有效防范金融风险的前提下，通过吸引社会资本和外资，积极兴办直接为‘三农’服务的多种所有制的金融组织”。按照“一号文件”的要求，山东省开始探索适合本省的新型农村合作金融模式，主要分为四种组织形式：农村资金互助社、依托农业专业合作社建立的信用合作组织、贫困村资金互助社、依托供销合作社的合作性金融组织。

2015 年 2 月，国务院同意《山东省人民政府关于开展新型农村合作金融试点的请示》，山东成为全国第一个启动新型农村合作金融的试点省份。随后，山东出台了《山东省农民专业合作社信用互助业务试点方案》等一系列扶持新型农村合作金融发展的配套措施，确保在农村金融服务全面到位的同时，保障专项资金的安全。山东发展新型农村合作金融的试点期为 2015 年至 2017 年，目前取得的成果十分明显。山东省金融办最新数据显示，截止到

2017 年 12 月 31 日，山东省 114 个县（市、区）、14 个开发区的 334 家合作社取得试点资格，会员 23000 多人，累计信用互助业务 1.0038 亿元。

（一）农村资金互助社

2006 年中央“一号文件”提出要发展一个新的农村金融机构“资金互助组织”，这是农村金融发展史上第一次提出。为了响应国家号召，2007 年 4 月山东省开始着手农村资金互助合作社的筹备工作，8 月成立了 6 家农村资金互助合作社。从 2008 年开始，山东省加快了农村资金互助合作社的推进工作，创新农村资金互助合作社发展模式，2008 年枣庄市率先对农村的土地使用权制度进行改革。

2007 年 7 月，山东省泰安市宁阳县成立了山东省首家登记注册的农民资金互助组织。该组织的主要特点是：从管理角度来看，它仅受地方农业监管部门指导。从组织数量上看，“农村资金互助社”的数量要少于以往“农民资金互助合作社”。农村资金互助社是受中国银监会监管的正式的非银行金融机构，从功能上看，农民可在互助社内部进行存贷款、结算等业务的办理。一般而言，根据监管主体的不同，目前我国的资金互助合作社主要分为以下几类：银监会准入型、政府扶贫型、农民专业合作社内部信用合作三种模式。

由中国银监会批准成立的农村资金互助社山东省有 2 家，首个由中国银监会颁发金融牌照的是临沂沂水县聚福源农村资金互助社，成立于 2008 年 2 月。潍坊诸城市泰丰农村资金互助社，是山东省第二家由中国银监会颁发金融牌照的农村资金互助社，于 2010 年 1 月开业。互助社的成立有效弥补了农村金融供给失衡的不足，同时对农村体制机制的改革和深化都有着重要的促进作用。2017 年 8 月，中国人民银行及中国银监会联合下达《关于村镇银行、贷款公司、农村资金互助社、小额贷款公司有关政策的通知》（简称《通知》）。《通知》称，现阶段，农村资金互助社暂不向中国人民银行交存存款准备金。另外，农村资金互助社可自主选择银行业金融机构开立存款账户，并委托存款银行代理支付结算业务。农村资金互助社的贷款利率实行下限管理，利率下限为中国人民银行公布的同期同档次贷款基准利率的0.9倍。同时，中国人民银行及中国银监会要求，农村资金互助社应建立健全利率定价机制，按照贷款定价原则自主确定贷款利率，并且符合司法部门的相关要求。

（二）依托农业专业合作社建立的信用合作组织

依托农业专业合作社建立的信用合作组织早在2008年就已经开始萌芽；2009年国家提出开展合作试点，标志着专业信用合作社在全国真正起步。截至目前，全系统基层社数量由1.9万家发展到2.9万家，乡镇覆盖率由56%提高到92.5%；领办创办的农民专业合作社由7.7万家增加到17万家，入社农户近1500万户；成立农民专业合作社联合社6300多家，占全社会的70%以上；经营服务网点达到98万个，社有企业由1.7万家增加到2.1万家；销售总额由2.58万亿元增加到4.78万亿元，资产规模达到1.38万亿元。

就山东的情况看，依托于农业专业合作社建立的信用合作组织总体起步较晚，从时间上来看要远远晚于全国的进程。而其起步的标志主要是两部地方性政策文件的出台。《山东省农民专业合作社信用互助业务试点管理暂行办法》及《山东省农民专业合作社信用互助业务试点方案》有力地保障了山东试点的成功运行，同时对于山东新型农村金融体系的进一步完善起到了重要的促进作用。整个2017年，依托农业专业合作社建立的信用合作组织发展迅猛。仅山东潍坊地区目前已领办创办农民专业合作社194家，所有乡镇都注册成立了农民专业合作社联合社。

（三）贫困村资金互助社

2009年国务院扶贫办下发的《关于进一步做好贫困村互助资金试点工作的指导意见》进一步明确了试点的目的，也意味着我国精准扶贫的进程已深入到各省各地的贫困村之中，但有一点我们不得不提的是，山东贫困村资金互助社较全国而言起步较晚。

2014年，山东省在860个贫困村开展了互助资金试点，主要以财政资金为主体，农民自愿参与，促进资金加速周转。同时，山东省还联合国家开发银行、农信社等金融机构，在淄川、临沭、沂源3个县区开展了以政府担保、财政贴息、小额信贷为主要内容的金融扶贫创新试点。近年来，贫困村资金互助社对于山东脱贫、扶贫做出重大的贡献。全省还有贫困人口17.2万人，更为重要的是，这部分人口的贫困程度更深、情况更加复杂、扶贫难度更大。从人口分布来看，14个市（除青岛、东营、威海）、117个县（市、区、管委）都有贫困人口，更多集中在“4个2”重点区域。但随着山东地区贫困村互助社扶贫范围的不断扩大，山东贫困地区现状必将得到根本性改善。

（四）依托供销合作社的合作性金融组织

2012年10月，为了推动社会主义新农村建设，同时为更好地引导和促进农村金融的规范发展，全国供销总社出台《关于积极推进供销合作社系统开展农村金融服务的意见》，标志着我国依托供销合作社的合作性金融组织正式起步。

山东依托供销合作社的合作性金融组织起步要晚于全国。2014年10月，山东等省份结合供销社改革进行农村合作金融试点，成功获得国务院批准。2014年4月，国务院对山东等4省份要求“按照严格规范、加强管理、风险可控的原则，支持符合条件的供销合作社发展合作金融和保险等农村金融业务”。2015年4月，山东省供销社农村合作金融试点工作推进会议召开，要求有条件的供销社可依法设立农村互助合作保险组织、融资租赁、小额贷款、融资性担保类公司，与地方财政部门共同出资设立新型担保公司；符合条件的供销社企业可依照法定程序开展发起设立中小型银行试点。2016年11月23日至25日，受全国供销总社委托，中国社会科学院作为第三方评估机构，对山东潍坊市供销社综合改革试点工作进行了全面评估，一致认为潍坊试点工作整体推进扎实有序，改革任务圆满完成，试点效应全面放大，总体成效显著，形成了一批可复制、可推广的改革经验，值得充分肯定和借鉴学习，并建议向全国各地推广。2017 年 7 月 12 日，山东农村信用社与山东供销合作社签订了战略合作协议。开启农信、供销两大行业系统强强联合、优势互补、互惠共赢的新局面。双方合作致力于加快培育农业农村发展新动能，构筑完善山东省“生产、供销、信用合作”三位一体新机制，开创农业现代化建设新局面。

二　山东新型农村合作金融运行及主要特征

改革开放以来，我国始终将农业农村农民问题摆在社会主义现代化发展的突出位置。从连续多年中央一号文件持续关注“三农”到 2017 年习近平主席在十九大报告中提出乡村振兴战略，从第五次全国金融工作会议强调金融服务对“三农”发展的重要性到强调普惠金融在发展县乡经济中的重要性等，这一切无不表明“三农”对于实现我国两个一百年奋斗目标的重要性。这其中，着力发展新型农村合作金融是农村发展普惠金融的一个重要体现。山东作为唯一的新农村合作金融改革试点省份，特别是 2017 年，利用国家发展普惠金融的机遇，大力推进农村振兴改革，新型农村合作金融得到了长足的发展。

（一）山东新型农村合作金融试点运行情况

2017 年，山东省金融运行平稳，货币信贷和社会融资规模平稳增长，实体经济融资渠道不断拓宽，资本市场稳健发展，保险服务保障功能日益增强，金融体系逐步完善。金融市场进一步创新发展，金融风险防范化解工作取得成效，为供给侧结构性改革和经济高质量发展营造了适宜的货币金融环境。随着山东省新旧动能转换力度的逐步深入，山东省金融环境有望得到进一步改善。而山东省金融环境的逐步改善也必将会对全省新型农村合作金融的发展起到提振作用。

2017 年末，山东省银行业金融机构资产总额 11.5 万亿元，同比增长 4.5%，增速同比下降 8.8 个百分点。受银行计提贷款损失准备增多、核销力度加大等因素影响，银行利润总额同比下降47.1%。新型农村金融机构数量继续增加，覆盖面进一步扩大。具体来看，截至2017年末，小型农村金融机构5059家，从业人员66927人，资产总额达到21512亿元；新型农村金融机构共有327家，比上年增加59家，增长22.01%。，从业人员6840人，资产总额975亿元；小型农村金融机构和新型农村金融机构合计资产总额占山东省银行业金融机构资产总额的19.57%，占比较上年小幅提高0.28个百分点，合计从业人员数量占山东省银行业金融机构从业人员总数的29.71%（见表1）。

表1　山东省银行业金融机构情况（2017年）

机构类别	营业网点			法人机构（个）
	机构数量(家)	从业人员(人)	资产总额(亿元)	
大型商业银行	4440	101162	38452	0
国家开发银行和政策性银行	128	3722	10693	0
股份制商业银行	1175	25072	15509	1
城市商业银行	1248	28974	17741	14
财务公司	2	828	2893	18
信托公司	0	497	155	2
邮政储蓄	2954	12430	5970	0
外资银行	43	1070	521	0
小型农村金融机构	5059	66927	21512	112
新型农村机构	327	6840	975	128
其他	4	893	467	6
合计	15380	248274	114887	281

资料来源：中国人民银行济南分行，齐鲁财富网。

自2015年初山东成功获批新型农村合作金融改革试点，成为全国截至目前唯一一个获得批准的地方省份以来，新型农村合作金融在山东就牢牢地扎下了根。经过三年的发展，山东各地新型农村合作金融机构无论是从质量上还是从规模上看均在银行业普遍发展低迷的背景下逆势上扬，实力不断增强，未来随着国家乡村振兴战略的进一步落地，山东新型农村金融将迎来更为光明的未来。

2016年，新型农村合作金融组织取得了初步发展。到2016年6月底，山东省开展了70多个新型农村合作金融试点项目（见图1），试点农民合作社达到160个，分别增加46个和82个，参加成员超过13000人。截至6月底，山东省60多个试点合作社成功开展了互助业务。互助总资金超过了3300万元，较试点之初的水平有了大幅的提升，截止到2016年底，全省107个县（市、区）和12个开发区的284家农民合作社获得信贷互助业务试点资格。与2016年初相比，试点县（包括开发区）增加了92个，12个城市实现了全县覆盖。试点合作社的数目增加了206个。20000多名成员（包括法人）参加了该方案。此外，12月，全省试点农民合作社共206家互助企业，互助金额872.8万元。截至12月末，全省累计发生互助业务1743笔、互助金额6442.2万元，分别比年初增长1187笔、4693.8万元，平均每笔3.7万元，互助金余额2988.8万元。

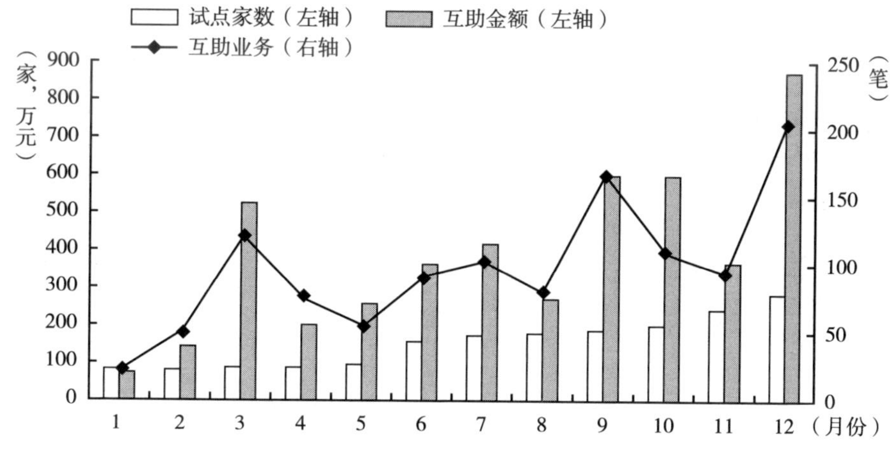

图1　山东新型农村合作金融试点业务发生状况（2016年）

资料来源：山东省金融办，齐鲁财富网。

经过一年的探索和实践，2017年山东新型农村合作金融组织比以往又有明显的提升。通过比较2016年与2017年山东新型农村合作金融试点业务发生情况，不难看出，2017年，山东新型农村合作金融发展更为强劲。这种强有力的表现在累计试点家数、当月互助业务等指标上体现得淋漓尽致。通过图1、图2可以很直观地看到，尽管曲线走势有异曲同工之妙，但从两张图左右的刻度表尺上不难看出2017年各指标的大幅扩容。具体来看，累计试点家数呈现逐月上扬态势，并未出现下滑或减少的现象且各月的平均增长幅度基本保持一致。而反观当月互助业务指标及当月互助金额指标差异就比较大了，其中互助业务量与互助金额基本成正比关系，更为重要的是，相较于2016年，当月互助业务与当月互助金额的走势波动要大得多，这一方面也反映出新型农村合作金融发展较高的活跃性。

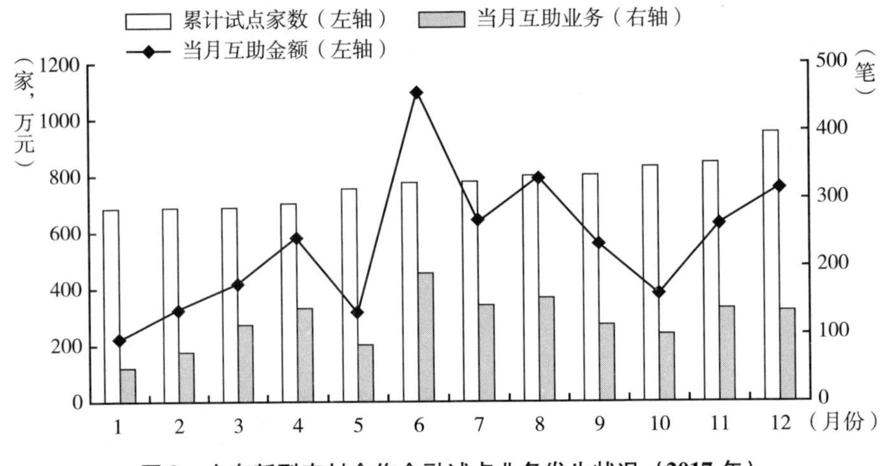

图2　山东新型农村合作金融试点业务发生状况（2017年）

资料来源：齐鲁财富网。

到2017年底，山东114个县和12个开发区近400个农民合作社已成功获得信贷互助试点资格，与当年年初相比，试点县增加了近200个。同时，山东17地市，已经有15个市实现了县域全覆盖。截至2017年末，山东省累计发生互助业务3229笔、互助金额13404万元，互助业务笔数较2016年末增长85.26%。互助金额大涨6961.8万元，平均每笔4.2万元，较上年的3.7万元上涨5000元，互助金余额13404万元（见图3），突破1.3亿元。与2015年相比，2017年山东新型农村合作金融试点规模上有了质的突破，在试点家数、参与社员、互助业务次数和互助业务金额方面更是有了跨越式的增长，分别是2015年的5.09倍、3.37倍、5.81倍和7.66倍，其中，互助金额变化最大。

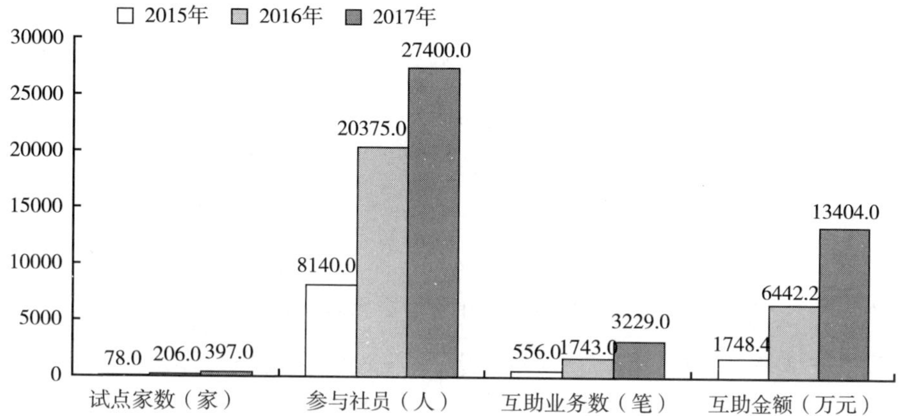

图3　山东新型农村合作金融试点业务状况比较（2015～2017年）

资料来源：山东省金融办，齐鲁财富网。

（二）山东新型农村合作金融运行特点

乡村振兴战略助力新型农村金融试点数量增速进一步加快。党的十九大提出乡村振兴战略后，国家对于“三农”及农村合作金融的扶持力度逐步加大。在国家大力推动社会主义农村现代化的大背景下，山东新型农村金融也借此东风迎来了自身的快速发展期。截至2017年12月31日，山东新型农村金融无论是试点数量还是业务笔数等均出现了跨越式发展。山东省金融办最新数据显示，截至12月底，全省116个县（市、区）和15个开发区的397个农民专业合作社取得了信用互助试点资格，比年初增加113个，27000多名成员（包括法人）参加。12月，全省试点农民专业合作社共134家信贷互助企业，互助金额759万元。到12月底，全省累计发生信用互助业务3229笔、13404万元，较年初分别增加1487笔和6962万元。数据规模的不断扩大充分反映了新型农村合作金融在山东的蓬勃发展。从2017年全年山东新型农村金融总体运行表现来看，正如山东省金融办李永健主任所说，“新一轮农村合作金融改革，是为了解决农民生产经营过程中资金供求不足的矛盾。而2017年全年山东新型农村合作金融运行平稳，稳中有进地完成了 2016 年 12 月金融办既定的发展目标”。

“三农”利好政策逐步落地，新型农村合作金融外部环境得到优化。2017 年，针对新型农村合作金融的未来可持续发展，山东各级政府一直在促进新型农村合作金融试点的“扩面增效”。截至 2017 年 9 月，山东省财政已累计划拨 1080 万元用于专项培训和财政补贴。对此，临沂市副市长张玉兰称，早在 2016 年，政府已出台文件，明确为每家新增试点社配套补助 15 万元，作为专项扶持资金，提供担保及风险补偿。无独有偶，枣庄市副市长周宗安也表示，枣庄市峄城区对每个试点补助 5 万元作为公共股金，属于互助社的共同财产，所产生的利息可纳入合作社股息进行分红。相关利好政策的逐项出台，保证了新型农村合作金融的良好发展环境和可持续发展动力。

山东新型农村合作金融投融资实力显著增强，乡企农户受益明显。在新型农村合作金融在山东试验两年来，无论是乡镇企业还是农户个人的融资效率都得到了大幅度改善，融资成本及审批程序得到了最大限度的降低。正如前文数据所显示的，社员人数、互助金额及互助业务笔数较试点之初都有了质的飞跃，数据的大幅提升所体现的不仅仅是数字的变动，更为重要的是通过数字的变化，我们可以深刻感受到山东新型农村合作金融给山东农业现代化建设所带来的活力和动力。以山东青岛为例，按照全省统一安排，稳妥有序地推进新型农村合作金融试点工作，到 2017 年 12 月 31 日，青岛全市试点机构总数 14 家，互助额计 371 万元，对解决社员融资做出了有效探索。

新型农村合作金融健康可持续发展，中央及地方财政扶持力度显著提高。立足于“三农”，为其提供最直接、最基层的金融服务，一直以来都是山东作为新型农村合作金融试点的首要目标。山东率先开展新型农村合作金融试点两年来，逐步扩大信用互助业务试点覆盖面，加大外源融资支持，探索形成一套可复制、可推广的经验。我们欣喜地看到，山东地方政府所推行的信用互助业务为信贷资金注入“三农”开辟了新渠道。开展试点两年多来，山东形成了一整套信用互助的业务规程和示范社的认定标准。未来，山东将继续拓宽投融资渠道。减少和取消对竞争性产业的直接财政补贴，探索引导资金、政府采购服务、政府与社会资本合作等财政支持方式。

三　山东新型农村合作金融发展存在的问题

尽管2017年在国家实施乡村振兴战略的大背景下，山东新型农村合作金融有了突出的表现。但山东相对薄弱的农村金融底子及相关配套细化措施的缺失决定了山东新型农村金融的发展必将不会一帆风顺。一般而言，农业生产的旺季时，新型农村合作金融组织的资金规模就会比较紧张，甚至难以满足全部社员的资金需求，而在农业生产的淡季则恰恰相反，这就会导致该组织在运营过程中存在很大的风险，极易产生风险集聚等问题。

另外，截至当前发展阶段，新型农村合作金融组织依然存在地位有待进一步确认，互助资金难以充分满足“三农”发展对资金的需求，新型农村合作金融创新动力及吸引力不足、金融手段单一等问题。这种种的问题时刻都在影响和阻碍着山东新型农村合作金融的壮大和发展。

（一）山东新型农村合作金融存在问题

1. 农村信用合作组织身份有待确认

就当前中央及山东地方政府对于新型农村合作金融组织的认可程度来看，除了银监会批准设立的农村资金互助社外，其他类型的农村信用合作组织在法律层面上属性并不十分明确，可以说大部分农村信用或者组织没有权责明确的管理部门进行监管，这就容易造成较为严重的监管缺失。即便是上述所言的资金互助社，也有可能由于过为严格的监管，制约其发展的空间和水平。当前，当地有关政府部门仍将农村合作社视为一般工商企业，央行、税务等尚未针对新型农村合作金融做出专项的安排和统筹，没有体现出政府对于农村合作金融的政策倾向性和导向性。

2. “三农”发展需要资金流的长期供给和支持

首先，新型农村合作金融的覆盖面非常有限。山东全省县级单位137个，其中，市辖区54个、县级市27个、县56个，到2017年12月底，全省15个开发区共有116个县（市、区）和397个农民专业合作社获得信贷互助业务试点资格。按此计算，试点覆盖率为84.67%，尽管较年初有了明显的进步，但距离山东省政府所要求全覆盖的总体目标尚有不小的差距。除此之外，山东省小额贷款公司、融资性担保公司等“草根金融”受制于身份和经营范围等因素，支农作用有限。保险机构真正开展涉农保险业务的少之又少。农村资金互助社尚处于试点阶段，离全面推广尚有时日，而且农村资金互助社主要以扶贫开发为目的，不足以担当有效缓解农村金融服务需求的重任。

3. 新型农村合作金融创新动力及吸引力不足、金融手段单一

从银行机构看，无论是现有的国有商业银行，还是村镇银行、农村合作银行及农村信用合作组织，在县域普遍存在针对普通农户“吸储力度大、放贷力度小”的现象。另外，金融产品创新仍处于低层次复制阶段，创新产品过于单一，品牌和特色金融产品严重缺失；农村的商业金融、政策性金融、合作金融及民间金融产品之间缺乏联动性，业务延伸链短。

从地方金融组织看，小额贷款公司的可持续性发展问题日益突出。一是，根据政策规定，小额贷款公司“只贷不存”，从银行业获得融资的余额不得超过资本净额的50%，在资本金小的情况下，融资规模难以扩大，从而限制了信贷放大效应。二是，对于是否享受国家给予金融行业的支农、税收优惠政策等，均未有明确的认识，这严重影响了小额贷款公司在县域农村放贷的积极性。

4. 部分新型农村合作金融组织经营不规范、风险防范措施不健全

从我国新型农村合作金融的发展现状看，新型农村合作金融组织的产权形式多种多样，既有正规的合作金融组织，还有大量的非正式合作金融组织。新型农村合作金融组织产权的多元化，使得合作金融组织的管理水平参差不齐。以新农村合作金融的名义成立共同基金组织，实质上是接受高利率贷款，支付高固定收益，参与跨地区、跨行业的投资活动。

另外，我国现有的新型农村合作金融组织普遍具有“规模小型化、资金实力弱”的特点。为了满足散户农民和农村中小企业的金融需求，也面临着各种风险。更为重要的是，目前，我国还没有建立存款保险制度。如果

新型农村合作金融组织因管理不善或其他原因而倒闭，将很难保证成员存款的安全。此外，大多数地方政府还没有为新型农村合作金融设立专门的风险补偿基金，当新农村合作金融组织面对风险的集中爆发时，就很难有效地应对和解决。

（二）山东新型农村合作金融机构发展建议

1. 建立新型农村合作金融法律体系，明确合作金融的法律地位

国际先进的发展经验表明，新农村合作金融的健康发展离不开国家立法的支持。在农村合作金融发展的初期，发达国家制定了专门的法律法规，如美国联邦信用社法、德国合作社银行法和日本农业合作社合并法等。这些法律对农村合作金融的发展起到了非常重要的作用。因此，建议政府借鉴发达国家的丰富经验，结合农村合作金融的法律法规和我国农村合作金融发展的实际情况，加快相关法律法规的制定和颁布。为了明确新型农村合作金融的法律性质、市场准入、经营目的、经营类型、监管方法、政策支持、税收优惠与兼并、撤销等各方面，从法律上保证其作为合法金融机构的正式地位，赋予其独立经营、自我发展、自负盈亏的地位，确立相应的义务，维护其在发展过程中的权益，为新型农村合作金融的可持续发展提供强有力的法律保障。

2. 坚持合作金融的本质，牢牢把握为“三农”服务的红线

到目前为止，我国大多数新型农村合作金融组织仍然坚持合作金融互助的本质和为“三农”服务的宗旨。山东地方政府近年来也一直在强调，新型农村合作金融无论如何新都要坚守“三农”这条红线不动摇。但尽管如此，有些新型农村合作金融组织在发展壮大过程中，还是背离了合作金融的初衷，盲目追求利润目标，向商业化发展，越来越不具备普惠性特征而且管理混乱。所以为了避免这样的问题出现，最为重要的是，山东省作为地方政府，首先应加强对新农村合作金融的宣传和相关培训工作，普及合作金融的基本知识，从而激发农民参与合作的积极性。充分尊重农民的选择权，在自愿互利的基础上建立农村合作金融组织。让农民充分认识到，这个组织是一

个金融互助组织，而不是一个高利润的组织，以防止利润驱动的资本流入新型农村合作金融组织。其次，从新型农村合作金融机构自身而言，任何一种新的产权形式的农村合作金融组织，都应把握“以农为本”的目标，始终坚持以从“三农”中来，到“三农”中去的思路为导向，不盲目追求利润最大化，而应实现农民客户需求的最大化。

3. 加强普惠金融政策支持，为新型农村合作金融创造良好外部环境

目前，制约山东省新型农村合作金融组织发展的最大现实困难是资金短缺。如果仅依靠成员的存款、自身积累和金融扶贫资金，很难满足其正常的资金需求，因此迫切需要补充和疏通金融渠道。因此，政府应积极协调与农业有关的各类金融基金，支持合作社发展专项金融基金，作为资金的基础，免费向农村合作金融机构提供使用，并建立配套的监管机制。另外，在这个过程中，应颁布有利于新型农村合作金融快速发展的政策法规，为新型农村合作金融的起步开启专门的绿色通道。更为重要的是，根据国家税收法规，山东省有关部门应积极研究引进新型农村合作金融发展的保护性和扶持性税收优惠政策，以提高其盈利能力和资本积累能力。除此之外，在加强和完善财政支持方面，山东应重点把握两点：一是进一步提高新型农村合作金融的贴现率，同时给予成员贷款和贷款金融贴息，以降低其融资成本；第二，政府应在审批和设立、登记、信息技术支持、人员培训等方面大力支持新型农村合作金融机构，为其创造更好的外部经营环境。

4. 完善监管体系，保障新型农村合作金融健康规范发展

俗话说，没有规矩不成方圆。新型农村合作金融的发展也同样如此。建立健全新型农村合作金融监管体系，是农村合作金融监管体系健康规范发展的必要措施之一。另外，从当前银保监会监管的广度和深度来看，已不适应对合作金融机构进行监管。银保监会框架下建立的对农村互助基金合作社的监督职能，应移交给新的监管机构，统一管理。第二，建立健全行业自律组织，充分发挥行业自律组织对会员内部各种关系的灵活处理和监督合作金融组织金融活动的作用，惩治行业内不诚实守信的行为，营造公平的市场竞争环境，引导新型农村合作金融更加规范地发展。此外，政府、企业、私人资

本、银行等多方参与再保险制度的建立，同时发展多主体风险分担机制，从而进一步分散和转移金融风险。总之，新型农村合作金融是一项金融创新的尝试，山东作为国家重要的新型农村合作金融试点，要在立法保护、政策支持和健全风险防范机制等方面进行大胆探索，探索适合我国国情的农村金融改革道路，努力构建多层次的农村金融体系。

专 题 报 告

Special Topic Reports

B.9
山东普惠金融监管

摘　要： 《山东省地方金融条例》的出台，为全省建立省、市、县（市、区）三级地方金融监管体系提供了法律依据。2017 年，山东初步建立了地方普惠金融监管体系，三级地方金融监管体系覆盖全省，金融监管和风险防范走在全国前列并形成特色，为其他省市提供可借鉴的经验。根据国家普惠金融发展规划要求，山东近年来出台多项关于普惠金融的法律法规和实施意见，推动普惠金融规范发展。2017 年山东推动《山东省地方金融条例》贯彻实施，省金融办公室转变职责并完善了地方金融组织监管细则和考核奖励办法，对第三方支付机构、村镇银行、小额贷款公司、P2P 网贷平台、融资担保机构等新型金融组织的监管取得显著效果。

关键词： 山东省　普惠金融监管　地方金融监管体系

2017年，距离2008年华尔街金融危机已过去10年，危机给社会经济带来的危害历历在目，这使我们从另一个角度再次感悟到“金融是现代经济的核心”，也迫使我们更深入地反思金融风险与金融监管。国务院副总理刘鹤曾在为《21世纪金融监管》所作序言中说“每一次危机都意味着金融监管的失败和随之而来的重大变革”。危机之后，欧美等国大幅提高金融监管标准，扩大金融监管范围，全面加强金融监管力度。金融危机也给我们的金融监管敲响了警钟。

近年来，我国金融基础设施不断完善，金融创新力度不断加大，普惠金融发展取得了显著成效。传统和新型、线上和线下金融组织机构共同发展的格局逐步形成，银行、证券、保险业等金融组织机构分业经营、相互协作的金融服务体系逐步完善，金融租赁公司、小额贷款公司、互联网金融组织等机构迅速发展。在金融迅速发展的同时，我国也进入了经济新常态，增长速度换挡期、结构调整阵痛期、前期刺激政策消化期“三期叠加”带来严峻挑战，经济运行中的各种主要矛盾和风险不断暴露，并不断向金融领域传导，金融系统性风险加大。因此，防范和化解金融风险已上升至国家战略和国家安全的高度。2017年中央经济工作会议再次提出“守住不发生系统性金融风险的底线”，“治乱象、补短板、填空白”成为金融监管的重点内容。通过从严监管，涉及普惠金融的交叉金融、互联网金融等多个热点领域的监管得到持续深化，互联网金融市场得到清理整治，消费类贷款得到规范。

山东近年来金融业发展水平也出现大幅提升，金融服务实体经济的功能日益体现，同时新型金融业态不断涌现出来，前期由于存在监管缺失和执法力度不足，非法理财行为和P2P、小贷公司跑路事件较多，侵害了投资者利益，影响了正常的金融秩序，给社会带来负面影响。2016年3月，山东省出台了《山东省地方金融条例》，成为我国首部关于金融监管的省级地方性法规，弥补了地方普惠金融监管空白。2017年，山东积极推动《山东省地方金融条例》贯彻实施，普惠金融风险得到防范，市场秩序更加规范，新型金融业态得到整顿，金融消费者和投资者的合法权益得到有效保护。

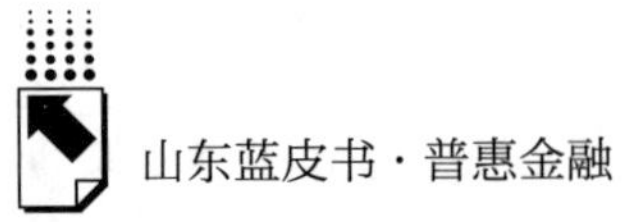

本报告主要从山东普惠金融监管体系、普惠金融监管政策法规以及普惠金融监管效果三个方面进行阐述。

一 山东金融监管组织体系

地方金融监管体系是我国金融监管的有机组成部分，是区域经济、社会稳定的重要制度保障。2013 年 12 月，山东省政府印发《关于健全地方金融监管体制的意见》（鲁政发〔2013〕28 号），全省地方金融监管体制改革全面启动。2016 年，全省地方金融监督管理局完成组建，一个由省级和地市级组成的金融监管体系在全省铺开。2017 年，山东在交叉金融、互联网金融、普惠金融等多个热点领域的监管全面从严，金融市场秩序稳定。

（一）普惠金融监管主体和监管范围

2016 年 3 月，山东省十二届人大常委会第 20 次会议审议通过《山东省地方金融条例》（简称《条例》）。《条例》是山东金融发展史和法制建设史上的一件大事，标志着全省地方金融监管体系正式形成，普惠金融监管走在了全国前列。与温州、深圳、上海等地市出台的地方性金融法规相比，《条例》有其自身优势和创新之处，明确将“一行三局”监管之外的地方金融组织纳入监管范围，为地方金融服务、发展和监管提供了法律保障；明确规定小额贷款公司应当按照小额、分散的原则开展业务经营，重点为小型微型企业和农民、农业、农村经济发展提供融资服务；明确要求建立地方金融组织信息披露制度，建立信息综合服务平台，实现数据资料共享。

《条例》不但明确了普惠金融领域的监管部门，还明确了接受监管的普惠金融机构组织。2016 年，山东 17 个地级市和 137 个县（市、区）在当地金融办的基础上成立了地方金融监督管理局，各级地方金融监督管理局成为金融监管机构。同时，《条例》也明确了山东辖内地方金融机构的范围，是指依法设立，从事相关地方金融活动的民间融资机构、融资担保公司、小额贷款公司、开展权益类交易和大宗商品交易的交易场所、开展信用互助的农民专业合作社、私募投资管理机构和国务院及其有关部门授权省人民政府监督管理的从事金融活动的其他机构或者组织等。这些金融机构组织接受山东省地方金融监督管理局的监督管理。另外，典当、融资租赁、商业保理、非融资担保业务的监督管理，按照国家和省有关规定执行，同时，还给国家将来授权地方金融监管部门对 P2P 网络借贷平台、股权众筹等新型金融业态进行监管留出了操作空间。

通过明确分工，杜绝了一些普惠金融组织被交叉监管或缺乏监管部门监管的现象。从此，山东在全省范围内形成了省级政府普惠金融监管部门、市级政府普惠金融监管部门和县（市、区）级政府普惠金融监管部门等三级金融监管体系，做到了对全省地方普惠金融组织监管的全覆盖。

（二）普惠金融监管组织体系

2017 年，山东普惠金融监管以党的十九大和全省经济工作会议精神为指导，树立了“创新、协调、绿色、开放、共享”的监管理念。经过一年的落实，全省金融运行稳定，完成了《关于加快全省金融改革发展的若干意见》（鲁政发〔2013〕17 号，即“金改 22 条”）提出的目标任务，普惠金融监管成效显著，金融与实体经济协调发展更加明显。

1. 省级监管组织体系

在 2017 年 5 月召开的全省金融运行情况座谈会上，省委书记刘家义强调，山东正处于新旧动能转换关键时期，需要加大金融对实体经济的支持；同时，要加强金融监管，政府部门、金融机构、企业要协调联动，建立信息共享、运转通畅、协同高效的工作机制，有效防范和化解金融风险。2017 年山东省政府、金融办等部门果断处置金融风险，运用市场化、法治化手段，采取切实可行的措施，推动了全省金融平稳健康发展。当前，山东普惠金融监管走在了全国前列，并为其他省市提供了可借鉴的经验。

山东普惠金融监管体系，主要是以山东省金融工作办公室为主导，“一行三会”驻鲁机构和有关政府职能部门相结合的监管格局。“一行三局”、山东省工商行政管理局、山东省商务厅等部门分别根据国家有关分领域专项整治方案和山东省政府要求，制订分领域专项整治方案，成立分领域专项整治工作组，负责相应领域的专项整治工作。

山东省地方金融监管权限分属以下部门：山东省金融办（山东省地方金融监督管理局）负责监管小额贷款公司、融资性担保公司、农民信用互助社、民间融资机构和区域性交易市场；山东省发展和改革委员会（局）负责管理各类股权投资公司、投资基金、企业债发行；山东省商务厅（局）负责典当、融资租赁公司审批与监管。此外，山东省农村信用合作社联社对全省农信社系统（农商行、农合行、农信社）行使部分监管权；山东省农业厅参与对全省农业政策性保险试点工作的监管；山东省供销合作社系统负责对农村资金互助组织进行审批。

2. 省金融工作办公室的职责

2017 年 3 月，山东省政府发布《山东省金融工作办公室（山东省地方金融监督管理局）主要职责内设机构和人员编制规定》，规定山东省金融办（山东省地方金融监管局）设 11 个职能处室，包括政策法规处、金融稳定处、交易市场监管处、农村合作金融处、民间融资监管处等。山东省金融办（地方金融监管局）职责范围如下。

（1）贯彻执行金融工作法律、法规和方针、政策；拟订全省金融业发展规划和政策，提出改善金融发展环境、促进金融业发展的建议。

（2）协调、配合中央驻鲁金融监管机构对全省各类金融机构的监管；负责对地方金融组织和相关金融活动实施监管；负责联系协调驻鲁金融机构，做好相关服务工作。

（3）负责地方金融机构重大事项的指导、协调工作，配合有关部门做好省属金融机构的管理工作。

（4）拟订全省多层次资本市场培育、改革和发展的政策措施；协调和推动企业上市工作，根据省政府授权，对拟上市企业发行股票有关事项提出审核意见；指导非省属国有控股上市公司资产重组工作，参与省属国有控股上市公司资产重组工作；协助驻鲁证券监管机构做好上市公司的规范发展工作；参与省级股权投资引导基金管理和协调工作。

（5）拟订全省融资性担保机构管理政策；负责全省融资性担保机构的设立、变更审批和监管工作。

（6）指导、协调、推进农村金融机构改革发展；协调有关部门推动新型农村金融机构的规范发展；负责全省小额贷款公司的设立、变更审批和监督管理。

（7）组织协调有关部门防范化解地方金融风险，处理地方金融突发事件和重大事件；协调有关部门依法做好防范和处置非法集资工作。

（8）负责全省交易场所开展权益类交易或者介于现货与期货之间的大宗商品交易业务的审批和监管；负责全省民间融资机构开展民间资本管理业务和民间融资登记服务业务的审批与监管；负责全省网络借贷信息中介机构的监管工作。

（9）拟订全省农民专业合作社信用互助业务的政策措施，负责对依法开展信用互助业务的农民专业合作社的指导、监督。

（10）会同有关部门拟订全省金融人才队伍建设规划并组织实施；负责全省金融业发展绩效考核。

（11）承担省金融改革发展领导小组和省维护金融稳定工作领导小组（省打击和处置非法集资工作领导小组）的日常工作。

（12）承办省委、省政府交办的其他事项。

3. 地级市、县（市、区）级监管体系

2013 年《关于加快全省金融改革发展的若干意见》出台后，山东各地密集组建地方金融监督管理局。截止到 2016 年末，全省 17 地市、137 个县（市、区）已全部独立设置了地方金融监督管理局，承担了地方普惠金融监管职责。2017 年，地方各级监管部门积极打击弄虚作假、骗贷骗保等违法行为，并加强正面引导，对诚实守信、合法经营的企业予以表扬，营造了良好的金融环境。

首先，地方人民政府在普惠金融监管方面负有职责。2017 年各地市、县（市、区）人民政府加强了对各自辖区内普惠金融组织机构的领导，建立健全了各自地区的普惠金融监管体制，加强了与国家、省级有关部门和金融机构的协调配合，及时研究、发现并解决辖区内普惠金融工作中的重大问题，加强辖区内普惠金融工作的监督和管理，防范金融风险。

其次，在山东各地市、县（市、区）普惠金融监管体系中，地方金融工作办公室（地方金融监督管理局）居于重要地位。各级金融办（地方金融监督管理局）负责对地方普惠金融组织机构的管理；并要协调和联系上级监管部门，联合相关职能部门，如工商、公安、商务、财税等，建立金融风险预警系统，提高金融风险意识和防范能力，维护金融秩序。各地金融工作办公室（当地金融监督管理局）负责监管辖区内小额贷款公司、融资性担保公司、农民信用互助社、民间融资机构和区域性交易市场；当地发改委（局）负责管理各类股权投资公司、投资基金和企业债发行；当地商务局负责典当、融资租赁公司审批与监管。同时分领域的相关政府部门，包括各地级市的经济和信息化、财政、公安、农业、国土资源、住房城乡建设、审计、工商行政管理等部门按照职责做好各自分领域的监督管理工作。

最后，建立联席制度，实现全省普惠金融监管全覆盖。山东各地市、县（市、区）人民政府、地方金融监管局和相关政府职能部门密切合作，建立联席制度，实现了对辖区内普惠金融组织机构的监督管理。各地市、县（市、区）金融监督管理局还建立完善了事前审核、年度审查、分类评级、高管约谈、行业自律等监管制度，并加强了与省级金融监管部门协调配合，初步构建了上下协调、完整覆盖的地方普惠金融监管局面。

4. 行业自律

除了设立省、地市、县（市、区）普惠金融监管机构之外，山东还成立了多个普惠金融行业协会来开展自律。行业协会作为政府和企业的桥梁与纽带，通过协助政府实施行业管理和维护企业合法权益，推动行业和企业的健康发展。培育发展普惠金融行业协会，对于适应金融行业创新、实现行业自律、推进普惠金融健康发展具有重要意义。截止到2017年末，全省已经成立了山东省小额贷款企业协会、山东省民间融资机构协会、山东省融资担保企业协会以及地方（如济南、临沂等地市）的互联网金融协会等。协会积极协调会员遵守国家金融法律、法规、政策，认真履行自律、维权、协调、服务职能，促进行业持续健康发展。

山东省小额贷款企业协会成立于2011年，是具有独立法人资格的全省性、行业性、自律性、非营利性社会团体法人，是按照市场化改革和政会分开的要求，进行自主办会、自主管理、自主发展的行业自律组织。协会秉承“强化行业自律，维护行业利益，提供会员服务，促进行业发展”的宗旨，在严格遵守国家法律法规及经济金融方针政策的前提下，充分发挥自律、维权、协调、服务职能，为会员单位服务，引导全省小额贷款企业稳中求进、健康发展。

山东省民间融资机构协会成立于2015年，是由山东省民间资本管理机构、民间融资登记服务机构及相关行业协会自愿组成的全省性、行业性、非营利性社会团体，是独立的法人社团。协会宗旨是：开展行业自律、维护行业利益、提供会员服务、促进行业发展。协会遵守国家法律、法规以及相关政策，认真履行自律、协调、维权等职能，加强高管人员培训，优化会员发展环境，维护会员合法权益，促进行业持续健康发展。

山东省融资担保企业协会成立于2012年，是由山东省融资担保机构及相关组织自愿组成的非营利性自律组织，是经山东省民政厅注册登记的社会团体法人。协会以“开展行业自律、维护行业利益、提供会员服务、促进行业发展”为宗旨，遵守国家法律法规以及相关政策，履行自律、协调、维权等职能；维护会员合法权益，为会员提供优质服务，促进行业持续健康发展；组织从业人员培训，提高从业人员素质；指导融资担保机构开展业务创新，缓解中小企业和“三农”融资困难。

2017年6月，山东省人民政府颁发《关于推进普惠金融发展的实施意见》（鲁政发〔2017〕14号），要求“组建山东省互联网金融协会，加强互联网金融行业自律，促进互联网金融组织规范健康发展”。但是截止到年末，并未出现成立的相关信息。从地方来看，济南、临沂等地市已成立了当地互联网金融协会，其中济南市互联网金融协会成立于2017年7月，是由济南市范围内的互联网金融机构及相关组织自愿结成的地方性、行业性、非营利性社会团体法人，是按照市场化改革和政会分开的要求，进行自主办会、自主管理、自主发展的自律组织，接受登记管理机关和业务主管单位的监督管理与业务指导。协会坚持以科技创新为基础，以普惠金融为导向，充分发挥桥梁连接作用，维护互联网金融行业秩序，成为一个信息共享的互联网金融交流合作平台，为推进济南产业金融中心健康发展贡献力量。

（三）建立普惠金融监测体系

近几年，山东普惠金融取得积极进展，但仍面临体系不健全、服务不均衡、传统金融服务模式不能适应普惠金融等问题。分地域来看，金融资源向着东部发达的胶东地区、城市地区集中的特征明显，而传统的农业地区和山区金融机构数量较少，普惠金融服务发展不平衡。因此，为实现普惠金融平衡发展，建立普惠金融监测体系势在必行。

2017 年 6 月，山东省人民政府出台的《关于推进普惠金融发展的实施意见》提出，建立普惠金融监测统计体系，“开展普惠金融专项调查和统计，探索将普惠金融服务调查纳入社会人口、经济普查等调查活动，全面掌握普惠金融服务基础数据和信息。建立普惠金融发展动态评估和考核机制，从区域和机构两个维度，对普惠金融发展情况进行全面评价，督促持续改进普惠金融服务工作”。同时，山东省金融工作办公室根据全省实际情况，明确了普惠金融指标内容，通过整合多部门涉及的普惠金融数据，建立了涵盖金融服务使用情况、可得情况、服务质量情况的统计指标体系。

为促进全省普惠金融平衡发展，山东省地方金融监督管理局将普惠金融服务目标融入业务发展、绩效考核等核心环节，真正提升金融服务的普惠性，同时在业务模式、风控技术及管理制度上，也做出了一定的探讨和工作安排。此外，根据《山东省社会信用体系建设工作方案》要求，健全普惠金融信用信息体系。以农村和小微企业征信数据库建设为切入点，推进建设成农户、小微企业和城镇低收入人群等电子信用档案，归集和管理信用信息，开展了小微企业信用评价和“信用户”“信用村”“信用乡镇”评定及结果应用，提高了信用信息建档率。

（四）普惠金融监管特点

首先，普惠金融作为地方性金融的重要组成部分，山东始终把普惠金融纳入监管之中，并在探索普惠金融监管方面走在了全国前列。自2013年山东、辽宁两省被中国银监会列为地方金融监管体制改革试点省份以来，山东陆续出台《关于建立健全地方金融监管体制的意见》（鲁政发〔2013〕17号）、《山东省地方金融条例》等多项金融监管政策和法律法规，明确了地方金融监管主体和监管范围，金融监管效果明显，为其他省份提供了金融监管经验。

其次，山东已经形成普惠金融监管组织体系。2013年以来，全省各级金融办公室陆续设置“地方金融监督管理局”，到2016年末，山东17地市、137个县（市、区）已全部设置完毕，省、市、县（市、区）三级独立的地方普惠金融监督体系形成，范围覆盖全省。金融监督管理局为各类地方金融组织的主管部门，整合分散于各职能部门的监管职责，形成统一归口管理。

最后，山东省金融工作办公室不涉及金融国资管理。各级地方金融监督管理局成立后，金融办的职能从原来的“综合、协调、指导、服务”转向“协调与监管，推动全省人才队伍建设”，地方金融监管成为其核心职能，但不涉及金融国资管理，区别于其他省市。例如，上海、辽宁等地将地方金融国资的监管权限托管给当地金融办，并且承担相应的国资保值增值责任。

二　山东普惠金融相关政策法规

（一）综合性政策法规

2017年3月7日，山东省财政厅出台《山东省普惠金融发展专项资金管理暂行办法》（鲁财金〔2017〕17号），提出专项资金遵循惠民生、保基本、有重点、可持续的原则，综合运用业务奖励、费用补贴、贷款贴息、以奖代补等方式，引导地方各级人民政府、金融机构以及社会资金支持普惠金融发展，弥补市场失灵，保障农民、小微企业、城镇低收入人群、贫困人群和残疾人、老年人等普惠金融重点服务对象的基础金融服务可得性和适用性。

3月15日，山东省人民政府办公厅出台了《山东省金融工作办公室（山东省地方金融监督管理局）主要职责内设机构和人员编制规定》（鲁政办发〔2017〕13号），要求金融办要积极推动职能转变，其中，增加的职责为：负责全省网络借贷信息中介机构的监管工作。加强的职责为：①加强地方金融监管，加快推进全省金融业改革发展，促进全省金融业转型升级；②负责推动全省金融人才队伍建设；③加强有关地方金融组织和金融活动审批的事中、事后监管。

6月13日，山东省人民政府办公厅出台《山东省金融高端人才奖励办法》、《齐鲁金融之星选拔管理办法》（鲁政办字〔2017〕93号）。通过奖励办法，可以进一步建立健全金融人才激励机制，优化金融人才发展环境，引进、留住更多的金融高端人才，更好地为山东省金融改革发展服务。通过金融之星选拔管理，可以加快培育一支技能高超、素质过硬、适应金融业创新发展实际需要的金融技能骨干人才队伍，并进一步激发广大金融技能岗位劳动者比学赶超的积极性和主动性。

6月16日，山东省人民政府发布《关于推进普惠金融发展的实施意见》（鲁政发〔2017〕14号，简称《意见》），旨在贯彻落实《国务院关于印发推进普惠金融发展规划（2016—2020年）的通知》，积极推进普惠金融发展，逐步建立与山东经济社会发展相适应的普惠金融服务体系，不断提高金融服务的覆盖率、可得性和满意度。《意见》明确，要将小额贷款公司、互联网金融机构等接入央行征信体系。《意见》首次提出，将健全普惠金融信用信息体系。扩充金融信用信息基础数据库接入机构，稳步推进符合条件的保险机构、村镇银行、小额贷款公司、民间资本管理机构、民间融资登记服务机构、融资性担保机构、融资租赁企业、典当企业、互联网金融机构等接入中国人民银行征信系统，降低普惠金融服务对象征信成本。

7月27日，山东省人民政府办公厅印发《山东省小微企业治理结构和产业结构“双升”战略实施方案》（鲁政办字〔2017〕111号），通过该方案的实施，促进了全省小微企业可持续发展，推进了供给侧结构性改革，加快新旧动能转换，提升了经济发展的质量和效益。

10月1日，山东省人力资源和社会保障厅、山东省财政厅和中国人民银行济南分行联合印发《山东省创业担保贷款实施办法（试行）》（鲁人社规〔2017〕18号）。根据该办法，十大群体可申请创业担保贷款，即在法定劳动年龄内，城镇登记失业人员、就业困难人员（含残疾人）、复员转业退役军人、刑满释放人员、高校在校生、毕业5年内的高校毕业生（含服务基层项目大学生和留学回国学生）、化解过剩产能企业职工和失业人员、返乡创业农民工、网络商户、建档立卡贫困人口。

（二）针对小额贷款机构的政策法规

2017年3月30日，山东省地方金融监督管理局印发《山东省小额贷款公司分类评级办法》（鲁金监字〔2017〕15号，简称《办法》），为引导小额贷款公司服务“三农”和小微企业，有效实施分类监管，对《山东省小额贷款公司分类评级暂行办法》（鲁金办发〔2013〕9号）进行了调整。《办法》分类评级依据共8条，采取综合评级方式，分基本项、加分项和一票否决项三部分。基本项目考查的重点仍为公司治理、业务开展、风险防范、合规经营四个方面。

（三）针对民间资本管理机构的政策法规

12月13日，山东省地方金融监督管理局印发《山东省民间资本管理公司分类评级办法》（鲁金监字〔2017〕55号），通过对《山东省民间融资机构分类评级暂行办法》（鲁金办字〔2014〕305号）的调整，适应了《山东省地方金融条例》和市场环境对民间融资规范管理工作提出的新要求，能够准确识别和判断民间资本管理公司风险状况，有效实施分类监管，更好地促进民间融资规范健康地发展。

三　山东普惠金融监管效果

（一）山东省金融工作办公室

统计显示，2017 年山东省金融工作办公室共办理小额贷款公司、民间融资登记服务公司、融资担保机构等业务 643 次，其中办理民间资本管理公司开展民间资本管理业务许可业务高达 451 次，占比达 70.14%。随着国家和山东金融领域法律法规的健全，2017 年未出现小额贷款公司、民间融资登记服务公司、融资担保机构由于违法违纪而受到行政处罚，山东民间金融监管效果显现。具体情况如下（见表 1）。

表 1　山东省金融工作办公室业务办理统计（2017 年）

行政许可业务内容	办理次数
小额贷款公司增资	1
小额贷款有限责任公司试点资格	1
民间融资登记服务公司换发业务许可证	4
融资担保机构设立申请审批	11
拟或取消小额贷款公司试点资格	11
注销业务许可证	11
小额贷款公司变更情况	16
融资性担保机构变更审批	22
民间资本管理换发业务许可证	40
民间融资登记服务公司开展民间融资登记服务业务许可	75
民间资本管理公司开展民间资本管理业务许可	451

资料来源：山东省金融工作办公室，齐鲁财富网。

（二）中国人民银行济南分行相关处罚情况

经统计，2017 年中国人民银行济南分行对村镇银行做出行政处罚 5 次，处罚金额共计 27.45 万元，其中罚款金额最大的是济宁蓝海村镇银行，金额达20万元。处罚第三方支付机构7家，处罚金额共计182.37万元，其中罚款金额最大的是付临门支付有限公司山东分公司，处罚金额为63.54万元。具体情况如下（见表2）。

表2　中国人民银行济南分行关于村镇银行和第三方支付机构行政处罚统计（2017年）

单位：万元

机构名称		案由	人行名称	罚款金额	日期
村镇银行	莒南村镇银行	提供虚假的或者隐瞒重要事实的财务会计报告、报表和统计报表	临沂市中心支行	5.00	2017.11.06
	鱼台青隆村镇银行	违反《中华人民共和国商业银行法》第77条关于准备金缴存的规定	济宁市中心支行	0.85	2017.07.19
	东阿青隆村镇银行	欠缴存款准备金	聊城市中心支行	0.60	2017.06.07
	槐荫沪农商村镇银行	违反《人民币银行结算账户管理办法》关于报备账户开立资料的规定	济南分行营业管理部	警告罚款1.00	2017.09.25
	济宁蓝海村镇银行	违反《中华人民共和国商业银行法》第77条关于准备金缴存的规定	济宁市中心支行	20.00	2017.12.06
第三方支付	金运通网络支付股份有限公司	违反支付结算业务规定	济南分行	20.00	2017.11.14
	福建国通星驿网络科技有限公司山东分公司	违反支付结算业务规定	济南分行	3.00	2017.11.14
	北京海科融通支付服务股份有限公司山东分公司	违反支付结算业务规定	济南分行	3.00	2017.11.14
	乐刷科技有限公司济南分公司	违反支付结算业务规定	济南分行	35.25	2017.11.14

续表

机构名称		案由	人行名称	罚款金额	日期
第三方支付	付临门支付有限公司山东分公司	违反支付结算业务规定	济南分行	63.54	2017.11.14
	中汇电子支付有限公司山东分公司	违反支付结算业务规定	济南分行	51.58	2017.11.14
	随行付支付有限公司山东分公司	违反支付结算业务规定	济南分行	6.00	2017.11.14

资料来源：中国人民银行济南分行，齐鲁财富网。

（三）山东省银监局相关处罚情况

统计显示，2017年山东省银监局行政处罚村镇银行10家，第三方支付机构1家。其中，村镇银行罚款金额共计205万元，罚款金额最大的为烟台监管分局对莱州珠江村镇银行的处罚，金额为35万元。在第三方支付机构中，由于山东汇通金融租赁有限公司违规向平台公司提供融资，被山东省银监局罚款20万元。具体情况如下（见表3）。

表3 山东省银监局关于村镇银行和第三方支付行政处罚统计（2017年）

单位：万元

机构名称	案由	银监局	罚款金额	日期
泰安沪农商村镇银行	违反同一借款人贷款比例要求发放贷款	泰安监管分局	20	2017.01.06
东平沪农商村镇银行	未按规定监控贷款资金用途，贷款违规进入房地产企业	泰安监管分局	20	2017.01.06
乳山天骄村镇银行	重大关联交易未经董事会审批	威海监管分局	20	2017.01.18
日照沪农商村镇银行	违规发放固定资产贷款	日照监管分局	20	2017.02.27
济宁儒商村镇银行	违规发放异地贷款	济宁监管分局	20	2017.03.10
邹城建信村镇银行	贷款调查不尽职，贷后管理不到位，严重违反审慎经营规则	济宁监管分局	10	2017.04.28
莱芜珠江村镇银行	办理无真实贸易背景的银行承兑汇票业务	莱芜监管分局	20	2017.07.31

续表

机构名称	案由	银监局	罚款金额	日期
莱州珠江村镇银行	违规调整贷款五级分类	烟台监管分局	35	2017.08.01
滕州建信村镇银行	贷后检查不尽职	枣庄监管分局	20	2017.08.10
诸城建信村镇银行	违规放贷,未按监管规定监测贷款用途等	潍坊监管分局	20	2017.11.08
山东汇通金融租赁有限公司	违规向平台公司提供融资	山东监管局	20	2017.08.15

资料来源：山东省银监局，齐鲁财富网。

B.10
山东普惠金融发展评价

摘　要： 国内学者对普惠金融指标体系的研究起步较晚，绝大多数外国学者研究普惠金融指标体系时沿用国外的评价指标体系。我们借鉴焦瑾璞构建的普惠金融指标体系，结合山东省的实际情况以及数据的可获得性，采用可获得性、使用情况、服务质量3个一级指标12个二级指标构建山东普惠金融评价体系。该评价体系反映出山东保险业发展程度不够、互联网金融发展欠规范、商业银行普惠金融服务能力需提高等问题，针对评价体系反映的问题，本报告提出了对策建议。

关键词： 普惠金融评价体系　可获得性　使用情况　服务质量

普惠金融最初的基本形态是小额贷款和小微金融。后经多年发展，普惠金融的内涵与外延不断扩大，发展逐渐呈现出参与主体多样化特征，所提供的金融产品与服务也日益丰富。2005 年，联合国在宣传“小额信贷年”时正式提出“普惠金融”概念后，世界银行扶贫协商小组（CGAP）将普惠金融体系定义为“能为绝大多数人口提供广泛的、可持续获得的金融服务，以满足他们需求的、具有包容性的金融体系”。我国学界自 2006 年正式使用“普惠金融”概念，党和政府给予了极高的关注，出台了一系列支持普惠金融发展的政策。2013 年 11 月，党的十八届三中全会提出“发展普惠金融”，标志着普惠金融已经上升为国家战略。近年来，普惠金融在世界各国被广泛普及，与普惠金融相关的研究也得到了有力推动，其中对普惠金融发展的评价与测度研究在评估各地区普惠金融发展水平、开展普惠金融国际比较等方面具有重要的现实意义。

从世界各国对普惠金融的研究成果来看，建立普惠金融指标体系是对普惠金融发展进行评价与测度的有效途径。2014 年，中央全面深化改革领导小组就提出，要研究建立我国的普惠金融指标体系。2015 年 12 月，国务院发布的《推进普惠金融发展规划（2016—2020）》（简称《规划》）再次明确，应建立健全普惠金融指标体系。《规划》指出，“在整合、甄选目前有关部门涉及普惠金融管理数据基础上，设计形成包括普惠金融可得情况、使用情况、服务质量的统计指标体系，用于统计、分析和反映各地区、各机构普惠金融发展状况。建立跨部门工作组，开展普惠金融专项调查和统计，全面掌握普惠金融服务基础数据和信息。建立评估考核体系，形成动态评估机制。从区域和机构两个维度，对普惠金融发展情况进行评价，督促各地区、各金融机构根据评价情况改进服务工作”。

建立普惠金融指标体系，将普惠金融发展状况进行量化，对于监测、评估不同地区乃至不同国家的普惠金融发展情况具有非常重要的指导意义。科学有效的普惠金融指标评价体系，既能对普惠金融发展水平进行定量测度，也是对普惠金融实践的检验，可以更好地推动普惠金融有重点、可持续发展。2017 年，在《山东省普惠金融发展报告（2017）》中我们综合了国外关于普惠金融指标评价体系的研究成果，并借鉴了焦瑾璞构建的普惠金融指标体系，结合我国普惠金融发展实际，从可获得性、使用情况和服务质量三个维度构建了新的普惠金融评价体系。通过该评价体系，我们测算出山东普惠金融发展指数为 0. 385507，排在全国 31 个省份（不含港、澳、台）的第九位，落后于浙江、广东和江苏三省（浙江、广东和江苏三省普惠金融发展指数分别为 0. 486703、0. 438769 和 0. 409847，全国排名分别为第三、第六和第八位）。进一步的对比分析发现，山东与其他三个省份普惠金融发展指数差距较大的原因主要表现在互联网普及率、网络借贷综合竞争力、个人信用档案建档率和保险深度四个指标上。通过对普惠金融指标的量化分析，比较山东与先进省份的差距，对山东省有重点、有方向地发展普惠金融具有现实指导意义。本报告将在《山东省普惠金融发展报告（2017）》构建的普惠金融指标评价体系的基础上进行适当的更新和完善，以期更为科学有效地评价、测度山东2017年的普惠金融发展水平，同时找出山东与普惠金融发展水平较高的省份之间存在差距的原因。

一　指标解析与指数测算

自“普惠金融”概念引入我国后，党中央、国务院高度重视该行业的发展，在一系列经济社会顶层设计中，多次指出发展普惠金融的重要性。2017年5月，李克强总理主持召开国务院常务会议，明确要求大型商业银行2017年内要完成普惠金融事业部的设立。截至6月末，五家大型国有商业银行设立普惠金融事业部具体方案全部出台，总行普惠金融事业部均已正式挂牌。2017年，在多重政策引导以及大行的带动下，商业银行开始加码普惠金融；再加上数字金融的发展，银行利用信息科学技术，与金融科技合作，提升了传统服务业的效率，拓展了服务边界，我国的普惠金融发展水平也得到了有效的推进。当然，一个国家和地区普惠金融发展程度如何是需要一套科学、严谨、可持续的普惠金融发展评价指标体系来定量测度的。然而，从整个普惠金融的发展历程来看，我们缺少一个立足于中国经济社会实际的普惠金融发展评价指标体系。

国际上已有较为成熟的普惠金融评判标准，如普惠金融联盟（AFI）从可获得性和使用情况两个维度构建的普惠金融指标体系，因该体系针对的都是发达国家，对于中国这样的发展中国家并不适用。全球普惠金融合作伙伴组织（GPFI）提出的《G20普惠金融指标体系》与我国实际情况较为贴近，也被众多学者参考、沿用，但对于经济和金融带有明显“二元”特征的中国来说，该体系缺乏一定的针对性。我国较早研究普惠金融的学者焦瑾璞在GPFI提出的普惠金融评价指标体系基础上，结合我国普惠金融发展的现实，兼顾微观指标和宏观指标，构建了较符合我国国情的普惠金融评价指标体系（见表1）。2017年，在《山东省普惠金融发展报告（2017）》中，我们综合国内外不同的普惠金融发展评价指标体系，将焦瑾璞普惠金融评价指标体系作为重点参考，并对该体系指标全面性、实时性以及维度的合理性做了进一步完善，同时考虑到数据的可获得性，删除了指标体系中与其他指标有较大关联性但自身权重较小的指标，加入了互联网普及率和网络借贷综合竞争力指数这两个能反映互联网金融发展情况的指标。完善后的新指标体系，既可以衡量银行、保险等传统金融机构的普惠金融发展水平，又可以衡量当前更具普惠意义的互联网金融发展水平。具体指标体系构成及相应权重见表1。

表1　普惠金融评价指标体系及权重

一级指标	二级指标	权重(%)
可获得性 (总权重:40%)	互联网普及率(A1)	15
	银行网点密度(A2)	10
	银行网点乡镇覆盖率(A3)	10
	助农取款服务点覆盖率(A4)	5
使用情况 (总权重:45%)	银行卡人均持卡量(B1)	10
	小微企业贷款获得率(B2)	10
	普惠信贷支持率(B3)	10
	网络借贷综合竞争力(B4)	5
	保险密度(B6)	5
	保险深度(B7)	5
服务质量 (总权重:15%)	个人信用档案建档率(C1)	10
	金融服务投诉率(C2)	5

(一)指标解析

我们构建的普惠金融评价指标体系包含可获得性、使用情况和服务质量3个一级指标，一级指标下共分12个二级指标，分别从不同的方面评价普惠金融的发展情况。山东一直是经济大省，近十年来全省GDP在全国的排名保持不变，稳居第三位，2017年全省经济总量首超7万亿元，达到72678.18亿元。经济不断发展的同时，金融改革也在不断深入。2013年，山东出台“金改22条”，以培育壮大普惠金融为核心任务，那么五年来山东普惠金融发展状况如何？与广东、江苏、浙江等省份相比，山东普惠金融发展水平如何？哪些是限制山东普惠金融发展的因素？我们利用普惠金融评价指标体系对山东普惠金融发展现状进行分析与测度，再对各指标进行无量纲化处理，分别计算出全国31个省份（不含港、澳、台）的普惠金融指数，有对比地分析山东的普惠金融发展状况。

1. 可获得性指标

发展普惠金融的关键，在于解决金融服务的可获得性。普惠金融虽然已被写入党的决议，被国家战略层面所关注，但我国当前的金融供给仍以大中型金融机构为主要供给主体，面对的服务对象也主要是大中型企业，众多小微经济可获得的金融服务相对较少，长期面临融资难、融资贵的问题。反映可获得性的指标有很多，比如ATM密度、POS密度、银行网点乡镇覆盖率等，我们综合数据的普适性和获得的便利性，结合我国各省份当前普惠金融发展的现实，选取互联网普及率、银行网点密度、银行网点乡镇覆盖率和助农取款服务点覆盖率4个指标作为可获得性指标。

（1）互联网普及率

互联网普及率，可以衡量一个国家或地区信息技术的发展程度，通常用互联网用户数占常住人口总数的比例来表示。中国互联网络信息中心（CNNIC）发布的第41次《中国互联网络发展状况统计报告》显示，截至2017年12月，我国网民规模7.72亿，互联网普及率达55.8%，较2016年底提升2.6个百分点。长期以来，山东的互联网不够发达，互联网普及率低于全国平均水平，不仅远不及北京、上海、广东、浙江等经济发展水平相近的省份，也明显弱于河南等邻近省份。

互联网普及率虽然看上去只是一个简单的比率，但背后对应着ICT基础设施建设进程，也能够反映互联网对于行业与普通民众的渗透差异，是发展互联网金融的基础。依托于移动互联、云计算和大数据等数字技术的互联网金融，不仅降低了金融服务的门槛和成本，也提高了金融服务的效率，能够很好地弥补传统金融难以覆盖到的领域，更大程度地实现普惠金融的普惠性，提高金融服务的覆盖面。在当前互联网金融迅猛发展的时代，山东要重视互联网在推动普惠金融发展中的积极作用，提高互联网普及率，大力发展互联网金融，才能有效缩小与先进省份在普惠金融发展上的差距。

（2）银行网点密度

银行业金融机构的网点以及金融工具的分布某种意义上可以反映金融服务对象可以获得金融服务的程度与水平，是一类衡量金融普惠程度的重要指标。我们构建的普惠金融评价指标体系中选取了此类指标中的银行网点密度（即每万人每万平方公里拥有的银行网点数量）来反映普惠金融的可获得性，这也是立足于广大农村地区的人民获得金融服务的主要场所还是在银行网点的现实情况。截至 2017 年底，全国银行业金融机构营业网点总数达 22.87 万个，其中山东 15380 个，数量仅次于广东省的 17287 个，但同时山东也是人口大省。通过计算，山东每万人每万平方公里拥有的银行网点数量仅为 0.0973 个，远低于浙江的 0.2108 个和江苏的 0.1661 个，略高于广东的 0.0861 个，排在全国第 13 位。山东是经济大省、人口大省，在很多总量指标上占有较大优势，但若平均到个人，可能还达不到全国的平均线。普惠金融不是单纯考量一个地区整体的金融发展水平，而是更侧重每个人能够获得的金融服务，强调的是社会所有阶层获得金融服务的程度与水平。山东提高普惠金融发展水平，应更大范围地提高金融服务的覆盖面，让更多人能够获得金融服务。

（3）银行网点乡镇覆盖率

国务院 2015 年 12 月底印发的《推进普惠金融发展规划（2016—2020年）》提出，“提高金融服务覆盖率。要基本实现乡乡有机构，村村有服务，乡镇一级基本实现银行物理网点和保险服务全覆盖，巩固助农取款服务村级覆盖网络，提高利用效率，推动行政村一级实现更多基础金融服务全覆盖。”截至 2017 年末，全国营业网点总数已达到 22.87 万个。金融服务的覆盖面不断扩大，网点乡镇覆盖率和基础金融服务行政村覆盖率均超过 96%。提高普惠金融发展水平，要增强人民群众对金融服务的获得感，特别是要让农民、城镇低收入群体、中小微企业、贫困人群等普惠金融主体及时获取应有的金融服务。与大多数省份一样，山东已实现银行网点乡镇全覆盖。

(4) 助农取款服务点覆盖率

2011 年，为进一步改善农村地区支付服务环境，提升农村金融服务水平，中国人民银行在总结前期试点经验的基础上，决定在全国范围内推广银行卡助农取款服务，这是一项专为便利偏远农村地区小额现金支取的实事工程。为方便农民群众认知，在农村乡（镇）、村的指定合作商户服务点的醒目处会统一悬挂“银行卡助农取款服务点”的标牌。截至 2017 年底，农村地区拥有助农取款服务点 91.4 万个，其中加载电商功能的 13.98 万个，助农取款服务点覆盖率稳步提升，结构不断优化。我们构建的普惠金融评级指标体系采用的是助农取款服务点乡镇覆盖率，用拥有助农取款服务点的乡镇数占总乡镇数的比率来表示。

2017 年，国家推动大中型商业银行设立普惠金融事业部，聚焦中小微企业和“三农”等，推动金融服务能力的提升。为响应政策号召，各家银行纷纷加码发展普惠金融业务，积极建立乡镇服务网络，推进助农取款服务点的铺设，延伸金融服务的触角，更大范围地提高金融服务的覆盖面。有的银行也开始升级助农取款服务点，新增了农户经济档案建立、资料收集、代缴电费话费、代购火车票等业务，为广大农民提供更便捷、全面的金融服务。早在 2014 年，山东就已实现了银行卡助农取款服务点行政村全覆盖，助农取款服务点乡镇全覆盖更是走在了全国前列。

2. 使用情况指标

使用情况指标在普惠金融指标评价体系中所占权重为 45%，是 3 个一级指标中权重最大的，包含银行卡人均持卡量、小微企业贷款获得率、普惠信贷支持率、网络借贷综合竞争力、保险密度和保险深度 6 个二级指标。这 6 个二级指标不仅能衡量普惠金融主体对银行、保险等传统金融机构提供金融服务的使用情况，也可以衡量互联网金融对普惠金融的支持情况。

(1) 银行卡人均持卡量

银行卡人均持卡量，即每人持有的银行卡数量，用来反映人民群众对银行服务的使用情况。截至 2017 年末，全国银行卡在用发卡数量 66.93 亿张，人均持有银行卡 4.84 张，同比增长 8.35%。通过统计计算发现，山东、广东、浙江、江苏等经济发展水平较高的省份银行卡人均持卡量均高于全国平均水平。

（2）小微企业贷款获得率

小微企业，是小型企业、微型企业、家庭作坊式企业及个体工商户的统称，是普惠金融服务对象中的一类重要群体。小微企业贷款获得率，是指当年发放小微企业贷款客户数占符合申贷条件的当年小微企业申贷客户数的比重，可以反映小微企业获得贷款的情况。2015 年，中国银监会发布的《关于 2015 年小微企业金融服务工作的指导意见》将小微企业金融服务工作目标由“两个不低于”进阶为“三个不低于”，即“在有效提高贷款增量的基础上，努力实现小微企业贷款增速不低于各项贷款平均增速，小微企业贷款户数不低于上年同期户数，小微企业申贷获得率不低于上年同期水平”。中国银监会公布的数据显示，截至 2017 年 12 月底，全国银行业金融机构小微企业贷款余额 30.74 万亿元，占各项贷款总余额的 24.67%，小微企业申贷获得率 95.27%，较 2016 年同期提高 1.67 个百分点。

（3）普惠信贷支持率

普惠信贷支持率，用涉农贷款占贷款总额的比率来表示。涉农贷款，是指《涉农贷款专项统计制度》（银发〔2007〕246 号）统计的贷款，包括农户贷款、农村企业及各类组织贷款、城市企业及各类组织涉农贷款三类。2017 年，全国涉农贷款实现持续增长，中国银监会公布的数据显示，截至 2017 年 12 月末，全国涉农贷款余额达 30.95 万亿元，同比增长 9.64%。其中，农户贷款余额 8.11 万亿元，同比增长 14.41%；农村企业及各类组织贷款余额 17.03 万亿元，同比增长 6.97%；城市涉农贷款余额 5.81 万亿元，同比增长 11.30%。从涉农贷款占贷款总额的比重上可以看到，银行业金融机构对普惠信贷的支持情况，相对于农户贷款获得率来说，更能真实地反映农业、农村、农民实际获得贷款的情况。

（4）网络借贷综合竞争力

网络借贷，作为互联网金融的业态之一，需要借助电子商务专业网络平台帮助借贷双方确立借贷关系并完成相关交易手续。网络借贷的一切认证、记账、清算和交割等都可以通过互联网来完成，资金供求的期限和数量匹配不需要中介机构的参与，借贷双方可以直接交易，具有方便、快捷、交易成本低的优势，适合中小微企业、“三农”等普惠金融主体小额、分散的融资需求。随着互联网技术的迅猛发展，P2P 网络借贷也获得了爆发式发展，极大地扩大了金融服务的覆盖面，有力地推动了普惠金融的发展。网络借贷综合竞争力指数，是网贷之家根据数据库中的样本数据，对描述各地区网贷生态环境、网贷规模、网贷人气、网贷安全度、资本认可度的 20 多个维度指标进行综合赋权计算得来的，可以反映不同地区网络借贷发展综合竞争力，也是不同地区间普惠金融发展水平的一种体现。根据网贷之家的数据统计，2017 年一季度山东网络借贷综合竞争力指数得分为 57. 32，排在全国第八位，与 2016 年底相比，网络借贷综合竞争力指数排名前十的地区中，仅山东、四川两省排名发生了互换（山东降 2 位、四川升 2 位），主要原因在于山东停业及问题平台数量较多。

（5）保险密度

保险密度，用来反映某地国民参加保险程度的指标，是按当地人口计算的人均保险费额，可以反映当地的经济发展状况和人民的保险意识。2017 年，我国原保费收入达 3. 66 万亿元，保费增速 18%，保险密度为 2646 元/人，较上年增加 407 元/人。但与发达国家相比还有较大差距，2016 年英、美、日三国的保险密度分别已达 4359 美元/人、4096 美元/人和 3554 美元/人。从我国各省的情况来看，东部沿海地区的保险密度较高，中西部地区的保险密度偏低。山东 2017 年的保险密度为 2752 元/人，排在全国第八位，虽然高于全国平均水平，但与江苏、广东、浙江相比还有一定的差距。普惠金融的涵盖面很广，其中保险在推动农村金融发展方面有着很大优势，山东提高普惠金融发展水平，要重视提高当地人民的保险意识。

（6）保险深度

保险深度，可以反映某地保险业在整个国民经济中的地位，用某地保费收入占该地 GDP 之比来表示，该指标值的大小取决于一国经济总体发展水平和保险业的发展速度。2017 年，我国原保费收入 3. 66 万亿元，GDP 达 82. 71 万亿元，保险深度 4. 42%，较上年增加 0. 26 个百分点。从全国各省的情况来看，保险密度较高的北京、上海保险深度也明显高于全国平均水平；黑龙江、山西、四川等省份，虽然保险密度低于全国平均水平，但保险深度均在5%以上；山东2017年的保险深度仅为3.77%，低于全国平均水平，在31个省份（不含港、澳、台）中仅排在第19位，说明保险业在山东省经济中的地位偏低。

3. 服务质量指标

发展普惠金融，要重视提升普惠金融的服务质量，深化服务标准，细化服务品质，坚持“以客户为中心”，优化客户体验，普惠金融应回归服务本位。我们构建的普惠金融评价指标体系也将服务质量指标考虑在内，从个人信用档案建档率以及金融服务投诉率两个方面来做进一步的对比阐述。

（1）个人信用档案建档率

个人信用的外在表现是一种借贷能力，过去我国的信用市场发展较慢，近十年来，随着信用卡和信用贷的发展，我国的个人信用市场也得到了迅速发展。加快个人信用档案的建档，是进入信用经济的重要体现，有利于更大范围地推动普惠金融的发展。个人信用档案收集信息的渠道有很多，如信用卡信息、贷款信息、社会保障信息、法院民事判决信息等，考虑到数据获得的便利性以及指标的适用性，我们通过信用卡持卡人数来反映个人信用档案建档率。提供普惠金融服务与产品的主体通过个人信用档案记录可以对资金需求者进行判断，进而有效控制风险；对于需要普惠金融服务的主体来说，良好的个人信用档案也有助于较快获得相应的金融服务。

（2）金融服务投诉率

金融服务投诉率，也是一个衡量金融服务质量高低的指标，《推进普惠金融发展规划（2016—2020年）》中明确提出要“明显降低金融服务投诉率”。该指标是个反向指标，金融服务投诉率高，说明人民群众对于金融服务的满意度相对较低，希望能够获得更高质量的金融服务；金融服务投诉率低，一定程度上是当地良好金融生态环境的体现，金融服务的提供者有较强的服务意识，从而使人民群众能更方面、快捷地获得金融服务，提高了金融服务的可得性，扩大了金融服务的覆盖面，有力地推动了当地普惠金融的发展。

（二）指数计算

在使用指标进行计算时，由于各个指标的经济学意义和计量单位不同，不具有直接可比性，我们采用线性阈值法，即用指标实际值与阈值相比得到指标评价值的方法，对所有指标的数据进行无量纲化处理，计算公式为：

$$P_i = w_i(x_i - m_i)/(M_i - m_i)$$

其中，P_i 表示第 i 个指标的无量纲测度值，w_i 表示第 i 项指标权重，x_i 是实际测度值，M_i 和 m_i 分别表示第 i 个指标的最大值和最小值。根据各指标的权重、无量纲化处理值、最大值、最小值等数据，用欧式距离法计算出 2017 年全国、山东省、江苏省和浙江省的普惠金融发展指数，具体计算公式如下：

$$IFI = 1 - \sqrt{(w_1 - p_1)^2 + (w_2 - p_2)^2 + \cdots + (w_N - p_N)^N} / \sqrt{w_1^2 + w_2^2 + \cdots + w_N^2}$$

本报告通过选取查找《中国统计年鉴》、《中国金融年鉴》，各省的统计年鉴、金融年鉴以及金融运行报告，相关的支付行业发展报告、银行业发展报告、保险行业发展报告，还有政府部门在会议上的发言等网络资料，整理出全国 31 个省份（不含港、澳、台）2016 年、2017 年的指标数据，最终计算得出普惠金融发展指数如图 1 所示。

通过图 1 我们可以看出，上海市 2017 年的普惠金融指数为 0.441422，和 2016 年一样，稳居全国第一位，北京市、天津市紧随其后，分别排在第二、第三位。从全国 31 个省份（不含港、澳、台）的排名情况来看，经济相对发达、互联网普及率较高、金融生态环境较好的省份，普惠金融发展指数也相对较高，而经济欠发达的中西部省份普惠金融发展指数普遍较低。山东省是经济大省，经济总量排名全国第三，但从普惠金融发展指数来看，仅排名第十，与经济发展水平相近的浙江、江苏、广东有一定的差距。本报告为充分阐述山东普惠金融发展方面的不足，并针对不足找到更好地发展普惠金融的途径，我们将在本部分比较山东、浙江、江苏和广东四省在各项指标上的差距。

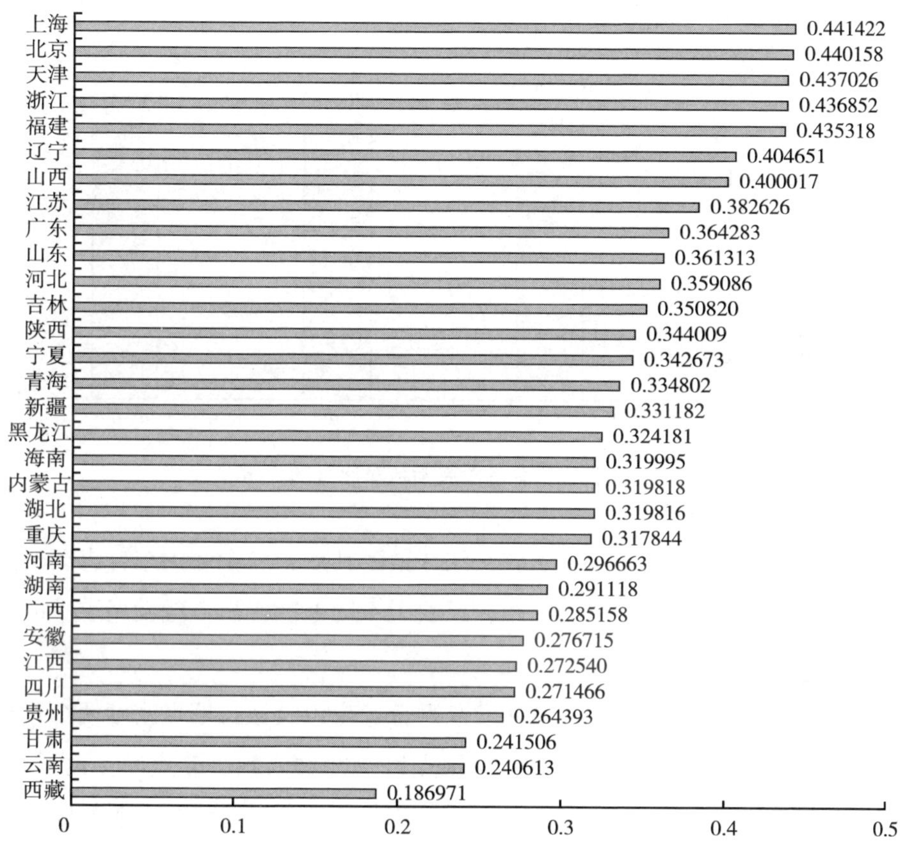

图 1　普惠金融发展指数（2017 年）

资料来源：区域金融运行报告、中国及各省份统计年鉴、中国及各省份金融年鉴、《中国支付体系发展报告（2017）》、《第 41 次中国互联网络发展状况统计报告》、Wind 资讯、网贷之家、齐鲁财富网，部分数据根据网络资料整理。

将浙江、江苏、广东和山东四省 2017 年的普惠金融发展指数进行对比分析（见图 2）可知，虽然山东与其他三省在 GDP 规模上相当，但普惠金融发展指数却是四省中最低的。近年来，党中央、国务院积极倡导发展普惠金融，这四个省份经济金融发展水平居全国前列，有较好的发展普惠金融的内部条件和外部环境，对普惠金融的重视程度也高于其他地区。因此，整体来说，四省普惠金融的发展要高于全国平均水平。但进一步对比分析发现，即使经济发展水平相当的四省普惠金融发展水平还存在较大差距，浙江的普

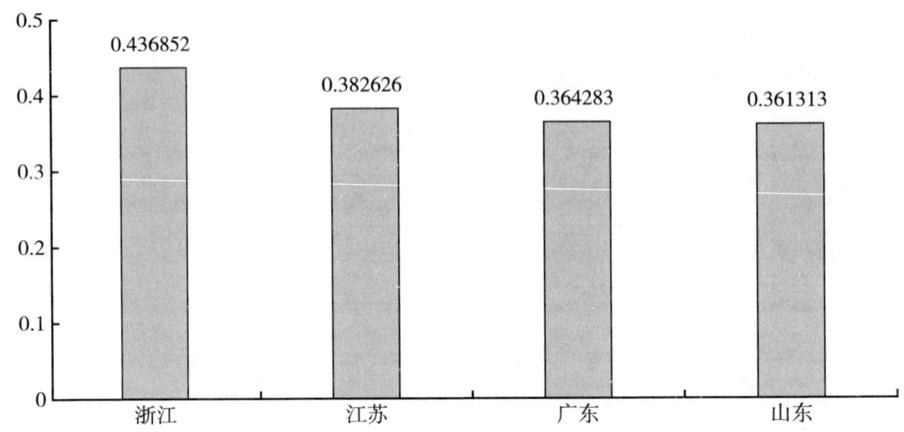

图2　四省普惠金融发展指数对比（2017年）

惠金融发展指数明显高于其他三省，江苏紧随其后，广东和山东普惠金融发展指数差距较小。不同指标的差距，反映了不同地区普惠金融发展水平的差距。

从可获得性指标来看，四省在互联网普及率以及银行网点密度两个指标上差异较大。近年来，国家鼓励银行网点以及助农取款服务点向乡镇延伸，覆盖“最后一公里”，全国大多数省份已实现了银行网点和助农取款服务点的乡镇全覆盖。虽然从银行网点数量来看，四省之间差距不大，但山东、广东的常住人口均已过亿，每万人每万平方公里拥有的银行网点数量就比浙江和江苏少很多。再从互联网普及率来看，山东远低于其他三省。一直以来，山东的产业结构以重工业为主，互联网行业没有形成很好的生态链和生态环境，政府对互联网行业的扶持政策不到位导致山东互联网普及率多年来一直是四省中最低的。互联网普及率是发展互联网金融的基础，依托于互联网技术的互联网金融能有效提高普惠金融的覆盖面，提高地区普惠金融发展水平。山东要想加快普惠金融发展，必须从制度和基础条件上进行改变，首先要重视互联网技术的发展，发挥互联网金融对普惠金融的推动作用。

从使用情况指标来看，山东除在网络借贷综合竞争力上与其他三省存在较大差距外，反映地区保险业发展水平的保险密度、保险深度指标值也明显较低。网络借贷综合竞争力指数低，再次说明山东互联网金融的发展较为落后。根据网贷之家的数据统计可知，山东 P2P 网络借贷问题平台较多，截至 2017 年底共计 595 家，是全国第二大网络借贷问题大省，占全国问题平台总数的 14.76%，这也从侧面反映了山东的金融生态环境需要进一步优化。另外，保险供给是普惠金融供给的重要组成，同时具备扶贫和降风险双重功能的商业保险应该成为普惠金融的风险底层，发挥更多金融普惠的作用。但山东省保险密度为 2752 元/人，在全国排名第八位，保险深度 3.77%，在全国排名第 19 位，在四省中排名最后。其实，我们很容易理解，保险业发展落后就难以覆盖金融市场中属于长尾部分的金融消费者，不利于风险厌恶型金融消费者的风险转移，最终必然抑制普惠金融的发展。

从服务质量指标来看，山东需在个人信用档案建档率的提高上做出更多努力。普惠金融是要有效地、全方位地为社会所有阶层和群体提供金融服务，它强调给一切有金融需求的群体提供平等的机会。这就需要建立健全社会征信体系，营造良好的信用环境，让更多的人或者企业建立信用档案。山东的个人信用档案建档率在四省中排名第三位，与浙江和广东相比差距较大。尽可能覆盖全部企业和个人的信用档案数据库，能极大地推动普惠金融的发展，同时也是良好的金融生态环境的体现。

总体来看，山东与其他三省在银行网点密度、互联网普及率、网络借贷综合竞争力、保险密度、保险深度和个人信用档案建档率 6 个指标上的差距，造成了普惠金融发展指数的不同。因此，山东应当意识到本省在互联网金融的发展、保险的普及、信用体系的建设以及金融生态环境的优化等方面的不足，有针对性地提高相应的指标值，将能有效地提高本省的普惠金融发展水平。

二　普惠金融评价结果反映的问题及相应建议

2016 年 9 月，习近平总书记在 G20 杭州峰会上曾经向全世界承诺：发展普惠金融、鼓励青年创业，减少全球发展不平等和不平衡。2017 年 7 月，习总书记在第五次全国金融工作会议上再次强调发展普惠金融的重要意义，提出“建设普惠金融体系”。国际经验表明，普惠金融是涉及多种业态的金融概念，构建普惠金融体系就是要构建集多层次金融组织体系、完善的信用管理体系和严密的风险防控体系“三位一体”的金融体系。其中，多层次组织体系是基础，它既包含大型国有银行的普惠金融事业部，也包含小额贷款公司、民间金融组织、互联网金融组织等与“三农”“小微”关系密切的非银行金融机构，本报告已在前面的分报告中对山东不同的普惠金融组织发展现状及存在问题进行了详细介绍。通过对山东不同普惠金融组织的研究，结合普惠金融评价指标体系的分析，我们可以看到山东与经济发展水平相近的广东、浙江和江苏三省存在明显的差距，而这些差距反映出山东在普惠金融发展过程中存在的问题。具体来说主要反映在三个方面，一是保险业发展不成熟，对人民的保障程度不够；二是互联网金融发展欠规范，网络借贷平台问题平台较多；三是山东商业银行虽积极响应国家政策大力发展普惠金融，但普惠金融的服务能力还需提高。

（一）山东省普惠金融评价体系反映的问题

1. 保险业发展程度不够

国务院《推进普惠金融发展规划（2016—2020 年）》指出，到 2020 年要实现“乡乡有机构，村村有服务，乡镇一级基本实现银行物理网点和保险服务全覆盖”的发展目标。作为现代金融的重要组成，保险可以在普惠金融发展过程中发挥不可替代的基础性作用。农业生产本身不确定因素较多，风险较大，农村金融的供给者往往因此不愿意给个体农民或者小农户提供资金，而农业保险则能解决他们的资格问题，同时还能通过保险的风险转移和信用背书功能，解决资金成本问题。保险应成为普惠金融的风险底层，撑起转移风险的保护伞。

2017 年山东省保费收入 2737.79 亿元，同比增长 18.92%，其中，农业保费收入 23.6 亿元，增长 18.5%，为 1729.2 万户次农户提供了 647.3 亿元的风险保障。山东虽然保费收入总量较大，占全国保费收入的 7.48%，仅次于广东和江苏，但从增速上来看，山东 2017 年的增速相比于 2016 年下滑 9.87 个百分点，是自 2011 年以来的首次增速下滑。进一步考察省内居民的参保程度以及保险业在经济发展中的地位可以发现，山东实际的保险业发展程度还远远不够，不仅赶不上经济发展水平相近的广东、浙江和江苏，也比不上经济发展水平较落后的省份。具体来看，山东 2017 年的保险密度为 2752 元/人，排名全国第 8，保险深度 3.77%，仅排全国第 19，远不及新疆、宁夏、河北、甘肃、河南等省份，低于全国平均水平 4.42%。山东是人口大省、经济大省，保费收入总量指标全国排名靠前，但实际省内居民的参保意识并不够，保险也没有很好地发挥保障作用。保险的“补偿性”，决定了在发展普惠金融过程中的独特作用，特别在扶贫和支农方面有重要意义，有利于普惠金融的实施。

2. 互联网金融发展不规范

山东互联网普及率在四省中最低，互联网金融整体发展实力相对落后，发展互联网金融缺乏足够的基础支撑。根据中国人民银行等十部委《关于促进互联网金融健康发展的指导意见》（银发〔2015〕221 号）规定的互联网金融的七种业态，网络借贷通常被认为是互联网金融的典型代表。网络借贷综合竞争力指数低直接说明山东互联网金融发展落后。根据网贷之家的数据统计可知，山东 P2P 网络借贷问题平台较多，截至 2017 年底共计 595 家，是全国第二大网络借贷问题大省，占全国问题平台总数的 14.76%。整体来说，山东的互联网金融发展欠规范，需要进一步优化金融生态环境。

山东网络借贷行业在发展过程中不断出现平台跑路、问题平台以及老赖等现象，主要原因还是运营规范性差。由于没有相应的法律法规进行规范，山东乃至全国的网络借贷平台普遍存在信用风险高、传播速度快、行业准入标准低等特点，部分平台并不具备相关资质和运营能力，但是借助“互联网+”的风口，发展迅速，然而其实从成立之初就存在隐患。另外，信息披露不及时、征信体系不健全也增加了网络借贷行业的风险，部分用户利用信息不对称的弊端，骗取资金，致使平台的逾期率极高。

3. 山东商业银行普惠金融服务能力需提高

2017 年以来，国务院常务会议部署推动大中型商业银行设立普惠金融事业部，中国人民银行宣布自 2018 年起对普惠金融实施定向降准在内的一系列政策陆续出台，都体现了国家对商业银行发展普惠金融的重视。山东商业银行也积极发展普惠金融，2017 年末金融机构本外币贷款余额 70873. 9 亿元，比年初增加 5630. 4 亿元。其中，涉农贷款余额 25819. 4 亿元，增加 1690. 4 亿元；县域贷款余额 20707. 9 亿元，增加 1353. 7 亿元；小微企业贷款余额 15330. 7 亿元，增加 1426. 9 亿元。2017 年，山东金融机构发放各类精准扶贫贷款 380. 5 亿元，较上年增长 78. 1 亿元；惠及 44. 9 万贫困人口，较上年增长 158%。但商业银行在脱贫攻坚和“双创”等其他普惠金融领域还有差距，需要进一步提高普惠金融服务能力，丰富和完善普惠金融政策的内涵和外延。

商业银行在发展普惠金融过程中要考虑到可持续性问题，而普惠金融受众存在成本高、盈利空间小、风险比较大等问题，传统金融机构通常回避向中小微企业、低收入和弱势群体等提供金融服务。即使提供服务，也多是传统的存、贷、汇业务，面对多元化、多样性的融资需求，经常出现无法匹配或者错配的问题。山东商业银行发展普惠金融不仅仅是向符合条件的客户提供相应的服务和产品，而应该进一步提升自身服务能力，为更多的普惠金融主体提供应得的服务和产品。

（二）山东普惠金融发展建议

1. 加大力度落实《关于推进普惠金融发展的实施意见》

2017 年 6 月，山东省人民政府出台了《关于推进普惠金融发展的实施意见》（鲁政发〔2017〕14 号），这是继国务院出台普惠金融发展规划后，全国首个普惠金融发展的省级文件。省政府提出，到 2020 年，建立与山东省全面建成小康社会相适应的普惠金融组织机构体系、产品服务体系、扶持政策体系、消费者保护体系和协调保障体系，努力实现普惠金融服务能力和服务水平走在全国前列，使最广大人民群众公平分享金融改革发展的成果。

为推进本省普惠金融的发展，山东应加大力度落实《关于推进普惠金融发展的实施意见》。

推进地方金融机构回归本源。2017 年 7 月，习近平总书记第五次全国金融工作会议上明确要求，金融工作要紧紧围绕服务实体经济、防控金融风险、深化金融改革三项任务。当前，银行业、非银行业以及非存款类金融机构都有很高的杠杆，更有一些地方金融机构假借金融创新进行投机，做了不少违法违规的操作。金融已经脱离了为实体经济服务的本质，金融机构应该回归本源，明确定位，尽可能满足中小微企业、“三农”的融资需求，提高金融服务覆盖面。山东的商业银行，特别是大中型商业银行要加大普惠金融服务力度，加快设立普惠金融事业部，创新普惠金融产品与服务，有效提高普惠金融的覆盖面和服务效率。

利用金融科技助推普惠金融的可持续发展。金融科技是普惠金融发展的重要推手，无论是传统金融机构还是互联网金融机构，都在借助金融科技满足客户多元化的金融服务需求。利用金融科技发展普惠金融，为无法获得或者缺乏传统金融服务的群体提供相应的金融服务，能够尽可能地扩大金融服务覆盖面；其次，要借助大数据、人工智能、云技术等新技术手段，将金融科技全面应用于支付清算、借贷融资、财富管理、零售银行、交易结算等领域，降低金融机构的运营成本；利用金融科技发展普惠金融，为普惠金融主体提供了更方便、快捷、全面的金融服务，提高了金融服务的效率，能够改善金融服务质量。

2. 在实施新旧动能转换重大工程中，加快互联网行业发展

2017 年 3 月，李克强总理在两会期间参加山东代表团审议时指出，“希望山东在国家发展中继续挑大梁，在新旧动能转换中继续打头阵”。4 月，山东省委常委会召开会议，省委书记刘家义指出，“落实好以习近平同志为核心的党中央对山东工作的希望和要求，关键要抓住新旧动能转换这个牛鼻子，在转方式、调结构上下功夫”。6 月，山东提出积极创建“山东新旧动能转换综合试验区”。新旧动能转换，是山东深化供给侧结构性改革、推动产业升级的重要抓手，是统领全省经济发展的重大工程。实施好这一重大工

程，离不开新理念、新举措，要以“四新”促“四化”，充分利用好当前经济发展中的新动力，加快实现产业智慧化、智慧产业化、跨界融合化、品牌高端化。而当前新一轮科技变革与产业变革中，“互联网+”成为经济发展中的新动力，是信息时代的核心生产力。山东新旧动能转换要利用好这一发展新动力，加快互联网行业的发展。

政府要发挥好主导作用。政府落实“互联网+”行动，重视互联网行业的发展，不仅是口头上的号召，更重要的是积极出台有效措施切实推动互联网行业的发展。首先要从思想上提高重视程度，把“互联网+”放在新旧动能转换的关键位置，建立推进“互联网+”行动工作机制，考核各市、各部门、各领域“互联网+”行动的实施绩效，探索统计制度改革，将数字经济纳入统计范畴，为新旧动能转换提供数据支撑；其次，为互联网行业打造良好的发展环境。互联网行业的发展需要较为开放的氛围，政府应减少干预，更多地让市场机制发挥作用。互联网行业中，新业态、新模式涌现较快，现有的政策可能难以真正适应行业发展，应出台一批鼓励互联网融合创新的先行先试政策，在行业发展过程中不断规范。

搭建好专业的服务平台。山东新旧动能转换以做优做强十大产业为重要载体，省内企业应抓住这一机遇，推动产业化及平台经济的发展。以互联网技术为依托，大力发展数字经济、平台经济，促进企业特别是中小微企业借助互联网实现产业转型升级。推动“互联网+”与实体经济相结合，搭建专业的服务平台，推动平台经济及产业经济的发展。推动“互联网+制造业”服务平台发展，发挥海尔、浪潮等云服务商的作用，建设一批工业云服务平台和体验中心；推动“互联网+农业”服务平台发展，为打造品质农业、共享农业，建设一批农业云服务平台；推动“互联网+双创”服务平台发展，以创新驱动为动力，培育发展一批科技型高成长品牌企业，同时健全完善众创空间、电子商务产业园区等载体的服务功能。

建设新型智慧城市。实施新旧动能转换，要推动互联网、大数据、人工智能和实体经济深度融合，打造先进制造业集群和战略性新兴产业发展策源地，支持有条件的地区创建国家大数据综合试验区，鼓励建设新型智慧城市。

建设新型智慧城市，首先就要提高互联网普及率，重视互联网行业的发展。“互联网+”将互联网技术与各个传统行业融合起来，有利于把城市中多个垂直行业关联起来，在建设新型智慧城市的同时，也加快了互联网行业的发展。

3. 出台更优惠的政策，促进互联网金融规范发展

近年来，互联网金融行业发展迅速，同时也风险频出，国家颁布了系列文件对互联网金融领域进行专项整治。2016 年 4 月 12 日，国务院办公厅印发《国务院办公厅关于印发互联网金融风险专项整治工作实施方案的通知》（国办发〔2016〕21 号）。4 月 14 日，国务院组织 14 个部委召开电视会议，明确将在全国范围内启动有关互联网金融领域的专项整治，为期一年，计划于 2017 年 3 月底完成，但由于实际工作比原计划要多很多，导致延期。2017 年 6 月，中国人民银行等国家十七部门联合印发了《关于进一步做好互联网金融风险专项整治清理整顿工作的通知》，对下一步的清理整顿工作进行了详细的进度安排。另外，2017 年国家出台了多项互联网金融六大领域的相关文件，尤其是对 P2P 网络借贷的整治力度加强。

但是，作为互联网金融重灾区的山东，进入 2017 年后没有颁布过省级整治文件。山东应出台相应的整治文件，为本省互联网金融专项整治指引方向，特别是在互联网金融机构的信息披露上要加大监管力度。从国务院颁布的《互联网金融风险专项整治工作实施方案》可以看出，整个专项整治工作的目标原则、整治重点、分工要求、整治措施以及监管方式等都有具体的规定，但在信息披露方面，仅对股权众筹提到了信息披露义务，而对其他互联网金融产品和业务模式均未要求信息披露。与传统金融机构相比，互联网金融机构信息披露的难度可能要更大，但金融是建立在信任基础上的，足够的信息披露是建立信任的基础。当前互联网金融产品日趋复杂，金融界限越来越模糊化，更多的个人投资者与金融消费者参与交易，互联网金融机构的信息披露也愈显重要。但实际上，不仅互联网金融机构，小额贷款公司、民间借贷机构等其他普惠金融机构也存在信息披露不全面的问题。在编写本报告时，我们在数据采集方面就遇到了诸多困难，最终部分数据只能通过互联网搜索或者采用第三方平台公布的数据。地方金融监管部门应该采取相应的

措施要求互联网金融机构公开披露信息，或者为它们提供信息披露的平台，加大监督力度，这样才能有效遏制互联网金融乱象，创造良好的金融生态环境。

在对山东互联网领域加大整治力度的同时，相关部门也应出台更多的优惠政策，促进本省互联网金融的规范发展。鼓励引导互联网金融企业上市，对符合条件的企业给予政策及资金的支持；强调金融科技创新的作用，鼓励互联网金融机构利用大数据、云计算等新兴信息技术，打造互联网金融服务平台，为中小微企业、“三农”提供全方位的服务；支持网络支付机构服务电子商务的发展，涉足消费金融、保险等领域，形成有效的金融生态圈。

4. 补齐普惠金融发展的短板

一是重视保险在发展普惠金融中的作用。要更好地发挥保险在普惠金融领域的作用，关键要认识和重视保险。在农村金融发展过程中，面临的突出问题是风险和效率，而保险在解决农村和贫困问题上有独特的优势。通过保险，风险得到转移，提高了农民的抗风险能力，通过改善风险，改善融资环境，降低了资金成本，在实现“普”的同时也达到了“惠”的目标，有利于普惠金融的顺利实施。重视保险在发展普惠金融中的作用，要建立完善多形式的保险保障体系。

完善的保险保障体系需要通过以下几个途径来建立：加大对农村地区保险服务的投入，建立健全“三农”保险服务体系；加大对本省保险业政策以及资金上的支持，吸引更多专业的特色化法人保险机构在山东省设立，以更好地促进地区保险业发展；优化保险机构的网点布局，鼓励支持保险机构在乡、村设立网点或者服务站；对于服务于普惠金融发展的保险中介机构，要大力支持，并做好引导，促进各类中介机构向规范、规模、专业的方向发展，为“三农”及中小微企业提供更专业、适合的保险产品与服务。

二是发挥商业银行在普惠金融发展中的作用。《推进普惠金融发展规划(2016—2020年)》，明确了银行业金融机构开展普惠金融业务的原则、目标和要求等。2017年的《政府工作报告》也指出，“鼓励大中型商业银行设立普惠金融事业部，国有大型银行要率先做到”。当前，党中央、国务院高度重视普惠金融的发展，鼓励引导商业银行发展普惠金融，山东商业银行积极响应政策号召，大力推进普惠金融发展，但在发展过程中遇到了不少困难及挑战。山东商业银行需继续加码普惠金融，全方位提高普惠金融的服务能力。

具体来说，可以从以下几个方面来提升山东商业银行的普惠金融服务能力与水平。一要形成多层次、全功能、广覆盖的普惠金融机构体系，除继续推进村镇银行、小额贷款公司等金融机构的发展外，还要探索设立更多兼具商业可持续与普惠特征的金融机构，以满足更多普惠金融主体的资金需求；二要完善普惠金融基础设施建设，丰富服务品种，提升服务质量，降低服务成本，推进农村金融支付环境的改善以及普惠金融信用信息体系的建立；三要大力发展金融科技，利用信息技术降低运营成本，提高信息的透明度，通过手机银行、网上银行等电子银行渠道的发展进一步拓展普惠金融服务的深度与宽度；四要改变传统的信贷理念，创新信贷文化，树立与普惠金融相适应的信贷理念，为中小微企业、“三农”等弱势群体提供优质、有效的金融服务。

三是加大对互联网金融的整治力度。2016 年 4 月，国务院出台了《互联网金融风险专项整治工作实施方案》（简称《实施方案》），明确提出要在全国范围内开展互联网金融风险专项整治工作。《实施方案》要求重点整治 P2P 网络借贷、股权众筹、互联网资产管理和第三方支付等领域。目前互联网整治工作由于多方面的原因，多次延期。山东互联网金融在发展过程中出现了诸多不规范问题，因此，迫切需要意识到互联网金融整治的重要性，加大整治力度。

加强对发展互联网金融的监管。在强监管的大环境下，监管的目的是更好地推动市场的发展。在互联网金融迅速发展的过程中，市场上的平台泥沙俱下，有些可能是正常经营业务，有些可能打算捞一把就走。加大对互联网金融的监管，有利于行业的规范发展，提高产品的合规性。对于互联网金融机构而言，不能一味地追求快速发展，而是应该拥抱监管、积极合规、稳健发展，不断提高产品的合规性，在做好银行存管的同时，将合规放到业务发展的首要环节；利用好金融科技，互联网金融通过发挥互联网技术，提高金融资源配置效率，才能全面提升金融服务的普惠性。

B.11
山东民间金融风险与防范

摘　要： 民间金融具有非正规性，其运行方式主要有民间借贷、小额信贷等类型。目前，民间金融已成为普惠金融的重要组成部分，活跃的民间金融对支持实体经济发展起到了重要作用。随着互联网信息技术的应用，一些新型金融组织不断出现，由于缺乏统一的监管法律和监管主体，民间金融监管几乎处于空白境地，由此导致了大量的“跑路、失联、暴力催债”违法事件，山东因此成为互联网金融重灾区。P2P、小额贷款公司频现“跑路”，投资者损失严重。为维护普惠金融市场秩序，2017 年山东全面落实《山东省地方金融条例》，对民间金融从严监管，效果显著。

关键词： 山东省　民间金融　网贷平台　小额贷款公司

关于民间金融，目前国际上和国内学者之间均未达成一致的看法。复旦大学的张军教授（1997）对民间金融的定义是：相对于官方的正规金融制度和银行组织而言自发形成的民间的信用部分。该定义指明了民间金融的非正规性，主要表现为家庭和个人之间的借贷、企业之间的拆借，以及私募筹集资金等。运行方式主要有合会、民间借贷、民间集资、小额信贷等类型。民间金融已是普惠金融的重要组成部分，活跃的民间金融对支持经济发展起到了重要作用。

民间金融本身具有脆弱性、不规范性和投机性的特点，加上外部宏观环境和自身经营水平的影响，以及前期民间金融监管的空白，使得一些民间金融组织在利益面前，或者遇到违约事件时，就会采用诈骗、跑路、暴力等违法手段维护个人利益或逃避责任，造成投资者损失严重，给社会带来极大的负面影响。例如，2015 年的昆明泛亚非法集资案件、e 租宝案件，2016 年校园贷“裸条”事件，2017 年的“于欢案”、钱宝网事件等，无不震惊全国。2017 年 7 月，在第五次全国金融工作会议上，习近平总书记提出“服务实体经济、防控金融风险和深化金融改革”三项任务；10 月，党的十九大再次提出防范系统性金融风险；12 月，中央经济工作会议提出“做好重点领域风险防范和处置，坚决打击违法违规金融活动，加强薄弱环节监管制度建设”。继 2016 年国家出台多项规范互联网金融、民间融资等法律法规之后，2017 年又出台了《关于规范整顿“现金贷”业务的通知》《进一步加强校园贷规范管理工作的通知》等政策法规，全国各地政府加强了对民间金融违法行为的打击，到 2017 年底，已有 14 个省份建成大数据监测平台并投入使用。据联席会议办公室统计，2017 年全国新发涉嫌非法集资案件 5052 起，涉案金额 1795.5 亿元，同比分别下降 2.8%、28.5%，监管效果显著。

山东省是互联网金融“跑路”“失联”重灾区，据网贷之家数据统计，截止到 2017 年 12 月，山东正常运行 P2P 平台 75 家，历史累计停业平台达 595 家，问题平台数量仅次于广东，居全国第二位，占全国问题平台总量的 14.76%。因此，加强民间金融监管已迫在眉睫。本报告内容主要涉及山东民间金融风险表现以及防范建议两方面，其中涉及风险表现部分主要围绕民间借贷案件审理情况、P2P 网络借贷平台、小额贷款公司进行阐述。

一 民间金融存在的风险

近年来，随着互联网和信息技术的发展，新型民间金融业态不断涌现，它们凭借手续便捷、方式灵活、交易成本低、放贷门槛低、不限定债务人使用用途等优势，在我国迅速发展开来。民间金融的快速发展在很大程度上缓解了我国中小微企业、个体工商户和个人的融资难问题，提高了金融市场的效率。由于民间金融具有隐蔽性和非正式性的特点，加之行业准入门槛低、缺乏行业标准规范、监管空缺等原因，产生了较多的违法违规事件，给社会带来了负面影响。

（一）民间金融风险成因

1. 金融监管起步较晚

民间金融风险产生的原因在一定程度上属于国家宏观调控的问题。首先，第五次全国金融工作会议确定成立国务院金融稳定发展委员会之前，国内没有专门的金融监管机构对民间金融进行有效的监管，“一行三会”也仅仅在所覆盖范围内行使监管职责，这样就造成了民间金融活动存在一定的监管空缺。

其次，国内至今没有颁布统一的、系统的法律法规来约束民间金融，造成民间金融的监管主体缺乏法律依据，部分民间金融组织处于无监管状态，金融宏观调控的蝴蝶效应使得民间金融组织为了逐利不惜走上违法之路。从地方来看，各省、市的金融监管也处于探索状态，从 2014 年 3 月我国首部地方性金融法规《温州市民间融资管理条例》实施起，截止到 2017 年末，陆续又有深圳、上海、浙江、山东、黑龙江等省市出台了地方性金融法规。这些地方性法规针对性又有所不同，如温州侧重于民间融资方面，深圳侧重于金融服务发展。而在 2016 年 3 月山东出台的《山东省地方金融条例》中，明确将“一行三局”监管之外的金融组织纳入监管范围，为地方金融监管提供法律保障。

最后，由于我国利率制度不规范，民间借贷利率远超我国正规金融机构的利率水平，再加上随着市场经济的发展，民众的生活水平日益提高，民众之间、民众与民间金融组织之间的借款越来越普遍，借贷的数额也越来越高，由此引发的纠纷也日益增多，民间金融存在较大安全隐患。2016 年、2017 年国家连续出台多项法律法规，规范和约束民间金融机构，我国民间金融发展逐步进入正轨。

2. 民间金融行业风险

民间金融组织自身的特性使其承受较大的风险。民间金融组织具有脆弱性，由于信贷活动规模较小、结构简单、资金链环节相对薄弱，且缺乏管理人才和风险预警系统，民间金融组织处于一个相对脆弱的状态。民间金融的不规范性，主要表现在部分民间金融组织缺乏实体机构和风险意识、自有资金比例低、不合理的贷款结构等方面，再加上缺少外部有效监管，造成金融活动产生的资金流向难以统计和监控，为民间金融组织带来潜在风险。另外，民间金融组织还具有投机性，由于缺乏职责部门的有效监管，民间金融组织表现出较强的逐利性特点，使得经营活动具有投机性和盲目性，从而铤而走险。当违约行为出现时甚至会采取过激手段和措施，以至于触犯法律法规，造成社会的不稳定。

由于经济周期性的变化，一些原本盈利的行业就会出现亏损状态，企业一旦陷入经营困难状态，高利率的民间借贷就会进一步增加企业债务负担，进而导致难以支付借款。这些由于行业周期性引发的潜在金融风险，如果遇到适当的条件，在一定时机下，就会被激活并爆发，如果处理不及时就会引发连锁反应进而发生系统性金融风险，影响社会稳定和国家安全。因此，民间金融发展必须加以规范，全部纳入监控，使其成为支持经济发展的有机组成部分。

（二）民间金融风险表现

随着互联网信息技术的发展，一些 P2P 网络借贷平台、众筹、民间借贷、第三方理财等机构不断出现，由于这些新型金融组织本身的特点以及缺乏相应监管，失联、诈骗、“跑路”等行为相继出现，使得投资者蒙受损失。根据数据统计，山东近 3 年来民间借贷审理案件次数显著增加，2017 年审理次数达 24316 次，是 2015 年的 3. 15 倍，可见，金融监管时刻不能放松。

1. 民间金融风险表现

近年来，金融和科技融合产生了各种各样的新型金融业态，P2P 网络借贷平台、众筹、民间借贷机构、第三方理财机构，以担保、典当和租赁等名义从事借贷业务的各种机构等大量出现。以网贷平台为例，据网贷之家数据统计，截止到2017年12月，累计网贷平台数量达5961家，其中正常运行平台数量1931家，占平台总数的32.39%；累计问题平台数量达4030家，占平台总数的67.61%。从山东来看，截止到2017年12月，正常运行平台75家，累计停业平台数量达595家，问题平台数量仅次于广东，居全国第二位，占全国问题平台总量的14.76%。另外，还有名目繁多的线下投资咨询公司、小额贷款公司、第三方理财机构等民间金融机构也纷纷涌现街头。在山东金融监管体系建立之前，尤其是2016年7月《山东省地方金融条例》实施之前，由于民间金融机构的趋利性和投机性，这些从事民间金融、互联网金融的机构几乎不被监管，导致许多民间金融机构从事非法融资活动，失联、诈骗、跑路、卷款潜逃等事件层出不穷。一个轰动全国的案例就是2017年春节过后不久的“于欢案”，起因也是由于民间借贷，成为民间借贷违法案件的一个缩影。民营企业、个体工商户和个人由于从传统金融机构获得融资的难度加大，不得不转向民间借贷，这已经成为普遍现象，民间借贷的不规范性，成为潜在的风险隐患。

2. 民间借贷审理次数显著增加①

由于民间借贷的发展，大量的民间借贷也引发了借贷纠纷次数的增加。统计显示，近3年来山东民间借贷审理案件中涉嫌“诈骗”“非法集资”的数量不断增长。从案件审判程序来看，一审审判占据绝对优势；从法院类型来看，基层法院占据主要位置；从案由筛选来看，民事案件明显多于刑事案件；从文书类型来看，以判决书为主。

第一，民间借贷案件整体情况。从审理案件次数来看，在中国裁判文书网，输入关键词“山东省”和“民间借贷”来提取数据，可见2015年至2017年审理民间借贷案件数量不断增加，其中2016年审理案件数量比2015年增加186.40%，2017年审理数量更是达到2015年的3.15倍（见图1）。

① 数据源于中国判决文书网，提取时间为2018年4月25日。

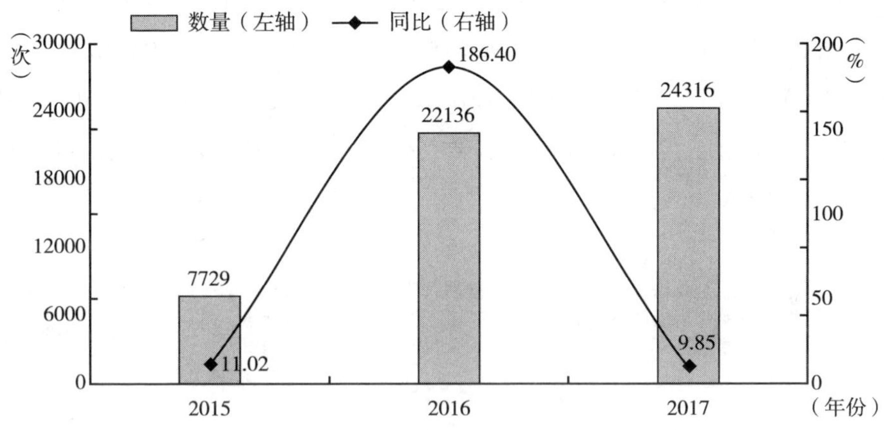

图 1　山东民间借贷案件审理次数（2015～2017 年）

资料来源：中国裁判文书网，齐鲁财富网。

从审判程序来看，一审占据绝对优势，但是二审数量三年来增长较快，二审次数占一审次数的比例逐年上升，2017 年更是超过了 10% 的比例，达到 11.94%（见图 2）。再审和再审审查与审判监督次数近三年也呈现逐年增长态势。

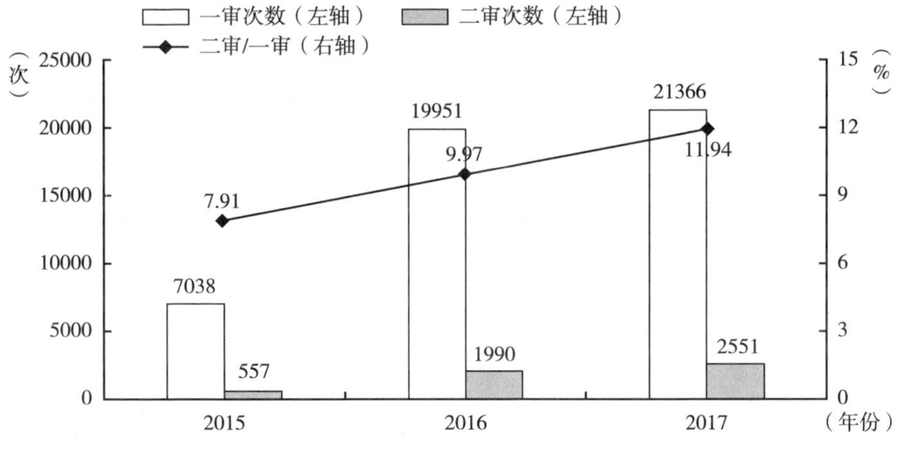

图 2　山东民间借贷案件审理次数及占比情况（2015～2017 年）

资料来源：中国裁判文书网，齐鲁财富网。

从法院类型来看，基层法院占据主要审判位置，和一审次数成正比例。基层法院审理次数从 2015 年的 6966 次增加到 2017 年的 21504 次，三年时间增加了 2.09 倍。与基层法院审理次数一样，中层法院审理次数也呈现递增态势，但高层法院 2017 年审理次数（48 次）比 2016 年（67 次）出现了回落（见图 3）。

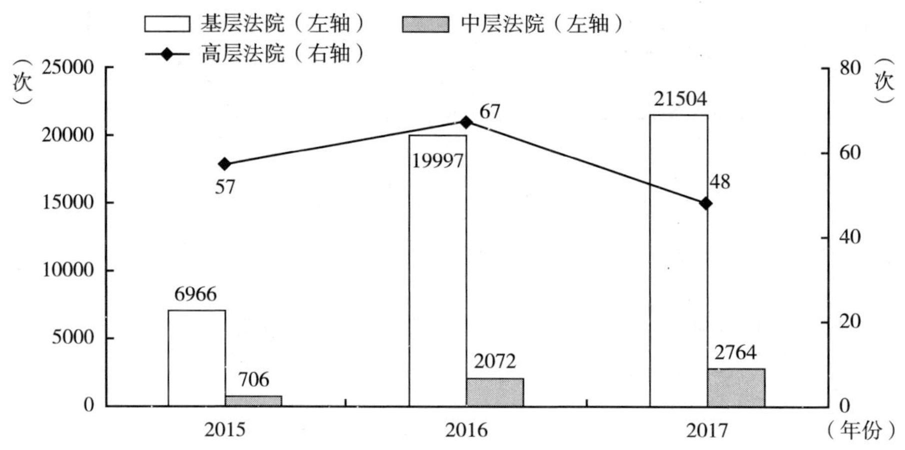

图 3　山东民间借贷案件法院类型审判次数（2015～2017 年）

资料来源：中国裁判文书网，齐鲁财富网。

从文书类型来看，判决书数量呈现增长态势，从 2015 年的 5836 份增长至 2017 年的 22345 份。裁定书也随着案件审理次数的增加而增加，从 2015 年 509 份增至 2017 年的 1967 份。调解书 2017 年出现 3 份，2015 年、2016 年均未出现。决定书在 2015 年、2016 年均出现 1 份，2017 年未有出现（见图 4）。

从案由筛选来看，民事案由明显多于刑事案由，行政案由和赔偿案由也有出现。刑事案由数量 2017 年出现回落，民事案由近三年呈现逐年递增态势，2016 年增幅较大，同比上涨 189.69%，2017 年同比上涨 10.54%（见表 1）。

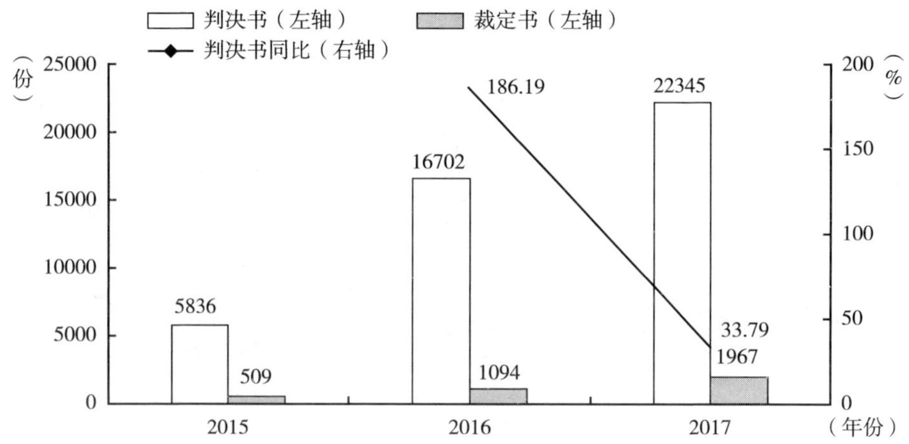

图 4　山东民间借贷案件文书类型（2015～2017 年）

资料来源：中国裁判文书网，齐鲁财富网。

表 1　山东民间借贷案件案由筛选（2015～2017 年）

单位：件

案由	2015 年	2016 年	2017 年
刑事案由	12	36	24
民事案由	7500	21727	24017
行政案由	0	3	4
赔偿案由	0	1	2

资料来源：中国裁判文书网，齐鲁财富网。

第二，涉及诈骗的民间借贷。根据数据统计，在过去三年里，山东省各级法院审理属民间借贷中诈骗类案件次数呈增加趋势。其中 2017 年涉及“民间借贷”“诈骗”的审判次数为 288 次，是 2015 年的 2.72 倍，小于“民间借贷”审判次数的增幅（2017 年民间借贷案件审理次数达到 2015 年的 3.15 倍），这说明金融监管效果开始显现（见图 5）。

审判程序方面，与民间借贷一审审理次数逐年增加不同的是，涉及诈骗的一审次数 2017 年相比 2016 年出现回落，但是二审次数呈现逐年增长的迹象，从 2015 年的 23 次增加至 2017 年的 111 次。再审次数 2016 年为 5

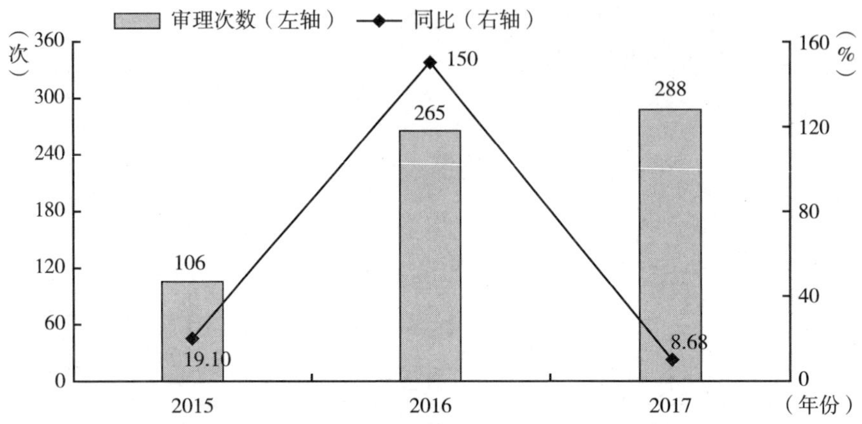

图5　山东民间借贷、诈骗案件审理次数（2015～2017年）

资料来源：中国裁判文书网，齐鲁财富网。

次，2017年达16次，同比增长2.20倍。二审次数与一审次数之比也从2015年、2016年的31.95%左右升至2017年的70.25%（见图6）。

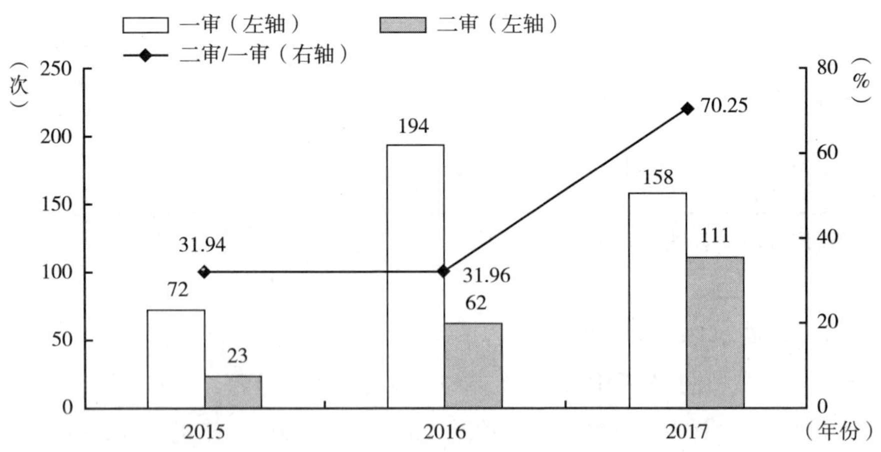

图6　山东民间借贷、诈骗案件审理次数及比例（2015～2017年）

资料来源：中国裁判文书网，齐鲁财富网。

法院类型方面，同审理程序中的2017年一审数量回落一样，基层法院审理次数2017年也比2016年有所减少，数量达162次，同比减少15.18%

（见图7）。中层法院审判数量近三年呈现递增态势，从2015年的32次增至2017年的120次。高层法院审理次数2016年比2015年出现了回落，2017年审判次数再次上升，达6次。

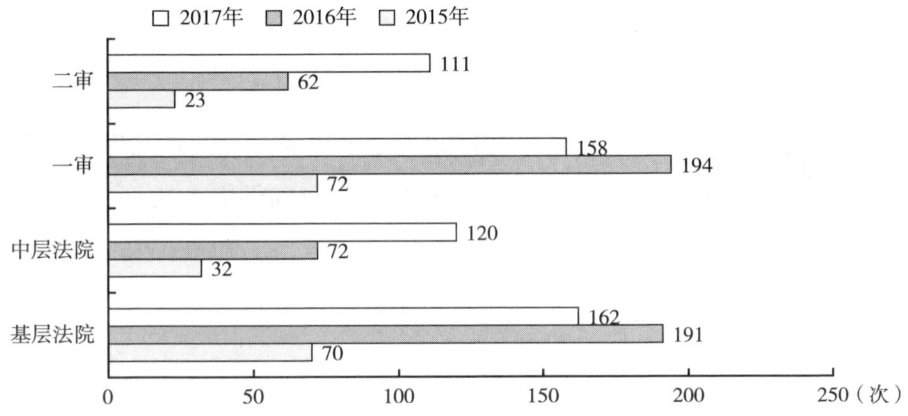

图7 山东民间借贷、诈骗案件审判程序及法院类型（2015～2017年）

资料来源：中国裁判文书网，齐鲁财富网。

文书类型和案由筛选方面，判决书和裁定书近三年均呈现递增态势，但调解书和决定书没有出现。民事案由数量明显多于刑事案由，与民事案由近三年数量递增不同的是，刑事案由2017年出现了回落（见表2）。

表2 山东民间借贷、诈骗案件案由及文书类型统计（2015～2017年）

单位：件

案由及文书类型		2015年	2016年	2017年
案由筛选	刑事案由	6	30	16
	民事案由	94	226	267
	行政案由	0	0	0
	赔偿案由	0	0	0
文书类型	判决书	73	170	222
	裁定书	11	33	66
	调解书	0	0	0
	决定书	0	0	0

资料来源：中国裁判文书网，齐鲁财富网。

第二，涉及非法集资的民间借贷。根据我们研究和相关统计数据，在过去三年里，山东各级法院审理的民间借贷和非法集资类案件次数逐年递增，其中2017年达340次，是2015年的2.96倍。与涉及诈骗的民间借贷在案由筛选方面相比，刑事案由数量明显减少，其最大值是2017年的4件。从法院类型来看，尽管基层法院审理数量不断增长，但是中层法院审理数量的增长速度快于基层法院。在文书类型上，与民间借贷和涉及诈骗的民间借贷相比，涉及非法集资的民间借贷裁定书数量远高于判决书数量，从2017年来看，裁定书数量是判决书数量的2.95倍。审判程序方面，涉及非法集资的民间借贷一审、二审次数三年间出现不断增长态势，与涉及诈骗的民间借贷一样，二审占一审的比例逐年提高，2016年比例为58.02%，2017年比例增长为65.00%（见表3）。

表3　山东民间借贷、非法集资案件统计情况（2015～2017年）

相关情况	2015年	2016年	2017年
审判程序(次)			
一审	108	131	200
二审	7	76	130
再审	0	2	8
再审审查与审判监督	0	3	2
其他	0	0	0
当年审判数量	115	212	340
文书类型(份)			
判决书	41	40	86
裁定书	68	116	254
调解书	0	0	0
决定书	0	0	0
法院类型(次)			
基层法院	106	130	202
中层法院	9	79	133
高层法院	2	3	5
案由筛选(件)			
刑事案由	1	2	4
民事案由	114	204	331
行政案由	0	0	0
赔偿案由	0	0	0

资料来源：中国裁判文书网，齐鲁财富网。

二　山东网贷平台存在的风险

习近平总书记在第五次全国金融工作会议上强调“必须加强党对金融工作的领导，坚持稳中求进工作总基调，遵循金融发展规律，紧紧围绕服务实体经济、防控金融风险、深化金融改革三项任务，创新和完善金融调控，健全现代金融企业制度，完善金融市场体系，推进构建现代金融监管框架，加快转变金融发展方式，健全金融法治，保障国家金融安全，促进经济和金融良性循环、健康发展”。随着普惠金融体系建设的持续推进，民间金融在高速发展过程中也存在诸多风险，全国网贷平台问题频出，一些平台停业或跑路影响着金融市场的稳定与发展。山东民间金融风险不断积聚，网贷平台问题频出，小额贷款公司贷款坏账率提升且追回难度加大。这些问题均严重制约山东普惠金融发展，如何防范民间金融风险也日渐引发业内人士关注。

（一）网贷平台存在的问题

截至 2017 年末，全国正常运营网贷平台数量有 1931 家，问题平台数量累计高达 4030 家，超过正常运营平台数量的 2 倍。随着网贷行业整合加速以及平台监管日趋严格，一些网贷平台在运营过程中存在的不合规等问题逐渐显现，一些资金实力弱、风控意识差的网贷平台逐渐被淘汰出局。其中，截至 2017 年末，山东已有 595 家网贷平台出现问题，跑路网贷平台数量更是累计高达 211 家。随着强监管政策出台，政府对网贷平台监管力度不断加强，此前网贷平台野蛮式增长及野蛮式跑路现象或将明显减少。

1. 问题平台增加值骤减

截至 2017 年末，中国问题平台累计值已高达 4030 家。2011～2016 年 5 年发展时间，全国问题平台增加值逐年递增，2015 年增加值高达 1287 家，2016 年更是高达 1708 家。全国网贷平台增加值在 2016 年达到阶段峰值后增速逐渐回落，但问题平台仍时有出现（见图 8）。

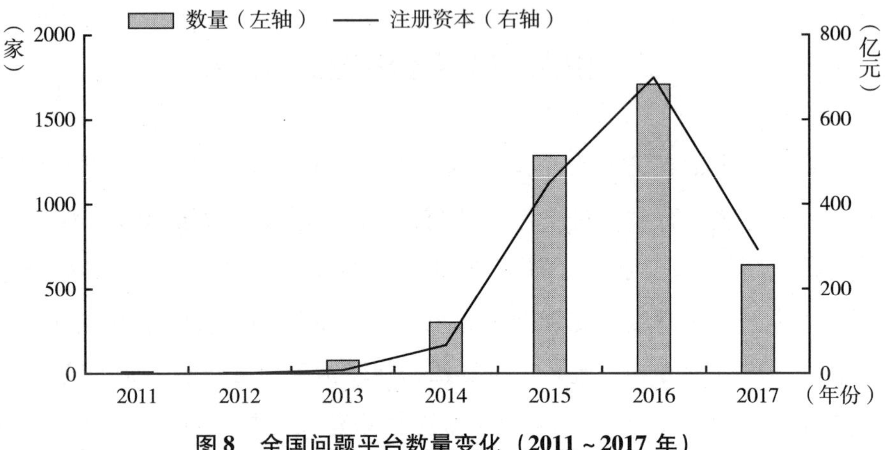

图 8　全国问题平台数量变化（2011～2017 年）

资料来源：网贷之家，齐鲁财富网。

2. 各省市问题平台比较

从地域分布看，广东、山东、上海三省市近几年问题平台累计值居全国各省份前三位，其中广东 7 年时间中有 658 家网贷平台出现问题，山东问题平台累计值紧随其后也高达 595 家。广东、山东两省问题平台累计值占全国问题平台累计值的比重高达 31.09%，在过去的几年时间两省已成为网贷平台问题高发区。截至 2017 年末，全国有广东、山东、上海、浙江、北京、江苏、安徽、湖北、河北、四川、湖南 11 个省市问题平台累计值超过 100 家，东部沿海经济发展较快区域出现问题的网贷平台累计值偏多，西部省市由于受到经济发展滞后、网贷平台总数偏低等因素影响，近 7 年出现问题的网贷平台累计值相对偏低（见图 9）。

3. 网贷平台整合速度明显加快

截至 2017 年末，全国停业网贷平台累计值高达 1985 家，跑路网贷平台累计值也高达 1169 家，这两个原因引发的问题平台累计值占总问题平台累计值的比重高达 78.26%，这其中停业平台累计值也略高于全国现有正常运营网贷平台总量。另据统计发现，全国网贷平台涉嫌违法被经侦部门介入调查的累计也有 26 家（见图 10）。随着网贷行业竞争加剧，全国网贷平台整合速度明显加快。

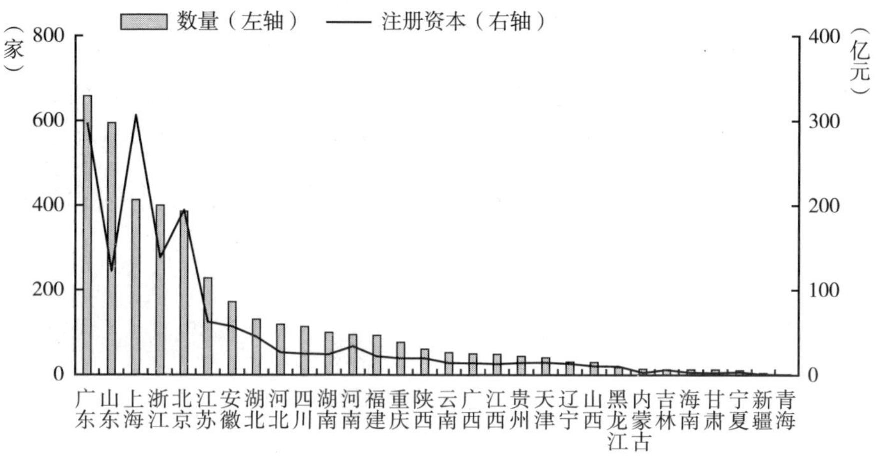

图 9　全国问题平台地域分布（2011 ~ 2017 年累计值）

资料来源：网贷之家，齐鲁财富网。

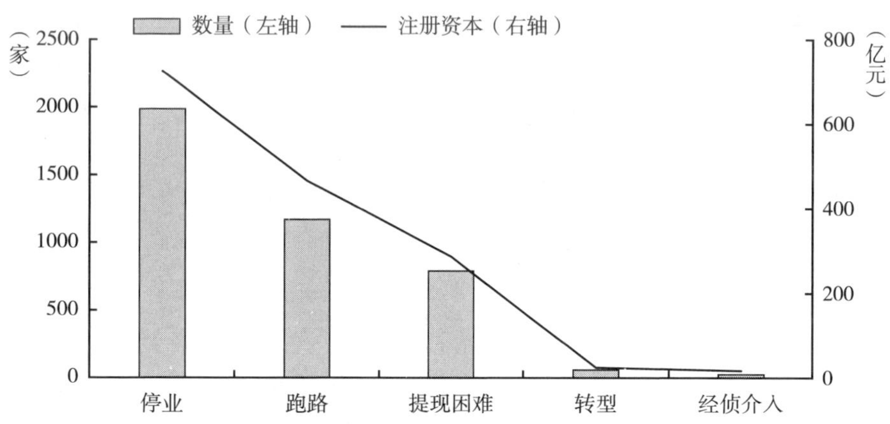

图 10　全国网贷平台问题类型分析

资料来源：网贷之家，齐鲁财富网。

4. 行业急剧扩容导致问题平台激增

网贷之家统计数据显示，截至 2017 年末，全国出现问题的网贷平台成立时间多集中在 2014 年、2015 年。其中 2015 年成立的网贷平台中有 1705 家出现跑路、停业等问题，2016 年成立的网贷平台中有 439 家存活周期不到两年，2017 年新设立的网贷平台中也有 84 家出现问题（见图 11）。综合来看，全国 2015 年设立的网贷平台出现问题的数量最多，这个时间段由于行业急剧扩容，全国新成立网贷平台数量以及跑路平台数量均大幅增加，在行业风险不断积聚的大环境下很多网贷平台被淘汰出局。

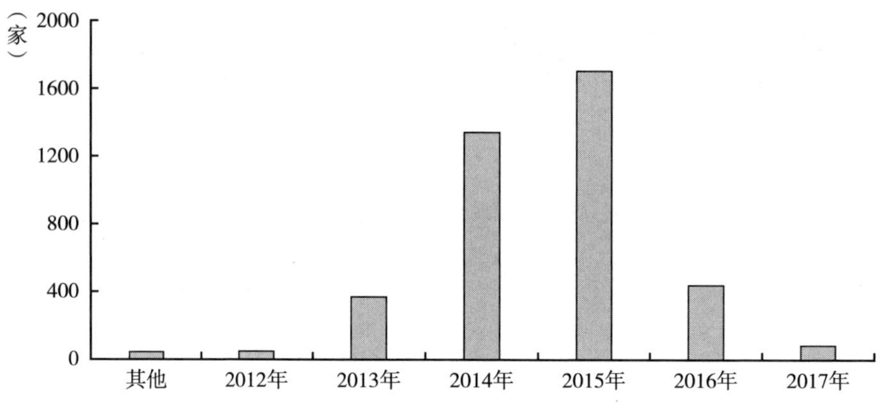

图 11　全国问题平台上线时间（2012～2017 年）

资料来源：网贷之家，齐鲁财富网。

5. 问题网贷平台注册资本普遍偏低

从近几年累计问题平台注册资本分布来看，全国出现问题的网贷平台注册资本多集中分布在 1000 万元到 5000 万元之间，资金实力明显偏弱（由于网贷平台信批缺乏规范，有高达 246 家网贷平台缺乏注册资本数据）。从汇总数据分析看，全国出现问题的网贷平台注册资本超过 10 亿元的有 5 家，注册资本在 5 亿元到 10 亿元的有 16 家。另据统计，全国问题平台注册资本低于 5000 万元的有 2458 家，占问题平台累计值的比重高达 60.99%。全国近几年爆发问题的网贷平台大多注册资本偏低，注册资本在 5 亿元以上资金实力较强的网贷平台数量偏少，注册资本在 5000 万元上下的问题平台数量占比较大（见图 12）。

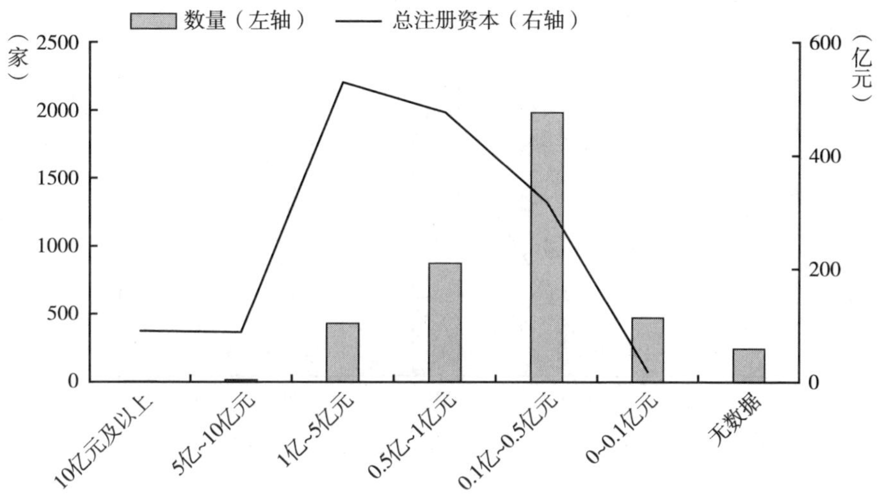

图 12　全国问题平台注册资本分布

资料来源：网贷之家，齐鲁财富网。

（二）山东网贷平台存在的问题

伴随着互联网金融的蓬勃发展，P2P 网络平台成为不法分子进行非法集资的首选阵地，山东民营经济资金需求旺盛也直接为民间借贷提供了有利的生存土壤，一些不法分子在进出口贸易、招商引资、投资担保、信息咨询、农民专业合作社、私募股权投资等外衣的伪装下成立网贷平台进行非法集资。统计数据显示，截至 2017 年末，山东出现问题的网贷平台累计值已高达 595 家，累计数量仅略低于广东。

1. 问题平台增加值同比大幅减少

截至 2017 年末，山东问题平台累计值已高达 595 家，占全国问题平台累计值的比重高达 14.76%。其中，2017 年山东新增 46 家问题网贷平台，增幅与 2016 年相比大幅缩小（见图 13）。在政府加强监管整治力度的大背景下，山东网贷平台跑路、停业的不良现象得到了明显遏制。

2. 青岛问题平台累计值最多

山东作为经济大省民营经济发达，中小微企业数量众多，由于近年来国

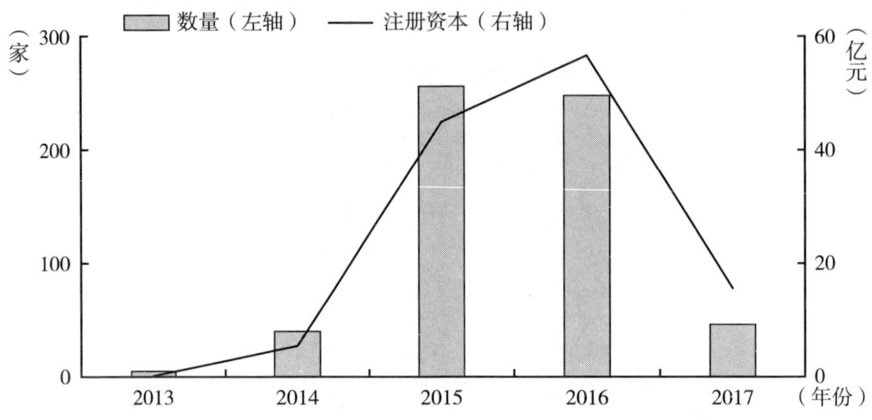

图 13　山东新增问题平台数量及注册资本变化（2013～2017 年）

资料来源：网贷之家，齐鲁财富网。

内经济增速放缓，山东中小微企业普遍存在“融资难、融资贵”等问题，大量中小微企业强劲的融资需求促使民间借贷持续活跃，同时也为一些不法平台提供了生存的土壤。统计近几年数据发现，山东问题网贷平台多集中分布在青岛、滨州、济南、潍坊、淄博等地，这些地方经济较为发达，往往是民间借贷活跃区域，也成为问题平台高发区。5 地市问题平台近几年累计值高达 386 家，占山东问题平台累计值的比重高达 64.87%（见图 14）。

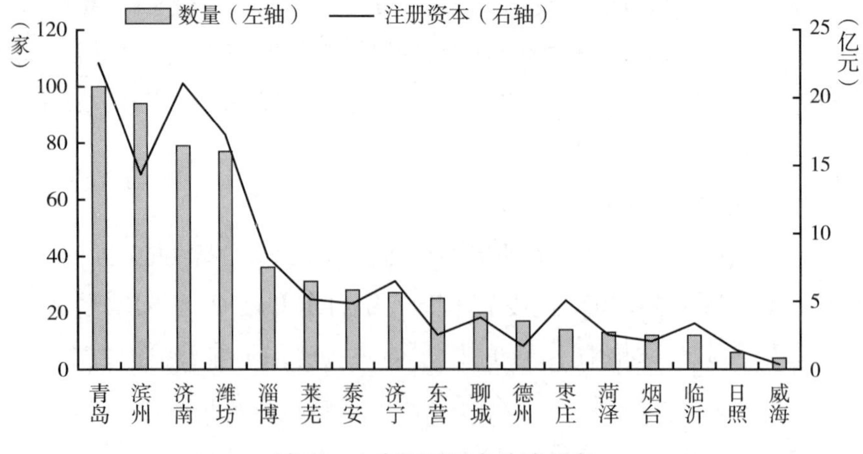

图 14　山东问题平台地域分布

资料来源：网贷之家，齐鲁财富网。

3. 山东停业平台数量占比较高

网贷之家统计数据显示，山东近几年网贷平台出现的问题以停业、跑路为主，其中停业平台累计值高达242家，占山东累计问题平台的比重高达40.67%，跑路平台累计值高达211家，占比为35.46%。另外，山东提现困难的网贷平台累计值也有138家，占比达到23.19%（见图15）。随着行业汰劣速度加快，山东仍有部分网贷平台运营困难。

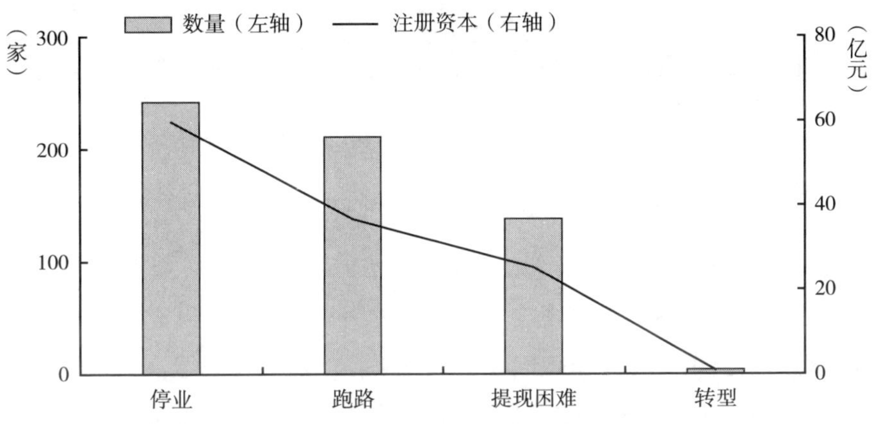

图15　山东网贷平台问题类型分析

资料来源：网贷之家，齐鲁财富网。

4. 山东问题平台上线时间分析

伴随着网贷平台大量上线，山东内出现问题的网贷平台数量在2015年达到了333家，在2014年上线的问题平台数量也高达189家。此后，随着互联网金融监管政策的落地以及政府部门网贷平台整治力度的加大，山东网贷平台野蛮生长的态势得到有效遏制，山东在2016年、2017年上线并出现问题的网贷平台数量大幅减少，分别为33家、1家（见图16）。分析来看，网贷平台早期的野蛮增长为一些不法分子提供了可乘之机，部分网贷平台一开始就为诈骗而生，不法分子就是利用监管的缺失大行其道。监管部门不断强化对网贷平台的监管政策将有效减少问题平台新增数量。

5. 山东网贷平台注册资本分布

从定义来看，注册资本是指全体股东或发起人认缴出资额或认购股本总

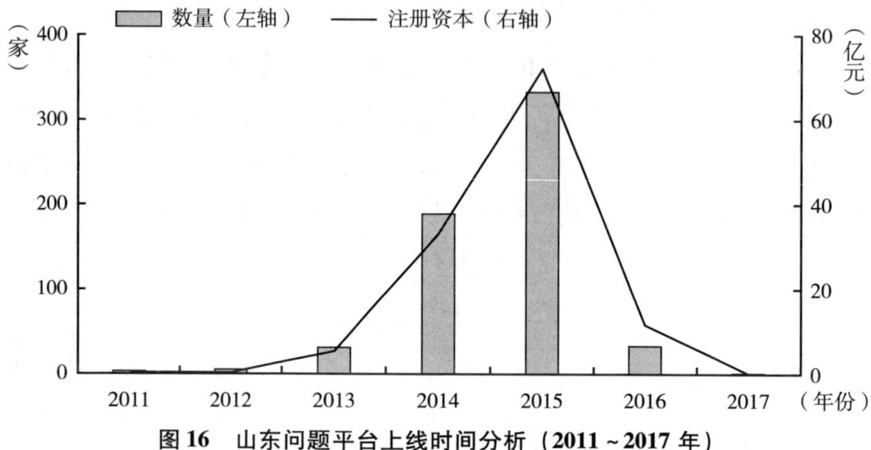

图 16　山东问题平台上线时间分析（2011～2017 年）

资料来源：网贷之家，齐鲁财富网。

额，并在公司登记机关依法登记。注册资本并不等同于网贷平台的资金实力，但在一定程度上可以体现出平台运营能力，“认缴”出资亦具有一定法律约束力。从山东近几年出现问题的网贷平台注册资本来看，山东问题平台注册资本在 1000 万到 5000 万元之间的有 401 家，注册资本在 1 亿元以上的仅有 16 家，注册资本较高的问题平台数量占比相对偏低（见图 17）。

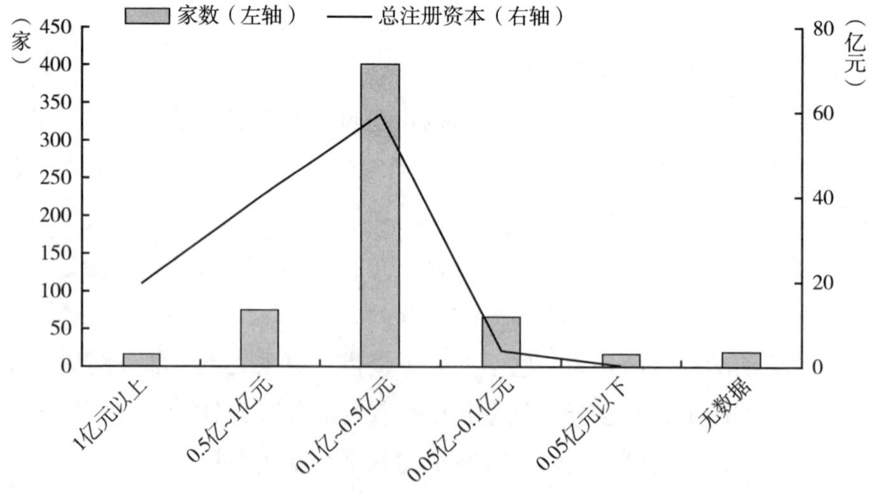

图 17　山东问题平台注册资本分布

资料来源：网贷之家，齐鲁财富网。

三 小额贷款公司存在的风险

近年来，由于国内经济增速放缓，山东中小微企业普遍存在较大资金及运营压力，山东部分中小微企业经营困难。小额贷款公司坚持“小额、分散”的原则发放贷款能有效填补金融市场领域空白，起到弥补银行等传统金融机构不足的作用，极大缓解农户和中小微企业“融资难、融资贵”等问题。在外部经济压力不断增加的大环境下，山东小额贷款公司经营风险也在不断加大，一些小额贷款公司不良贷款率激增，越来越多的小额贷款公司企图通过法律途径追回部分逾期贷款。据不完全统计，山东近三年审结涉及小额贷款公司的案件中有不少借款单位为化工等高耗能行业的公司。从近三年山东有关小额贷款公司的判决书来看，农户作为被告的案例并不多，企业被告占比明显高于个人，相关企业主要为钢铁、物资、贸易、房地产开发等资金密集型行业，部分案件所涉小额贷款公司多次向同一借款人放贷，有的贷款金额累计高达上千万元，严重偏离了“小额、分散”的经营原则。

（一）诉讼件数有下降趋势

在经济增速放缓的大环境下，山东省内各行业的中小微企业普遍存在资金周转困难、贷款逾期增多等现象。受此因素影响，山东小额贷款公司所面临的逾期风险也在不断增加，小额贷款行业逐渐成为高风险行业。据中国裁判文书网不完全数据统计，2017 年山东各级法院有关小额贷款公司通过法律途径追回逾期贷款的判决书就有 49 件。综合中国裁判文书网 3 年数据来看，2016 年有关小额贷款公司追回逾期贷款的判决书最多，高达 96 件，总数超过 2015 年与 2017 年两年总和。另外，2017 年有关小额贷款公司的判决书虽然多于 2015 年，但总涉案金额却相对偏低（见图 18）。经过 2016 年密集判决之后，2017 年山东涉及小额贷款公司的判决书数量及涉案金额均有回落，这也从侧面反映出小额贷款公司经营状况有向好趋势。

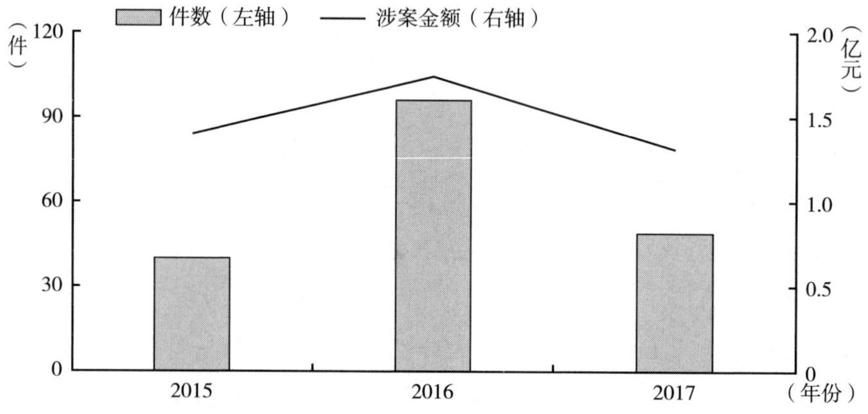

图 18　山东小额贷款公司判决书情况（2015～2017 年）

资料来源：中国裁判文书网，齐鲁财富网。

（二）滨州涉及诉讼案件最多

从涉诉小额贷款公司地域分布来看，2017 年滨州市小额贷款公司通过法律途径追回贷款判决书数量以及涉案金额均居全省首位，济南、青岛两市判决书数量紧随其后，分别为 8 件和 6 件。其中，滨州市邹平县梁邹小额贷款有限公司的法律判决书高达 16 件，涉案金额 1870 万元，占公司注册资本的比重高达 18.70%，公司面临较大流动性风险。

（三）个人作为第一被告涉诉案件增多

部分小额贷款公司坚持“小额、分散”的原则发放贷款，但由于风控能力偏弱，部分小额贷款公司坏账率普遍偏高，这无疑加大了小额贷款公司运营成本。从中国裁判文书网有关小额贷款公司逾期贷款追回的判决书来看，2017 年逾期贷款追回判决书（49 件）中个人作为第一被告人的有 24 件，涉案金额约为 4660.27 万元（见图 19）；企业作为第一被告人的判决书有 25 件，涉案金额高达 8440.00 万元（见图 20）。有关个人和企业贷款逾期涉案追回的判决书数量在近三年均呈现先增后降趋势，企业判决书数量在2017年多于个人，但从涉案金额看企业涉案总额要明显高于个人。

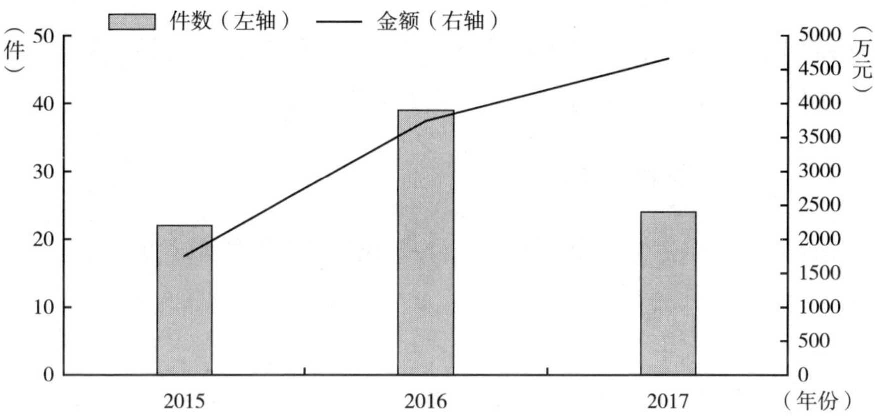

图19　个人涉案金额及案件数量（2015～2017年）

资料来源：中国裁判文书网，齐鲁财富网。

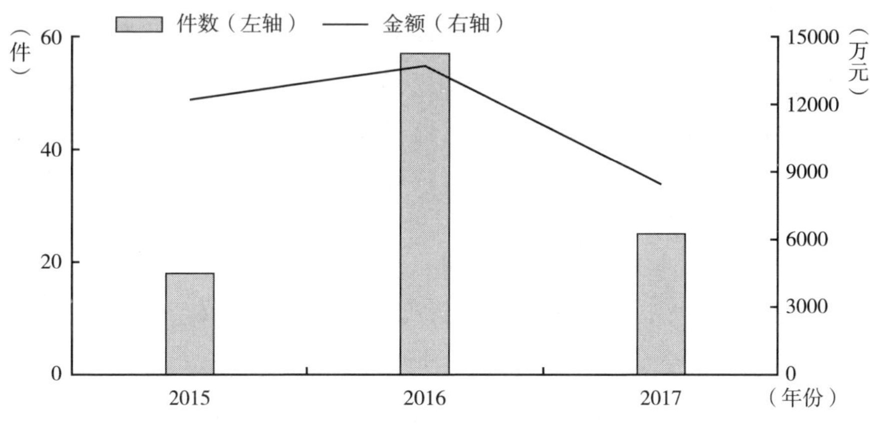

图20　企业涉案金额及案件数量（2015～2017年）

资料来源：中国裁判文书网，齐鲁财富网。

2017年，有关监管机构发布文件鼓励中型商业银行设立普惠金融事业部，结合各自特色和优势，探索创新更加灵活的普惠金融服务方式，提升普惠金融服务质效。商业银行设立普惠金融事业部进一步压缩了小额贷款公司发展空间，极大地加大了小额贷款公司经营风险。商业银行拥有包括风险管理能力高、资金来源充足、资金成本较低、网点分布广泛等优势，而这些方面恰恰是小额贷款公司的劣势。小额贷款公司需遵循相关规定，满足每次贷款的限额规定，无法按照自行预期或计划情况发放贷款，企业经营自主性较弱，这也大大增加了小额贷款公司贷款的逾期风险。

（四）涉案金额及件数分析

山东地方金融监管局出台的《山东省小额贷款公司（试点）管理办法》规定“小额贷款公司发放贷款应当努力扩大客户数量和服务覆盖面。小额贷款公司贷款余额中，单户贷款余额不超过200万元的占比不得低于60%，单户贷款余额最高不得超过注册资本金的5%”。中国裁判文书网有关小额贷款公司逾期贷款追回的判决书显示，2017年判决的案件中有24件涉案金额介于100万元和500万元之间，占比高达48.98%；另有8件涉案金额高于500万元。其中，滨州仁成众信房地产开发有限公司向滨州市滨城区银泰小额贷款有限公司借款案件中所涉及的金额高达1600万元，涉案金额占银泰小额贷款有限公司注册资本（10000万元）的比重高达16%，单一客户贷款比重高于《山东省小额贷款公司（试点）管理办法》规定的5%的上线。

四　山东民间金融风险防范建议

（一）全面落实《山东省地方金融条例》

2016年7月实施的《山东省地方金融条例》明确了民间金融监管主体和监管范围，省内民间金融组织由山东省地方金融监督管理局监督管理。对小额贷款公司、P2P网贷平台、融资担保机构、民间资本管理机构、民间融资登记服务机构等民间金融组织，在设立程序、注册资本、股东出资比例、高管要求、内部规章等方面都做了明确规定，并对其开展业务的宣传方式以及内容制定统一要求；对民间金融组织违反法律法规等行为制定了相应的惩罚措施。为了更加有效地监管和防范金融风险，山东省金融工作办公室还建立了金融组织信息综合服务平台，对民间金融组织进行信用信息采集、整理、保存、加工，并定时公布，同时与全国企业信用信息公示系统、公共信用信息平台相衔接，实现了山东民间金融数据资料共享。

通过落实《山东省地方金融条例》，能够对全省民间金融组织从设立、经营及退出做到全方位的管理监督。有效的监督促使民间金融组织规范开展相关业务，树立以客户为中心的经营理念，坚持普惠金融发展方向，立足服务弱势群体，为中小微企业和农民提供金融支持；杜绝了“非法集资、发放高利贷、暴力逼债”等行为。例如，中国裁判文书网数据显示，2017 年山东小额贷款公司涉及民间借贷纠纷的 48 起案件中涉案金额达 500 万元之上的有 8 起，占总案件数的 16. 67%；涉案金额达 100 万元之上的有 32 起，占总案件数的 66. 67%。《山东省地方金融条例》明确规定“小额贷款公司应当按照小额、分散的原则开展业务经营，重点为小型微型企业和农民、农业、农村经济发展提供融资服务”。可见，有些小额贷款公司违背了“小额、分散”的原则，这也体现了贯彻落实《山东省地方金融条例》的重要性。

目前，山东正进入新旧动能转换时期，金融作为现代经济的核心，是新旧动能转换重大工程的重要支撑，具有增活力、强支撑、保安全的重要作用，金融的健康运行，能够有效促进实体经济发展。作为中小微企业、“三农”金融支持重要组成部分的民间金融，通过遵守《山东省地方金融条例》，坚持普惠金融发展方向，为在金融支持新旧动能转换工程中“面”的拓展提供支持。同时，民间金融组织善于创新，能够推动传统金融业务转型，发展科技金融、互联网金融、绿色金融、文化金融、养老金融、共享金融等新兴金融业态，支持创新企业和新兴产业发展，为新旧动能转换做出贡献。

（二）建立民间金融投资者资金保障制度

目前，民间金融投资者作为资金的提供方基本处于无保障状态，为此，地方金融监管部门可参考银行等正规金融机构建设存款保险制度和存款准备金制度，用以加强对借贷者、投资者的权益保护。2015 年 2 月中旬，国务院颁布《存款保险条例》，我国商业银行存款保险制度得到实施。《存款保险条例》能够保障商业银行在破产情况下，存款者可以通过保险获得赔偿，保护了存款人的利益。由于民间金融借贷手续相对简洁方便，借贷利率也会更高，过高的利率意味着更高的风险，和商业银行相比，民间金融机构更应该建立存款保险制度。这样不但有利于维护投资人的合法权益，还能够通过政府引导和监管吸引资金进入民间金融领域，促使民间金融规模化、规范化发展，有效提供金融支持并促进实体经济发展。

对于银行等金融机构来说，存款准备金制度主要是要求金融机构在中国人民银行有一定的存款，这一制度的设立初衷是对陷入破产危机的金融机构实施救援，但在后来作为一种常规性措施被推广开来。而民间金融机构由于其本身的高风险、脆弱性等特点，资金链易出现断裂且缺乏补救措施，因此，民间金融可以效仿存款准备金制度，一旦出现危机状态，存款准备金能够最大限度地降低投资者的损失。

（三）完善各类民间金融组织标准

目前，我国还没有出台关于民间金融组织的统一标准，而各省域地方金融法规专注面又有所不同，即使同一金融机构也有不同标准，这样就加大了民间金融的复杂性，民间金融市场泥沙俱下，尤其表现在网贷平台上。网贷之家数据显示，截止到 2017 年 12 月，我国累计网贷平台数量达 5961 家，累计问题平台数量达 4030 家，占比高达 67.61%；而山东累计网贷平台 670 家，累计停业平台数量达 595 家，占比达 88.81%。由于互联网金融没有地域性限制，较低的准入门槛使得互联网金融跟风现象严重，一些经营不善者和不法分子充斥其中，从而出现了大量“跑路、失联、暴力催债”等违法现象。由于互联网金融的非地域性，急需国家出台关于各类民间金融组织的规定，尤其是在门槛准入方面。例如，《山东省地方金融条例》出台后，已将民间金融组织的最低注册门槛提高至 3000 万元，并对出资人出资比例进行了限制；而小额贷款公司注册资本提高至 5000 万元，有效扼制了不法分子的进入，同时也促使合规公司谨慎经营。相对于 2015 年、2016 年山东频现的以投资咨询公司、小额贷款公司、理财机构等名义来进行非法集资、非法理财从而“跑路、失联，诈骗”的行为，民间金融组织准入门槛的提高使得 2017 年山东没有出现“跑路”现象。

（四）防范民间借贷利率过高

民间资金虽能为中小企业减轻融资难题，但较高的利率将增加中小企业的融资成本，当实体经济无法承受高息时，就会发生资金链断裂，从而引发违约事件，如果引起连锁反应将引发系统性金融风险，因此，高利率是引发民间借贷高风险的重要因素。

过高的民间借贷利率还阻碍了实体经济发展。目前，我国进入了经济新常态，增长速度换挡期、结构调整阵痛期、前期刺激政策消化期“三期叠加”给经济带来严峻挑战，实体企业经营困难，企业利润率偏低。2017 年 1 年期银行贷款利率为 4. 35%，4 倍数为 17. 40%，而在民间借贷市场上，中国裁判文书网 2017 年山东涉案民间借贷纠纷的 48 起案例显示，贷款利率超过 17. 40% 的达 30 起，占比 62. 50%，而最高的贷款利率为即墨市盛诚小额贷款有限公司 2015 年一笔利息高达 72. 00% 的贷款。也即是说，实体企业只有获得超过 17. 40% 的利润率才能支撑高息借贷，高息贷款严重阻碍了实体经济的发展，还侵蚀着实体经济带来的成果。

解决民间借贷利率高的难题，首先，制定专门的法律法规。由于我国民间借贷市场发展不规范，政府部门应及时出台相关法律法规，通过保护合法的民间借贷行为和打击非法的高利贷行为，发挥民间金融市场对实体企业的支持作用。其次，推进利率市场化，使得银行等正规金融机构利率和民间借贷利率更加衔接，利用利率的平衡作用实现资金市场供求均衡，使得民间借贷高利率的情况得到缓解。最后，建立完善的投融资渠道。通过引导民间借贷机构向着正规方向发展，促进行业内部有序竞争，通过市场降低利率。拓展民间借贷范围，促进民间借贷资金进入金融、铁路、能源等垄断行业，为民间金融创造一个好的投资环境。

附　　录

Appendix

B.12 山东普惠金融地方性法规

山东省人民政府关于推进普惠金融发展的实施意见

鲁政发〔2017〕14号

各市人民政府，各县（市、区）人民政府，省政府各部门、各直属机构，各大企业，各高等院校：

为贯彻落实《国务院关于印发推进普惠金融发展规划（2016—2020年）的通知》（国发〔2015〕74号），积极推进普惠金融发展，逐步建立与我省经济社会发展相适应的普惠金融服务体系，不断提高金融服务的覆盖率、可得性和满意度，提出如下实施意见。

一　发展目标

全面贯彻党的十八大和十八届三中、四中、五中、六中全会精神，紧紧围绕创新、协调、绿色、开放、共享的新发展理念，落实供给侧结构性改革要求，着力增加普惠金融服务和产品供给，不断改善小微企业、农民、城镇低收入人群、贫困人群和残疾人、老年人等特殊群体金融服务，持续提升普惠金融服务的覆盖率、可得性和满意度，为全省实施新旧动能转换重大工程贡献金融新动能。到2020年，建立与我省全面建成小康社会相适应的普惠金融组织机构体系、产品服务体系、扶持政策体系、消费者保护体系和协调保障体系，努力实现普惠金融服务能力和服务水平走在全国前列，使最广大人民群众公平分享金融改革发展的成果。

（一）提高金融服务覆盖率。实现乡乡有机构，村村有服务，乡镇一级实现银行物理网点和保险服务全覆盖，完善和优化助农取款服务村级覆盖网络，扩大助农取款服务点的影响力，提高使用率。拓展城市社区金融服务广度和深度，显著改善城镇企业和居民金融服务的便利性。

（二）提高金融服务可得性。大幅改善对城镇低收入人群、失业人员、困难人群以及农村贫困人口、创业农民、创业大中专学生、残疾劳动者等初始创业者的金融支持，完善对特殊群体的无障碍金融服务。提高小微企业和农户贷款覆盖率，实现小微企业和涉农贷款持续增长。提高小微企业信用保险和贷款保证保险覆盖率，力争农业保险参保农户覆盖率提升至95%以上。

（三）提高金融服务满意度。有效提高各类金融工具的使用效率。开展广覆盖、全方位、形式多样的金融需求对接，提高小微企业和农户信用档案建档率。规范金融机构经营行为，有效降低金融服务投诉率，进一步提高小微企业和农户申贷获得率和贷款满意度。

二　基本原则

（一）市场主导与政府引导相结合。坚持市场化运作与政府扶持相结合，尊重市场规律，突出商业可持续，充分发挥市场在金融资源配置中的决定性作用。更好地发挥政府在统筹规划、组织协调、均衡布局、政策扶持等方面的引导作用，健全激励约束机制，实现普惠金融可持续发展。

（二）统筹规划与因地施策相结合。突出政策统筹，建立全省普惠金融发展推进机制，健全完善各项财政、税收、金融政策体系，有序推进普惠金融发展。鼓励结合实际大胆探索，先行先试，优先解决欠发达地区、薄弱环节和特殊群体的金融服务问题。

（三）基础服务与改革创新相结合。依托金融机构服务网点和渠道发展，加大对金融服务薄弱环节的渗透，满足各层次不同主体的基础金融服务需求。发挥金融机构产品和服务方式创新主体作用，降低金融服务成本，不断提升金融服务广度和深度。

（四）规范发展与防范风险相结合。坚持发展与规范并行，合理平衡业务风险与社会效益，加强金融风险防控，注重重点领域和薄弱环节的风险控制，维护金融稳定，保障金融安全。

三　建立健全多元化广覆盖的普惠金融机构体系

（一）优化完善银行业市场体系。鼓励开发性政策性银行创新与其他金融机构合作方式，降低小微企业贷款成本。充分发挥国开行、农发行功能定位和金融优势，大力支持扶贫开发、棚户区改造、新型城镇化、现代农业和水利、农业农村基础设施等项目建设。引导进出口银行支持进出口贸易，创新服务中小微企业开拓国际市场，促进开放型经济发展。鼓励大中型商业银行设立普惠金融事业部，国有大型银行要率先做到，实行差别化考核评价办法和支持政策。鼓励商业银行建设面向“三农”、小微企业的专营机构和特色支行，支持中小银行批量申报组建社区支行和小微支行，提高小微金融服务的批量化、规模化、标准化水平。支持农业银行向县域和基层延伸“三农金融事业部”，提升“三农”金融服务水平。引导邮储银行稳步发展小额涉农贷款业务，逐步扩大涉农业务范围。加快推动地方法人银行转型发展，充分发挥管理层级少、贴近客户、机制灵活等优势，着力做好“三农”和小微企业金融服务。支持城市商业银行审慎开展综合经营，增强单体综合实力，强化服务地方、服务中小企业、服务社区的市场定位，实现县域网点全覆盖。推动省联社加快履职转型，强化服务功能。持续推动农村商业银行完善治理结构，强化支农市场定位。支持村镇银行在乡镇布设网点、拓展业务。积极培育发展民营银行。

（二）规范发展各类新型机构。支持发起设立主要服务小微企业和“三农”的金融租赁公司和融资租赁公司，更好满足小微企业和涉农企业设备投入与技术改造融资需求。加快组建消费金融公司，促进汽车金融公司发展，激发消费潜力，促进消费升级。支持发展政府出资为主的融资担保机构或基金，健全农业信贷担保体系，强化再担保机构功能定位，发挥好融资担保机构股权投资基金的引领带动作用。鼓励社会资本在县域发起设立小额贷款公司、融资担保公司、典当企业等机构，增强资本实力，找准市场定位，发挥小额、分散、便捷优势，提升普惠金融服务能力。深化新型农村合作金融改革试点，积极探索新型农村合作金融发展的有效形式，不断提高试点质量，适时扩大试点规模，初步建立起与山东农村经济相适应、运行规范的新型农村合作金融框架。加强农民合作社的规范化建设和管理，规范发展农民合作社及贫困村内部资金互助业务。规范发展民间资本管理机构、民间融资登记服务机构，推动民间资金供需规范有序对接，促进民间资金有效转化为民间资本，更好地支持创新创业。

（三）稳步构建多层次资本市场服务体系。大力培育挂牌上市主体，支持符合条件的中小微企业、涉农企业在境内外资本市场上市或在全国中小企业股份转让系统、区域股权交易中心挂牌，拓宽企业融资渠道。鼓励和引导符合条件的小微企业和涉农企业在银行间市场发行短期融资券、中期票据、中小企业集合票据等非金融企业债务融资工具，支持符合条件的中小微和涉农企业发行公司债券进行直接融资，降低融资成本。引进培育农业种子基金、农业风险投资基金、涉农私募股权基金、“三农”并购基金、农业产业投资基金，规范新兴产业创业投资基金、天使投资引导基金等政府性引导基金运作，引导社会资金积极参与，促进种子期、初创成长型中小微企业和战略性新兴产业加快发展。

（四）建立完善多形式的保险保障体系。支持和吸引各类资本在山东发起或参股设立专业化、特色化法人保险机构。优化各地保险机构网点布局，持续加大对农村保险服务网点的资金、人力和技术投入，健全“三农”保险服务体系。鼓励保险机构向乡、村两级延伸保险服务网络，推进保险人员、产品、服务“三下乡”。培育发展相互保险、自保公司等新型市场主体，启动农村保险互助社的试点工作。探索培育服务社区的社区性保险机构。完善保险中介市场，鼓励具有技术优势且服务于普惠金融发展的保险中介机构加快发展，引导各类保险中介机构实现规范化、专业化、规模化、集约化发展。加强与保险资产管理机构对接，扩大保险资金投资渠道，引导保险资金以适当方式服务于城镇化建设、“三农”和小微企业发展。

（五）规范发展“互联网+”普惠金融。借助数据信息技术，降低普惠金融的信息、经营和管理成本，实现商业可持续发展。鼓励金融机构利用大数据、云计算等信息技术手段，提高金融服务的电子化水平，打造互联网金融服务平台，降低运营成本，向农村地区延伸金融服务。鼓励金融机构与互联网企业开展多元化合作，实现优势互补，紧密结合小微企业和“三农”金融需求，创新产品、服务和商业模式，提升服务效率和水平。鼓励金融机构成立互联网金融专营事业部或独立法人机构。鼓励金融机构与网络支付机构服务电子商务发展。规范发展互联网金融组织，明确行业准入标准和从业行为规范，落实信息披露制度，提高普惠金融服务水平，降低市场风险和道德风险。组建山东省互联网金融协会，加强互联网金融行业自律，促进互联网金融组织规范健康发展。

四　聚焦普惠金融服务主体加快金融创新

（一）改进小微企业金融服务。鼓励金融机构创新小微企业金融产品和服务方式，改造信贷管理制度和信用评级模型，合理设定授信准入门槛，创新动产质押、知识产权质押等担保方式。鼓励开展基于风险评估的续贷业务，推广循环贷款、年审制贷款、小额信用贷款等便利借款人的信贷产品和微贷管理技术。推进银税合作模式，探索实施小微企业和新型经营主体主办银行制度。加大对科技创新创业企业的金融支持，不断完善科技金融服务体系，优化科技金融供给结构，对不同发展阶段科创企业采取分类施策的支持方式，逐步打造覆盖科创企业全生命周期的金融服务模式。鼓励设立科技支行和科技金融专营机构，支持符合条件的银行业金融机构开展“投贷联动”

业务。支持地方法人金融机构发行小微企业金融债和“三农”金融债。引导银行业金融机构根据自身风险状况和内控管理水平，适度提高小微企业不良贷款容忍度。落实小微企业贷款尽职免责制度，制定小微企业金融服务从业人员尽职免责办法。鼓励商业银行与保险公司合作，探索以信用保险、贷款保证保险等产品为主要载体，多方参与、风险共担的经营模式，有效缓解中小微企业融资难、融资贵问题。

（二）提高农村金融服务水平。持续加大农村金融资源投入，研究落实银行业金融机构本地存款主要用于本地、农村存款主要用于农业农村的具体措施。引导和调动更多金融资源投向农村基础设施建设、农业设施装备、新型城镇化等重点领域，支持现代农业、绿色农业、休闲农业发展，支持农产品加工业转型升级、农产品流通设施建设和美丽宜居乡村建设，大力支持发展农业“新六产”，促进农村一、二、三产业融合发展。积极探索低成本、可复制、易推广、符合我省特点的农村金融产品和服务方式，创新“三农”服务专门机构和业务模式，推广“涉农龙头企业 + 上下游种养殖户/经销商”“企业 + 农民合作社/家庭农场/基地 + 农户”等农业产业链融资模式，稳妥有序推进农村“两权”抵押贷款试点，积极发展大型农机具、海域使用权、林权抵押贷款等信贷产品，支持重点农业基地、林业基地等建设。引导涉农金融机构定向扶持种养大户、家庭农场、专业合作社、产业化龙头企业等新型农业经营主体，加大农业创业创新示范基地、大学生农村创业特色产业示范平台、农民工返乡创业园、电商示范村等各类创业孵化基地和创业示范园区的金融支持，提供一揽子、综合性金融服务。深入实施农村金融服务“三大工程”，加快推进富民惠农金融创新。

（三）提升保险服务的普惠功能。加快发展农业保险，重点发展关系国计民生和粮食安全的农作物保险、主要畜产品保险、重要“菜篮子”品种保险和林果、森林保险，推广农房、农机具、设施农业、渔业、制种保险等业务。在中央财政补贴险种基础上，拓宽农业保险覆盖面和品种，积极探索开展枣、茶叶、葡萄、大小拱棚、中药材等具有我省生产特色的保险险种，满足不同层次农民投保需求。鼓励商业保险机构为低保对象、特困供养人员等经济困难及低收入人群、残疾人等特殊群体提供人身意外伤害保险、商业补充医疗保险和医疗救助服务，围绕失能老年人开发护理保险等保险产品，推动商业保险在养老、护理、健康等领域扩大服务范围。支持商业保险机构承办大病保险，开发多样化的健康保险产品，搞好与基本医疗保险、大病保险、医疗救助的衔接，进一步提高人民群众的医疗保障水平。支持保险机构开展普惠型灾害民生保险、价格指数保险、天气指数保险、巨灾保险业务，最大限度减少灾害保险支出和灾害损失。探索建立重大自然灾害风险保险和农业大灾风险保险分散机制，健全保险经营机构与灾害预报部门、农业主管部门的合作机制。鼓励开展特色农业保险和农产品安全责任保险。在有效控制金融风险的前提下，大力推进科技保险、“政银保”贷款保证保险，支持开展多种形式的互助合作保险。探索保险资金投资我省创业投资基金、私募股权基金的有效途径。

（四）改善民生金融服务。大力发展农村民生金融业务，发挥创业担保贷款的政策扶持作用，完善创业担保贷款管理办法，切实加大对符合条件的城镇登记失业人员、就业困难人员、高校毕业生（含服务基层项目大学生和留学回国学生）、返乡创业农民工、妇女、残疾人等重点群体，以及符合规定条件小微企业的信贷支持力度。稳步扩大创业担保贷款规模，拓宽业务覆盖面。完善生源地助学贷款政策，适当提高助学贷款的资助标准，提高助学贷款满足率。开发适合残疾人、老年人等特殊群体特点的金融产品，引导有条件的金融机构设立无障碍服务网点，完善电子服务渠道，探索实施特殊人群上门服务。加大保障性住房金融支持，优先满足居民首套和改善性住房贷款需求。创新供应链金融、消费金融等适合现阶段弱势群体金融需求特点的信贷技术。规范金融机构经营行为，推进金融服务收费规范化、标准化、分类化建设。最大限度地调整、合并、取消各种同质同类的服务收费项目，缩短企业融资链条，降低企业融资成本。

五　全力推进金融扶贫打好脱贫攻坚战

（一）加大金融扶贫资金投入。在普惠金融政策基础上，对扶贫开发实施倾斜性金融政策，力推精准扶贫、精准脱贫。实施扶贫信贷工程，用好支农再贷款、扶贫再贷款以及各种政策性贷款支持扶贫工作，完善商业性金融综合服务，有效发挥各类金融机构独特优势，持续加大金融资源投入，保持贫困地区、贫困户信贷投入总量持续增长，实现信贷资金投放与脱贫攻坚项目计划、进度要求相匹配。对符合条件建档立卡贫困户的有效信贷需求实行扶贫小额信贷全覆盖，实现贫困地区各项贷款增速高于全省各项贷款平均增速，贫困户贷款增速高于农户贷款平均增速。合理确定扶贫再贷款使用期限，扶贫再贷款执行比支农再贷款更优惠的利率，为金融机构支持脱贫攻坚提供稳定低成本资金来源。优化调整贫困地区贷款结构，鼓励开发性、政策性金融机构增加中长期贷款，引导商业性银行业金融机构在风险可控、商业可持续的前提下加大对贫困地区基础设施建设的支持力度，进一步提高中长期贷款比重，推动贫困地区基础设施早建成、早见效、见长效。

（二）精准聚焦扶贫重点领域。精准对接扶贫对象和扶贫项目的融资需求，突出重点、分类施策。着力满足符合条件建档立卡贫困户的扶贫小额信贷需求，以乡镇为单位全面实行银行“包干服务”制度，保证信贷资金精准到户。加大对产业扶贫、电商扶贫、乡村旅游扶贫、光伏扶贫等特色产业项目的信贷支持，积极支持能吸收贫困人口就业、带动贫困人口增收的特色产业发展。做好易地扶贫搬迁金融服务，精准对接易地扶贫搬迁的贫困人口安置、安居和就业创业各阶段的金融服务需求。加大对2个贫困人口集中的市（菏泽、临沂）、20个脱贫任务比较重的县（市、区）、200个重点扶持乡镇、2000个扶贫工作重点村等重点地区脱贫攻坚的支持力度。支持贫困地区交通、水利、电力、能源、生态环境建设等基础设施和文化、医疗、卫生等基本公共服务项目建设，支持农村危房改造、人居环境整治、新农村建设等民生工程建设。推进实施教育扶贫，加大对贫困家庭学生助学贷款、贫困人口创业就业的信贷支持力度。稳步拓宽精准扶贫多元化融资渠道，鼓励保险资金以债权、股权、资产支持计划等多种形式，积极参与贫困地区基础设施、重点产业和民生工程建设，从大病扶贫、农险扶贫、产业扶贫等方面发挥保险在精准扶贫中的作用。

（三）完善金融扶贫工作机制。实施多方联动增信工程，鼓励市、县级政府设立扶贫贷款风险贴息和补偿基金，建立“政府＋担保＋银行＋保险”四方联动机制，完善金融扶贫工作推进、成效考核、监测统计等机制建设。建立健全与脱贫攻坚战相适应的金融服务体制机制，找准服务定位，发挥好开发性金融、政策性金融和商业性金融在扶贫开发中的互补作用。鼓励国开行、农发行加大贫困地区基础设施、公共服务设施、移民搬迁、生态保护、教育扶贫、黄河滩区脱贫迁建、彭楼灌区扩建工程等领域的资金投放，支持改善贫困地区、贫困人口生产生活条件。支持其他涉农银行业金融机构成立扶贫工作专门组织体系，建立扶贫专项工作机制，对目标任务、责任划分、进度计划、信贷政策、业务授权、金融创新、资源配置、跟踪督查等进行统筹安排。支持商业银行以政策扶持为支撑，主动对接扶贫开发项目，通过市场机制加大对贫困地区主导产业、优势产业、农业现代化以及新型农业经营主体发展规模化生产的支持力度。

六　打造国内领先的普惠金融基础设施

（一）优化农村支付环境建设。规范“村村通”金融服务点，提升服务功能，支持银行机构在乡村布放 POS 机、自动柜员机等电子机具，充分利用移动互联网技术，进一步向乡村延伸银行卡受理网络。鼓励银行机构和非银行支付机构面向全省农村地区提供安全、可靠的网上支付、手机支付等移动金融服务，开展金融 IC 卡技术创新，拓展金融 IC 卡在公共交通等公共服务领域的应用。支持网络支付机构与电子商务平台对接，拓展医疗卫生、交通罚款、生活缴费等公共缴费市场，提供小额、便民、快捷的支付服务。支持村镇银行等农村金融服务机构和网点采取灵活、便捷的方式接入人民银行支付系统或其他专业化支付清算系统。鼓励商业银行代理农村地区金融服务机构支付结算业务。支持农村支付服务市场主体多元化发展。探索通过财政补贴、降低电信资费等方式，支持偏远、特困地区的支付服务网络建设。

（二）健全普惠金融信用信息体系。落实《山东省社会信用体系建设工作方案》要求，以农村和小微企业征信数据库建设为切入点，加快推进农户、小微企业和城镇低收入人群等电子信用档案建设，加强信用信息归集和管理工作，持续开展小微企业信用评价和“信用户”“信用村”“信用乡镇”评定及结果应用，提高信用信息建档率，到2020年，实现全省农户和企业信用信息采集和查询服务全覆盖。加快推进全省信用体系建设，公安、司法、工商、海关、环保、人力资源社会保障、住房城乡建设、质监、农业、交通运输、公用事业、卫生计生等部门利用现有信息化系统，依法采集农户、城镇低收入人群和小微企业的政务信息，通过省公共信用信息平台及山东省域征信服务平台，推动政务信息与金融信息互联互通。积极培育从事小微企业和农民征信业务的征信和评级机构，支持有资质的征信机构、信用评级机构依法采集信用信息，构建多元化信用信息收集渠道。扩充金融信用信息基础数据库接入机构，稳步推进符合条件的保险机构、村镇银行、小额贷款公司、民间资本管理机构、民间融资登记服务机构、融资性担保机构、融资租赁企业、典当企业、互联网金融机构等接入人民银行征信系统，降低普惠金融服务对象征信成本。

（三）建立普惠金融监测统计体系。加强普惠金融指标设计和基础数据统计，科学设定普惠金融发展指标内容，在整合现有各部门涉及的普惠金融管理数据基础上，建立涵盖金融服务可得情况、使用情况、服务质量的符合山东实际的统计指标体系。开展普惠金融专项调查和统计，探索将普惠金融服务调查纳入社会人口、经济普查等调查活动，全面掌握普惠金融服务基础数据和信息。建立普惠金融发展动态评估和考核机制，从区域和机构两个维度，对普惠金融发展情况进行全面评价，督促持续改进普惠金融服务工作。

（四）构建专业化金融服务中介体系。注重发挥齐鲁农村产权交易中心作用，建立健全省市县三级农村产权要素交易平台，有效归集利用农村产权登记信息；建立健全土地经营权、宅基地使用权、林权等各类产权要素的确权颁证、价值评估、抵押登记、交易流转和风险处置机制，有效盘活农村现有资源。探索建立以互联网为基础的集中统一的自助式动产、权利抵质押登记平台，推动开展动产抵质押融资业务。建立省级农业保险管理信息平台，有效对接全国农业保险管理信息平台。培育发展农村资产评估、资信评级、融资咨询、保险经纪等中介服务组织，逐步构建专业化的中介服务体系。

七　健全普惠金融政策激励和风险补偿机制

（一）强化发展普惠金融的政策激励。充分发挥财政资金引领和杠杆作用，逐步优化我省金融发展资金管理办法，重点向普惠金融领域倾斜。完善农村金融机构定向费用补贴、县域金融机构涉农贷款增量奖补政策，引导和鼓励金融机构加大对“三农”信贷投放，扩大农村金融服务覆盖面。认真落实中央财政林业贷款贴息政策，优化财政涉农资金供给机制，支持贫困地区统筹整合使用财政涉农资金。进一步发挥创业担保贷款、小额扶贫信贷等政策优势，服务下岗再就业人员、返乡农民工、大学生创业、贫困人口等就业困难群体。积极支持中小企业拓宽融资渠道，对在境内外资本市场上市或在全国中小企业股份转让系统、区域性股权交易市场挂牌的涉农和中小微企业，按有关规定进行奖励。鼓励各级财政通过贷款贴息、风险补偿、以奖代补等政策措施，激励和引导各类机构加大对小微企业、“三农”和民生尤其是精准扶贫等领域的支持力度。鼓励有条件的市、县（市、区），对在县域及以下新设专门服务于“三农”、小微企业、科创企业等普惠群体的专营机构、特色支行、保险公司营销服务部、营业部，按规定给予一次性新设奖励，对金融机构注册登记、房产确权评估等给予政策支持。严格落实小微企业和“三农”贷款相关税收优惠和补贴扶持政策，对普惠金融成效明显、贡献突出的金融机构，在税收优惠、财政奖励等各方面给予政策倾斜。

（二）完善风险分担补偿机制。完善省市县级小微企业、“三农”等风险分担与补偿机制，推广企业、政府、银行和保险、担保等机构相互合作的金融服务命运共同体模式，优化普惠金融服务的配套机制。落实有关政策要求，对符合条件的小微企业、涉农企业和扶贫贷款损失，由担保机构、合作银行和财政资金，按分担比例共同承担。积极推动“政银保”合作模式，鼓励金融机构通过保险增信扩大对中小微企业、农业种养大户和农村各类生产经营性合作组织以及城乡创业者的信贷投放，财政部门按有关规定给予保费补贴、超额风险补偿及贷款本金损失补偿。建立从事小额信贷业务金融机构的风险补偿和正向激励机制，完善政府主导的多层次农业信贷担保体系，鼓励银行机构与具有政策性背景的担保机构开展业务合作，构建政银担合作新模式。

（三）严密防控金融风险。各级政府要切实承担起金融风险防控和处置第一责任人的责任，加强对各类金融风险的监测预警，加大各类风险隐患排查和化解力度，及时开展重点领域金融风险专项整治，严厉打击非法集资、非法证券等违法违规金融活动和金融欺诈行为，整顿规范金融秩序，依法妥善处置金融风险事件，加强金融风险舆情应对，筑牢金融风险“防火墙”，防止风险传染，坚决守住不发生系统性金融风险的底线。落实地方政府维护区域金融生态环境的主体责任，加大对恶意逃废债、暴力催收等危害地方金融生态环境行为的打击力度，加强失信行为惩戒，维护良好的金融生态环境。创新完善诉讼外金融纠纷处置工作机制，提高金融纠纷案件审结效率，解决金融案件积压和执行难问题。

八　发挥中央金融监管与地方金融监管的政策合力

（一）发挥货币政策引导作用。积极运用差别化存款准备金等货币政策工具，鼓励和引导金融机构更多地将新增或者盘活的金融资源配置到小微企业和“三农”等领域。完善再贷款、再贴现政策管理，进一步增强支农支小再贷款、扶贫再贷款、再贴现支持力度，加强再贷款、再贴现资金使用情况的监督和考评，引导金融机构扩大涉农、小微企业信贷投放，降低社会融资成本。积极运用信贷资产证券化、不良资产证券化、小微企业金融债、“三农”金融债等方式，提升金融机构支持小微企业和“三农”发展的资金实力，增加金融服务有效供给。

（二）实施差异化金融监管政策。强化正向激励导向，从业务和机构两个方面采取差别化监管政策，将普惠金融推进工作与监管评级、市场准入、高管履职评价等挂钩，引导金融机构将金融资源向普惠金融薄弱群体和领域倾斜。推动落实有关提高小微企业和“三农”不良贷款容忍度的监管要求，落实尽职免责相关制度。对贫困地区设立分支机构和服务网点，实行更加宽松的准入政策。加强对小微企业和“三农”贷款服务、考核和核销方式的创新，用好用足核销政策。积极发挥全国中小企业股份转让系统、区域性股权市场、债券市场和期货市场作用，引导证券投资基金、私募股权投资基金、创业投资基金增加有效供给，丰富中小企业和“三农”的融资方式。支持保险公司开拓县域市场，对其在县域基层或落后地区设立分支机构适度放宽条件、优先审批。

（三）健全完善地方金融监管体系。推动《山东省地方金融条例》贯彻实施，完善地方金融组织监管细则和考核奖励办法，引导推动小额贷款、融资担保、民间融资、交易市场、农村信用互助等地方金融组织不断放大普惠金融服务功能。促进互联网金融规范发展，制定出台 P2P 网络借贷、互联网私募股权等监管细则，建立健全衔接紧密、切实有效的互联网金融监管服务体系，为充分发挥互联网金融普惠作用创造条件。

（四）加强政策措施协调配合。加强各类政策的衔接和配合，统筹整合各类普惠金融发展扶持政策，增强各项政策的一致性和系统性，共筑政策支撑合力。建立多部门、跨行业的普惠金融发展联席会议机制，加强驻地中央金融监管部门和地方金融监管部门的协调配合，提高金融监管政策的实施效果。完善普惠金融发展信息交流共享平台和普惠金融运行分析、执法协作平台，加快形成条块结合、运转高效、无缝衔接、全面覆盖的普惠金融发展监管协调机制，着力提升监管有效性。

九　构筑普惠金融教育与消费者权益保护长效机制

（一）加大金融知识普及宣传力度。加强金融知识普及教育系统规划，统筹政府措施和民间行动，建立以各级政府为主导、消费者权益保护部门为依托、金融机构广泛参与、各类社会组织积极活动的全民全面金融知识教育模式，广泛利用电视广播、书刊杂志、数字媒体等渠道，多层面、广角度长期有效普及金融基础知识。实施基础金融知识扫盲工程，针对城镇低收入人群、失业人员、困难人群，以及农村贫困人口、创业农民、创业大中专学生、残疾劳动者等初始创业者开展专项教育，使其掌握符合需求的金融知识，推动金融知识进社区、进企业、进乡村。注重培养社会公众的信用意识和契约精神。建立金融知识教育发展长效机制，将金融知识宣传和投资者教育逐步纳入国民教育体系，推动大中小学积极开展金融知识普及教育，鼓励高校开设金融基础知识相关公共课。

（二）培育金融消费者风险防范意识。持续开展“金融知识进万家”“金融知识普及月”“3·15金融消费者权益日”和“保险公众宣传日”等活动，强化金融风险宣传教育，提高公众金融风险防范意识。以金融创新业务为重点，针对金融案件高发领域，运用各种新闻信息媒介开展金融风险宣传教育，提高公众对非法集资行为的认知度和辨识度，增强群众风险防范意识与能力。推动培养金融消费者“收益自享、风险自担”观念，重点加强与金融消费者权益有关的信息披露和风险提示，引导金融消费者根据自身风险承受能力和金融产品风险特征理性投资与消费。

（三）加强金融消费者权益保护。督促金融机构落实在客户权益保护方面的义务与责任，切实担负起受理、处理金融消费纠纷的主体责任，不断完善工作机制，改进服务质量。建立完善金融消费者权益保护协调机制、金融消费者权益争议处理机制和监管执法合作机制。畅通金融机构、行业协会、监管部门、仲裁、诉讼等金融消费争议解决渠道，发挥非诉第三方社会组织在解决金融纠纷中的重要作用，逐步建立符合基层实际的多元化金融消费纠纷解决机制。强化行业自律。加强金融消费者权益保护监督检查，及时查处侵害金融消费者合法权益行为。

十　完善普惠金融发展保障机制

（一）加强组织保障。建立省金融办、山东银监局、人民银行济南分行、省扶贫办、省发展改革委、省经济和信息化委、省民政厅、省财政厅、省农业厅、省商务厅、省林业厅、省公安厅、省人力资源社会保障厅、省教育厅、省残联、山东证监局、山东保监局等单位共同参加的山东省推进普惠金融发展工作联席会议制度，统筹推进普惠金融工作，制定普惠金融发展政策，协调解决重大问题，推进规划实施和政策落实，防范化解金融风险。联席会议办公室设在省金融办，具体负责联席会议日常工作，各成员单位按照工作职责各负其责、协同推进，根据职责分工完善并推动落实各项配套政策措施。各市要加强组织领导，建立相应的普惠金融发展工作协调机制，结合本地经济金融发展实际，制定具体落实方案，细化支持政策和配套措施，扎实推进各项工作。工作推进中出现的新情况、新问题要及时报联席会议办公室。

（二）实施专项工程。围绕普惠金融发展重点领域、重点人群，集合资源，大力推进金融知识扫盲工程、移动金融工程、就业创业金融服务工程、金融扶贫工程、大学生助学贷款工程等专项工程，促进普惠金融加快发展。各市可在风险可控、依法合规的条件下，探索普惠金融创新先行先试，探索发挥基层组织在推进普惠金融发展中的作用。

（三）强化政策监督落实。研究建立普惠金融发展统计指标体系，制定普惠金融发展考核评价标准。将推进普惠金融发展工作纳入全省金融业发展绩效考核框架。建立推进普惠金融发展监测评估体系和统计信息共享机制，加强对推进普惠金融发展的动态监测与跟踪分析，适时对普惠金融发展贯彻落实情况、目标完成情况进行督导检查。

各市、各有关部门要结合各自实际，制定本地、本部门具体落实意见，切实加大普惠金融发展的推进力度。

山东省人民政府

2017 年 6 月 16 日

（2017 年 6 月 20 日印发）

B.13
参考文献

[1] 孙国茂：《山东省普惠金融发展报告（2017）》，社会科学文献出版社，2017。

[2] 孙国茂：《山东省互联网金融发展报告（2017）》，中国金融出版社，2017。

[3] 孙国茂、安强身：《普惠金融组织与普惠金融发展研究——来自山东省的经验与案例》，中国金融出版社，2017。

[4] 孙国茂：《区块链技术的本质特征及在证券业的应用》，《上海证券报》2017 年 2 月 8 日。

[5] 孙国茂：《区块链技术的本质特征及其金融领域应用研究》，《理论学刊》2017 年第 2 期。

[6] 孙国茂：《尽快推进普惠金融制度体系建设》，《经济参考报》2017 年 3 月 3 日。

[7] 孙国茂：《金融改革的目标是实现金融服务的普惠性》，《国际融资》2017 年第 11 期。

[8] 孙国茂：《P2P 问题平台的风险特征与原因》，《证券时报》2016 年 9 月 8 日。

[9] 孙国茂：《降低 M2 增速并不等同于去杠杆》，《上海证券报》2017 年 7 月 20 日。

[10] 孙国茂、胡汝银：《健全资本市场　加快新旧动能转换》，《中国社会科学报》2017 年 9 月 20 日。

[11] 孙国茂、范跃进：《金融中心的本质、功能与路径选择》，《管理世界》2013 年第 11 期。

[12] 孙国茂:《从根本上改革股票发行制度》,《理论学刊》2014 年第 3 期。

[13] 孙国茂:《互联网金融:本质、现状与趋势》,《理论学刊》2015 年第 3 期。

[14] 孙国茂:《金融创新的本质、特征与路径选择——基于资本市场的视角》,《理论学刊》2013 年第 6 期。

[15] 孙国茂:《释放资本市场改革的更大红利》,《人民日报》2014 年 10 月 29 日。

[16] 孙国茂:《中国股市与经济运行背离的原因分析》,《理论学刊》2012 年第 2 期。

[17] 孙国茂:《中国式庞氏融资的成因及治理研究》,《山东社会科学》2012 年第 2 期。

[18] BR 互联网金融研究院:《互联网金融报告(2016)》,中国经济出版社,2016。

[19] 艾永梅:《农村合作金融的风险控制——以山东、浙江供销社资金互助为例》,《中国金融》2015 年第 14 期。

[20] 安娜:《我国银行业有充足“弹药”抵御风险》,《金融世界》2018 年 3 月 1 日。

[21] 巴曙松、刘少杰、杨倞:《2014 年中国资产管理行业发展报告》,中国人民大学出版社,2014。

[22] 白鹤祥:《完善我国普惠金融体系》,《中国金融》2016 年第 17 期。

[23] 蔡洋萍、谢冰:《我国农村普惠金融内生化发展机理、障碍及对策研究》,《金融与经济》2016 年第 2 期。

[24] 蔡洋萍:《我国农村普惠金融内生化发展现状、障碍及对策研究》,《浙江金融》2016 年第 1 期。

[25] 陈华、李国峰:《互联网金融:现状、存在问题及应对策略》,《金融发展研究》2014 年第 5 期。

[26] 陈莎、周立:《中国农村金融地理排斥的空间差异——基于“金融密

度”衡量指标体系的研究》，《银行家》2012 年第 7 期。

［27］大众理财顾问杂志社：《P2P 借贷的逻辑》，机械工业出版社，2016。

［28］戴宏伟、随志宽：《中国普惠金融体系的构建与最新进展》，《理论导刊》2014 年第 5 期。

［29］董晓林、徐虹：《我国农村金融排斥影响因素的实证分析——基于县域金融机构网点分布的视角》，《金融研究》2012 年第 9 期。

［30］董梦云：《我国普惠金融的发展探究》，《商场现代化》2016 年第 25 期。

［31］杜晓山：《发展农村普惠金融的思路和对策》，《金融教学与研究》2015 年第 3 期。

［32］杜晓山：《构建完整的农村普惠金融体系》，《金融世界》2016 年第 2 期。

［33］樊月英：《小微金融机构与普惠金融问题研究——以山西晋中为例》，《华北金融》2014 年第 10 期。

［34］范秀红：《国外普惠金融发展实践》，《中国金融》2014 年第 22 期。

［35］范秀红：《国外普惠金融可持续发展对我国的启示》，《经济研究参考》2014 年第 59 期。

［36］高阳：《中国农村普惠金融目标实现路径研究》，山东人民出版社，2014。

［37］耿欣、冯波：《小额贷款公司运营及其可持续发展研究——以山东小贷公司为例》，《山东社会科学》2015 年第 1 期。

［38］郭军、冯林：《小额贷款公司可持续发展研究——以山东省为例》，《东岳论丛》2013 年第 10 期。

［39］郭田勇、丁潇：《普惠金融的国际比较研究——基于银行服务的视角》，《国际金融研究》2015 年第 2 期。

［40］何德旭、苗文龙：《金融排斥、金融包容与中国普惠金融制度的构建》，《财贸经济》2015 年第 3 期。

［41］胡金焱、梁巧慧：《小额贷款公司多重目标实现的兼顾性——来自山

东省的证据》,《财贸经济》2015 年第 5 期。

[42] 胡金焱、刘险峰、李永平:《“两区、一圈、一带”战略深入实施及区域协调发展研究——基于山东省金融发展战略视角》,《金融发展研究》2015 年第 6 期。

[43] 胡智强:《普惠金融视野下我国民间借贷的发展与规制》,《审计与经济研究》2014 年第 3 期。

[44] 黄国平、伍旭川:《中国网络信贷行业发展报告(2014 ~ 2015)》,社会科学文献出版社,2015。

[45] 黄晓梅:《小额贷款公司信用风险的控制与防范》,《企业经济》2012 年第 11 期。

[46] 黄志华:《发展小额信贷构建普惠金融体系的研究》,福建农林大学硕士学位论文,2012。

[47] 黄益平:《数字普惠金融的机会与风险》,《新金融》2017 年第 8 期。

[48] 黄益平:《互联网金融解决了普惠金融的痛点》,《企业观察家》2016 年第 5 期。

[49] 李永森:《资本市场规范发展与制度创新》,《中国金融》2018 年 1 月 16 日。

[50] 李永刚:《系统性金融风险调查:英国经验及启示》,《西南民族大学学报》(人文社科版)2018 年 2 月 5 日。

[51] 李永华、张燕:《“一行三会”开启“最强监管”》,《中国经济周刊》2018 年第 1 期。

[52] 李永平、胡金焱:《设立小额贷款公司的政策目的达到了吗?——以山东省为例的调查分析》,《山东社会科学》2011 年第 1 期。

[53] 李爱君:《互联网金融法律与实务》,清华大学出版社,2015。

[54] 李东荣:《以移动金融促普惠金融发展》,《中国金融》2014 年第 18 期。

[55] 李明贤、叶慧敏:《普惠金融与小额信贷的比较研究》,《农业经济问题》2012 年第 9 期。

[56] 李子彬、刘迎秋：《中国中小企业2015蓝皮书——混合所有制：中小企业发展的机遇与选择》，中国发展出版社，2015。

[57] 卢晓科：《“三农”信贷迎普惠金融支持》，《农村·农业·农民》（B版）2017年8月20日。

[58] 梁骞、朱博文：《普惠金融的国外研究现状与启示——基于小额信贷的视角》，《中央财经大学学报》2014年第6期。

[59] 刘兴成：《法律应成为金融监管标尺》，《法人》2018年3月1日。

[60] 刘政：《关于互联网金融法律监管问题的探讨》，《中国市场》2015年第27期。

[61] 刘双涛：《以昆仑银行为例浅议商业银行产融结合模式》，《今日财富（中国知识产权）》2017年第4期。

[62] 刘建刚：《我国普惠金融发展中的金融创新》，《理论导刊》2016年第10期。

[63] 刘国强：《探索中国特色普惠金融发展之路》，《中国金融》2017年第19期。

[64] 林政、李高勇：《互联网金融背景下的普惠金融发展研究》，《管理现代化》2016年第5期。

[65] 马延霞、潘璐：《普惠金融视阈下的社区银行发展研究》，《山东社会科学》2016年第5期。

[66] 马彧菲、杜朝运：《普惠金融指数测度及减贫效应研究》，《经济与管理研究》2017年第5期。

[67] 邱洪涛：《从供需双视角看基层普惠金融》，《金融发展研究》2015年第2期。

[68] 曲锋：《乐陵市推进新型农村合作金融试点调查》，《山东经济战略研究》2015年第8期。

[69] 沈炳熙：《普惠金融：寻求政府与金融机构“合力”》，《当代金融家》2014年第2期。

[70] 苏薇：《普惠金融发展影响因素及对策分析》，《时代金融》2017年第

24 期。

[71] 焦瑾璞:《微型金融学》，中国金融出版社，2013。

[72] 焦瑾璞、黄亭亭、汪天都等:《中国普惠金融发展进程及实证研究》，《上海金融》2015 年第 4 期。

[73] 欧理平:《普惠金融对商业银行盈利可持续性的影响研究》，《学术论坛》2016 年第 4 期。

[74] 彭晓娟:《普惠金融视角下互联网金融发展之法律进路》，《法学论坛》2018 年第 3 期。

[75] 唐宁:《发展普惠金融的三部曲与三支撑》，《清华金融评论》2014 年第 7 期。

[76] 汤琦瑾:《新发展理念引领中国经济发展新实践》，《新疆财经大学学报》2018 年 3 月 14 日。

[77] 万联供应链金融研究院:《中国供应链金融白皮书 (2016)》2016。

[78] 苑珂珂、宋良荣:《普惠金融绩效评价指标构建及其应用研究》，《金融理论与实践》2017 年第 11 期。

[79] 魏鹏:《商业银行普惠金融事业部经营管理机制研究——以五家大型商业银行为例》，《金融监管研究》2017 年 9 月 25 日。

[80] 魏鹏:《商业银行加速构建普惠金融服务体系》，《上海证券报》2017 年 11 月 17 日。

[81] 魏鹏:《普惠金融事业部建设之路初探》，《现代商业银行》2017 年 10 月 15 日。

[82] 韦博洋、宋晓玲:《商业银行普惠金融商业可持续发展模式研究》，《现代管理科学》2017 年第 1 期。

[83] 王清星:《互联网金融助推普惠金融发展问题研究》，《区域金融研究》2016 年第 4 期。

[84] 王海梅:《互联网时代下的普惠金融与长尾理论》，《青海金融》2017 年 11 月 22 日。

[85] 王婧、胡国晖:《中国普惠金融的发展评价及影响因素分析》，《金融

论坛》2013 年第 6 期。

[86] 王曙光、孔新雅、张棋尧：《将互联网金融思维植入普惠金融》，《中国金融家》2014 年第 6 期。

[87] 王曙光、王东宾：《双重二元金融结构、农户信贷需求与农村金融改革——基于 11 省 14 县市的田野调查》，《财贸经济》2011 年第 5 期。

[88] 王伟、田杰、李鹏：《我国金融排除度的空间差异及影响因素分析》，《西南金融》2011 年第 3 期。

[89] 王雪玉：《普而不惠何以称“普惠金融”?》，《金融科技时代》2014 年第 7 期。

[90] 王兆茹：《普惠金融理念下我国小额信贷监管法律问题研究》，西南财经大学硕士学位论文，2014。

[91] 吴国华：《进一步完善中国农村普惠金融体系》，《经济社会体制比较》2013 年第 4 期。

[92] 武锐、胡金焱：《小额贷款公司促进小微企业发展了吗？——基于山东省数据的研究》，《山东社会科学》2015 年第 3 期。

[93] 武文全：《山西省小微金融机构发展普惠金融情况的探索与思考》，《时代金融》2015 年第 11 期。

[94] 徐华：《把互联网金融和普惠金融更好融合起来》，《中国农村金融》2014 年第 9 期。

[95] 徐沈：《中国新型农村金融组织发展研究》，中共中央党校博士学位论文，2012。

[96] 尤圣光：《普惠金融与精准扶贫的研究》，《当代经济》2016 年第 5 期。

[97] 晏海运：《中国普惠金融发展研究》，中共中央党校博士学位论文，2013。

[98] 杨琳、虞斌：《普惠金融文献综述》，《海南金融》2014 年第 2 期。

[99] 杨团：《新型农村合作金融：特征及体系——浅议山东省新型农村合作金融试点》，《银行家》2015 年第 8 期。

[100] 姚梅、张宗益:《互联网科技对我国普惠金融的双重影响》,《西南金融》2017年第9期。

[101] 余文建:《普惠金融指标体系构建——从国际探索到中国实践》,《中国金融》2017年第5期。

[102] 尹优平:《金融科技助推普惠金融》,《中国金融》2017年第22期。

[103] 壹零研究院:《P2P网贷理财产品体验报告》,东方出版社,2015。

[104] 壹零研究院:《百变互联网理财:互联网金融理财类产品体验报告》,东方出版社,2015。

[105] 朱南、李军、吴庆、Wenli CHENG:《中国商业银行的生产效率和全要素生产力变化探析》,《经济学家》2012年第9期。

[106] 赵新宇:《村镇银行法律规制缺陷与完善研究》,《农业经济》2017年12月15日。

[107] 张芳:《中国银行业市场结构效应及形成原因分析》,《长春工业大学学报》(社会科学版)2012年1月20日。

[108] 张平:《发展农村小额信贷,完善普惠金融体系建设》,《开发研究》2011年第2期。

[109] 张翔:《民间金融合约的信息机制:来自改革后温台地区民间金融市场的证据》,社会科学文献出版社,2016。

[110] 张亚枝:《普惠金融视角下村镇银行信贷运行机制研究》,山东大学硕士学位论文,2014。

[111] 张郁:《结构视角下中国农村普惠金融发展的现实困境与制度选择》,《南方金融》2015年第9期。

[112] 张竞丹:《普惠金融评估框架思考》,《金融理论与实践》2016年第7期。

[113] 张义斌:《中国经济新常态下的互联网金融与普惠金融》,《现代营销》(下旬刊)2016年第2期。

[114] 郑中华、特日文:《中国三元金融结构与普惠金融体系建设》,《宏观经济研究》2014年第7期。

[115] 中国农业银行山东省分行课题组、宋秀峰、赵崇民:《商业银行深化互联网金融服务的探索与思考》,《金融发展研究》2014 年第 3 期。

[116] 中国银监会合作部课题组:《普惠金融发展的国际经验及借鉴》,《国际金融》2014 年第 3 期。

[117] 周孟亮、李明贤、孙良顺:《基于普惠金融视角的小额贷款公司发展研究》,《西北农林科技大学学报》(社会科学版)2012 年第 4 期。

[118] 周孟亮、王琛:《普惠金融与新型农村金融组织的目标重构》,《农村经济》2014 年第 10 期。

[119] 周源:《互联网金融的普惠特征》,《中国金融》2014 年第 8 期。

[120] 周俊仰:《证监会连出重拳整顿资本市场》,《银行家》2018 年第 1 期。

[121] Mishra, S., and Kumari, S., "Role of Indian Banking System and Financial Inclusion for Rural Development", *International Journal of Research in Finance and Marketing*, 7 (5) 2017.

[122] Nyanhete, A., "The Role of International Mobile Remittances in Promoting Financial Inclusion and Development", *European Journal of Sustainable Development*, 6 (2) 2017.

[123] Adeola, O., and Evans, O., "Financial Inclusion, Financial Development, and Economic Diversification in Nigeria", *Journal of Developing Areas*, 51 (3) 2017.

[124] Drebentsov, V., Bergsman, J., and Broadman, H. G., "Finance and Growth: Schumpeter Might Be Right", *Social Science Electronic Publishing*, 39 (2329) 2016.

[125] Sethy, S. K., "Developing a Financial Inclusion Index and Inclusive Growth in India", *Theoretical & Applied Economics*, 2016.

[126] Bhatia, S., and Singh, S., "Financial Inclusion - a Path to Sustainable Growth", *International Journal of Science Technology & Management*, 4 (1) 2015.

[127] Alter, A., and Yontcheva, B., "Financial Inclusion and Development in the CEMAC", *Imf Working Papers*, 15 (235) 2015.

[128] Piñeyro, C. M. Z., "Financial Inclusion Index: Proposalofa Multidimensional Measurefor Mexico", *Remef - The Mexican Journal of Economics and Finance*, 2013.

[129] Anand, S. K., and Chhikara, K. S., "A Theoretical and Quantitative Analysis of Financial Inclusion and Economic Growth", *Management & Labour Studies*, 38 (1-2) 2013.

[130] Deborah, M. F., "Institutionalist Policies for Financial Inclusion", *Journal of Economic Issues*, 47 (4) 2013.

[131] Ghosh, J., "Microfinance and the Challenge of Financial Inclusion for Development", *Cambridge Journal of Economics*, 37 (6) 2013.

[132] Das, K., "Financial Inclusion - a Gateway to Sustainable Development for the Impoverished", *Journal of Rural Development*, 31 (1) 2012.

[133] Diniz, E., Birochi, R., and Pozzebon, M., "Triggers and Barriers to Financial Inclusion: The Use of ICT - based Branchless Banking in an Amazon County", *Electronic Commerce Research & Applications*, 11 (5) 2012.

[134] Gupte, R., Venkataramani, B., and Gupta, D., "Computation of Financial Inclusion Index for India", *Procedia - Social and Behavioral Sciences*, 37 (1) 2012.

[135] Chakravarty, S. R., and Pal, R., "Measuring Financial Inclusion: An Axiomatic Approach", *Microeconomics Working Papers*, 2010.

[136] Priyadarshee, A., "Financial Inclusion and Social Protection: A Case for India Post", Competition & Change, 14 (3 - 4) 2010.

B.14 后 记

2018 年 8 月 3 日，由中国社会科学院主办、社会科学文献出版社等单位承办的第十九次全国皮书年会在烟台举办。这次年会以“新时代的皮书：未来与趋势”为主题，中国社会科学院副院长、党组副书记王京清，山东省副省长孙继业，中国社会科学院副院长蔡昉以及来自全国各地的专家学者、全国皮书课题组成员、相关领域研究人员、媒体代表等 600 多人参加了会议，年会可谓盛况空前。

由于这次年会是在我的家乡举办且正值暑假，我提前几天回到烟台，期待着会议召开。在为期两天的会议上，《山东省普惠金融发展报告》编写组的全体成员与来自全国各大学、研究机构的皮书编写人员进行了广泛交流，一方面是为了征求大家对报告意见和建议，另一方面也是学习别人的先进经验。编写组成员普遍感觉参加这次年会收获极大。如果说 2017 年我们决定编写这本报告时还有些担心的话，那么这次年会的召开坚定了我们编好这本报告的信心。

党的十九大提出，我国社会主要矛盾已经转化为人民日益增长的美好生活需要和不平衡不充分的发展之间的矛盾。发展普惠金融是解决不平衡不充分发展的有效途径之一，对于全面建成小康社会具有重要意义。在第五次全国金融工作会议上，习近平总书记曾经说过，要建设普惠金融体系，加强对小微企业、“三农”和偏远地区的金融服务，推进金融精准扶贫，鼓励发展绿色金融。随着全面建成小康社会目标的临近，普惠金融将迎来一个快速发展时期。山东省 2017 年出台了《关于推进普惠金融发展的实施意见》，作为落实供给侧结构性改革要求，着力增加普惠金融服务和产品供给，不断改善小微企业、农民、城镇低收入人群、贫困人群和残疾人、老年人等特殊群体金融服务的政策措施，目的是为全省实施新旧动能转换重大工程贡献新的金融动能。2018 年初，国务院批准的《山东新旧动能转换综合试验区建设总体方案》提出，山东省在发展现代金融服务方面，要增强金融服务实体经济能力，加快发展普惠金融，规范发展小额贷款公司、融资担保公司、融资租赁公司，深入开展新型农村合作金融试点，支持按程序开展普惠金融改革，探索完善区域普惠金融服务体系。山东省委、省政府出台的《山东省新旧动能转换重大工程实施规划》进一步明确，创新企业融资方式和金融服务模式，引导金融资源配置向经济社会发展重点和薄弱领域倾斜，推动金融服务普惠化、绿色化发展。无论是从国家战略层面来看还是从山东省新旧动能转换层面来看，发展普惠金融对于推动金融回归和服务实体经济，合理引导和配置金融资源，聚焦新技术、新产业、新业态、新模式，促进产业智慧化、智慧产业化、跨界融合化、品牌高端化，都将发挥重要作用。

为了确保高质量地编写 2018 年的报告，2018 年 5 月 4 日，山东省金融学会召集了部分专家学者，对《山东省普惠金融发展报告（2018）》初稿进行讨论和评审，提出修改意见。在这次评审会上，中国人民银行济南分行金融研究处副处长张立光、山东省银监局综合业务处处长吕彦、山东省社科院副院长袁红英、山东省金融办交易市场监管处处长刘博、山东省农业银行普惠金融事业部副总经理赵春光、山东齐鲁工业大学金融学院院长徐如志等专家，从报告的体系架构、重点内容、数据获取、案例分析以及宣传推介等方面提出了建议。专家们提出，要加强对科技金融、P2P 网络借贷、商业银行等领域的普惠金融进行研究；要结合蓝皮书持续性特点，提出具有可操作性的对策建议；不仅要总结山东普惠金融发展中存在的问题，还要找出发展特点和优势，宣传普惠金融在新旧动能转换中的作用。评审会后，编写组完全采纳和吸收了专家们提出的意见与建议，花了近 2 个月的时间，对报告初稿进行修改、补充和完善。如果没有这次专家评审，没有专家们的意见和建议，这本报告就不会是现在的样子。

与 2017 年相比，《山东省普惠金融发展报告（2018）》增加了“山东商业银行普惠金融发展报告”和“山东民间金融风险与防范”两部分内容。

本书主体部分共有 12 个报告，其中，总报告 B. 1 由孙国茂、闫小敏编写；总报告 B. 2 和分报告 B. 3 由孙国茂、褚真真编写；分报告 B. 4 由孙国茂、李宗超编写；分报告 B. 5 由孙国茂、孙东东编写；分报告 B. 6 由孙国茂、刘叶编写；分报告 B. 7 由孙国茂、姚丽婷编写；分报告 B. 8 由孙钰展、刘叶编写；专题报告 B. 9 由孙国茂、李宗超编写；专题报告 B. 10 由孙国茂、褚真真编写；专题报告 B. 11 由李宗超、孙东东编写；附录 B. 12 由李宗超整理。全书由孙国茂审核定稿。

今年是《山东省普惠金融发展报告》第二年作为中国社科院蓝皮书出版。值此报告出版之际，我向报告的学术指导胡汝银教授以及参加评审会的专家学者表示感谢，因为胡汝银教授及其他专家学者的指导和参与，报告才能顺利完成；感谢社会科学文献出版社谢寿光社长对报告的立项和出版给予支持；感谢社会科学文献出版社编辑高雁、王楠楠在报告的统筹策划、编辑审校方面给予的专业而耐心的指导。事实上，自 2017 年报告在社会科学文献出版社作为蓝皮书立项以来，因编写过程中的一些问题我曾多次去北京，得到了社会科学文献出版社包括恽薇、高雁、王玉山和王楠楠在内各位编辑的很多指导和帮助。《山东省普惠金融发展报告（2017）》出版后能得到中国人民银行济南分行、山东省金融工作办公室等部门领导以及社会各界的肯定和赞扬，与社会科学文献出版社给予的支持和帮助分不开。感谢山东省金融办原主任李永健两年来对报告编写的关心；感谢青岛大学党委书记胡金焱教授百忙之中为本报告作序，胡金焱教授长期从事小微金融研究，是国内公认的普惠金融方面的专家，胡金焱教授作序是对编写组成员极大的鼓舞。编写组将不负厚望、再接再厉，不论遇到多少困难，我们都会把《山东省普惠金融发展报告》的编写工作持续下去，用我们的行动为山东新旧动能转换尽绵薄之力。

孙国茂
2018 年 8 月 12 日于青岛金家岭

Abstract

On July 15, 2017, the Fifth National Financial Work Conference was held in Beijing. At the meeting, General Secretary Xi Jinping clearly demanded that financial work should focus on serving the real economy, preventing and controlling financial risks and deepening financial reform. Since the 18th National Congress of the Communist Party of China, China's financial development has made great achievements, financial reform has been carried forward in an orderly manner, the financial industry has maintained rapid development, and the ability to keep the bottom line of systemic financial risks has been continuously strengthened. At the Third Plenary Session of the Eighteenth Central Committee of the Communist Party of China, the State Council promulgated Promoting inclusive financial development plan (2016 – 2020) . Inclusive finance has been promoted as a national strategy to promote the sustainable and balanced development of finance, promote entrepreneurship and innovation among the masses, promote economic transformation and upgrading, promote social equity and harmony, and build a well-off society in an all-round way. The party and government encourage and support commercial banks to develop inclusive finance. In May 2017, the China Banking Regulatory Commission and other 11 ministries and commissions jointly issued the "the Implementation Plan for Establishing Inclusive Finance Department in Large and Medium-sized Commercial Banks", which required the commercial banks to set up the inclusive finance department from the current practice. Under the background of the new era, China's inclusive finance has also developed rapidly in the direction of diversification, multi-level and wide coverage.

In 2017, the total GDP of the whole country reached 82. 7 trillion yuan, an increase of 6. 9% over the same period last year. The total GDP of Shandong Province was 7. 3 trillion yuan. For the first time, the total economic output of the whole province exceeded 7 trillion yuan, ranking third in the country. Among them, the added value of tertiary industry is 3.5 trillion yuan, accounting for 48.0% of GDP, contributing 56.4% to economic growth and stimulating economic growth by 4.2 percentage points. The added value of the financial sector was 370.724 billion yuan, accounting for 5.10% of GDP. The financial institutions represented by commercial banks began to play an active role in the field of inclusive finance. At the end of the year, the balance of loans in local and foreign currencies of financial institutions was 7087.39 billion yuan, an increase of 563.04 billion yuan over the beginning of the year. Among them, the balance of loans related to agriculture was 2581.94 billion yuan, an increase of 169.04 billion yuan, and the loan balance of small and micro enterprises was 1533.07 billion yuan, an increase of 142.69 billion yuan.

At the fifth national financial work conference, General Secretary Xi Jinping once again stressed the importance of developing inclusive finance and put forward the idea of building a inclusive financial system. "Blue book of Shandong" *Annual Report on the Development of Inclusive Finance in Shandong (2017)*, starting from the reality of inclusive financial development in China and Shandong Province, comprehensively analyzes and summarizes the current status and characteristics of the inclusive financial development in Shandong Province in 2016, and objectively points out the existing problems in the process of financial development, and on the basis of systematic research, the report puts forward suggestions to promote the development of inclusive finance in Shandong Province. *Annual Report on the Development of Inclusive Finance in Shandong (2018)* will continue to adhere to the concept of timely and effective, objective authority and scientific rigorous, to analyze the development status and existing problems of inclusive finance in Shandong Province in 2017, and provide feasible suggestions for promoting the sustainable development of inclusive finance in Shandong Province. The report is divided into 4 parts: general report, sub-report, special report and appendix.

The general report includes two parts: Shandong economic and financial operation development report and overview of inclusive finance development in Shandong Province. Shandong economic and financial operation development report introduces the economic and financial operation of the national and

Shandong Province in 2017, and through comparison, this report analyzes the background of developing inclusive finance in Shandong Province. It can also reflect the necessity of the development of inclusive Finance in Shandong Province. In the summary of overview of inclusive finance development in Shandong Province, first of all, it introduces the development status of village bank, micro-finance company, folk finance, internet finance, new rural cooperative finance, commercial bank inclusive finance and so on. It echoes the present status of the corresponding financial organization in Shandong Province in the report. This report summarizes the current situation of financial development, points out the problems existing in the development process of inclusive finance in Shandong Province, and puts forward corresponding development proposals.

The sub-report introduces the development status, existing problems and corresponding suggestions of commercial bank inclusive finance , village bank, microfinance industry, folk financing, network lending industry, new rural cooperative finance in Shandong Province. In 2017, the five major banks in the first grade branch of Shandong Province set up the inclusive finance department. At the end of the year, the balance of agricultural loans was 2581.94 billion yuan, increased by 169.04 billion yuan, the loan balance of small and micro enterprises was 1533.07 billion yuan, increased by 142.69 billion yuan, and the number of village and town banks in Shandong reached 126, the first in the country; in the last two years, the number of micro-finance companies in Shandong Province tends to be stable, 334 in 2017, 1 less than in 2016. Since the pilot of the folk financing guidance in Shandong Province in 2012, after more than 5 years of development, the number of folk financing institutions in Shandong Province has begun to maintain stability, at the end of 2017, 522 folk financing institutions obtained business licenses in Shandong Province, only 10 more than in 2016; in the context of strict supervision, the P2P network lending platform in Shandong Province has been substantially reduced and the normal operation platform is 75 at the end of 2017. As the first province in the country to carry out the pilot of new rural cooperative finance, the pilot of new rural cooperative finance in Shandong has been running steadily for two years.

The special report firstly introduces the inclusive financial supervision system with the characteristics of Shandong Province, and according to the index system of inclusive financial evaluation in Shandong Province, the conclusion is drawn that the development degree of Shandong insurance industry is not enough, the development of Internet finance is not standardized, the commercial bank's financial service ability needs to be improved, and based on this , the corresponding development suggestions are put forward.

The appendix provides information on some core laws and regulations promulgated by Shandong Province for the development of inclusive finance.

Keywords: Inclusive Finance in Shandong Province; Village Bank; Internet Finance; Evaluation of Inclusive Finance

Contents

I General Reports

Abstract: In 2017, Shandong Province achieved a GDP of 7267818 million yuan, up 7.4% over the previous year. The economic operation throughout the year showed the characteristics of further optimization of industrial structure, steady growth of the three major demands, and continuous improvement of the quality of economic development. The leading effect of regional economic development has been further highlighted, with the implementation of a major project to transform old and new kinetic energy to activate a new engine and the economy running smoothly throughout the year. In 2017, the added value of Shandong's financial industry was 370724 million yuan, accounting for 5.10% of GDP, and the financial industry became the pillar industry of the province's economy. At the end of the year, the balance of local and foreign currency loans of financial institutions in Shandong Province was 7087.39 billion yuan, an increase of 8.6% over the beginning of the year. The annual premium income was 3658101 million yuan, an increase of 18.16% over the previous year. Shandong has vigorously developed a multi-level capital market. The number of listed companies, the number of new third-board listed companies and the number of listed companies in regional equity trading centers have all increased significantly, adding 536.69 billion yuan in direct financing for the whole year. This report analyzes the background environment of developing inclusive finance in Shandong, and illustrates the necessity and urgency of developing inclusive finance through the current situation of economic and financial development in Shandong and the comparison with Guangdong, Jiangsu and Zhejiang.

Keywords: Shandong Economic; Financial Operation; Banking Industry; Insurance Industry; Capital Market

Abstract: The concept of "inclusive finance" was proposed by the United Nations in the promotion of the "Microcredit Year 2005" and was rapidly adopted worldwide. In fact, inclusive finance has been developing for many years in China, and formed an organizational system with micro, middle and macro levels. This report mainly introduces the background and current situation of the development of inclusive finance in Shandong Province. On the one hand, it introduces the current situation of inclusive finance in China from the perspectives of small and micro financial organizations, folk financial organizations, internet financial organizations and cooperative financial organizations. On the other hand, it introduces the current situation of traditional finance (including banking, securities and insurance) in Shandong Province, introduces the necessity and current situation of developing inclusive finance in Shandong Province, and a series of problems and deficiencies in the development of inclusive finance in Shandong Province. It also puts forward some suggestions for Shandong Province to develop inclusive finance, such as creating a good financial policy environment, increasing the supply of inclusive finance, improving the innovation ability of inclusive financial products and services, perfecting financial supervision, establishing and perfecting the information system of inclusive financial credit.

Keywords: Inclusive Finance; Small and Micro Finance; Folk Finance; Internet Finance; Cooperation Finance

Ⅱ Sub-reports

B. 3 Development Report on Commercial Bank Inclusive Finance in Shandong Province / 112

Abstract: In May 2017, China Banking Regulatory Commission and other 11 ministries jointly issued the Implementation Plan for Establishing Inclusive Finance Department in Large and Medium – sized Commercial Banks, requiring commercial banks to set up inclusive finance department. General Secretary Xi Jinping once again stressed the importance of developing inclusive finance at the national financial work conference, proposing "building inclusive financial system" and pointing out the direction for the next development of inclusive finance in China. As the main force of implementing inclusive finance, large commercial banks have taken positive actions to improve their financial service capabilities. Large and medium commercial banks have begun to establish inclusive financial services. Shandong commercial bank has also vigorously promoted the practice of inclusive finance in line with the development of the times. However, commercial banks in Shandong still face problems such as imperfect service system and lack of local supporting policies when carrying out inclusive financial business.

Keywords: Inclusive Finance in Shandong Province; Commercial Bank; Inclusive Finance Department

B. 4 Development Report on Village Bank in Shandong Province / 136

Abstract: After 11 years of development, village banks have become an effective part of China's inclusive finance. By the end of 2017, the number of rural banks in China reached 1562, which played an important role in providing financial services for the "three rural" and small and medium-sized enterprises. After three stages of development in Shandong, the number of village banks ranks first in the country, which has played an important role in promoting the revitalization of Shandong countryside. In 2017, the village banks in Shandong formed the following characteristics: the number of village banks reached 126, ranking first in the country; the Bank of China became the sponsor bank in Shandong to set up a large number of village banks; from the nature of the main sponsor bank, the Agricultural and Commercial Bank of China became the main force to set up village banks; the number of bank network in Dongying LaiShang Village reached 34. It ranks first in the village bank in the province; Qilu bank has accepted 15 village banks. Under the background of strict banking supervision in 2017, village banks have been affected. There are some problems in the development of Shandong village banks, such as the gap is widening and the information disclosure is insufficient. This report puts forward the development suggestions from four aspects: insisting on "small support for agriculture", standardizing and promoting the merger and integration of village banks, improving the innovation ability, and improving the policy.

Keywords: Shandong Village and Town Bank; Three Rural Issues; Rural Vitalization; Supervision Policy Development Suggestions

Abstract: Since the pilot work was carried out in Shandong province in 2008, the microfinance industry in the province has developed rapidly and formed a quite large-scale. Experienced booming development at the beginning of the pilot project, the number of small loan companies in Shandong province has gradually become stable in the past two years. Overall, Although the size of microfinance companies is large in Shandong, the industry is still facing some problems such as increased risk of the business, bad loan ratios surge, business to carry out is harder, uneven geographical distribution of the institutions and imperfect industry information disclosure, etc. This report is mainly analyzes the current problems in the small loan companies in Shandong and make recommendations to promote the industry development healthy.

Keywords: Shandong Micro-loan Company; New OTC Market; Business Performance

Abstract: Since the publication of "Opinions on Promoting the Standardized Development of folk financing", folk financing industry in Shandong has gradually formed scale after six years of development. At present, the development of folk financing institutions are characterized by stable number of institutions, increasing registered capital, wide development gap between various cities and gradually standardized local supervision. Analysising from the operation of folk financing industry, the investment of folk capital management agencies continue to increase. But folk capital management institutions also have problems of poor operation capability and illegal operation. Folk registration service institutions have increased their funding. On the whole, there are some problems in Shandong folk financing institutions, such as high proportion of debt investment and short-term financial investment, high operational risk and incomplete information disclosure. In view of the above problems, this report puts forward suggestions such as giving full play to the flexible advantages of folk financing institutions, building folk financial gathering areas, strictly controlling financial risks, and strengthening the construction of credit system, so as to continuously promote the healthy development of folk financing.

Keywords: Folk Financing in Shandong Province; Folk Financing Institutions; Folk Capital Management Institutions

Abstract: 2017 is known as the normative year of the P2P network lending industry. Under the background of guard against financial risks and strict financial supervision, the P2P industry is gradually standardized and the number of platforms has decreased. Four new P2P network lending platforms were added in whole province within the year. By the end of 2017, there were 75 normal operating platforms in the province, a significant decrease from 2016. From shandong P2P lending platform development present situation, although the new platform of the registered capital scale with high concentration and yields down, but the traditional finance development lag, the poor Internet infrastructure,, deterioration of financial ecology, lack of normative problems, affecting the shandong P2P lending platform overall operation there is still a gap compared with developed areas. In view of the problems existing in the development of the network lending industry in shandong province, it can be improved by building a inclusive financial system, building a financial technological system and improving financial regulation. , reducing business risk and enriching business model. Under the premise of compliance, assist the platform to register actively and promote the standardized development of the industry. The healthy development of the Internet lending industry will enhance the feasibility of Inclusive Finance and help transform the old and new kinetic energy.

Keywords: Shandong Province; P2P Network lending; P2P Platform; Internet Finance

Abstract: Xi Jinping stressed at the Fifth National Financial Work

Conference that we should build a universal financial system, strengthen financial services for small and micro enterprises, agriculture, rural areas and remote areas, promote financial precision to help the poor and encourage the development of green finance. By the end of 2017, the pilot project of Shandong new rural cooperative finance has been running smoothly for two years, with remarkable results. The scope and depth of the impact of the new rural finance have been improved to varying degrees than in the past, and farmers have really benefited from it. The stable development of the new rural cooperative finance can not be separated from the attention and support of the state from the central to the local. This report focuses on the rural mutual fund cooperatives, and expounds the development process of the new rural cooperative finance and its development in Shandong Province through the sustained attention of the new rural cooperative financial organizations based on the four organizational forms. Explore the existing problems and put forward rationalization proposals.

Keywords: Shandong new Rural Cooperative Finance; Rural Revitalization; Inclusive Finance

Ⅲ Special Topic Reports

B. 9 Regulation of Inclusive Finance in Shandong Province

/ 282

Abstract: The promulgation of Shandong Provincial Local Financial Regulations provides a legal basis for the establishment of provincial, municipal, County (city, district) three-level local financial supervision system. In 2017, Shandong gradually established a local inclusive financial supervision system. The three-level local financial supervision system covers the whole province. Financial supervision and risk prevention are in the forefront of the whole country and form characteristics, providing reference for other provinces and cities. According to the requirements of the national inclusive financial development plan, Shandong has issued a number of laws, regulations and Implementation Opinions on Inclusive

Finance in recent years to promote the development of inclusive financial norms. In 2017, Shandong pushed forward the implementation of Shandong Provincial Financial Regulations. The Provincial Financial Office changed its responsibilities and improved the supervision rules and examination and reward methods of local financial organizations. It also supervised and obtained new financial organizations such as third-party payment institutions, village banks, small loan companies, P2P network lending platform, financing guarantee institutions and so on. The effect is remarkable.

Keywords: Shandong Province; Inclusive Finance Supervision; Local Financial Supervision System

Abstract: Domestic scholars started late on the research of the inclusive financial index system, and most foreign scholars used the foreign evaluation index system when they studied inclusive financial index system. We draw lessons from the inclusive financial index system built by Jiao Jinpu, combine with the actual situation of Shandong Province and the availability of data, and build the inclusive financial evaluation system of Shandong Province with 3 primary indexes, 12 secondary indexes, including availability, usage and service quality. The evaluation system reflects problems such as insufficient development of insurance industry in Shandong, nonstandard development of internet finance, and improvement of commercial banks' ability to provide universal financial services. In view of the problems reflected in the evaluation system, this report puts forward countermeasures and suggestions.

Keywords: Inclusive Financial Evaluation System; Availability; Condition of Service; Quality of Service

Abstract: Folk finance is informal, and its operation modes mainly include Folk lending, micro - credit and so on. At present, folk finance is an important part of inclusive finance. Active folk finance plays an important role in supporting the development of real economy. With the application of the Internet information technology, some new financial organizations appear constantly, because of the lack of unified regulation law and regulatory agencies, folk financial regulation is almost blank, resulting in a large amount of illegal events such as "make off with money, out of contact, violence dun", Shandong has become a major disaster area of the Internet finance, P2P, small loans company is make escape with money, investors lost seriously. In order to maintain the order of inclusive financial market, the local financial regulations are comprehensively implemented in Shandong province in 2017, and strictly regulated folk finance with remarkable results.

Keywords: Shandong Province; Folk Finance; Online Loan Platform; Small Loan Company

Ⅳ Appendix

皮书起源

“皮书”起源于十七、十八世纪的英国，主要指官方或社会组织正式发表的重要文件或报告,多以“白皮书”命名。在中国,“皮书”这一概念被社会广泛接受，并被成功运作、发展成为一种全新的出版形态，则源于中国社会科学院社会科学文献出版社。

皮书定义

皮书是对中国与世界发展状况和热点问题进行年度监测，以专业的角度、专家的视野和实证研究方法，针对某一领域或区域现状与发展态势展开分析和预测，具备原创性、实证性、专业性、连续性、前沿性、时效性等特点的公开出版物，由一系列权威研究报告组成。

皮书作者

皮书系列的作者以中国社会科学院、著名高校、地方社会科学院的研究人员为主，多为国内一流研究机构的权威专家学者，他们的看法和观点代表了学界对中国与世界的现实和未来最高水平的解读与分析。

皮书荣誉

皮书系列已成为社会科学文献出版社的著名图书品牌和中国社会科学院的知名学术品牌。2016 年，皮书系列正式列入“十三五”国家重点出版规划项目；2013~2018 年，重点皮书列入中国社会科学院承担的国家哲学社会科学创新工程项目;2018 年,59 种院外皮书使用“中国社会科学院创新工程学术出版项目”标识。

中国皮书网

（网址：www.pishu.cn）

发布皮书研创资讯，传播皮书精彩内容
引领皮书出版潮流，打造皮书服务平台

栏目设置

关于皮书：何谓皮书、皮书分类、皮书大事记、皮书荣誉、皮书出版第一人、皮书编辑部

最新资讯：通知公告、新闻动态、媒体聚焦、网站专题、视频直播、下载专区

皮书研创：皮书规范、皮书选题、皮书出版、皮书研究、研创团队

皮书评奖评价：指标体系、皮书评价、皮书评奖

互动专区：皮书说、社科数托邦、皮书微博、留言板

所获荣誉

2008 年、2011 年，中国皮书网均在全国新闻出版业网站荣誉评选中获得“最具商业价值网站”称号；

2012 年，获得“出版业网站百强”称号。

网库合一

2014 年，中国皮书网与皮书数据库端口合一，实现资源共享。

S 基本子库
UB DATABASE

中国社会发展数据库（下设 12 个子库）

全面整合国内外中国社会发展研究成果，汇聚独家统计数据、深度分析报告，涉及社会、人口、政治、教育、法律等 12 个领域，为了解中国社会发展动态、跟踪社会核心热点、分析社会发展趋势提供一站式资源搜索和数据分析与挖掘服务。

中国经济发展数据库（下设 12 个子库）

基于“皮书系列”中涉及中国经济发展的研究资料构建，内容涵盖宏观经济、农业经济、工业经济、产业经济等 12 个重点经济领域，为实时掌控经济运行态势、把握经济发展规律、洞察经济形势、进行经济决策提供参考和依据。

中国行业发展数据库（下设 17 个子库）

以中国国民经济行业分类为依据，覆盖金融业、旅游、医疗卫生、交通运输、能源矿产等 100 多个行业，跟踪分析国民经济相关行业市场运行状况和政策导向，汇集行业发展前沿资讯，为投资、从业及各种经济决策提供理论基础和实践指导。

中国区域发展数据库（下设 6 个子库）

对中国特定区域内的经济、社会、文化等领域现状与发展情况进行深度分析和预测，研究层级至县及县以下行政区，涉及地区、区域经济体、城市、农村等不同维度。为地方经济社会宏观态势研究、发展经验研究、案例分析提供数据服务。

中国文化传媒数据库（下设 18 个子库）

汇聚文化传媒领域专家观点、热点资讯，梳理国内外中国文化发展相关学术研究成果、一手统计数据，涵盖文化产业、新闻传播、电影娱乐、文学艺术、群众文化等 18 个重点研究领域。为文化传媒研究提供相关数据、研究报告和综合分析服务。

世界经济与国际关系数据库（下设 6 个子库）

立足“皮书系列”世界经济、国际关系相关学术资源，整合世界经济、国际政治、世界文化与科技、全球性问题、国际组织与国际法、区域研究 6 大领域研究成果，为世界经济与国际关系研究提供全方位数据分析，为决策和形势研判提供参考。

法律声明